苏州体育文化典籍系列

古本《孙子兵法》及兵圣孙武考

陆允昌 编著
苏州市体育局 编

文汇出版社

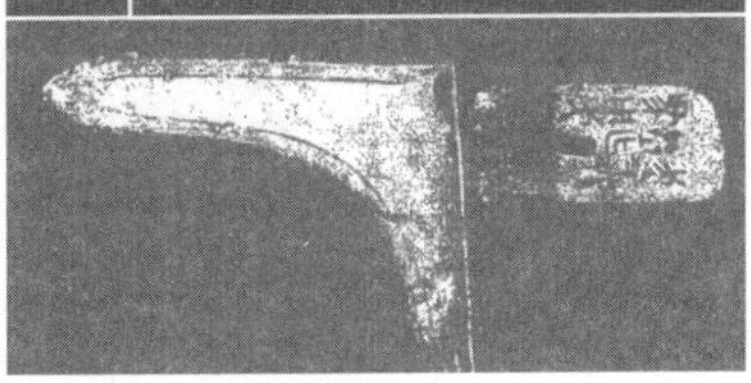

明代孙武画像

序

2020年，新冠病毒肆虐，举国战疫犹酣，宅居姑苏横塘古驿，恭读陆老允昌先生新作——《古本〈孙子兵法〉及兵圣孙武考》，往事历历在目，回味无穷。

陆老籍隶江苏太仓，1931年出生。1950年2月参加中国人民解放军。1963年转业回原籍工作。1977年10月调入苏州地区对外贸易局，退休前任职于苏州市对外经济贸易委员会。1994年初开始涉足“孙子学”研究。2003年10月受聘首届山东孙子研究会学术委员，出自内心的挚爱及执着，著述勤恳，多有创获。

我系晚学，因学术活动而结识有年，与陆老相差二十七岁，堪称忘年之交。2006年，陆老把积年收集整理的国内孙子研究专家学者著论汇编成《孙武研究著论汇辑》，装订成厚厚十大册。之后又把他自著出版的《中国孙氏世系源流》《孙武研究新探》《孙武研究再探》一并捐赠给苏州大学图书馆，亦惠及于我。始知陆老自退休以后，一直致力于研究中国兵圣——孙武本事，孜孜不倦，富于成就，心生敬意。

经我介绍，陆老欣然加入苏州历史文化研究会，成为最年长的会员。他睿智的头脑、谦虚的态度、端正的学风，以及正直、坦荡和博雅的为人，不溢美粉饰，不庸俗讨巧，学无止境而不畏老之早至，学习向上，探求真知，令我敬佩。九十年寿又完成此书，其固持之心印彰然。法国科学巨匠巴斯德曾问："对于学者获得的成就，是要恭维还是挑战？"陆老显然要的是后者，因为前者只能使人陶醉，而后者却是鞭策！

陆老视我为知音，一再嘱我为此书撰序，数辞不得，诚不免于惶恐，深恐辜负这位勤勉老者的真情实意，唯有勉力研读其著述，把捉其学术之特质，帮助编排书稿，修正某些缺误，幸蒙陆老首肯。

岁月如歌，光阴似梭。如今我也年逾花甲，当以陆老为榜样，在桑榆晚霞的大道上，绝不枉自蹉跎。

谨此为序。

李　峰

2021 年春节作于一得斋

（作者系苏州大学历史学教授，国家清史纂修工程项目专家，苏州历史文化研究会会长。）

绪言

孙武，又称孙武子、孙子，春秋时齐国人，我国古代最杰出的军事理论家、战略家，兵学理论体系的奠基人，誉称“言兵之宗”“兵家之祖”；日本学者更是奉为“兵圣”。由于《孙子兵法》的传世和影响名扬中外。于是自古以来围绕对其“兵法”（十三篇）“本事”（身世与事迹）及非军事领域应用而成为一门“显学”，学术界人士称之为“孙子兵学”，简称“孙子学”。

孙武“本事”研究是“孙子学”的重要组成部分，诚如我国儒家学派传承人孟子所言：“以友天下之善士为未足，又尚论古之人。颂其诗，读其书，不知其人，可乎？是以论其世也！”然因先秦典籍大都亡佚，存世的《战国策》《尉缭子》《韩非子》《吕氏春秋》诸书虽提及孙武，但都失之简略，或语焉不详；而专评先秦诸子百家的《庄子》《荀子》《淮南子》在追溯先秦时期学术争鸣的重要学派及其代表人物中，恰恰没有提及孙武。

汉初，经文人学士对传世的古代兵书兵策三次校理和编订，《孙子兵法》脱颖而出，《汉书》把它列为“兵权谋”之首。汉武帝主政时，司马迁继承父业任“太史令”，穷其毕生精力，著成《史记》，洋洋一百三十篇，五十二万言，成为我国首部纪传体通史。在《孙子吴起列传》篇中，约略地记孙武身世、事迹有六：（1）“孙子武者，齐人也”；（2）“以兵法见于吴王阖闾”；（3）吴宫教战，执法立斩吴王二宠姬，“于是阖闾知孙子能用兵，卒以为将”；（4）与楚人伍子胥、伯嚭（注：伯嚭，楚人。《吴越春秋》称“白喜”）等人佐吴“西破强楚入郢，北威齐晋，显名诸侯，孙子与有力焉”；（5）“孙武既死，后百余岁有孙膑。膑生阿、鄄之间，膑亦孙武之后世子孙也”。因魏将庞涓嫉能，孙膑遭“以法刑断其两足而黥之”；（6）孙膑在齐与魏两国争战中，“坐为计谋”，大破魏军，诱使庞涓自刎于马陵道，“孙膑以此名显天下，世传其兵法”。上述记载无疑成为研究孙武本事的首选史料。然而对孙武的生卒年月、家世、故里、离“齐”入“吴”动因和时间，入吴后是否“辟隐深居”，乃至随吴王阖闾伐楚入郢后的去向和归宿，传世的《史》《传》均无片言只字交代，故西汉经学家刘向在校释古代典籍时不免感叹：“孙武、乐毅之徒，皆前世之贤将也，久远深奥，其事难知！”

东汉时，提及孙武本事的古籍依次有三部：一是《越绝书》，著者袁康。此书是关于春秋后期吴、越两国历史的文献资料，亦是我国古代最早的一部方域史，所记孙武事迹有“巫门外大冢，吴王客齐孙武冢也，去县十里，善为兵法”和“阖闾用之伐楚，令子胥、孙武与（伯）嚭将师入郢，有大功”。二是《汉书》，著者班固。此书是我国第一部纪传体断代史。所记孙武事迹有三：（1）“春秋之后，灭弱吞小，并为战国。……雄杰之士，因势辅时，作为权诈以相倾覆，吴有孙武，齐有孙膑，魏有吴起，秦有商鞅，皆禽敌立胜，垂著篇籍”；（2）“当此之时，合纵连横，转相攻伐，代为雌雄。齐愍以技击强，魏惠以武卒奋，秦昭以锐士胜，世方争于功利，而驰说者以孙（孙武）、吴（吴起）为宗”；（3）孙武与其“后世子孙”孙膑各有《兵书》传世。前者称《吴孙子》八十二篇，图九卷；后者称《齐孙子》八十九篇，图四卷。并在《古今人表》中称孙武为“吴孙武”。三是《吴越春秋》，著者赵晔。此书是一部记叙吴、越两国兴亡始末的历史小说类作品。所记孙武事迹有六：（1）吴阖闾三年（前512），伍子胥“一旦与吴王论兵，七荐孙子。……孙子者，名武，吴人也，善为兵法。辟隐深居，世人莫知其能”；（2）孙武应吴王阖闾之请，以兵法“小试于后宫之女”，当场执法立斩一再违抗军令的队长二人，即阖闾之宠姬也；（3）吴阖闾九年（前506），孙武与伍子胥、伯嚭、夫概等人随阖闾“举兵伐楚”，攻陷楚国都城郢；（4）入郢后，“阖闾妻（楚）昭王夫人，伍子胥、孙武、白喜亦妻子常、司马成之妻，以辱楚之君臣也。”；（5）称“孙武曰：吾以吴干戈，西破楚，逐昭王，而屠荆平王墓，割戮其尸，亦已足矣”；（6）“当次之时，吴以子胥、白喜、孙武之谋，西破强楚，北威齐晋，南伐于越”。

由于汉武帝推行“罢黜百家，独尊儒术”，自后有关孙武身世、事迹的研究鲜有学者问津。三国时，政治家、军事家曹操读《孙子兵法》有感，作《孙子略解》（后人称《魏武帝注孙子》）。“序”中曰：“圣人之用兵，戢而时动，不得已而用之。吾观兵书战策多矣，孙武所著深焉！孙子者，齐人也，名武，为吴王阖闾作兵法一十三篇，试之妇人，卒以为将，西破强楚入郢，北威齐晋。后百余岁有孙膑，是武之后也。”

迨至宋代，突出的成果有二：一是国内存世的各类“兵书”“兵策”，经总结、整理，形成两大版本系统，即《武经七书》和《十一家注孙子》，《孙子兵法》被列为“武经”之首；二是开启《孙子兵法》纳入讲堂授士的先例。然而此一时期，“伪托”之风出现：哲学家叶适作《习学记言》，称：“自周之盛至春秋，凡将兵者必预闻国事，未有特将于外者，六国时此制始改。吴虽蛮夷，而孙武为大将，乃不为命卿，而左氏无传焉，可乎？”藏书家陈振孙作《直斋书录解题》，亦称：“世之言兵者祖孙氏，然孙武事阖闾而不见于《左氏传》，未知其果何代人也？”宋嘉祐五年（1060）《新唐书》问世，辑入吕夏卿撰编的《宰相世系表》，《表》中录有唐代三百六十九位宰相、凡 98 姓自古至唐代中叶的家世传承。在“孙氏”项下，记有：（1）孙武“族源”出自“妫姓”，陈国公子完的后裔；（2）自春秋至中唐时期“乐安孙氏”世系传承状况；（3）首称孙书是孙武之祖，因“伐莒有功，（齐）景公赐姓孙氏，食采于乐安”；（4）孙凭是孙武之父，“齐卿”；（5）孙武因齐国发生田、鲍、栾、高“四族之乱”，为避乱而奔吴；（6）孙膑是孙武之孙。然则《宰相世系表》所记之孙武家世，对照《世本》《史记》不符之处甚多，且错谬屡见。

明、清时期，由于多种原因，鲜有学者独立专考孙武本事，导致其人其事渐被淡出，甚至遗忘。以吴地苏州为例，清道光八年（1828），驻节苏州的江苏巡抚陶澍和布政使梁章钜采纳苏城十二位绅士建议，建“吴郡名贤总祠”于今古城“沧浪亭”内。在列入春秋战国时期以来历代“俱忠孝节义、政事品学卓卓可传”并敬摹真像于碑的吴地名贤中，仅有季札（吴王寿梦第四子）、言偃（即“子游”，孔子门生）、伍员（伍子胥）三人。后又增加一批名贤，依然没有孙武。至于“二妃庙”，仅见于明《（正德）姑苏志》，称：“吴王庙，在香山南址。庙貌有二妃侍，相传即孙武所诛二队长也。”；“孙武子宅”“孙武子桥”，仅见于清《（同治）苏州府志》；“二妃墓”“孙武演兵场”，仅见于民国初当地乡贤徐翥先《香山小志》。20 世纪 30 年代，名家张一麐和李根源两位学者协助纂修《吴县志》，不知出于何因，上述与孙武有关的“庙”“宅”“桥”“墓”“场”，皆弃而不录。

1947 年秋，兵学家李浴日先生发起，社会各界名流积极响应，在京城（南京）成立“孙子纪念亭筹建委员会”，商定在距苏州古城七里之遥的风景名胜地虎丘山建“孙子亭”，以缅怀这位古代兵家伟人，然而终因时局紧张，民心浮动，大小要员纷纷逃往台湾，加之所募资金因物价飞涨，大幅贬值，建亭计划无奈夭折于胎中，仅存《孙子十三篇全文碑》留存于世，今置于苏州市碑刻博物馆“明伦堂”外空地上。

中华人民共和国成立后的二十余年间，国内“孙子学”研究处于沉寂状态。1972 年 4 月，山东省临沂县银雀山汉墓出土大量汉代兵书竹简（共 4942 枚，由于长期叠压浸水，大都成了残片），发现有《孙武兵法》《孙膑兵法》《尉缭》《晏子春秋》《六韬》以及孙武佚文《见吴王》《吴问》等，一时轰动海内外。早于《史记》作成前的汉简，破解了历史上是否确有孙武其人其事的谜团，为国人研究孙武提供了难得的书证。此项考古发现被列为新中国“十大考古发现之一”。受此影响和鼓舞，一批专业性的《孙子兵法》研究学术团体应运而生。

最早成立的是中国孙子兵法研究会（注 :1989 年 5 月 25 日成立，挂靠军事科学院）和中国孙子与齐文化研究会（注 : 1991 年 6 月 6 日成立，挂靠山东省广饶县）。此后,类似的学术团体纷纷成立。据白山出版社 2015 年出版的《孙子兵学大辞典》，国内有四十家（其中台湾一家），国外五家（日本四家，马来西亚一家）；《学术网站》，国内有二十家（其中台湾一家），国外八家（日本五家，美国三家）。一批批专家学者在探讨《孙子兵法》的科学内涵及其文化渊源的同时，围绕孙武生卒年月、家世、故里、著书、入吴乃至“辟隐深居”等展开热烈的探研，取得一批学术成果。然而因孙武其人的文献史料毕竟匮乏，疑点甚多，学术界人士各有其说，加之学风建设一度又差强人意，引起有识之士不安。

笔者退休前的四十二年间，忙于工作，无缘“兵学”。退休后，经时任中国孙子兵法研究会会长、老战友谢国良同志点拨，方始涉足“孙子学”，渐渐地产生了浓厚的兴趣。这些年来，从“一张白纸”起步，循着古今学术界人士长期探索的思路，广览博采，从相关历史文献、地方志书、历史地理、公私族谱、墓志刻石、人物传记，尤其是众多专家学者的著论中，钩沉索隐，累积知识，始有所启迪和收获。自 1999 年至 2013 年，先后出版了《中国孙氏世系源流》《孙武研究新探》《孙武研究再探》。

2018 年 10 月中旬，笔者应邀出席中国孙子兵法研究会在山东广饶县召开的中国孙子兵法研究成果颁奖会。其间，在与莅会的朋友言谈交流时，萌生一个想法：而今，自己年龄已近暮年，来日无多，如能在有生之年，把历年来撰写的这方面的文稿，加上近作，再结集出版，亦不失为“孙子学”研究做一点新的尝试。此一想法得到友人的鼓励和支持。于是用了两年多时间，对选入本书的十八篇文章，分别归类成《著书篇》《家世篇》《故里篇》《入吴篇》，通篇逐一做了反复多遍的校核、修改和补充。

三十多年来，笔者从事“孙子学”研究能够有所长进，实乃得益于广泛地汲取国内众多专家学者的研究成果。尤其是得到“孙子兵法研究网”的创办者苏桂亮先生热心指导和相助；此书出版前，又承蒙苏州大学历史学教授、国家清史纂修工程项目专家、苏州历史文化研究会会长李峰先生厚爱，耗时费心，通览书稿，修正辨误，并挥笔作序。

需要声明：有关孙武本事，尚有一些问题，学术界人士至今仍有争议。笔者乃一介书生，又是“半路出家”之人，难免挂一漏万，甚至有一些错误，诚望读者尤其是这方面的专家学者不吝教正，则善莫大焉，幸莫大焉！

陆允昌

2021 年 12 月 18 日

目录

《孙子兵法》全文[1]

计篇

孙子曰：兵者，国之大事，死生之地，存亡之道，不可不察也。

故经之以五事校之以计，而索其情：一曰道，二曰天，三曰地，四曰将，五曰法。道者，令民与上同意也，故可以与之死，可以与之生，而不畏危；天者，阴阳、寒暑、时制也；地者，远近、险易、广狭、死生也；将者，智、信、仁、勇、严也；法者，曲制、官道、主用也。凡此五者，将莫不闻，知之者胜，不知者不胜。故校之以计，而索其情。曰：主孰有道？将孰有能？天地孰得？法令孰行？兵众孰强？士卒孰练？赏罚孰明？吾以此知胜负矣。

将听吾计，用之必胜，留之；将不听吾计，用之必败，去之。计利以听，乃为之势，以佐其外；势者，因利而制权也。

兵者，诡道也。故能而示之不能，用而示之不用，近而示之远，远而示之近。利而诱之，乱而取之，实而备之，强而避之，怒而挠之，卑而骄之，佚而劳之，亲而离之。攻其无备，出其不

1　本文根据本书所收录之《宋本十一家注孙子》影印件点校而来，个别字、词、句与其他版本《孙子兵法》可能有所差别，特此说明。

意。此兵家之胜，不可先传也。

夫未战而庙算胜者，得算多也；未战而庙算不胜者，得算少也。多算胜，少算不胜，而况于无算乎！吾以此观之，胜负见矣。

作战篇

孙子曰：凡用兵之法，驰车千驷，革车千乘，带甲十万，千里馈粮；则内外之费，宾客之用，胶漆之材，车甲之奉，日费千金，然后十万之师举矣。

其用战也，胜久则钝兵挫锐，攻城则力屈，久暴师则国用不足。夫钝兵挫锐，屈力殚货，则诸侯乘其弊而起，虽有智者，不能善其后矣。故兵闻拙速，未睹巧之久也。夫兵久而国利者，未之有也。故不尽知用兵之害者，则不能尽知用兵之利也。

善用兵者，役不再籍，粮不三载；取用于国，因粮于敌，故军食可足也。

国之贫于师者远输，远输则百姓贫。近于师者贵卖，贵卖则百姓财竭，财竭则急于丘役。力屈、财殚，中原内虚于家，百姓之费，十去其七；公家之费，破车罢马，甲胄矢弩，戟楯蔽橹，丘牛大车，十去其六。故智将务食于敌，食敌一钟，当吾二十钟；萁秆一石，当吾二十石。

故杀敌者，怒也；取敌之利者，货也。故车战，得车十乘以上，赏其先得者，而更其旌旗，车杂而乘之，卒善而养之，是谓胜敌而益强。故兵贵胜，不贵久。故知兵之将，生民之司命，国家安危之主也。

谋攻篇

孙子曰：凡用兵之法，全国为上，破国次之；全军为上，破军次之；全旅为上，破旅次之；全卒为上，破卒次之；全伍为上，破伍次之。是故百战百胜，非善之善者也；不战而屈人之兵，善之善者也。

故上兵伐谋，其次伐交，其次伐兵，其下攻城。攻城之法，为不得已。修橹轒辒，具器械，三月而后成，距堙又三月而后已；将不胜其忿，而蚁附之，杀士三分之一，而城不拔者，此攻之灾也。故善用兵者，屈人之兵，而非战也；拔人之城，而非攻也；毁人之国，而非久也。必以全争于天下，故兵不顿，而利可全，此谋攻之法也。

故用兵之法，十则围之，五则攻之，倍则分之，敌则能战之，少则能逃之，不若则能避之。故小敌之坚，大敌之擒也。

夫将者，国之辅也。辅周则国必强；辅隙则国必弱。

故君之所以患于军者三：不知军之不可以进，而谓之进；不知军之不可以退，而谓之退，是谓縻军。不知三军之事，而同三军之政者，则军士惑矣。不知三军之权，而同三军之任，则军士疑矣。三军既惑且疑，则诸侯之难至矣，是谓乱军引胜。

故知胜有五：知可以战与不可以战者胜；识众寡之用者胜；上下同欲者胜；以虞待不虞者胜；将能而君不御者胜。此五者，知胜之道也。

故曰：知彼知己者，百战不殆；不知彼而知己，一胜一负；不知彼，不知己，每战必殆。

形篇

孙子曰：昔之善战者，先为不可胜，以待敌之可胜；不可胜在己，可胜在敌。故善战者，能为不可胜，不能使敌之可胜。故曰：胜可知，而不可为。不可胜者，守也；可胜者，攻也。守则不足，攻则有余。善守者，藏于九地之下；善攻者，动于九天之上，故能自保而全胜也。

见胜不过众人之所知，非善之善者也；战胜而天下曰善，非善之善者也。故举秋毫不为多力，见日月不为明目，闻雷霆不为聪耳。古之所谓善战者，胜于易胜者也。故善战者之胜也，无智名，无勇功。故其战胜不忒，不忒者，其所措必胜，胜已败者也。故善战者，立于不败之地，而不失敌之败也。是故胜兵先胜而后求战，败兵先战而后求胜。善用兵者，修道而保法，故能为胜败之政。

兵法：一曰度，二曰量，三曰数，四曰称，五曰胜。地生度，度生量，量生数，数生称，称生胜。故胜兵若以镒称铢，败兵若以铢称镒。胜者之战民也，若决积水于千仞之溪者，形也。

势篇

孙子曰：凡治众如治寡，分数是也。斗众如斗寡，形名是也。三军之众，可使必受敌而无败者，奇正是也。兵之所加，如以碫投卵者，虚实是也。

凡战者，以正合，以奇胜。故善出奇者，无穷如天地，不竭如江河。终而复始，日月是也。死而复生，四时是也。声不过五，五声之变，不可胜听也。色不过五，五色之变，不可胜观也。味不过五，五味之变，不可胜尝也。战势不过奇正，奇正之变，不可胜穷也。奇正相生，如循环之无端，孰能穷之？

激水之疾，至于漂石者，势也；鸷鸟之疾，至于毁折者，节也。是故善战者，其势险，其节短。势如扩弩，节如发机。纷纷纭纭，斗乱而不可乱也；浑浑沌沌，形圆而不可败也。乱生于治，怯生于勇，弱生于强。治乱，数也；勇怯，势也；强弱，形也。

故善动敌者，形之，敌必从之；予之，敌必取之。以利动之，以卒待之。故善战者，求之于势，不责于人，故能择人而任势。任势者，其战人也，如转木石；木石之性，安则静，危则动，方则止，圆则行。故善战人之势，如转圆石于千仞之山者，势也。

虚实篇

孙子曰：凡先处战地而待敌者佚，后处战地而趋战者劳。故善战者，致人而不致于人。能使敌人自至者，利之也；能使敌人不得至者，害之也。故敌佚能劳之，饱能饥之，安能动之。出其所不趋，趋其所不意。行千里而不劳者，行于无人之地也。

攻而必取者，攻其所不守也；守而必固者，守其所不攻也。故善攻者，敌不知其所守；善守者，敌不知其所攻。微乎微乎，至于无形，神乎神乎，至于无声，故能为敌之司命。

进而不可御者，冲其虚也；退而不可追者，速而不可及也。故我欲战，敌虽高垒深沟，不得不与我战者，攻其所必救也。我不欲战，画地而守之，敌不得与我战者，乖其所之也。

故形人而我无形，则我专而敌分。我专为一，敌分为十，是以十攻其一也，则我众而敌寡；能以众击寡者，则吾之所与战者。约矣。吾所与战之地不可知，不可知，则敌所备者多；敌所备者多，则吾所与战者，寡矣。故备前则后寡，备后则前寡，备左则右寡，备右则左寡，无所不备，则无所不寡。寡者，备人者也；众者，使人备己者也。故知战之地，知战之日，则可千里而会战。不知战地，不知战日，则左不能救右，右不能救左，前不能救后，后不能救前，而况远者数十里，近者数里乎？

以吾度之，越人之兵虽多，亦奚益于胜败哉？故曰：胜可为也。敌虽众，可使无斗。故策之而知得失之计，作之而知动静之理，形之而知死生之地，角之而知有余不足之处。故形兵之极，至于无形。无形，则深间不能窥，智者不能谋。因形而错胜于众，众不能知；人皆知我所以胜之形，而莫知吾所以制胜之形，故其战胜不复，而应形于无穷。

夫兵形象水，水之形，避高而趋下；兵之形，避实而击虚。水因地而制流，兵因敌而制胜。故兵无常势，水无常形；能因敌变化而取胜者，谓之神。

故五行无常胜，四时无常位，日有短长，月有死生。

军争篇

孙子曰：凡用兵之法，将受命于君，合军聚众，交和而舍，莫难于军争。军争之难者，以迂为直，以患为利。

故迂其途，而诱之以利，后人发，先人至，此知迂直之计者也。故军争为利，军争为危。举军而争利，则不及；委军而争利，则辎重捐。是故卷甲而趋，日夜不处，倍道兼行，百里而争利，则擒三将军。劲者先，疲者后，其法十一而至；五十里而争利，则蹶上将军，其法半至；三十里而争利，则三分之二至。是故军无辎重则亡，无粮食则亡，无委积则亡。故不知诸侯之谋者，不能豫交；不知山林、险阻、沮泽之形者，不能行军；不用乡导者，不能得地利。故兵以诈立，以利动，以分合为变者也。故其疾如风，其徐如林，侵掠如火，不动如山，难知如阴，动如雷震。掠乡分众，廓地分利，悬权而动。先知迂直之计者胜，此军争之法也。

《军政》曰："言不相闻，故为之金鼓；视不相见，故为之旌旗。"夫金鼓旌旗者，所以一人之耳目也。人既专一，则勇者不得独进，怯者不得独退，此用众之法也。故夜战多火鼓，昼战多旌旗，所以变人之耳目也。

故三军可夺气，将军可夺心。是故朝气锐，昼气惰，暮气归。故善用兵者，避其锐气，击其惰归，此治气者也。以治待乱，以静待哗，此治心者也。以近待远，以佚待劳，以饱待饥，此治力者也。无邀正正之旗，勿击堂堂之陈，此治变者也。

故用兵之法，高陵勿向，背丘勿逆，佯北勿从，锐卒勿攻，饵兵勿食，归师勿遏，围师必阙，穷寇勿迫。此用兵之法也。

九变篇

孙子曰：凡用兵之法，将受命于君，合军聚众。圮地无舍，衢地交合，绝地无留，围地则谋，死地则战，途有所不由，军有所不击，城有所不攻，地有所不争，君命有所不受。

故将通于九变之地利者，知用兵矣；将不通于九变之利者，虽知地形，不能得地之利矣。治兵不知九变之术，虽知五利，不能得人之用矣。

是故智者之虑，必杂于利害。杂于利，而务可信也；杂于害，而患可解也。是故屈诸侯者以害，役诸侯者以业，趋诸侯者以利。故用兵之法，无恃其不来，恃吾有以待也；无恃其不攻，恃吾有所不可攻也。

故将有五危：必死，可杀也；必生，可虏也；忿速，可侮也；廉洁，可辱也；爱民，可烦也。凡此五者，将之过也，用兵之灾也。覆军杀将，必以五危，不可不察也。

行军篇

孙子曰：凡处军、相敌，绝山依谷，视生处高；战隆无登，此处山之军也。绝水必远水；客绝水而来，勿迎之于水内，令半济而击之，利；欲战者，无附于水而迎客；视生处高，无迎水流，此处水上之军也。绝斥泽，唯亟去无留；若交军于斥泽之中，必依水草而背众树，此处斥泽之军也。平陆处易，而右背高，前死后生，此处平陆之军也。凡此四军之利，黄帝之所以胜四帝也。

凡军好高而恶下，贵阳而贱阴，养生而处实，军无百疾，是谓必胜。丘陵堤防，必处其阳，而右背之。此兵之利，地之助也。上雨，水沫至，欲涉者，待其定也。

凡地有绝涧、天井、天牢、天罗、天陷、天隙，必亟去之，勿近也。吾远之，敌近之；吾迎之，敌背之。

军行有险阻、潢井、葭苇、山林、蘙荟者，必谨覆索之，此伏奸之所处也。敌近而静者，恃其险也；远而挑战者，欲人之进也；其所居易者，利也。众树动者，来也；众草多障者，疑也；鸟起者，伏也；兽骇者，覆也。尘高而锐者，车来也；卑而广者，徒来也；散而条达者，樵采也；少而往来者，营军也。辞卑而益备者，进也；辞强而进驱者，退也；轻车先出居其侧者，陈也；无约而请和者，谋也；奔走而陈兵车者，期也；半进半退者，诱也。杖而立者，饥也；汲而先饮者，渴也；见利而不进者，劳也；鸟集者，虚也；夜呼者，恐也；军扰者，将不重也；旌旗动者，乱也；吏怒者，倦也；粟马肉食，军无悬缻，不返其舍者，穷寇也。谆谆翕翕，徐与人言者，失众也；数赏者，窘也；数罚者，困也；先暴而后畏其众者，不精之至也；来委谢者，欲休息也。兵怒而相迎，久而不合，又不相去，必谨察之。兵非益多也，唯无武进，足以并力、料敌、取人而已。夫唯无虑而易敌者，必擒于人。卒未亲附而罚之，则不服，不服则难用也。卒已亲附而罚不行，则不可用也。故令之以文，齐之以武，是谓必取。令素行以教其民，则民服；令不素行以教其民，则民不服。令素行者，与众相得也。

地形篇

孙子曰：地形有通者，有挂者，有支者，有隘者，有险者，有远者。我可以往，彼可以来，曰通；通形者，先居高阳，利粮道，以战则利。可以往，难以返，曰挂；挂形者，敌无备，出而胜之；敌若有备，出而不胜，难以返，不利。我出而不利，彼出而不利，曰支。支形者，敌虽利我，我无出也；引而去之，令敌半出而击之，利。隘形者，我先居之，必盈之以待敌；若敌先居之，盈而勿从，不盈而从之。险形者，我先居之，必居高阳以待敌；若敌先居之，引而去之，勿从也。远形者，势均，难以挑战，战而不利。凡此六者，地之道也；将之至任，不可不察也。

故兵有走者，有弛者，有陷者，有崩者，有乱者，有北者。凡此六者，非天之灾，将之过也。夫势均，以一击十，曰走；卒强吏弱，曰弛；吏强卒弱，曰陷；大吏怒而不服，遇敌怼而自战，将不知其能，曰崩；将弱不严，教道不明，吏卒无常，陈兵纵横，曰乱；将不能料敌，以少合众，以弱击强，兵无选锋，曰北。凡此六者，败之道也；将之至任，不可不察也。

夫地形者，兵之助也。料敌制胜，计险阨远近，上将之道也。知此而用战者必胜，不知此而用战者必败。故战道必胜，主曰无战，必战可也；战道不胜，主曰必战，无战可也。故进不求名，退不避罪，唯人是保，而利合于主，国之宝也。

视卒如婴儿，故可与之赴深溪；视卒如爱子，故可与之俱死。厚而不能使，爱而不能令，乱而不能治，譬若骄子，不可用也。知吾卒之可以击，而不知敌之不可击，胜之半也；知敌之可击，而不知吾卒之不可以击，胜之半也；知敌之可击，知吾卒之可以击，而不知地形之不可以战，胜之半也。故知兵者，动而不迷，举而不穷。故曰：知彼知己，胜乃不殆；知天知地，胜乃不穷。

九地篇

孙子曰：用兵之法，有散地，有轻地，有争地，有交地，有衢地，有重地，有圮地，有围地，有死地。诸侯自战其地者，为散地。入人之地不深者，为轻地。我得则利，彼得亦利者，为争地。吾可以往，彼可以来者，为交地。诸侯之地三属，先至而得天下之众者，为衢地。入人之地深，背城邑多者，为重地。行山林、险阻、沮泽，凡难行之道者，为圮地；所由入者隘，所从归者迂，彼寡可以击吾之众者，为围地。疾战则存，不疾战则亡者，为死地。是故散地则无战，轻地则无止，争地则无攻，交地则无绝，衢地则合交，重地则掠，圮地则行，围地则谋，死地则战。

所谓古之善用兵者，能使敌人前后不相及，众寡不相恃，贵贱不相救，上下不相收，卒离而不集，兵合而不齐。合于利而动，不合于利而止。敢问：敌众整而将来，待之若何？曰：先夺其所爱，则听矣。

兵之情主速，乘人之不及，由不虞之道，攻其所不戒也。

凡为客之道：深入则专，主人不克；掠于饶野，三军足食；谨养而勿劳，并气积力，运兵计谋，为不可测。投之无所往，死且不北。死焉不得，士人尽力。兵士甚陷则不惧，无所往则固。深入则拘，不得已则斗。是故其兵不修而戒，不求而得，不约而亲，不令而信，禁祥去疑，至死无所之。吾士无余财，非恶货也；无余命，非恶寿也。令发之日，士卒坐者涕沾襟。偃卧者涕交颐。投之无所往者，诸、刿之勇也。

故善用兵者，譬如率然。率然者，常山之蛇也。击其首则尾至，击其尾则首至，击其中则首尾俱至。敢问："兵可使如率然乎？"曰：可。夫吴人与越人相恶也，当其同舟而济，遇风，其相救也如左右手。是故方马埋轮，未足恃也；齐勇若一，政之道也；刚柔皆得，地之理也。故善用兵者，携手若使一人，不得已也。

将军之事：静以幽，正以治。能愚士卒之耳目，使人无知。易其事，革其谋，使人无识；易其居，迂其途，使人不得虑。帅与之期，如登高而去其梯；帅与之深入诸侯之地，而发其机。焚舟破釜，若驱群羊，驱而往，驱而来，莫知所之。聚三军之众，投之于险，此谓将军之事也。九地之变，屈伸之利，人情之理，不可不察。

凡为客之道：深则专，浅则散。去国越境而师者，绝地也；四达者，衢地也；入深者，重地也；入浅者，轻地也；背固前隘者，围地也；无所往者，死地也。

是故散地，吾将一其志；轻地，吾将使之属；争地，吾将趋其后；交地，吾将谨其守；衢地，吾将固其结；重地，吾将继其食；圮地，吾将进其途；围地，吾将塞其阙；死地，吾将示之以不活。故兵之情，围则御，不得已则斗，过则从。是故不知诸侯之谋者，不能预交；不知山林、险阻、沮泽之形者，不能行军；不用乡导者，不能得地利。四五者，不知一，非霸王之兵也。夫霸王之兵，伐大国，则其众不得聚；威加于敌，则其交不得合。是故不争天下之交，不养天下之权，信己之私，威加于敌，故其城可拔，其国可隳。施无法之赏，悬无政之令，犯三军之众，若使一人。犯之以事，勿告以言；犯之以利，勿告以害。投之亡地然后存，陷之死地然后生。夫众陷于害，然后能为胜败。故为兵之事，在于顺详敌之意，并敌一向，千里杀将，此谓巧能成事者也。

是故政举之日，夷关折符，无通其使，厉于廊庙之上，以诛其事。敌人开阖，必亟入之。先其所爱，微与之期。践墨随敌，以决战事。是故始如处女，敌人开户，后如脱兔，敌不及拒。

火攻篇

孙子曰：凡火攻有五：一曰火人，二曰火积，三曰火辎，四曰火库，五曰火队。行火必有因，烟火必素具。发火有时，起火有日。时者，天之燥也；日者，月在箕、壁、翼、轸也。凡此四宿者，风起之日也。

凡火攻，必因五火之变而应之。火发于内，则早应之于外。火发兵静者，待而勿攻极其火力，可从而从之，不可从而止。火可发于外，无待于内，以时发之。火发上风，无攻下风。昼风久，夜风止。凡军必知有五火之变，以数守之。

故以火佐攻者明，以水佐攻者强。水可以绝，不可以夺。夫战胜攻取，而不修其功者凶，命曰费留。故曰：明主虑之，良将修之。非利不动，非得不用，非危不战。主不可以怒而兴师，将不可以愠而致战；合于利而动，不合于利而止。怒可以复喜，愠可以复悦；亡国不可以复存，死者不可以复生。故明君慎之，良将警之，此安国全军之道也。

用间篇

孙子曰：凡兴师十万，出征千里，百姓之费，公家之奉，日费千金；内外骚动，怠于道路，不得操事者，七十万家。相守数年，以争一日之胜，而爱爵禄百金，不知敌之情者，不仁之至也，非人之将也，非主之佐也，非胜之主也。故明君贤将，所以动而胜人，成功出于众者，先知也。先知者不可取于鬼神，不可象于事，不可验于度，必取于人，知敌之情者也。

故用间有五：有因间，有内间，有反间，有死间，有生间。五间俱起，莫知其道，是谓神纪，人君之宝也。因间者，因其乡人而用之。内间者，因其官人而用之。反间者，因其敌间而用之。死间者，为诳事于外，令吾间知之，而传于敌间也。生间者，反报也。

故三军之事，莫亲于间，赏莫厚于间，事莫密于间。非圣智不能用间，非仁义不能使间，非微妙不能得间之实。微哉微哉，无所不用间也。间事未发而先闻者，间与所告者皆死。

凡军之所欲击，城之所欲攻，人之所欲杀，必先知其守将、左右、谒者、门者、舍人之姓名，令吾间必索知之。必索敌人之间来间我者，因而利之，导而舍之，故反间可得而用也。因是而知之，故乡间、内间可得而使也。因是而知之，故死间为诳事，可使告敌。因是而知之，故生间可使如期。五间之事，主必知之，知之必在于反间，故反间不可不厚也。

昔殷之兴也，伊挚在夏；周之兴也，吕牙在殷。故唯明君贤将，能以上智为间者，必成大功。此兵之要，三军之所恃而动也。

著书篇

《孙子兵法》成书渊源浅析

孙武是一位令国人为之骄傲的我国古代历史名人。综观其一生，有两大建树：一是以“吴王客”（《越绝书》语）的身份，与楚人伍子胥、伯嚭（注：《吴越春秋》称“白喜”）等人辅佐吴王阖闾治兵、伐楚，取得“五战入郢”令中原各国诸侯为之震惊的重大军事胜利；二是继承齐国兵学文化传统，对古代战争经验进行深刻总结，舍事言理，创立了适应时代要求的兵家经典学说，为后世留下了一部闪烁古今、震撼中外的《孙子兵法》。

《孙子兵法》全文约六千字，早在战国时代已在北方流传。我国古代哲学家韩非子称：“境内皆言兵，藏孙（孙武）、吴（吴起）之书者，家有之。”

历来的兵家称颂它，是因为此书是一部研究战争全局和谋略制胜之道的经典军事力作。三国时代的政治家、军事家曹操称：“吾观兵书战策多矣，孙武所著深矣！”唐代文学家杜牧称：“孙子所著十三篇，自武死后凡千岁，将兵者有成者有败者，勘其事迹皆与武所著书一一相抵当，犹印圈模刻，一不差跌。”至今，此书仍为中外军事家津津乐道，被誉为“兵学圣典”。

历来的政治家称颂它，是因为此书透过兵家学说，昭示出一种科学的政治理念。原中央军委副主席刘华清将军称：“孙子的学说也是争取和平的学说，对于今天处理国家间关系，建立国际政治新秩序，具有重要的借鉴作用。”

历来的思想家称颂它，是因为此书包含着丰富的反映人类思想的精华。原全国政协主席李瑞环在接见第三届《孙子兵法》国际研讨会部分中外代表时称说，现代文明是人类社会创造的全部知识合乎规律的发展结果，希望通过《孙子兵法》研究工作的开展，能够推动中国传统文化的研究；通过中国优秀传统文化的弘扬，促进中国人民更加团结起来，振奋起来，把中国的事情办得更好。

历来的哲学家称颂它，是因为此书把事物间的相互依存、相互联系的矛盾对立统一的辩证观念发展到了当时的最高水平。国家图书馆馆长任继愈说，《孙子兵法》中的朴素唯物论和军事辩证法思想的丰富内容，不局限于战争这一社会现象，在认识论、方法论上也具有一般哲学意义。

历来的文学家称颂它，是因为此书文采斐然，精练隽永。南朝梁文学理论批评家刘勰称：“孙武兵经，辞如珠玉，岂以习武而不晓文也。”以此形容《孙子兵法》的语言艺术。北宋学者郑厚亦称：“孙子十三篇，不惟武人之根本，文士亦当尽心焉。其词约而缛，易而深，畅而可用，《论语》《易》《大传》之流，孟（孟轲，史称“孟子”）、荀（荀况，史称“荀子”）、扬（扬雄）著书皆不及也。”

至于国外，称颂孙武的也大有人在。如：

日本《孙子》学者服部千春作《孙子兵法校解》（中文本），称：“‘孙子’之文章，其篇法、章法、句法、字法都是完整的。再说《孙子》全篇，其体系结构具有科学，这一点是其他兵书所没有的。其首尾一贯的文章不但兼有深远性与幽玄性，并且在文学方面来说，它也提供着丰富的资料。”

美国国防大学校长劳伦斯称：“孙子兵法在美国军校中是作为教科书来学的。”

英国杰出的军事思想家丽德尔·哈特称：“《孙子兵法》是世界上最早的军事名作。其内容之博大，论述之精深，后世无出其右者。……总之《孙子兵法》是研究战争的最佳入门捷径，又是深入全面地研究战争问题时经常要参考的宝贵的材料。”

希腊陆军少将乔甘塔斯称：“即使对现代的希腊读者来说，这本书也有着重大的意义。还有，我们必须记住孙子的基本教导‘兵因敌而制胜’‘夫兵久而国利者未之有也’，‘知彼知己，百战不殆；知天知地，胜乃不穷。’”

可以这样说，孙武所著的《兵法十三篇》，已超越国界，超越时空，为人类文明社会接受并得到广泛推崇。

而今，《孙子兵法》对后世的影响已不只局限于军事领域，书中反映出的基本原则和思想，已渗透到军事以外的领域，诸如政治、外交、经济、体育等一切产生竞争、竞技乃至对抗的社会领域中被广泛地学习并运用。尤其是对企业经营管理所产生的影响和作用更是不可低估，东瀛日本经济界人士更是把孙武视为“天下第一神灵”，正是他们把《孙子兵法》运用于企业经营管理，从而在第二次世界大战结束后取得经济快速恢复和高速发展。

就是这样一部古今中外军事界、政治界、哲学界、思想界、文学界、经济界人士为之颂扬不已的高智慧名著，当代学人在探求它所昭示的真谛时，不能不寻根求源，去研究它形成的文化渊源。对此，国内学术界人士发表著论甚多，出现三种说法。

一、认为《孙子兵法》产生于齐国，是齐文化的产物

理由有四：

1.《孙子兵法》是孙武继承齐国兵学文化和兵学传统而结出的果实

齐国是一个崇尚兵学的诸侯大国。自吕尚（俗称姜太公）被周文王封侯立国后，就享有代周天子征伐有罪诸侯的特权。这种特殊的地位和权力，促使齐国把发展军事、增强实力作为立国之本。据《左传》记载，春秋战国之际由齐国组织的境外军事行动多达一百七十余起，在华夏诸侯列国中是一个具有举足轻重影响的大国。正是处于军事大国的客观环境，推动了兵学传统和兵学文化在齐国的形成和发展。著名的《太公兵法》；齐相管仲的谈兵论战篇；司马穰苴所作的《兵法》；以及孙武及其“后世子孙”孙膑所著的《兵法》，皆诞生于齐国，决非偶然。先于孙武以前的齐国已形成的兵学文化和兵学传统的肥沃土壤，为《孙子兵法》的诞生提供了深厚的思想理论基础。

2.《孙子兵法》吸收并丰富发展了齐文化中的朴素唯物论和朴素辩证法

具体表现为：彻底的无神论思想。孙武把天看作“阴阳、寒暑、时制”等自然之物，反对求神弄鬼。指出“先知者，不可取于鬼神”。这与齐国比较一贯的无

神论的优良传统相一致。唯物主义的认识论重“知”，这是《孙子兵法》的一个中心点。据统计，《孙子兵法》一书中，“知”字达七十九处，除了“知”与“不知”这对哲学范畴外，还有闻、观、见、窥、睹、视、察、虑、识、谋等大量相近的范畴，可以说通篇贯穿着“知”的问题。孙武的“知彼知己，百战不殆”，更是被后人誉为“至理名言”。此外，书中提出大量相辅相成的矛盾范畴，诸如敌我、主客、众寡、长短、生死、利害、攻守、进退、动静、虚实、奇正、勇怯、胜败、治乱、劳佚等，同齐相晏婴的“和”“同”异旨、“可”“否”互涵的辩证思想，共同构成了齐文化中方法论的主要内容。

3.《孙子兵法》博采众家学说之长，其中尤以受“阴阳说”“五行说”的影响更深

春秋战国之际，是中国古代学术文化高度发展、人们思想极为活跃的时代，而众多的学术流派，大都诞生于齐鲁大地。孙武所著的《兵法》，不仅继承并发展了古代的军事思想，形成了自己的军事理论体系；同时也广泛吸收了道家、法家、名家、阴阳家等初创阶段的学说之长，融入这部兵学名著中。兼收并蓄，容纳百家，正是齐文化所具有的开放性、兼容性的特点。尤其是早期的“阴阳说”和“五行学说”，也是在齐国产生和孕育成长起来的哲学流派，是齐文化的特色之一。这两种学说，在《孙子兵法》中都有充分的体现。如提出“五行无常胜，四时无常位，日有短长，月有死生”；“凡战者，以正合，以奇胜。故善出奇者，无穷如天地，不竭如江河，终而复始，日月是也，死而复生，四时是也。”故学者们认为，孙武在他创立的军事理论中，不仅继承了齐文化，而且对齐文化的发展作出了杰出的贡献。

4. 孙子所处的时代，还是“学在官府”

孙武出身于齐国贵族家庭，使他有条件阅读并掌握古代军事文献和有关各国兵争的材料，才能总结春秋时代乃至之前的战争经验，使之上升为军事理论，写出《孙子兵法》这样一部伟大著作。

正是依据上述理由，国内众多专家学者得出这样的结论：《孙子兵法》的产生是与齐文化的勃兴和发展相一致的；孙武创立的思想理论体系是齐文化的结晶和重要组成部分，也是齐文化这座宝库中灿烂夺目的明珠。《孙子兵法》完成于齐国，到吴国后又作了某些修改和润色，得到不断充实和完善。

二、认为《孙子兵法》根植于吴、越兵文化的土壤

理由有二：

1. 吴越地区的兵文化有着悠久的历史

有先生认为："好勇喜斗，轻死易发，是吴越地区民众和统治者的性格。吴、越两国素以军事立国，一切举措必以强兵为中心。孙武因齐国内乱而奔吴，在吴地'辟隐深居'，一面潜心研究吴、越状况，一面窥测吴国政治动向，伺机实现自身价值。而吴、越二国在长期纷争中，都积累了丰富的战术经验，孙武则把这些朴素的零星的战术经验，去芜存精，使之理论化、系统化。"并从吴越地区的地理特征、经济特征、思想特征、战略特征、战术特征五个方面作了论证。

2. 军事著作的灵魂是针对性、实用性

有先生认为：《孙子兵法》的写作动机十分明确，即是为了指导吴国的军事斗争。并引三国曹操《孙子序》："孙子者，齐人也，为吴王阖闾作兵法一十三篇，试之妇人，卒以为将"，可证此书"是为吴王而作"。

正是依据上述理由，得出的结论是：吴、越兵文化和孕育于水文化的吴文化是《孙子兵法》产生的肥沃土壤；《孙子兵法》著述于吴，诞生于吴。

三、认为《孙子兵法》是齐文化和吴越文化共同孕育而成

主要理由是：

孙武在公元前512年"以兵法见于吴王阖闾"前，其社会实践主要在齐国；为吴将后的全部实践则在吴国，且其重要性和时间上远远超过在齐国。齐国悠久的兵家传统、军事人才事迹、重大的军事活动、兵家理论，这些齐文化的内涵为孙武撰著《兵法》提供了"有源之水""有本之木"。孙武在齐国的社会实践阶段，

使他写出了兵法十三篇，这是受齐文化影响而不是吴文化影响的十三篇。孙武为吴将后，体验和感受到的是吴越文化，特别是吴越文化中的军事思想的影响，因而今天人们所见到的《孙子兵法》十三篇带有浓厚的吴越文化色彩。

正是依据上述理由，得出的结论是：《孙子兵法》源于齐文化而完善于吴越文化。也就是说，《孙子兵法》既不是单纯的齐文化产物，也不是单纯的吴越文化产物；既体现了齐文化的特色，也体现了吴越文化的特点；《孙子兵法》是齐文化与吴越文化的融合，齐文化与吴越文化共同孕育产生了《孙子兵法》。

笔者经过反复学习、比较，认为“三说”之中的第一说，即“《孙子兵法》产生于齐，是齐文化的产物”，显得客观、充分。《孙子兵法》是中国古代治兵思想从萌芽、零散，发展而形成理论体系的军事力作，具有“开基奠业”的作用和影响。而古代的治兵思想以及兵学文化、兵学传统，齐国堪称是“发源地”。齐国也是我国古代众多军事家的摇篮。

就《孙子兵法》这部兵学名著形成的文化渊源及其成书过程，笔者补充三点粗浅看法。

其一，《孙子兵法》的形成必然有一个长期累积知识的孕育过程

《孙子兵法》作为先秦军事力作，从其成书的一般过程考察，不可能“一蹴而就”，而是古代兵家孙武吸收多种学说之长，并经过长期探索、研究、积累而成。换句话说，《孙子兵法》产生之前必然经历一个较长时期的思考过程。

其二，《孙子兵法》更多地反映了中原地区的地形地貌特征

《孙子兵法》中尽管有一些有关吴、越两国的内容，如：“夫吴人与越人相恶也”；“以吾度之，越人之兵虽多，亦奚益于胜哉”等，但就总体而论，则是更多地反映了华夏中原地区用兵及地形地貌特征。据《左传》记载，孙武出生前两百余年的春秋初期、中期，中原地区曾发生数起大战，如：随、楚速杞之战（前 704）；齐、鲁长勺之战（前 684）；齐、楚召陵之战（前 656）；晋、楚城濮之战（前 632）；晋、秦的崤之战（前 627）；晋、楚邲之战（前 597）；晋、齐鞍之战（前 589）等，古代的这些重大战例应是形成兵家学说的重要源泉。

笔者以为：《孙子兵法》中的《行军篇》《地形篇》所列地形地貌，更是有着明显的中原地区的地理地貌特征。如：孙子所说的“凡地有绝涧、天井、天牢、天罗、天陷、天隙”;“地形有通者，有挂者，有支者，有隘者，有险者，有远者”;用兵之法，有散地，有轻地，有争地，有交地，有衢地，有重地，有圮地，有围地，有死地”，这些显然都非江南地区水网交织之地的地形地貌特征。

而吴、越、楚三国地处长江中下游，境内河道纵横，系布满沼泽的水网地区，民众习于以船为车，以楫为马，所谓“不能一日而无舟楫之用”。因而，三国都建有水军，擅长水战。相传伍子胥著有《水战》。然而,《孙子兵法》中并未论及水战之法。

其三,《孙子兵法》是孙武把间接得来的经验和直接参与军事实践所获得的经验二者结合的产物

军事理论来源于军事实践，如果没有丰富的军事实践，是不可能产生《孙子兵法》的。说到这一点，不能不提到伟大的民主革命先行者孙中山先生，他在《三民主义》一书中称：

> 就中国历史来考究，二千多年的兵书，有十三篇。那十三篇兵书，便成立中国的军事哲学。所以照那十三篇兵书讲，是先有战斗的事实，然后才成那本兵书。

毛主席有“人的认识来源于社会实践”的至理名言。他在《实践论》一文中说：

> 你要有知识，你就得参加变革现实的实践；你要知道梨子的滋味，你就得变革梨子，亲口吃一吃；你要知道原子的组织同性质，你就得实行物理学和化学的实验，变革原子的情况；你要知道革命的理论和方法，你就得参加革命。

从《兵法》十三篇在面见吴王阖闾前业已著成来看，孙武早期参与军事实践之地，显然不在吴国。孙武对中国乃至世界兵学作出的杰出贡献，更在于他把间接得来的经验和亲自实践（包括考察）所获得的直接经验两者结合起来，进行科学的抽象，将丰富的感性材料加以去粗取精、去伪存真、由此及彼、由表及里的改造制作，升华为具有系统性、科学性的军事理论体系，也就是学术界人士通常说的“舍事言理”，使人读后能在总体上把握住战争发展的态势和规律，从而实现“运筹帷幄于内”而“决胜千里于外”，争取主动，趋利避害，去夺取战争的胜利。

两千多年来，在人们的心目中，《孙子兵法》之所以经久不衰，与世长存，为古今中外人士折服，其重要原因就在这里。如此说来，这部孕育于齐、草成于齐，思想内容博大精深的《孙子兵法》，决非孙武年轻时所为，有人说孙武青年时期避乱奔吴，在苏州穹窿山茅蓬坞隐居地著述兵法，不仅与银雀山汉墓出土汉简本《见吴王》中所说的孙武的身份（外臣）不合；而且与其深谙兵家之道，军事、政治、思想、哲学等方面业已成熟的孙武的年龄也不合。

《孙子兵法》"明"于吴，而"言"于齐

传世的《孙子兵法》由"十三篇"组成，即《计》《作战》《谋攻》《形》《势》《虚实》《军争》《九变》《行军》《地形》《九地》《火攻》《用间》。早在战国时期，这部兵学名著已在北方流传。之后的两千余年间，更是被后人奉为指导军事斗争的圭臬。

古往今来，对这样一部杰出的古典军事力作，人们不断地寻根求源，探研《孙子兵法》产生与形成的文化渊源和历史过程。对于这方面的研究，郭化若老将军在为《十一家注孙子》一书所作的《论孙子兵法代序》中称：

> 孙子十三篇是我国古代最早最伟大的兵书，从来就被列入《武经七书》之首；日本人也推崇孙子为"东方兵学的鼻祖""兵学圣典"和"世界古代第一兵书"。……《孙子》的作者和成书的时代，是有所争论而未完全解决的。最早的历史记载是《史记·孙子吴起列传》。它认为《孙子》十三篇是孙武的著作，孙武是齐国贵族，流亡至吴，以十三篇说吴王阖闾，后来在吴为将，帮助伍员伐楚取得胜利，历来都无异议。近代逐渐有人提出不同的看法，说它的内容和文字都不像春秋时代的作品，

而是战国时代的，作者不是吴国孙武，而是齐国孙膑，也有人说是春秋战国时无名氏的作品，或是许多人的集体创作。我们认为，《孙子兵法》大体是孙武总结春秋及其以前的战争和吴伐楚的经验以及平时和吴王、伍员等研究军事的论点，整理而成的，经过百余年口授、抄录，辗转流传，到战国经过孙膑编整，增补为十三篇，这就成了《史记》所说的“世传其兵法”的著作。这部兵书传到汉代，经过长时间的传抄、附会、增减、修改以及简片的散乱、缺失、颠倒、毁损，已经不是十三篇的原样了；所以东汉班固作《汉书·艺文志》时就有《孙子兵法八十二篇图九卷》的说法。《吴越春秋》也有孙子和吴王问答的记载。传到三国时，经过曹操选择、删削、编辑、注解，“削其繁剩，笔其精华”（杜牧的话），又编成十三篇，这就是现在流传的《孙子》。

就近四十年而言，国内学术界人士发表的专论众多，出现三种观点：

一、认为《孙子兵法》深深地扎根在齐国肥沃的土壤，产生于崇尚兵学传统的军事大国——齐国，是齐文化的产物

这方面的著论，举其要者有：郭化若《论孙子兵法代序》（1962 年）；任继愈《浅谈孙子》（1992 年）；安作璋《把孙子研究推向一个新的阶段》（1992 年）；孙开泰《孙武与齐文化》（1992 年）；徐北文《关于孙子的刍荛之见》（1992 年）；张颂之《兵家文化与儒家文化》（1992 年）；王德敏《孙子兵法与齐文化》（1992 年）；谢祥皓、李政教《兵圣孙武》（1992 年）；谢祥皓《孙武军事思想的渊源及其形成》（1992 年）；骆承烈、孙子平《文、武两“圣人”》（1992 年）；顾伟康《〈孙子兵法〉与齐文化》（1992 年）；乐山、吕世忠《中国孙子与齐文化讨论会暨山东古国史研究会第五届年会综述》（1992 年）；李学勤《〈孙子〉篇题木牍与佚文》（1993 年）；逄振镐《孙武、膑（兵法）与齐文化》（1993 年）；燕国桢《从思维发展水平三个基本层次看〈孙子兵法〉的产生》（1993 年）；骆承烈《泱泱齐邦盛兵学》（1993 年）；赵金炎《孙子与齐文化》（1993 年）；荣斌《〈孙子兵法〉的时代印记》（1994 年）；黄朴民《孙子评传·齐国·军事家的摇篮》（1994 年）；刘庆《先秦齐国兵学的产生与发展》（1994 年）；李金海《孙武产生于齐原因试析》（1995 年）；黄宝

先《齐国兵学基本特征论纲》（1995 年）；刘春志、刘思起《孙子兵法教本 · 孙子兵法产生的历史背景》（1995 年）；田旭东《先秦齐国兵学渊源略论》（1997 年）；王连升《齐国的军事史 · 序》（1997 年）；刘庆《先秦南方兵学及其与齐国兵学之比较》（1998 年）；于汝波《孙子兵法研究史 ·〈孙子兵法〉酝酿产生时期——远古至春秋》（2001 年）；任重《齐国是中国兵学的摇篮》（2002 年）；颜炳罡、孟德凯《齐文化的特征、旨归与本质——兼论齐、鲁、秦文化之异同》（2003 年）；刘斌《孙武对齐国兵学文化的贡献》（2004 年）；于孔宝《先秦齐国兵学的传统与地位》（2005 年）；孟祥才《先秦兵学与齐鲁文化》（2005 年）；李桂生《先秦兵家流派初探》（2005 年）；扈光珉《滨州历史名人——武圣孙子》（2005 年）；宣兆琦《孙子兵法的齐文化内涵》（2005 年）；李零《兵以诈立——我读〈孙子〉》（2006 年）；姚有志《齐鲁兵学甲天下》（2007 年）；赵承风《齐鲁文化与齐鲁兵学》（2008 年）；赵承风、田兆广、高珊《中国兵学发祥地探源 · 古代兵学圣典〈孙子兵法〉奠基于齐国》（2010 年）；薛国安《兵学双璧的比较研究》（2012 年）；赵承风《齐国古都临淄在中国兵学史上的地位与影响》（2012 年）；黄朴民、冯良《〈孙子兵法〉成书的历史契机》（2017 年）；张大可、赵国华《兵家之祖孙武子》（2018 年）等。

上述专家学者依据各种历史文献，从“地域文化”“兵学渊源”“齐国地位”“多元学说”“家世影响”等不同角度对《孙子兵法》产生于“齐”，是“齐文化的产物”作了阐述。代表性的著论有：

中国历史学家、古文字学家李学勤作《〈孙子〉篇题木牍与佚文》，称：

> 《汉书 · 艺文志》载《吴孙子兵法》82 篇、图 9 卷，并未将 13 篇分列出来。大家知道吗？《史记》本传云：“孙子武者，齐人也，以兵法见于吴王阖庐（闾），阖庐（闾）曰：‘子之十三篇，吾尽观之矣’。”这说明十三篇系孙武自著，在入吴前业已成书。后来《孙子》篇数续有增益，到《汉志》遂有 82 篇之多，这种情形与《管子》等类似。[1]

山东省社会科学院孙子研究中心主任谢祥皓和李政教主编《兵圣孙武》一

1 李学勤：《〈孙子〉篇题木牍与佚文》，载《孙子与齐文化——海峡两岸孙子与齐文化学术讨论会文萃》，石油大学出版社，1993 年 8 月版，第 3 页。

书，称：

兵圣孙武为什么能诞生于社会大动荡的春秋晚期？原因固然很多，然而其中不可忽略的当是深厚的齐国社会文化背景。正是齐国开放进取的社会政治环境，充满活力的文化特质，悠久长远的兵学传统以及田氏家族的进步倾向和孙武本人的家庭学术渊源等诸多条件的存在和相互作用，才促使孙武能够超越前代军事家脱颖而出，成为光耀当时、泽被千古的杰出历史人物。恰如孔子这位伟大的儒家学说创始人只能诞生于周代礼乐文明传统得到保留最多的鲁国一样，兵圣孙武也不可能产生于三晋、吴、越、楚、秦或鲁国，而只能在广袤富饶的东方齐国大地上孕育成长，这是历史的必然。[1]

军事科学院研究员吴如嵩主编，刘庆、苏桂亮、初昭仑、于汝波先生合作参编的《孙子兵法辞典》，称：

孙武一生著作，主要是兵法十三篇。计五千余字，约草成于齐，入吴后又进行过修改。[2]

军事科学院研究员于汝波主编，潘家玢、苏桂亮、季德元、皮明勇先生合作参编的《孙子兵法研究史》一书，其《绪言》称：

《孙子兵法》产生以前，经历了一个长时期的孕育过程。其产生的因素是多方面的。择其要者，应有以下几点：中国远古以来，特别是春秋时期频繁、激烈、多样的战争是《孙子兵法》产生的源泉；此前已有的兵学理论成果，如《军志》《军政》、古《司马法》《令典》等，是《孙子兵法》跃上兵学峰巅的阶石；春秋时期的社会思潮，特别是关于“道”“仁”“阴阳”“保民”等的理论，是《孙子兵法》形成的文化因素；崇武尚智的齐

1　谢祥皓、李政教主编：《兵圣孙武》，军事科学出版社，1992年1月版，第49—50页。
2　吴如嵩主编：《孙子兵法辞典》，白山出版社，1993年3月版，第109页。

文化是培育《孙子兵法》这朵军事理论奇葩的沃土；孙武个人的天赋与努力，则是《孙子兵法》产生的主观因素。另外，中华民族在先秦时期就已经形成的统体思维、辩证思维、象类思维等思维方式，对《孙子兵法》理论体系的构筑起了指导性作用。这是《孙子兵法》产生于中国而不产生于外国，之所以产生于春秋而不产生于其他时期的主要原因。[1]

军事科学院研究员黄朴民作《孙子评传—— 一代兵圣的生平与思想》一书，称：

一代杰出思想家之所以登上历史舞台，既是整个社会历史大潮流激荡澎湃的必然产物，也是他本人所处的地域文化氛围熏陶孕育的逻辑结果。开放进取的社会政治环境，充满活力的文化特质，悠久博大的兵学传统，决定了孙武生于斯、长于斯的齐国成为无可争辩的军事家的摇篮。恰如孔子这位伟大的儒家学说创始人只能诞生于周代礼乐文明得到充分保留的鲁国一样，兵圣孙武也不可能产生于三晋、吴越、楚、秦或鲁国，而只能在广袤富饶的东方齐国大地上孕育成长。这是历史的必然！[2]

北京大学中文系教授李零作《兵以诈立——我读〈孙子〉》一书，称：

银雀山汉简《孙膑兵法·田忌问垒》，有一条残简，说“明之吴越，言之于齐，曰智（知）孙氏之道者。必合于天地。”这句话的意思是说，老孙家的学问固然是在吴越出的名（“明”有显赫之义，这里是出名的意思）。但写出来是在齐国。我一直怀疑，老孙家的东西，很可能是出于小孙子的整理，并且和小孙子的东西一起传世。就像《司马穰苴兵法》是附《古司马兵法》而传，广义的《孙子兵法》还是成书于齐国，带有齐特点，属于齐系统。[3]

1 于汝波主编：《孙子兵法研究史》，军事科学出版社，2001 年 9 月版，《绪言》第 2 页。
2 黄朴民：《孙子评传》，广西教育出版社，1994 年 10 月版，第 16 页。
3 李零：《兵以诈立——我读〈孙子〉》，中华书局，2007 年 7 月版，第 9 页。

山东孙子研究会首任会长赵承凤先生作《齐国古都临淄在中国兵学史上的地位与影响》一文，称：

> 中华兵学是早在两千多年前就取得领先于全人类的极其辉煌的军事科学成就。而中华兵学在其漫长的发展过程中，尤其从上古到战国时期不论从初期形成之源头，兵家人物之众多，兵学著作之丰富，对战争和军事领域影响之深远，齐国都占据极其重要的地位，稳居先秦各国之首。在齐鲁大地这片盛开中国古典兵学之花的热土上，既有中国兵学发祥之地——齐国古都临淄，又有中国兵学的奠基之人——诞生在齐国的被后人称为“兵圣”的孙武。所以从一定意义上可以说，中国兵学看齐鲁，齐鲁兵学看临淄。[1]

之后，赵先生又作《孙子与〈孙子兵法〉》一文，就《孙子兵法》的“成书地”有针对性地谈了他的观点：

> 孙子兵法是在哪里写的？是在齐国写的还是在奔吴以后写的，回答也是肯定的，是在齐国写的，是“言之于齐，明之于吴”的。这些文字也是出于临沂银雀山汉墓竹简里的记载。……如果孙武不是生活在临淄，而是生活在远离临淄的所谓什么隐居地，与齐都的兵学大家隔离，与身为将军的祖父、父亲、叔父分开，纵然是一个天才神童，也难以写出惊世之作。……因此《孙子兵法》是齐鲁文化的产物与结晶，这是不容置疑的。[2]

文化学者张大可、赵国华合作出版《兵家之祖孙武子》一书，称：

> 依据司马迁的记述，我们可以做出论断：《孙子兵法》的成书时间，不会晚于阖闾三年（公元前512），即在进见阖闾之前，孙武已经写成《孙子兵法》，因为有阖闾之言做证。我们甚至可以推断，《孙子兵法》最早的

1　赵承凤：《齐国古都临淄在中国兵学史上的地位与影响》，载山东孙子研究会编：《孙子兵学年鉴（2010—2011）》，山东省地图出版社，2013年2月版，第439—443页。

2　赵承凤：《孙子与〈孙子兵法〉》，载山东孙子研究会主办《孙子研究》，2008年第2期。

文本，就是传世的十三篇本。[1]

二、认为《孙子兵法》书成于“吴”，提出“孕育《孙子兵法》的基因是齐文化，而产生《孙子兵法》的土壤是吴文化

这方面的著论，举其要者有：罗世烈《〈孙子兵法〉与吴文化》（1993年）；管正《〈孙子兵法〉成书渊源探析》（2000年）；杨善群《孙子本事新论·孙子隐居哪里撰成兵法》（2005年）；谈世茂《孙子兵法十三篇诞生于吴地》（2006年）；姚有志《〈孙子兵法〉是吴文化的杰出代表》（2006年）；吴如嵩、霍印章《论孙子研究中的几个重要问题·孙子兵法的吴文化特征》（2006年）；杨善群《〈孙子兵法〉与吴文化的几个问题》（2006年）；孟世凯《吴文化、孙子与苏州》（2006年）；黄俊度、谈世茂《浅谈吴文化背景的孙子文化》（2006年）；汪育俊、俞朝卿《孙武对句吴文化的杰出贡献》（2006年）；王卫平《论吴国的兵学成就》（2006年）；李直《吴文化和〈孙子兵法〉的魂》（2006年）；徐亚春《浅谈春秋时期吴文化和孙子兵法的关系》（2006年）；吴如嵩《再论〈孙子兵法〉的吴文化属性》（2006年）；管正《吴文化是产生〈孙子兵法〉的土壤》（2006年）；汪育俊《孙子文化是吴文化的重要组成部分》（2011年）等。

上述专家学者从“吴文化”的产生、形成及其“表征”，对《孙子兵法》的文化属性作了新的探索。代表性的著论有：

苏州市孙武子研究会会长管正作《〈孙子兵法〉成书渊源探析》一文，内称：

> 吴国山明水秀，河网交错，居民以舟代步，是典型的水乡泽国。吴人的生活习惯、性格特点、思维方式等都有别于齐鲁楚地。吴地人民创造了辉煌的吴文化，吴文化孕育于水文化。吴文化的组成部分是吴侬软语、稻、茶、蚕桑、渔、桥、服饰文化以及书画等，都与水的特性有关。孙武受到吴文化的哺育，尤其对水在军事上的利和害，更有了透彻的认识，在撰写兵法时也就更充实、更完善了。[2]

1 张大可、赵国华：《兵家之祖孙武子》，商务印书馆，2018年1月版，第180页。

2 管正：《〈孙子兵法〉成书渊源探析》，载《传统文化研究》第8辑，白山出版社，2000年12月版，第32—35页。

之后，管先生又作《吴文化是产生〈孙子兵法〉的土壤》，从“吴国军事文化的特色”“吴国指导战争的诡诈战略思维的特征”“吴国地形地貌特点”“吴国政事特色”四个方面分别做了专题性的论述，最后的结论称：

《孙子兵法》是孙武在吴地潜心著述而成，吴地文化、吴地的军事文化，为《孙子兵法》的诞生提供了肥沃的土壤。因此，《孙子兵法》又成为吴文化灿烂夺目的一颗明珠。……如果没有吴文化土壤，是不可能诞生这部军事的参天大树的。[1]

上海社会科学院历史研究所研究员杨善群作《〈孙子兵法〉与吴文化的几个问题》，文中称：

最后从情理上讲，孙武因避乱和寻求发展机会而由齐国南奔吴地，正遇上吴国也处在多事之秋。他必然要在吴都周围寻找一个隐居之地，暂避吴统治集团内部的恶斗，而穹窿山的特点正是其最佳选择。根据近年的多方考查，这里有孙武隐居的传说，与伍子胥的隐居地甚近。周围还有孙武演兵场、吴王拜将坛、二妃墓、二妃庙等遗址，故孙武隐居著兵法地非穹窿山茅蓬坞莫属。[2]

三、认为《孙子兵法》始于齐，行于吴，是齐文化和吴越文化共同孕育而成

这方面的著论较少。就目前所知，仅见于敬民、于建华两位先生合作发表的《〈孙子兵法〉为齐与吴越文化共同孕育而成例证十二》(1992年)；刘亦冰先生作《孙子兵法与吴越文化》。前二位学者的文章称：

1　管正：《吴文化是产生〈孙子兵法〉的土壤》，载《孙子与吴文化研究》（上卷）。中央文献出版社，2006年4月版，第106—115页。

2　杨善群：《孙子本事新论》，载《滨州学院学报》。2005年第5期（总第21卷），第93页。又作《〈孙子兵法〉与吴文化的几个问题》，载苏州市孙武子研究会编：《孙子与吴文化研究（上卷）》，中央文献出版社，2006年4月版，第57页。

> 孙武在公元前512年为吴将之前，其社会实践主要在齐国，为吴将后的全部实践则在吴国，且其重要性和时间远远超过在齐国。齐国悠久的兵家传统、军事人才事迹、重大的历史军事活动、兵家理论，这些齐文化的内涵对孙武撰著《孙子兵法》提供了“有源之水”“有本之木”。孙武在齐国的社会实践，使他写出了兵法十三篇，这是受齐文化影响而不是吴文化影响的十三篇。孙武为吴将后，体验和感受到的是吴越文化，特别是吴越文化中的军事思想的影响，因而今天人们所见到的《孙子兵法》十三篇带有浓厚的吴越文化色彩。……《孙子兵法》源于齐文化，而善于吴越文化，也就是说，《孙子兵法》既不是单纯的齐文化产物，也不是单纯的吴越文化产物；既体现了齐文化的特色，也体现了吴越文化的特点。《孙子兵法》是齐文化与吴越文化的融合，齐文化与吴越文化共同孕育产生了《孙子兵法》。[1]

对于上述三种说法，笔者以为就《孙子兵法》博大精深的军事理论和细致缜密的思想体系而言，齐文化特别是齐国的兵学传统和兵学文化，以及春秋时期诸子百家学说在齐鲁大地勃起而对孙武产生的影响是第一位的；而吴越文化特别是兵文化对孙武产生的影响则是第二位的。它们之间毕竟有“主”与“次”，“源”与“流”之别。笔者同时认为：对于地处南方蛮夷之地，当时尚未形成成熟的兵学文化的吴、越两国而言，《孙子兵法》毕竟是一种“外来文化”，而非吴、越两地土生土长的“本土文化”。

笔者曾试作《〈孙子兵法〉草成于齐而诞生于吴》一文，认为：

> 所谓“草成”，是说《孙子兵法》早在他来到吴国之前业已初步完成，齐地和齐文化是它的“母体”；所谓“诞生”，是说孙武在齐地孕育并草成的兵法十三篇是他来到南方吴国后方始问世，犹如妇女“十月怀胎”在“齐”，而“一朝分娩”在“吴”。之后，经过与吴王阖闾问对、吴伐楚的军事实践以及在吴地受到的文化影响，孙武把从齐国带来的兵法

1 于敬民、于建华：《〈孙子兵法〉为齐与吴越文化共同孕育而成例证十二》，载《管子学刊》1992年第3期。

十三篇做了某些修改、充实，在功成身退后收授弟子，让更多的后生学子从他的兵法著作中得到启示，得到继承和发展。现在人们读到的《孙子兵法》，篇首都以“孙子曰”起首，可以说是孙武弘扬与传承兵学的一个“明证”。[1]

《孙子兵法》究竟是在“齐”还是在“吴”著就？其文化渊源主要是“齐文化”还是“吴文化”，或者是“齐文化”与“吴文化”交融的产物？这个问题可以继续探讨。不过，1972 年 4 月山东临沂银雀山汉墓出土竹简《孙膑兵法》，兴许能帮助我们作进一步的思考，从而作出科学理性的判断。

孙膑是孙武的“后世子孙”（注 :《史记》语），他在自著的《兵法・陈忌问垒》篇中曰 :

明之吴越，言之于齐，曰智（知）孙氏之道者，必合于天地。孙氏者……

汉墓竹简整理小组成员对此句释为 :

这里大概把孙武、孙膑的军事理论作为一家之说看待。“明之吴越”是说孙武运用此种军事理论于吴越 ;“言之于齐”，是说孙膑以此种军事理论言之于齐威王。由于兼包两个孙子而言，所以称“孙氏”，不称“孙子”。

笔者细察“明之吴越，言之于齐”，以为“前句”与“后句”既是对称又是互为联系的“复合句”。就字义而言，“明”的一个义项是“公开”（见《汉语大词典・明》）。整理小组依据《史记・孙子吴起列传》所云孙武“以兵法见于吴王阖闾”，对前句作出的解释是准确的。而对后句的解释，似有商榷之处。“言”的一个义项是“学说”（见《汉语大词典・言》），如《孟子・滕文公下》所云“天下之言不归杨，则归墨”；司马迁作《史记》，在《报任安书》篇中自云 :“凡百三十

1 陆允昌：《孙武研究新探》，白山出版社，2002 年版，第 199 页。

篇，亦欲以穷天人之际，通古人之变，成一家之言。”两处记述中的“言”字，字义相同，都把“言”看作“学说”。由此可见，后句在于说明孙武的军事学说，立言（著书）于齐，根植于齐。而从《孙子兵法》初步著成的时间判断，“言之于齐”必早于“明之吴越”。《史记》作者司马迁作《孙子吴起列传》，亦曰：“孙子武者，齐人也，以兵法见于吴王阖闾”，更印证了孙膑所言。

再说，孙膑是孙武的“后世子孙”，学术界人士公认《孙膑兵法》乃受益于其先高祖孙武。按照春秋礼制，孙膑作为孙武的“后世子孙”，是绝不会把自己与他的先高祖孙武并立齐名的。故而，把“言之于齐”释为“孙膑以此种军事理论言之于齐威王”，愚以为是欠妥的。

在此，笔者引用日本汉学家谷中信一先生所作《〈淮南子·兵略训〉论略》。他对《孙子兵法》的文化渊源，有这样一段表述，值得思考：

> 现行《孙子》十三篇，但《汉志》说“吴孙子兵法八十二篇”。关于作者孙武，班固自注有“臣于阖闾”之说，可知他是春秋时代曾供职于吴王阖闾的非常活跃的战略家。但人们不应只盯着孙子在吴的经历，而应仔细琢磨《史记·孙子吴起列传》开头一段话：“孙子武者，齐人也，以兵法见于吴王阖闾。”这说明孙武本是齐人，在去吴国之前，已经以兵法知名，或已撰成了兵法书，可见他的思想是在齐国齐文化圈中定型的，甚至连语言也保持着较浓的齐地特点——清代学者俞樾就曾指出《孙子》中使用了不少齐语。关于《孙膑兵法》的作者，《汉志》载“齐孙子八十二篇”，肯定他是齐人，说他是孙武逝世百余年后活跃在战国时代的战略家。孙武是齐人，孙膑也是齐人，而且据《史记》说孙膑是“孙武之后世子孙也”。二人的兵书在诸多概念范畴上又相通相近，兵法思想具有同一的倾向，可证他们与齐文化有不解之缘，和齐文化有着非同寻常的深度连结。《孙子兵法》不是孙武在吴形成的，而是在齐继承发展起来的。[1]

总之，齐国兵学甲天下，其悠久的军事文化传统和浓厚的兵学氛围，应该是孙武著述《兵法》十三篇的主要条件和依据，这是“理证”；而孙武的“后世子孙”

1 ［日］谷中信一：《〈淮南子·兵略训〉论略》，《孙子学刊》，1993年第3期（总第7期）。

孙膑在其所著兵法《陈忌问垒》篇中谈及的“明之吴越，言之于齐，曰智（知）孙氏之道者，必合于天地”，更是《孙子兵法》“明”于吴，而“言”于齐的最有力的“书证”。

“西破强楚”是伍子胥和孙武以智谋取胜的成功范例

公元前506年，吴国以三万兵力，千里挺进，突破号称二十万（注：有学者称“十二万”）楚国军队的层层防线，一举攻下楚都郢（郢，今湖北省江陵县北纪南城一带），迫使楚昭王慌张出逃，险些亡国。吴伐楚取得的这场决定性胜利，使吴国三代六王（寿梦、诸樊、馀祭、馀昧、僚、阖闾）梦寐以求的夙愿得以实现，为绵延七十余年的吴、楚之战画上句号。

这场“西破强楚”之战，从吴阖闾三年（前512）谋划算起，到公元前506年结束，历时六年。吴王阖闾作为最高决策者和指挥者的作用毋庸置疑；伍子胥、孙武、伯嚭（白喜）、夫概（阖闾弟）等一班谋臣也是功不可没。尤其是由“齐”入“吴”的孙武，以“吴王客”的身份，自始至终参与谋楚——伐楚——入郢的全过程，他和伍子胥的军事谋略得到成功实践。

关于这场军事行动，已有多位学者依据《左传》《史记》《吴越春秋》等书的记载做了细致的描述，毋须赘述。笔者仅就此战的“吴楚形势”“作战过程”“胜负点评”三个方面，谈一些管见。

一、大战前的楚吴两国形势

对楚、吴两国而言，此场决战既是“高潮”，也是“尾声”。

而决战前的七十余年间，恰是双方充满变数与苦涩的“前奏曲”。

早先的楚、吴两国，人文文化较之中原地区要落后一些，进入春秋时代，两国先后崛起。公元前 704 年，楚国君主熊通僭称“楚王”；百年后的公元前 585 年，吴国君主寿梦僭称“吴王”，这在以周天子为“天下宗主”的时代，无疑是一种不同寻常的越轨举动，故《左传》凡提到楚、吴两国君主，称谓用的是“楚子”“吴子”，而不用“楚王”“吴王”。

楚国位于长江中游，吴国地处长江下游，两国相距遥远，中间散布着由淮夷、东夷族建立的众多小国。早期两国相安无事，公元前 601 年，还一度结为盟友。时过 17 年，由于晋国的介入，楚、吴两国开始反目。

晋国，地处今山西省中部，与楚、吴两国的地理位置形似“△”，是一个政权比较集中的强国。楚国对中原地区早有觊觎之心，通过兼并小国，其势力范围逐渐伸向今淮河流域，对中原各国开始构成威胁。公元前 632 年，晋国联合宋、齐、秦三国组成联军，与楚国联合陈、蔡两国组成联军在城濮（今山东省鄄城县西南临濮集，一说在今河南省开封市陈留附近）激战。这是晋、楚两国为争夺中原霸权而进行的一场争战，结果晋胜楚败。晋国取胜后，放松对楚国的警惕，又与盟友秦国产生矛盾，发展到兵戎相见。趁此机会，楚国重新向中原地区用兵。公元前 597 年，楚、晋两国在邲（今河南省荥阳北）再次大战，结果楚胜晋败。在此背景下，晋国君主在吴国寿梦称王的第二年，即公元前 584 年，接受楚国亡臣申公巫臣提出的“联吴制楚”主张，开始与吴国通好，并派军事人员和战车三十辆来到南方吴国，“与其射御，教吴乘车，教之战陈（阵），教之叛楚”（《左传》语）。吴王寿梦并委任申公巫臣之子狐庸“使为行人于吴”。吴国在晋国的纵容下，开始伐楚，伐巢，伐徐，入州来，“蛮夷属于楚者，吴尽取之”。

晋国“联吴制楚”，其用意在于利用吴国力量，从侧翼牵制楚国，以维持晋国霸业。然而细细研究，吴、楚交战还有着更深层次的原因。依笔者浅见，即使没有晋国介入，吴、楚交恶乃至争战是迟早要发生的事。

理由有二：

其一，楚国势力伸向今淮河流城，开始对吴国构成潜在威胁

城濮大战后，楚军北上受阻，转而谋求向东发展。公元前 652 年至公元前 614 年间，楚国一连灭了江、六、舒、寥、宗等小国，把势力范围延伸至今安徽省霍丘、六安、舒城、桐城一带，以此作为立足之地，屯就兵力，伺机东进。其时，吴国尚处弱势，不足以与楚抗衡，只能与楚国盟好。但楚国势力东进，不能不使吴国感受到了一种实实在在的威胁。

其二，吴国自身也有对外扩张和建立霸业的需要

吴国自泰（太）伯、仲雍于周初立国以来，经过长期苦心经营，到十九世寿梦时，国力逐渐强大起来。出于自身扩张和摆脱作为楚国附庸的需要，寿梦主政后，采取两大方针：一是与中原诸国通好,以取得支持。而中原诸国出于各自的国家利益，也愿意与南方的吴国通好，共同对付野心勃勃的楚国。《左传》记载，自公元前 584 年至公元前 559 年的二十六年间,中原地区几个诸侯国先后在钟离（今安徽省凤阳县东北）、善道（今江苏省盱眙县东北）、柤（今江苏省邳县北）、向（今安徽省怀远西）、良（今江苏省邳县，因水道不通，吴王未成行）与吴国举行盟会。公元前 544 年，吴王寿梦派第四子季札赴鲁、齐、郑、卫、晋五国聘问。盟会也好，聘问也罢，说穿了都是彼此间出于国家利益的需要，以求得战略格局的平衡。二是与楚弃盟，实现西进扩张。据《中国军事史》一书记载，自公元前 584 年由吴国主动发起伐楚，至公元前 515 年的七十年间，吴、楚两国先后在边境交战 10 次，战场几乎都在今安徽、河南两省境内。十次交战，吴胜六次，楚胜一次，互有胜负三次。吴国频频伐楚，虽未能削弱拥有重兵的楚国的锐气，但开始逐步占据战略上的主动。吴伐楚的目的有两个：其一，通过伐楚，分化瓦解原先依附或游移于楚国的一批小国，使之叛楚，以减轻吴国西进扩张与楚国争雄的压力。其二，通过伐楚，控制江淮流域中部的土地、矿产资源，以振兴吴国经济实力。江淮流域地下埋藏着丰富的矿产资源，其中尤以铜、煤居多，这在兵刃器、礼器、乐器、生活器皿等大都使用青铜铸成的春秋时代，对于急于富国强兵的吴国来说，无疑有着巨大的诱惑力，故而吴国西进伐楚，不仅是为战而战，还应是“为地而战”“为夺取资源而战”。因此，在吴、楚之战尚未决出雌雄的情况下，两国争战即使稍有间歇（注：如楚康王执政期间，楚、吴两国有十多年未战），也会战事再起。可以这样说，无论是楚伐吴，还是吴伐楚，积怨已深的楚、吴两国一决雌雄的一场大战、决战，迟早总会发生。至于是由吴国主动发起，还是由楚国主动发起，最终取决于各自的战前准备。伍子胥和孙武的先后到来，无疑为吴国实现伐楚争地、争霸的战略目标提供了新的契机。

二、"西破强楚"作战过程

自公元前512年开始到公元前506年结束的这场吴、楚大战，是春秋末期华夏大地上发生的一场决定吴、楚两国命运和前途的战略决战。在这场决战中，伍子胥和孙武等人一起，辅佐吴王阖闾取得重大胜利，也使自己的军事谋略得到成功实践。

历时六年之久的吴、楚决战，大体可以划分为四个阶段：

1. 清障疲楚阶段

早在公元前515年，执政的吴王僚趁楚国君主（平王）病亡而举国发丧之机，派掩馀、烛庸两位公子率师伐楚。当年，公子光（即阖闾，吴王僚的堂兄）弑僚自立，掩余、烛庸在外得悉后，分别逃往与楚国盟好的徐国（都城在今安徽省宿县符离集一带）和钟吾国（都城在今江苏省宿迁县以北）。公元前512年，吴王阖闾与伍子胥、孙武等人谋划伐楚，决定先除掉两公子，趁机廓清淮水北岸的楚国势力。徐、钟吾两国自恃有楚国作后盾，暗助两公子投奔楚国，楚昭王把他们安顿在养城（今河南省沈丘县南），以待来日作为伐吴内应。当年十一月，吴国出兵征讨，"吴子执钟吾子，遂伐徐，防山以水之，已卯，灭徐"。接着，阖闾接受伍子胥提出的"三师以肄"的计谋，分兵袭击楚邑，待楚军出巢，则主动撤退；待楚军回防，又发起攻击，使楚国军队疲于奔命而造成失误。吴国军队趁机攻陷养城，擒杀掩馀、烛庸。此次军事行动，吴国达到"一石二鸟"的目标：既清除了威胁阖闾政权的内患，又打击了楚国的气焰，故《左传》评曰："楚于是乎始病。"

2. 诱敌惑敌阶段

吴国取得清障、疲楚的胜利后，意欲趁热打铁，一鼓作气，与楚决战。孙武分析敌我双方形势后，提出："民劳，未可，且待之。"吴王阖闾接受孙武的建议，于是暂时收兵休整。两年后，即公元前508年，吴国向楚国发起第二次攻击。这次，阖闾采纳伍子胥提出的"诡道"谋略，先策动依附于楚国的桐国（小国，都城在今安徽省桐城）叛楚，又说服群舒中的舒鸠国（小国，都城在今安徽省舒城一带），诱使楚军出动。当年十月，楚昭王派令尹（注：执掌楚国军政大权）囊瓦率师东进伐吴。吴军佯装让战船出现在豫章（今安徽省寿县附近的淮水南岸）而"潜师于巢”。楚军主力刚抵达豫章，就被吴军主力包围。吴军牢牢地控制了战场主动权，不仅败楚师，俘楚将，在回师途中还活捉了守巢大夫繁（楚王之子），作为人质，带回吴国。楚军从此由战略进攻转为战略防御。

3. 伐交联兵阶段

豫章一战后，阖闾采纳伍子胥和孙武“伐交联兵”的谋略，与唐、蔡两国联合。原先，唐国（都城在今湖北省随县西北）和蔡国（都城在今河南省上蔡县西南）曾臣服于楚，因被楚国令尹囊瓦勒索一佩、一裘、一马不从，囊瓦谗言于楚昭王，就把唐、蔡二国君主软禁在楚都达三年之久。唐、蔡二国君主后被释放回国后，发誓叛楚，但又无计可施。伍子胥和孙武认为可以利用唐、蔡二国与楚国的矛盾，争取二国加盟，共同对付楚国。此意为唐、蔡二国君主接受。为表示合谋伐楚的决心，蔡国君主“以其子与大夫之子为质于吴”（《左传》语）。吴、唐、蔡三国结成同盟，加上中原诸国对吴、楚争战持“隔岸观火”的态度，使楚国在政治上陷于孤立，为吴国最终发起对楚国的总攻制造了有利战机。

4. 直捣楚都阶段

经过精心谋划，吴、楚二国决战终于在公元前506年冬季开始实施。在阖闾统率和伍子胥、孙武等一班谋臣辅佐下，吴国军队从吴都出发，越太湖，沿胥溪（今太湖以西直通长江的水道），入巢湖，达淮水。然后沿淮水西进，在淮汭（今河南省潢川北，淮河西南转弯处）弃舟登陆，与唐、蔡两国军队会合，穿越桐柏山脉与大别山山脉之间的大隧、直辕、冥隘三处隘口南下，在今湖北省汉川县以东，与赶来堵截吴军的楚军夹汉水而阵。由于囊瓦贪功心切，听从属下挑拨，不待完成对吴军的迂回包抄，就急着率领楚军主力越过汉水，出击吴军，结果楚军连遭重创。吴军趁势越过汉水，抵达柏举附近，再次与楚军对阵。当年十一月十九日清晨，夫概王率领五千吴军，攻击楚军，楚师乱。囊瓦自知难以御敌，又怕楚昭王追究其罪责，竟然弃军出逃，投奔郑国。柏举一战，楚军主力被歼，元气大伤，犹如惊弓之鸟，慌忙后撤至清发。夫概王运用“半济而击”的战术，利用楚军渡河首尾不能相顾的战机，再次发起攻击，楚军连连失利，被迫撤至雍澨（今湖北省京山县西南），后虽有执行迂回包抄的另一支楚军由息（今河南省息县西南）回防，在雍澨小胜吴军，然而经过再次激战，楚军已无斗志。楚国都城完全暴露在吴军面前。吴军趁势而入，十一月二十八日，即柏举之战后的第十天，吴军集中兵力攻打楚国都城郢，在强大的攻势下，楚昭王不得不带着他的妹妹和贴心大臣、侍从，弃城而逃，“入于云中（云梦泽）”。吴国大军入郢。吴、楚二国决战。终于以吴军全胜而告终。

三、吴楚之战胜负点评

为时六年的吴国“西破强楚”之战，以吴国全胜、楚国惨败而落下帷幕。从此吴国威行天下，而楚国一时“风光不再”。古语说：胜败乃兵家常事，然而胜者何以胜，败者何以败，很值得后人思考。笔者年轻时虽投笔从戎十四年，然因工作性质关系，一直无缘入门兵学，如果要从军事角度去对吴、楚双方胜负做一番细细的评说，肯定是捉襟见肘，故只能做粗粗的点评。

1. 先说败方楚国

楚国原是一个强国，最后竟惨败于吴，究其原因主要有三：

其一，长期穷兵黩武，招来政治上孤立

楚国是一个穷兵黩武的国家，春秋时，先后被楚国吞灭的小国有 45 个（见范文澜《中国通史简编》修订本，第一编），疆域扩大，号称“有地千里”。接着又恃兵力强大，觊觎中原，气势咄咄逼人。这就使中原各国对楚国存有戒心。此次吴、楚决战，中原一些诸侯国采取“隔岸观火”策略，足见楚国在政治上处于孤立。

其二，吏治腐败，造成国人不满

楚平王执政时，重用奸佞，听信谗言，陷害忠良（伍子胥之父、兄，伯嚭之父被杀），“民莫不知”（《左传》语）。楚昭王即位后，任用囊瓦为令尹。此人独断专行，贪赃枉法，为索贿一佩、一裘、一马而囚禁唐、蔡二国君主长达三年，如此吏治，怎能不伤及楚国原本有病的肌体？

其三，指挥失度，丧失战机

当吴军与楚军“夹汉水而陈（阵）”时，作为前线总指挥的囊瓦，听信身边小人之言，为与左司马沈尹戌争功，不惜背弃先前约定，急于组织楚军主力越过汉水，寻找吴军决战，使吴军主力避免了被夹击的危险。更由于楚国向恃强大而低估了吴国实力，在楚军倾巢出动、远离都城之后，没有部署足够兵力，加强后方防御，造成柏举一战失利后，已无回天之力，吴军得以快速推进，一举攻陷楚都。

正是基于上述原因，楚国焉有不败之理？！

2. 再说胜方吴国

吴国原先还不是一个强国，组织此次吴、楚大战，兵力只有三万，只及楚国兵力的六分之一左右，最后竟全胜于楚，究其原因主要有三：

其一，君臣同心，上下同欲

吴军自起兵至入郢，始终保持高昂斗志。阖闾是一位聪明的君主，弑僚自立，名声固然不好，然而后来推行富民强国新政，“视民如子，辛苦同之”（《左传》语），使吴国上至君主，下至庶民，上下同欲。吴军入淮后，弃舟西进，大有“背水一战”不入楚都誓不还兵的气概和决心。孙武治军的能力，“吴宫教战”已有生动描绘。有贤明的君主统率，更有庶民、士卒的支持，再强的敌人对此也会无可奈何。

其二，不拘一格，广揽人才

与中原各诸侯国采取卿、大夫世袭制相比较，吴国无此世俗偏见。从《左传》记载的吴国历史中，寿梦当政时，执掌国家外交事务的“行人”，是楚国亡臣申公巫臣的儿子狐庸。阖闾当政后，执掌国家外交事务的“行人”和“太宰”，分别是从楚国亡命奔吴的伍子胥和伯嚭；后来入吴为将的则是齐人孙武。吴国不拘一格用人才，尤其是敢于启用外来人员担当重任的做法，在古代也属少见。

其三，在军事行动上，大胆“采用伍子胥和孙武之谋”，使战场的主动权牢牢地掌控在手

对吴国来说，这一条尤为重要。孙武入吴时已向吴王阖闾进献兵法十三篇，之后围绕军事问题又相与问答，可见吴王阖闾是一位通晓兵家学说的军事家。历时六年的此次吴、楚之战，作为“吴王客”的孙武所起的作用是很大的。

总体而言，笔者以为孙武在此次吴、楚决战中的作用在于“谋略”。尽管兵法十三篇中没有“谋略”两字，然而不可否认，十三篇的每一篇讲的几乎都是“军事谋略”和“谋略的运用”，这是审视军事斗争、决定战争成败的最重要的法宝。符合实际的谋略，决不是“眉头一皱，计上心来”，而是来源于“知”。在《孙子兵法》一书中，孙武提出的“知彼知己”“知天知地”以及“知之者胜”“不知者不胜”，可谓是充满唯物论的“至理名言”。吴国之所以用六年时间才完成“五战入郢”，是因为他们知道对手是一个强国，因此，只能采取制造局部优势、积小胜为大胜的做法，一步步地去实现战略目标，而不是急躁用兵。吴国之所以采取水陆兼程的做法，先北上入淮，然后沿淮水西进，在淮汭弃舟登陆，再穿越大山隘口，南下抵达汉水，与楚对阵，行程足足三千余里。如若沿长江西行，虽然路程可缩短三分之一，却不能避开大江风浪和“逆水行舟”带来的风险。因而采取水陆兼程，出其不意地深入到楚国腹地，使楚军猝不及防而陷于被动。凡此种种，都说明吴国的军事谋略要胜出一筹。至于此次大战过程中实行的“三师以肄”“伐交联兵”“半济而击”,应该说是伍子胥和孙武等人运用军事谋略的成功例子。司马迁在《史记·孙子吴起列传》篇中，用“阖闾知孙子能用兵，卒以为将，西破强楚，入郢”；在《史记·伍子胥列传》篇中，又称“吴以伍子胥、孙武之谋，西破强楚”，就是对伍子胥和孙武在此次吴、楚大战中运用谋略而取胜的最好评价。正是基于上述原因，吴国焉能不胜？！

此次吴、楚交战，以吴国全胜、楚国惨败而落下帷幕。这是我国春秋晚期华夏大地上发生的一场规模宏大的战争。尽管仅是吴、楚两国之间的争战，然而这场战争给吴、楚两国乃至中原各国产生的影响，恐怕谁都始料不及。其影响是：原先的春秋战略格局被打破，被撕裂，而新一轮的列国纷争的战国时代犹如孕育于母体中的胎儿，即将呱呱堕地。随着时代的前进，各诸侯国的命运随之发生更为深刻的变化。

“春秋无义战”，这是一位哲人对我国春秋战国时代列国之间发生的不下百余次大大小小争战的概括。吴、楚决战也是如此。吴、楚交战的这段历史，现今如过眼烟云，随着时代脚步的前进、跨越，早已被人遗忘殆尽。然而唯一不被人们遗忘的，是孙武的英名和他留给后世的不朽名著——《孙子兵法》！

《孙子兵法》传世典藏古本

《孙子兵法》银雀山汉墓竹简本

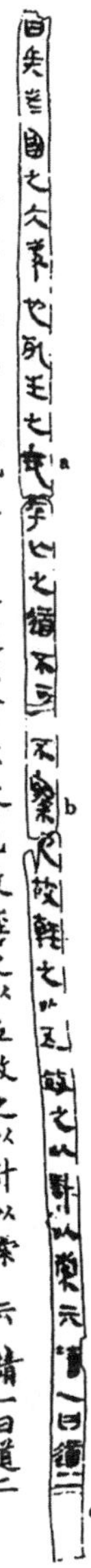

曰兵者國之大事也死生之地存亡之道不可不察也故輕之以五效之以計以索 亓請一曰道二

一

曰天三曰地四曰將 五曰法道者令民與上同意者也 故可與之死可與之生民弗詭也天者 陰陽寒

二

暑時制也順逆 兵勝也地者高下廣陜遠 近險 易死生也將者知

曲制

三

官道主用也凡此五者

四

孰能天地孰得法

孰強士卒孰練 賞罰孰明吾以此知勝

計用之必勝

五

用而視之不用近而視之遠 而視之近 利而誘之亂而取之實

之強而 之怒

六

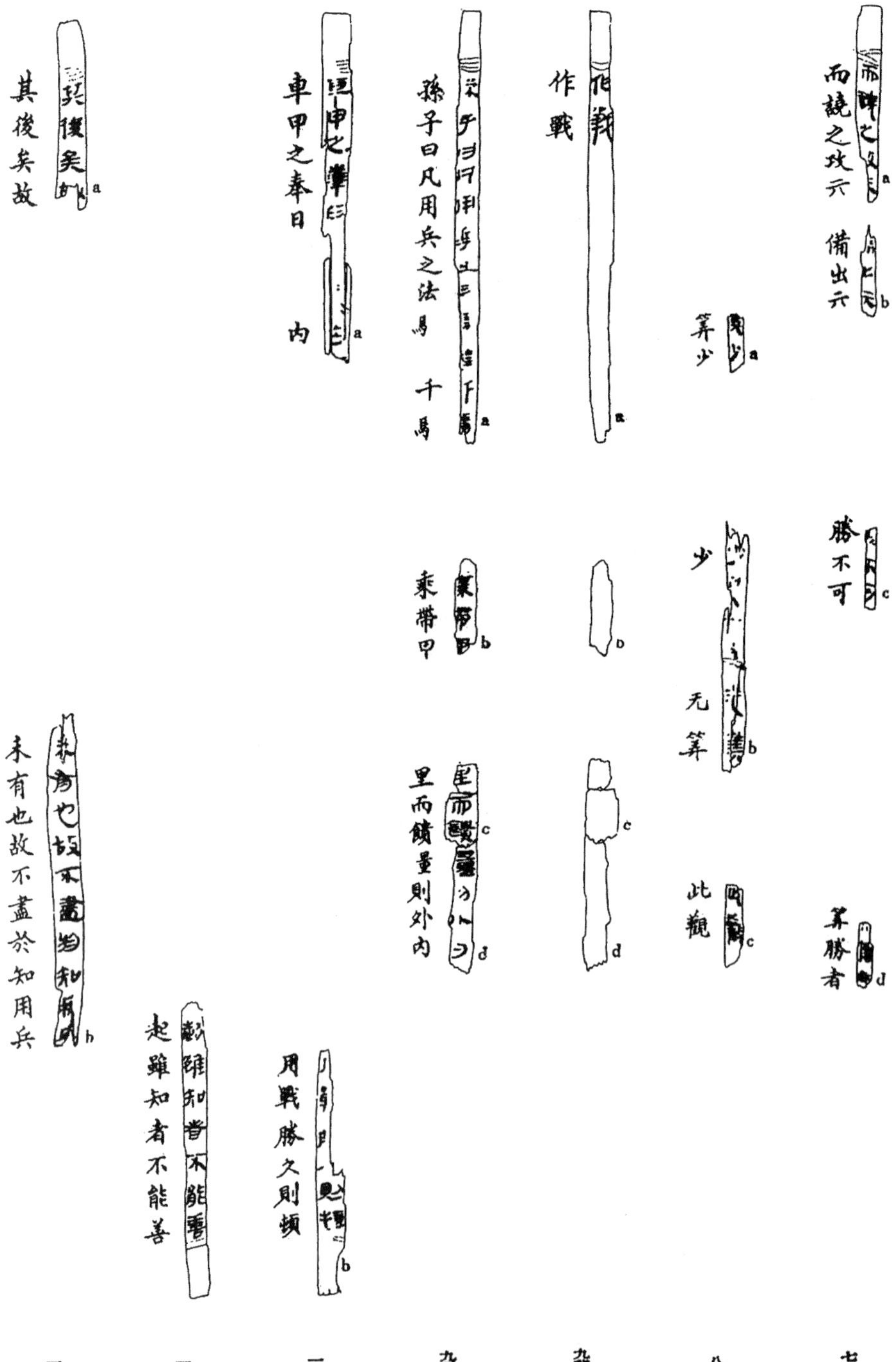
而饒之攻六
a
備出六
b
勝不可
c
算勝者
d
七
算少
a
少
无算
b
此觀
c
八
作戰
a
b
c
d
九背
孫子曰凡用兵之法馬 千馬
a
乘帶甲
b
里而饋量則外內
c
d
九正
車甲之奉日 內
a
用戰勝久則頓
b
一〇
起雖知者不能善
一一
其後矣故
a
未有也故不盡於知用兵
b
一二

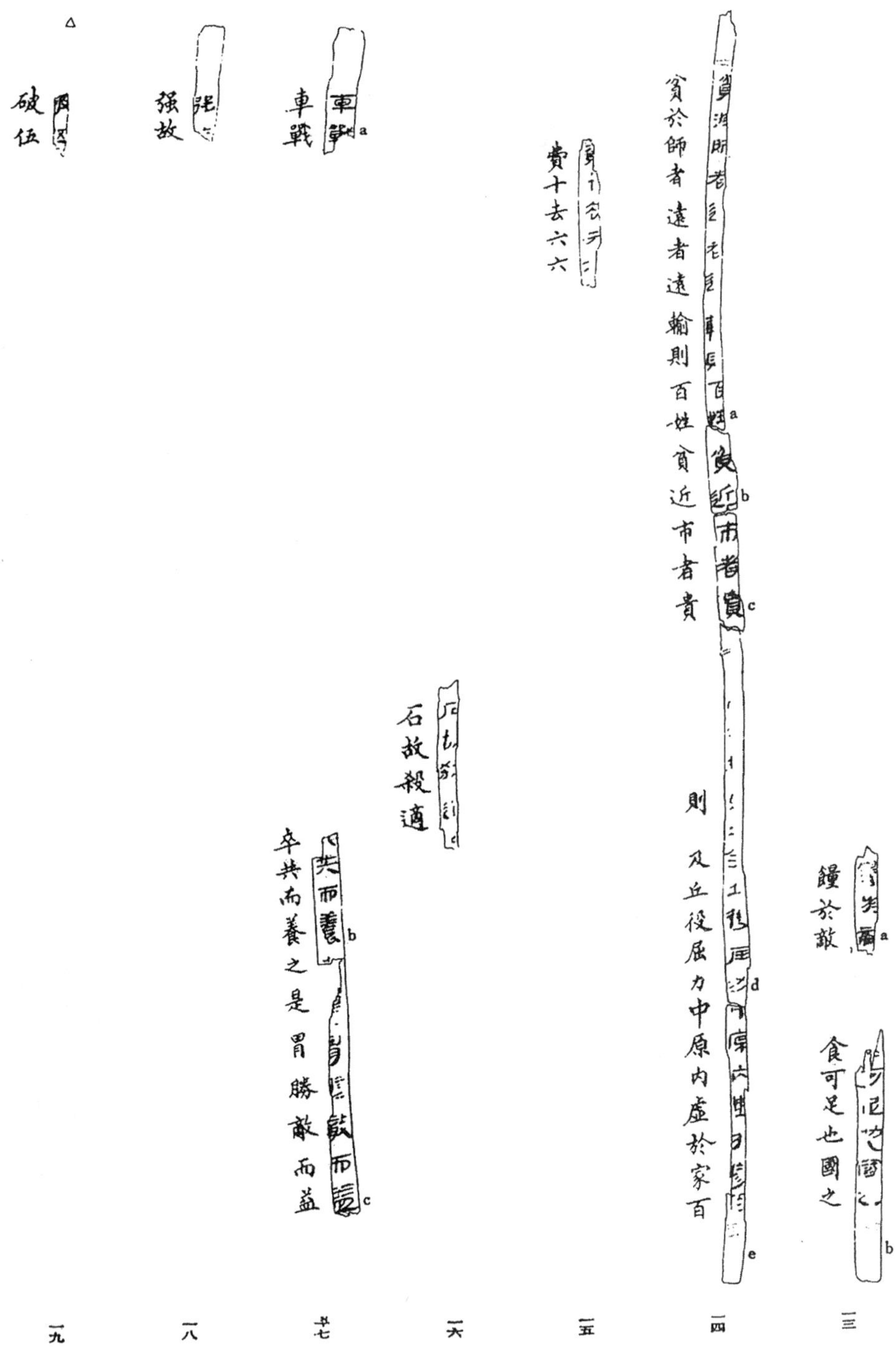
鍾於敵 a
食可足也國之 b
一三
貧於師者遠者遠輸則百姓 a 貧近 b 市者貴 c
則 及丘役屈力中原 d 内虛於家百 e
一四
貴十去六六
一五
石故殺適
一六
車戰 a
卒共而養 b 之是胃勝敵而益 c
一七
强故
一八
△
破伍
一九

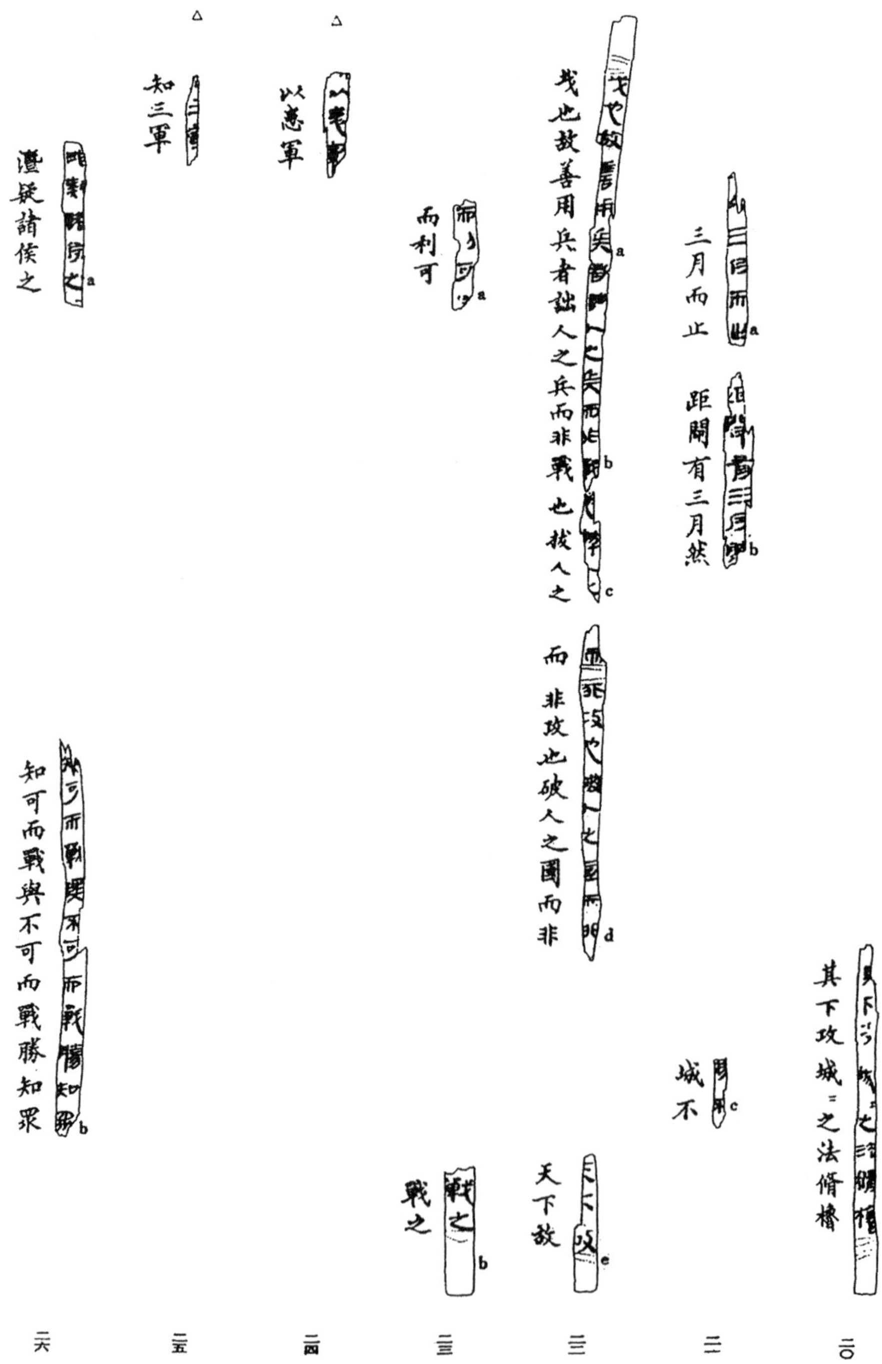
二〇 其下攻城=之法脩櫓
二一 三月而止 a 距闉有三月然 b 城不 c
二二 戰也故善用兵者詘人之兵而非戰也拔人之 a b c 而 非攻也破人之國而非 d 天下故 e
二三 而利可 a 戰之 b
二四 △ 以患軍
二五 △ 知三軍
二六 遷疑諸侯之 a 知可而戰與不可而戰勝知眾 b

虞侍不

故兵知皮知己百 戰不

一二七

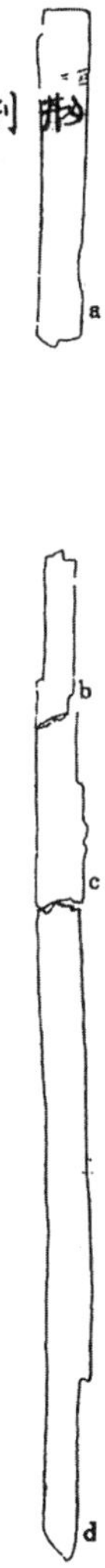

刑

一二八背

孫子曰昔善

勝以侍適之可 勝 不可勝在己可勝在適故善者

一二八正

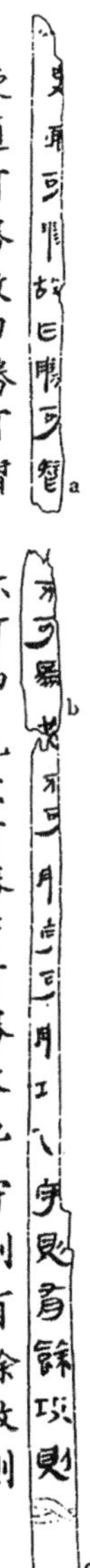

使適可勝故曰勝可智

不可為 也不可勝守可勝攻也守則有餘攻則

一二九

不足昔善守者臧 九地之下動九

衆人之所知非善

一三〇

曰善非 也舉

力視日月不為明目 聞雷霆 不為蔥耳

一三一

所胃善者勝易勝 者也故善者之戰無奇

無智名無勇功故其勝不=貸者

一三二

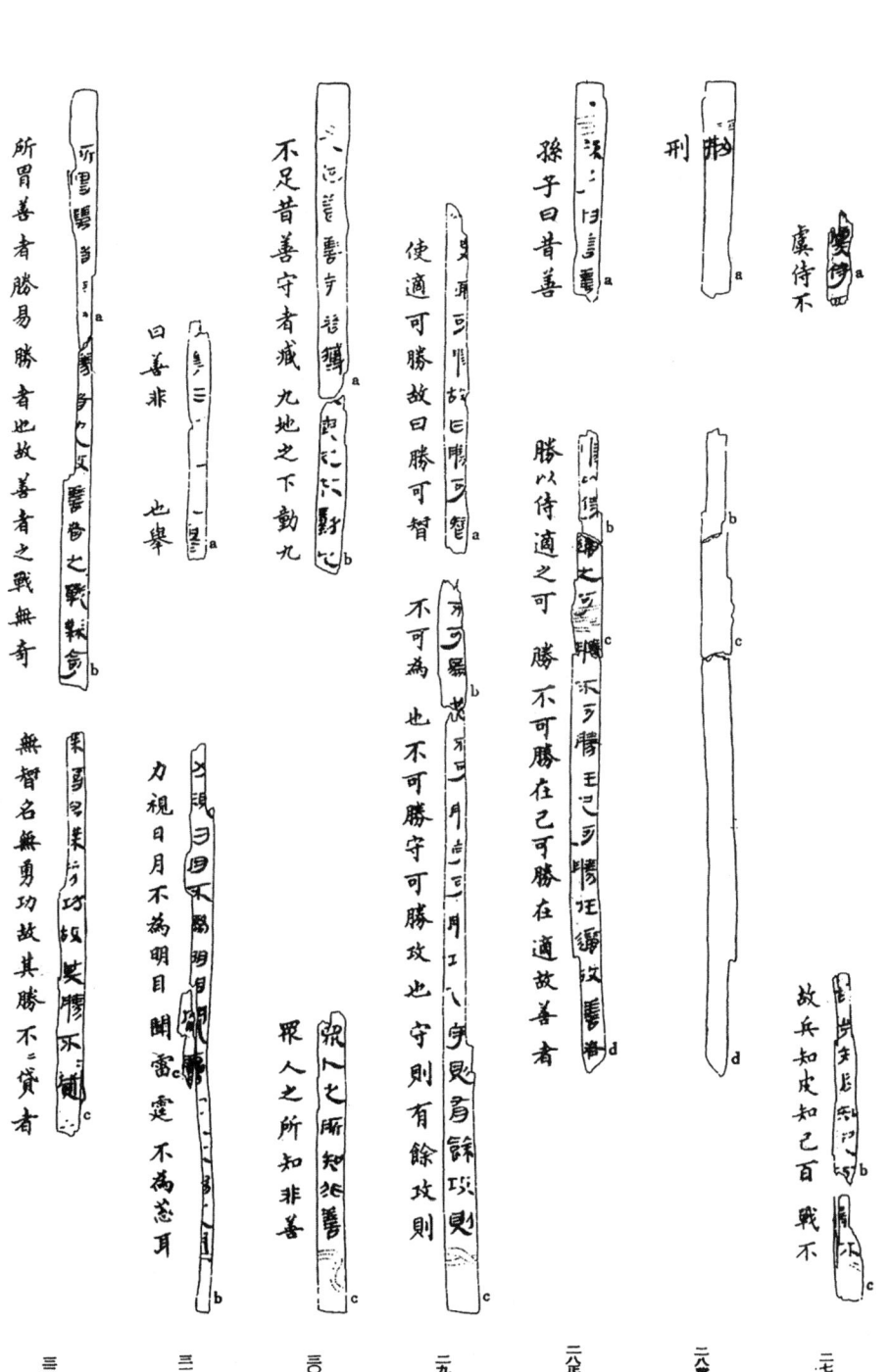

勝　　後戰敗
二三

而後求勝故善者脩道　　法故能為勝敗正法一曰度二曰量三曰數四曰稱五曰勝地
二四

生稱生勝=兵如以洫稱朱敗兵如以朱稱洫稱勝者戰民也如決積
二五

水於千仞
二六

勝而　　適之可勝不可勝在己可勝在適故善者
二七

能為不可勝　　可勝故
二八

也守則有餘攻則不足昔善守者藏　　九地之下動九天之上故　　能自葆全
二九

四〇 見勝 過衆人之智非善者也戰勝而 天下曰善

四一 易勝者也故善

四二 奇勝無智名無 功故其勝不=貣=者 其所錯 勝敗者也善

四三 勝兵

四四 敗正法一曰度二曰量 三曰數四

四五 生勝=兵如 以溢稱朱敗兵如以朱 稱溢稱 者戰民也如決積

四六 卯之埤刑也

執

四七背

治眾如治寡分數　是鬭眾

可使畢受適而无敗　正

四七正

如以段

窮如天地无謁　如河海冬而復始日月是

四八

變不

之變不可勝窮也　奇正環相生如環之毋端孰能窮之水之疾至

四九

可敗亂生於治脅生於恿弱生於強治亂數也恿脅埶也強

五〇

也善動適者刑之適必從之

取之以此動之以卒待之故善戰者求之於埶弗責於

五一

木=石=之生安則靜　危則動方則

五二

五二背
實虛

五三正
先處戰地而侍戰者失後處戰地而趨戰者勞故善戰者致人而不
人能使適
至者利

五四
之也能使適
能勞之飽能飢之者出於亓所必
行千里而不畏

五五
行无人之地也攻而必
所不守也守而必 固守亓所必
者適不知所守善守者

五六
適不知
故能為 適司命進不可迎者衝
可止者遠

五七
適不得不
者攻亓所

五八
之適不得與我戰者膠亓所之也 故善將者刑人 而无刑
槫而適分我槫而為壹適分而為

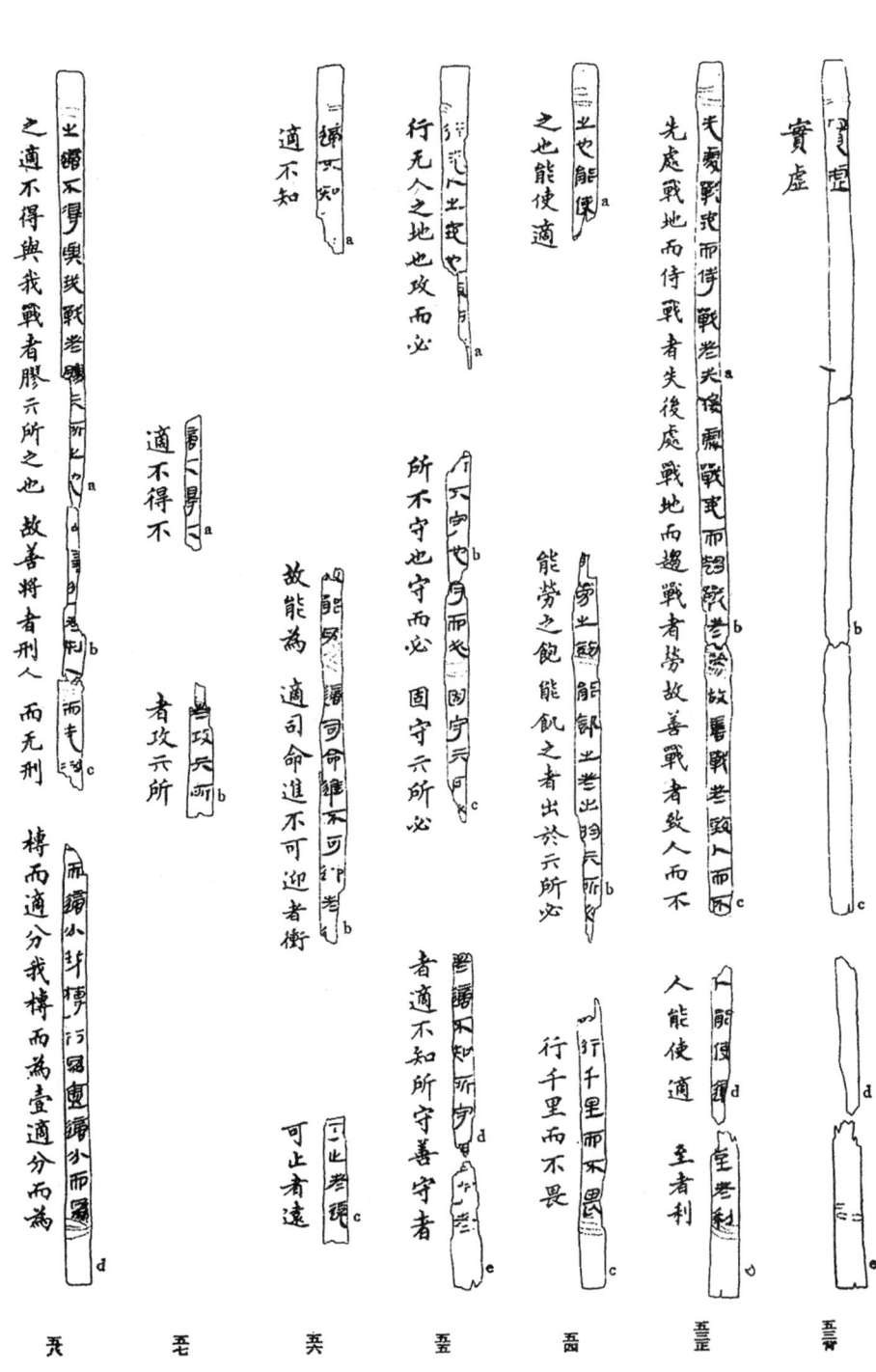

五九 十是以十擊壹也我寡而適衆能以寡擊　　地不可知則適之所=備者=多=

六〇 則所戰者寡矣備前　　者右寡无不　備者无不寡=者備　　衆者使人備己者也知

六一 戰之日知戰之地千里而戰不　　日不知　戰之地前不能救後=不能救前左不能救

六二 不能救左皇遠者數十里近者數里　　勝哉故曰勝可擅

六三 也適唯衆可毋斫也故績之而知動　　死生之地計之　　得失之　之

六四 餘不足之　刑兵之極至　於无刑　則深　閒弗能規也　知者弗能謀也　因刑而錯勝

六五 制刑所以勝者不　　兵刑象

水=行辟高而走下兵勝辟實擊虛故水因地 而制行兵因敵而制勝兵 无成埶 无恒刑

六六

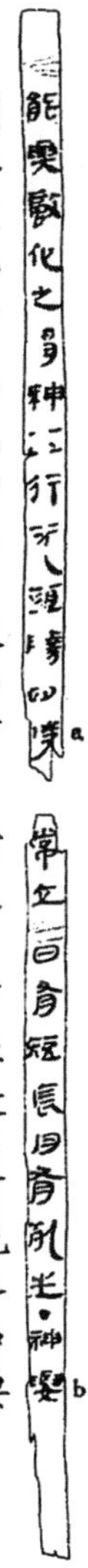

能與敵化之胃神五行无恒勝四時 常立 日有短長月有死生•神要

六七

以 為直以患 而詐之

六八

後人發先人至者知迂直之計者也軍爭為利 軍爭 危舉軍 而爭利則 不及委軍而

六九

利則輜重捐是故絭甲 而趨利 處信

七〇

者後則十一以至五十里而爭利則厥上將法以半至 軍毋輜重

七一

糧食則亡无委責則亡是故不知諸侯之謀者不 刑者不

七二

一三 能行軍不 鄉道 動以 合變

一四 △ 難知

一五 分利縣權而動先知汙直之道者 軍爭之法也是故軍 鼓金視不

一六 相見故為旌旗是故晝戰多旌旗夜戰多鼓 金旌旗者所以壹民之耳目也民濇已槫

一七 勇者不

一八 △ 將軍可奪心

一九 用兵者辟亓兌氣 氣者 遠以失

勞以飽待飢此治力者也毋要　癠=之旗毋擊堂=之陳此治變者

八〇

倍丘勿迎詳北勿從圍師遺闕歸師勿謁　此用衆之法也　四百六十五

八一

瞿地

地則戰

八二

攻　地有所不爭

於九

八三

△

能得地

八四

利故務可　信雜於害　故憂患可

八五

不攻

不可攻故將有五

八六

八七 殺必生 絜 廉可辱 愛民可

八八 危不可 不察也

八九 處高戰 降毋登 處山之

九〇 此處水上之軍 交軍沂澤之中依

九一 死後生此處陸

九二 凡四軍之利黄帝之

九三 无百疾陵丘隄 處亓陽而右倍之此兵之利地之助也上雨水=流至止 涉侍亓定

天井天窖天離天䧟天 郄必亟去之勿　遠之敵近之吾

九四

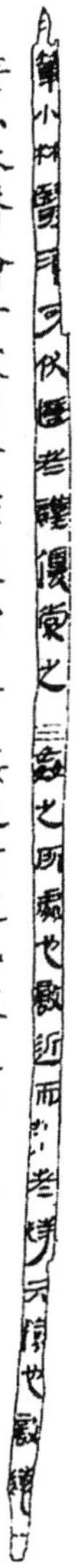
箄小林翳薈可伏匿者謹復索之　姦之所處也敵近而　者恃亓險也敵遠

九五

進者亓所居者易

九六

軍者也　庳而備益者進也辭強而　毆者退也輕車先出居廁者

九七

請和者謀也奔走陳兵者期也半進者誘也杖而立者飢也汲役先歙

九八

而不進者勞拳也鳥朩者虛也夜虖者恐也軍獿者將不重也

九九

垂者不反亓舍者窮寇也　=閒=　言人者失亓衆者也數賞者窘也數罰者

一〇〇

一〇一 相去也必並察此 兵非多益毋

一〇二 而罰之則不服=則難用也卒已榑親而 罰不行則不用故合之以交濟之以

一〇三 行以教亓民者民服素

一〇四 地有坙地有爭地有交地有瞿地有重

一〇五 地有泛地 圍地有死地諸侯戰 地為散

一〇六 而得天 之衆者為瞿入人之地深倍城邑多者為重行山林沮澤凡難行之道者為

一〇七 寡可 吾衆者為圍疾則存不疾則亡者為死是故散

一〇八

輕地則毋止爭

瞿

一〇九

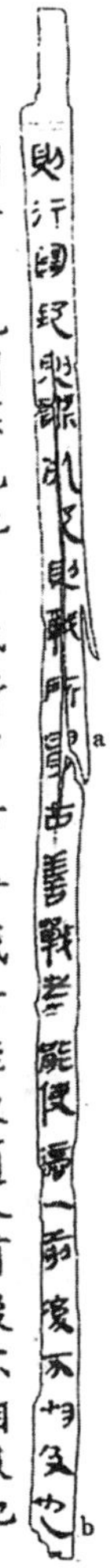

則行圍地則謀死地則戰所胃古善戰者能使適人前後不相及也

一一〇

適眾以正将来侍之

何曰奪

一一一

聽

之青主數也乘人之不給也

一一二

食謹養而 勿勞弁

謀為不可賊投之

一一三

毋所往死且不北死焉

無所往則

一一四

所往則鬭 是故不調而戒不

一一五

非悉貨也無餘死非悉壽也 令發 士坐者涕 卧

一一六

投之無所往者諸歲之勇也、故善用軍者 辟如衛=然=者恒山之

一一七

擊亓尾則首至擊亓中身則首尾俱至敢問貝可使若衛然虖曰可越人與吳人相

一一八

惡也當亓同周而濟也相救若 齊勇若一

一一九

已也將軍之事

一二〇

之耳目使無之易亓事 使民無識易亓 于亓 使民不得

一二一
△

入諸侯之地發亓幾 若毆羣

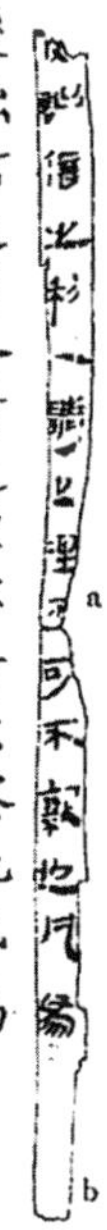

變詘信之利人請之理不可不察也凡為

一二二

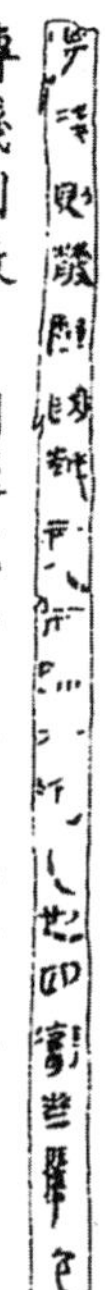

榑淺則散　國越竟而師者絕地也四徹者瞿地也

一二三

者輕地也倍固前　地也倍固前適　者死地也毋所往者窮地也

一二四

散地吾将壹亓志輕地吾将使之僂爭地吾将使不留交地也吾将固亓結瞿

一二五

地也吾将謹亓恃　地也吾将趣　其後泛地也吾将進其　圍地也吾将塞

一二六

死地　矦之請遝則禦不得已則鬭過則從

一二七

利四五者一不智非王霸之兵也彼王霸　之兵伐大國則亓衆不

一二八

則亓交不　合是故不

一二九

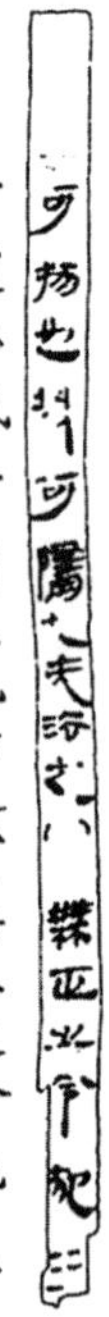

可拔也城　可隋也无法之賞無正之令犯三

一三〇

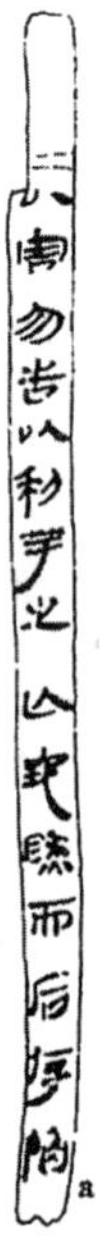

a

以害勿告以利芋之亡地然而后存陷

b

於害然后能為敗為

一三一

△

將此胃巧事是故正與

一三二

其使厲於郎上以誅亓事　適人開闔必亟入之先亓所愛　微與

一三三

決戰事是故始如處

一三四

a

b

c

火攻

一三五背

一三五正 孫子曰凡攻火有五一曰火人二曰火漬三曰火輜四曰火庫五曰火 火有因因=必素具發火有時起火有日

一三六 時者天 四者風之起日也火發

一三七 火發其兵靜而勿攻極其火央可從而從 止之火可發於外毋寺於内以時發之火發

一三八 上風毋攻 久夜風止 之變以 數守之故以火佐攻者明以水佐攻者强水可

一三九 得不隋其功者凶命之曰費留故曰明主慮之良將隨之非利

一四〇 不用非危不戰主不可以怒興軍將不 可以温戰合乎利而用不合而止怒可復喜也

一四一 温可復

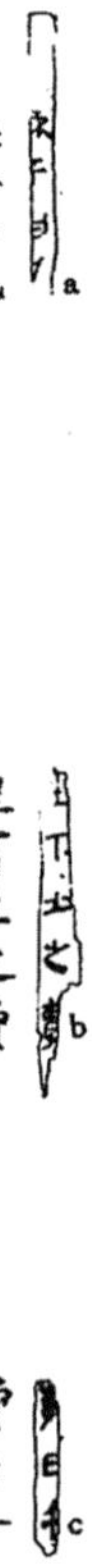

一四二 孫子曰凡 里百生之費 費日千

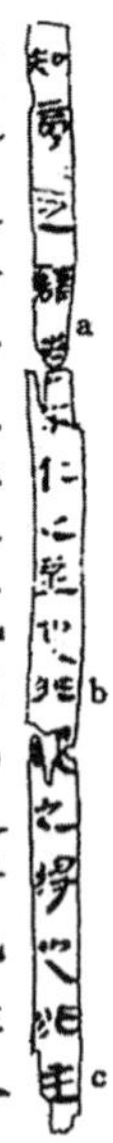

一四三 知適 之請者不仁之至也非民之將也非主

一四四 之往也故 不可象

一四五 不可驗於度必取於人知者故用閒 有五有 閒有 内閒有 反閒有死閒有生閒 知亓

一四六 神紀人君之葆也生閒者反 報 鄉人而用者也内閒者因 反

一四七 三軍之親莫親於閒

一四八 賞莫厚於閒事莫密於閒非聖 非 仁不能使

之葆密=戕=毋所不用閒 a

事未發聞閒 b

玫人 c

一四九

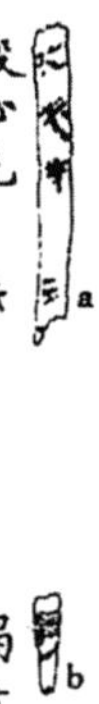

殺分先 六 a

謁者 b

一五〇

周也因是而知之故鄉閒內閒可得而使也

一五一

五閒之事必知之 a

可不厚也 b

在夏 c

一五二

周之興也呂牙在 a

衛師比在陘·燕之興也蘇秦在齊唯明主賢將能 b c

一五三

吳問

一五四背

吳王問孫子曰六將軍分守晉國之地孰先亡孰固成孫子曰范中行是先亡孰為之次智是為次孰為之

一五四正

次韓魏為次趙毋失其故法晉國歸焉吴王曰其説可得聞乎孫子曰可范中行是制田以八十步為

一五五

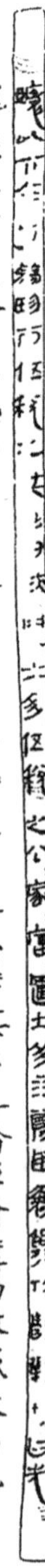

畹以百六十步為畛而伍税之其　田陜置士多伍税　之公＝家＝富＝置士多主喬臣奢冀功數戰故曰先

一五六

公家富置士多主喬臣奢

一五七

a

b

冀功數戰故為范中行是次韓魏制田以百步為畹　以二百步為畛而伍税　其畛田陜其置士多伍

一五八

税之公＝家＝富＝置士多主喬臣奢冀功數戰故為智　是次趙是制田以百廿步為畹以二百卌步為畛公

一五九

无税焉公家貧其置士少主僉臣收以御富民故曰　固國晉國歸焉吴王曰善王者之道　厚

一六〇

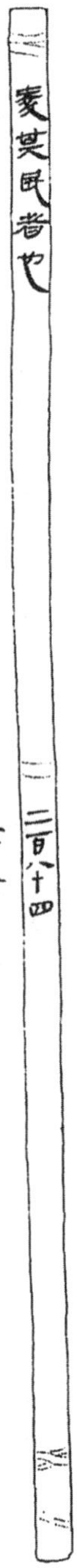

愛其民者也

二百八十四

一六一

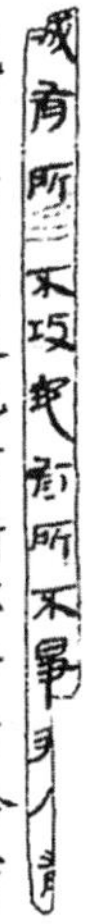
城有所 不攻地有所不爭君令有
一六二

徐之所不由者曰淺入則前事不信深入則後利 不椄動則不利立則囚如此者弗由也
一六三

軍之所不毄者曰兩軍交和而舍計吾力足以破 其軍 獾其將遠十之有奇埶巧權於它而軍
一六四

將如此者軍唯可毄弗毄也
一六五

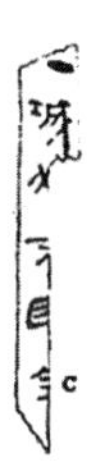
城之所不攻者曰計吾力足以拔〻之〻而不及利於 前得之而後弗能守若力 之城必不取及
一六六

於前利得而城自降利不得 而不為害於後若 此者城唯可攻弗攻也
一六七

地之所不爭者曰山谷水〻无能生者 千之而
一六八

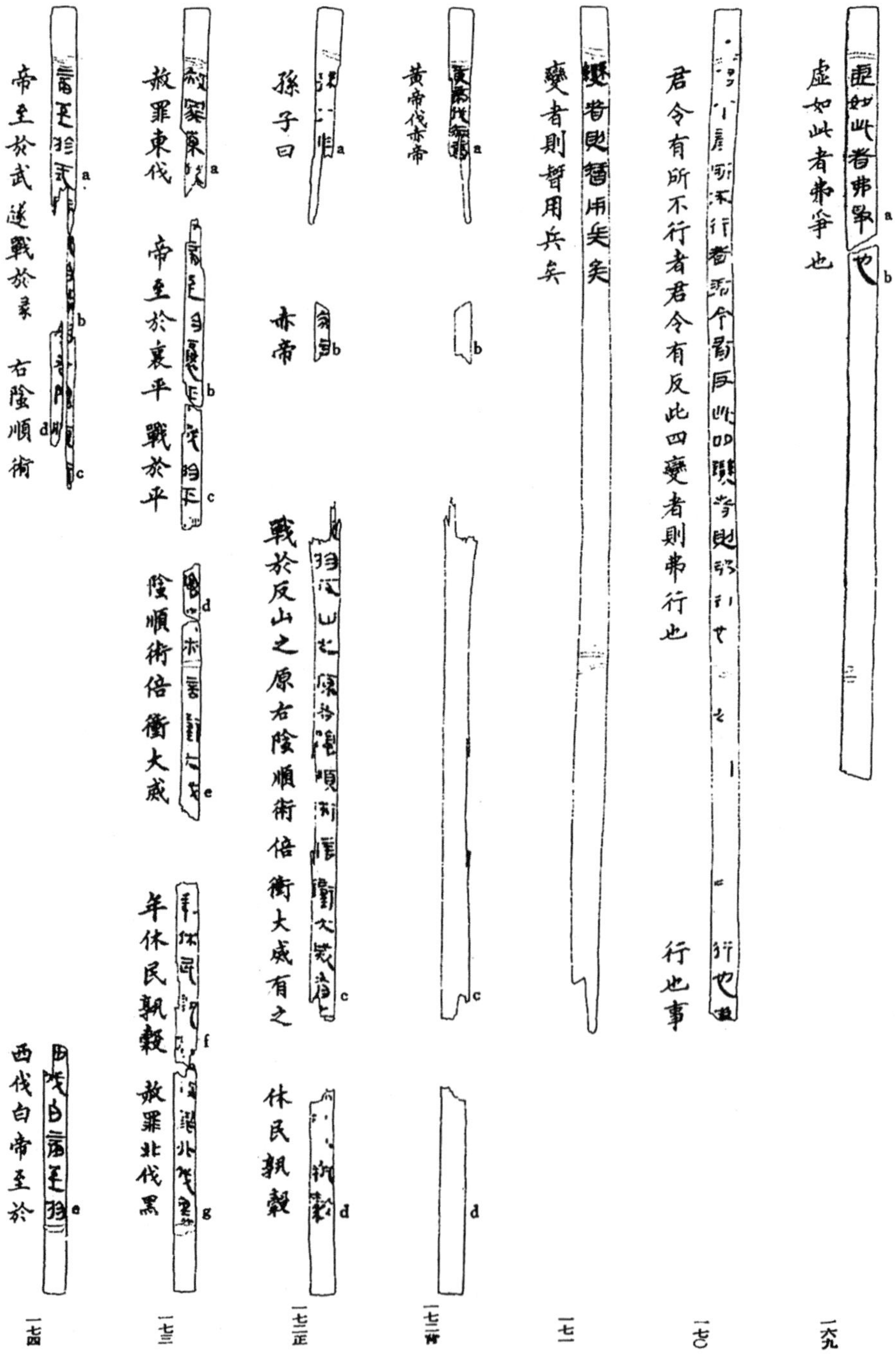
虚如此者弗争也
一六九
君令有所不行者君令有反此四變者則弗行也
行也事
一七〇
變者則智用兵矣
一七一
黄帝伐赤帝
一七二背
孫子曰
赤帝
戰於反山之原右陰順術倍衡大威有之
休民孰穀
一七二正
赦罪東伐
帝至於襄平 戰於平
陰順術倍衡大威
年休民孰穀 赦罪北伐黑
一七三
帝至於武 遂戰於彖 右陰順術
西伐白帝至於
一七四

一七五
武剛戰於
之已勝四帝大有天下暴者
以利天=下=四

一七六
面歸之湯之伐桀也
戰於薄田右陰順術倍衛大威有之武王之伐紂至於藪遂

一七七
戰牧之野右陰順術
有之一帝二王皆得天之道　之　民之請故

一七八背
地刑二

一七八正
凡地刑東方為左西方為

一七九
首地　平用左軍

一八〇
地也交亻水

者死地也產 草者

地剛者毋亻 也

離天井天窌

是胃重利前之是胃䡵守右之是胃天固左之 是胃

所居高曰建堂亻曰

遂左水曰利右水曰積

育度 地育

一八一 一八二 一八三 一八四 一八五 一八六 一八七

一八八 三軍出陳不問朝夕右 負丘陵左前水澤順 者

一八九 九地之法人請之里也不可不

一九〇 於孫子之食 曰不殺好 兵者與孫

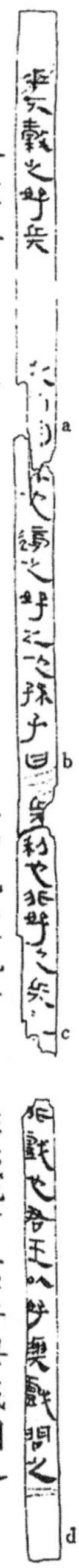

一九一 乎不殺之好兵 之 也適之好之也孫子曰 兵利也非好也兵 非戲也君王以好與戲問之

一九二 外臣不敢對 盖廬曰不殺未聞道也不敢趣之利與

一九三 孫子曰唯君王之所欲以貴者可也賤者

一九四 可也婦人可也試男於右試女於左

b a

曰不穀願以婦人孫子曰婦人多所不忍臣請代

一九五

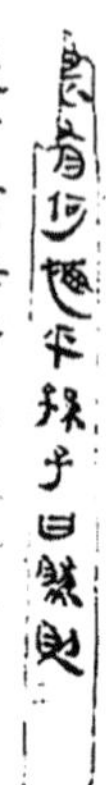

畏有何悔乎孫子曰然則

一九六

請得宮

一九七

之國左後重圍之中以為二陳

一九八

△

曰陳未成不足見也及已成

一九九

△

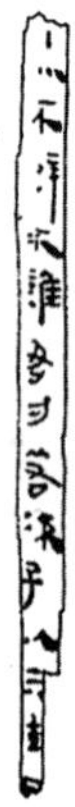

不辭六難君曰若孫子以六御爲

二〇〇

△

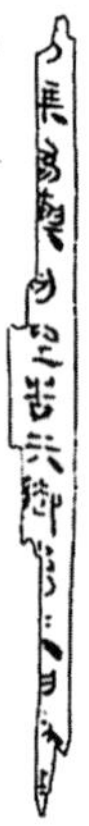

參乘爲輿司空告六御參乘曰

二〇一

二〇二 △

婦人而告之曰知女右手

二〇三 △

之知女心曰知之知女北曰知之

二〇四 △

左手胃女前從女心胃女

二〇五

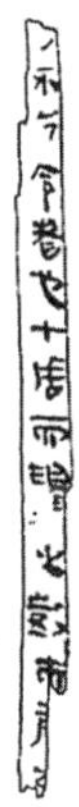

不從令者也七周而澤之鼓而前之

二〇六

五申之鼓而前之婦人亂而

二〇七

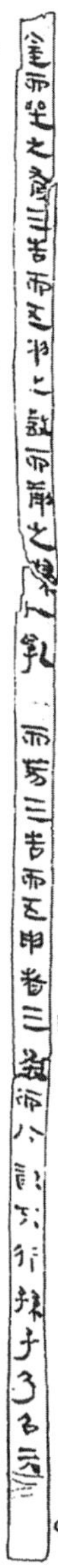

金而坐之有三告而五申之鼓而前之婦人亂　而笑三告而五申者三矣而令猷不行孫子乃召亓

二〇八

司馬與輿司空而告之曰兵法曰弗令弗聞君將　之罪也已令已申卒長之罪也兵法曰賞善始賊罰

二〇九

請　謝之孫子曰君

二一〇

△ 引而員之員中規　引而方之方中巨

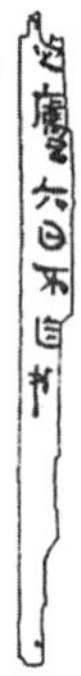
二一一

△ 蓋廬六日不自

二一二

△ 孫子再拜而起曰道得矣

二一三

長　遠近習此教也以為恒命此素教也將之道也民

二一四

莫貴於威=行於衆嚴行於吏三軍信　亓將畏者乘亓道

二一五

而用之　得矣若　十三扁所

△

三扁所明道言功也誠將聞

二六

子曰古試之得而用之無不勝

二七

△

而試之 得

二八

言之孫子曰外内貴賤 得 矣孫

二九

△

子曰唯

三〇

也君王居臺上而侍之臣

三一

至日中請令

三二

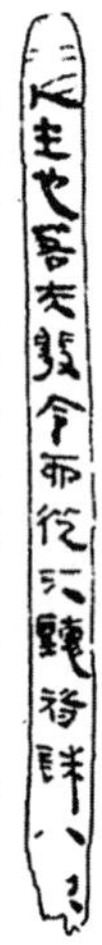
三三 人主也若夫發令而從不聽者誅

三四 也青合之於 育 之於

三五 △陳已成矣者 聽

三六 不穀請學之爲終食而

三七 △将軍 不殺不敢不

三八 者 也孫子

三九 孫子曰

孫子

三〇

△

孫子

三一

△

蓋廬

三二

△

蓋廬

三三

《魏武帝注孙子》三卷

孫子三卷魏武帝注吳起二卷司馬灋三卷皆宋槧本嘉慶五年三月屬顧茂才廣圻影寫刊版行世為之序曰孫吳司馬之書見漢藝文志者孫子篇卷不止此然史記已稱十三篇則此為完書篇多者反由漢人輯録吳起書存六篇或是亾佚司馬法在藝文志禮家證之史記言齊威王追論古者司馬兵法而附穰苴於其中因號之曰司馬穰苴兵法古本或為一書然經史傳注所引司馬法多今本所無疑在百五十五篇中玉海則以為今存五篇太平御覽則引古司馬兵法文與今本多同又載穰苴兵法不在此書左思亦有疇昔覽穰苴之語通典亦引司馬穰苴豈今佚者為穰苴書耶通典引司馬穰苴曰五人為伍十伍為隊一車凡二百五十隊餘奇為握奇故一軍以三千七百五十人為奇兵隊七十有五以為中壘守地六千尺積尺得四里以中

壘四面乘之一面得地三頃餘百八十步正門為握奇大將軍居之六纛五麾金鼓府藏輜積皆中壘外餘八千七百五十人隊一百七十五分為八陳六陳各有千九十四人六陳各減一人以為一陳之部署舉一軍則千軍可知此文又見太平御覽又有注云凡兵者四正四奇或合而為一或離而為八是曰八陳故曰以正合以奇勝也御覽又引穰苴兵法曰以戰止戰雖戰可也故春不東秋不西月食還師所以止戰也後四語今本無之阮孝緒作七録時孫子為上中下三卷見史記正義隋書經籍志載孫子兵法一卷魏武帝注吳起兵法一卷賈詡注司馬法三卷齊將司馬穰苴撰即今本也賈注已佚或即太平御覽所引注文司馬法為齊威王時大夫追論撰述之書隋志題為穰苴誤也兵家言自漢張良韓信任宏序次定著之後魏武諸葛亮各為寫録列代名將行用流傳不絕宋元豐時以此三書并六韜三略尉繚李靖兵法為武經七書列在學官不得由後人妄自增損如後世所存三墳子夏傳諸書僞造

之本今 國家令甲以孫吳司馬書校武士伏讀欽定四庫書目提要言應武舉者所誦習坊刻講章鄙俚淺陋無一可取是善本傳世最少恐試官發題舛誤文義乖違所失大矣嘗讀華陰道藏手録孫子十家注本刊於歷下又得明洪武時進士劉寅直解武經三書校此本大略相同補其缺葉寅凡例以為因宋國子司業朱服校定之舊是宋本如此寅又据舊本增訂數處蓋宋時別本耳此本既影寫上版宋人缺筆字及不合六書字體皆仍其舊每篇有卷上中下題識又不分卷亦曰之板心注明補葉不惑後人當與顧茂才商榷作音義附後云軍為五礼之一儒者宜知戰陳無勇經言非孝而孔子云軍旅之事未之學也豈慎戰之義

或學其書未習其事指謂不歷戎行與夾谷之會使司馬兵萊人反侵地可知有武備矣不佞遠祖孫子家燕山忠懋侯及子弟羣從以明初佐命功析圭分鐵券者數世中葉以來始以科名文學顯愧將門之後未究兵鈐僅因獲舊書與同志分別真贋又嘗得古印方半寸文云孫武私印藏於家又得古辟兵錢背有騎將象面文云吳將孫武以贈翁翰林樹培古人嗤雕蟲小技壯夫不為其斯之謂矣是歲庚申斗指巳午二辰閒之月進士及弟翰林編修刑部郎中分巡山東兖沂曹濟兵備道署山東按察使孫星衍撰吳縣學生顧蒓書

魏武帝註孫子卷上

始計第一（計者選將量敵度地料卒計於廟堂也）

孫子曰兵者國之大事死生之地存亡之道不可不察也故經之以五事校之以計而索其情（謂下五事七計求彼我之情也）一曰道（謂導之以教令）二曰天三曰地四曰將五曰法道者令民與上同意可與之死可與之生而不畏危也天者陰陽寒暑時制也（順天行誅因陰陽四時之制故司馬法曰冬夏不興師所以兼愛吾民也）地者遠近險易廣狹死生也將者智信仁勇嚴也（將宜五德備也）法者曲制官道主用也（曲制者部曲旗幟金鼓之制也官者百官之分也道者糧路也主用者主軍費用也）凡此五者將莫不聞知之者勝不知者不勝故校之以計而索其情（同聞五者將知

其變極則勝也索其情者勝負之情）曰主孰有道將孰有能（道德智能）天地孰得（天時地利）法令孰行（設而不犯犯而必誅）兵衆孰強士卒孰練賞罰孰明吾以此知勝負矣（以七事計之知勝負矣）將聽吾計用之必勝留之將不聽吾計用之必敗去之（不能定計則退去之）計利以聽乃爲之勢以佐其外（常法之外）勢者因利而制權也（制由權也權因事制也）兵者詭道也（無常形以詭詐爲道）故能而示之不能用而示之不用近而示之遠遠而示之近（欲進而治去道若韓信之襲安邑陳舟臨晉而渡於夏陽也）利而誘之亂而取之實而備之（敵治實須備之）強而避之（避其所長）怒而撓之卑而驕之佚而勞之（以利勞之）親而離之（以間離之）攻其無備出其不意（擊其懈怠出其空虛）此兵家之勝不可先傳也（傳泄也）夫未戰

而廟筭勝者得筭多也未戰而廟筭不勝者得筭少也多筭勝少筭不勝而況於無筭乎吾以此觀之勝負見矣

作戰第二（欲戰必先筭其費務因糧於敵）

孫子曰凡用兵之法馳車千駟革車千乘帶甲十萬（馳車輕車也駕駟馬革車重車也）千里饋糧內外之費賓客之用膠漆之材車甲之奉日費千金然後十萬之師舉矣（購賞猶在外之也）其用戰也勝久則鈍兵挫銳攻城則力屈（鈍弊也屈盡也）久暴師則國用不足夫鈍兵挫銳屈力殫貨則諸侯乘其弊而起雖有智者不能善其後矣故兵聞拙速未覩巧之久也（雖拙有以速勝未覩言無也）夫兵久而國利

者未之有也故不盡知用兵之害者則不能盡知用兵之利也善用兵者役不再籍糧不三載（籍猶賦也言初賦民便取勝不復歸國發兵也始用糧後遂因食於敵還兵入國不復以糧迎之也）取用於國因糧於敵故軍食可足也（兵甲戰具取用於國中糧食則因敵也）國之貧於師者遠輸遠輸則百姓貧近師者貴賣貴賣則百姓財竭（軍行已出界近於師者貪財皆貴賣則百姓虛竭也）財竭則急於丘役力屈財殫中原內虛於家百姓之費十去其七（丘十六井也）公家之費破車罷馬甲冑矢弓戟楯矛櫓丘牛大車十去其六（丘謂丘邑之牛大車乃長轂車也）故智將務食於敵食敵一鍾當吾二十鍾萁秆一石當吾二十石（萁豆稭也秆禾稾也石百二十斤也轉輸之法費二十石乃得一石）故殺敵者怒也（威怒以致敵）取

敵之利者貨也軍無財士不來軍無賞士不往車戰得車十乘以上
賞其先得者而更其旌旗與吾同也車雜而乘之不獨任也卒
善而養之是謂勝敵而益強益己之強故兵貴勝不貴久
久則不利兵猶火也不戢將自焚也故知兵之將民之司命國家安危
之主也

謀攻第三欲攻敵必先謀

孫子曰夫用兵之法全國為上破國次之興師深入長驅距其城郭絕其內外敵舉國來服為上以兵擊破敗而得之其次也
全軍為上破軍次之司馬
法曰萬二千五百人為軍全旅為上破旅次之五百人為旅全卒為上
破卒次之自校以上至百人也全伍為上破伍次之百人以下至五人
是故百戰百勝非善之善者也不戰而屈人之兵善

之善者也未戰而敵自屈服故上兵伐謀敵始有謀伐之易也其次伐
交交將合也其次伐兵兵形已成也其下攻城敵國已收外糧城守攻之為下
也攻城之法為不得已修櫓轒轀具器械三月而後
成距堙又三月而後已修治也櫓大楯也轒轀者其下四輪從中推之至城下也
具備也器械者機關攻守之總名飛樓雲梯之屬也距堙者踊土積高而前以附其城也將不勝
其忿而蟻附之殺士卒三分之一而城不拔者此攻
之災也將忿不待攻器成而使士卒緣城而上如蟻之緣牆必殺傷士卒也故善用兵
者屈人之兵而非戰也拔人之城而非攻也毀人之
國而非久也毀滅人國不久露師必以全爭於天下故兵不頓
而利可全此謀攻之法也不與敵戰而必完全得之立勝於天下則不頓兵挫
銳故用兵之法十則圍之以十敵一則圍之是謂將智勇等而兵利鈍均也若

主弱客強操所以倍兵圍下邳生擒呂布也五則攻之以五敵一則三術為正二術為奇
倍則分之以二敵一則一術為正一術為奇敵則能戰之己與敵人眾等善者
猶當設奇伏以勝之少則能逃之高壁堅壘勿與戰也不若則能避之引兵
避之故小敵之堅大敵之擒也小不能當大也夫將者國之輔
也輔周則國必強將周密謀不泄輔隙則國必弱形見外也故君
之所以患於軍者三不知軍之不可以進而謂之進
不知軍之不可以退而謂之退是謂縻軍縻御也不知
三軍之事而同三軍之政則軍士惑矣軍容不入國國容不入軍
禮不可以治兵不知三軍之權而同三軍之任則軍士疑矣不得其人也
三軍既惑且疑則諸侯之難至矣是謂亂軍
引勝引奪也故知勝有五知可以與戰不可以與戰者

勝識眾寡之用者勝上下同欲者勝君臣同欲以虞待不
虞者勝將能而君不御者勝司馬法曰進退惟時無曰寡人此五者
知勝之道也此上五事也故曰知彼知己百戰不殆不知
彼而知己一勝一負不知彼不知己每戰必敗

軍形第四軍之形也我動彼應兩敵相察情也

孫子曰昔之善戰者先為不可勝以待敵之可勝不
可勝在己守固備也可勝在敵自修治以待敵之虛懈也故善戰者能
為不可勝不能使敵之必可勝故曰勝可知見成形也而
不可為敵有備故也不可勝者守也藏形也可勝者攻也敵攻
己乃可勝守則不足攻則有餘吾所以守者力不足所以攻者力有餘善守
者藏於九地之下善攻者動於九天之上故能自保

而全勝也（喻其深微）見勝不過衆人之所知非善之善者也（當見未萌）戰勝而天下曰善非善之善者也（爭鋒者也）故舉秋毫不爲多力見日月不爲明目聞雷霆不爲聰耳（易見聞也）古之所謂善戰者勝於易勝者也（原微易勝攻其可勝不攻其不可勝）故善戰者之勝也無智名無勇功（敵兵形未成勝之無赫赫之功）故其戰勝不忒不忒者其所措勝勝已敗者也（察敵必可敗不差忒）故善戰者立於不敗之地而不失敵之敗也是故勝兵先勝而後求戰敗兵先戰而後求勝（有謀與無慮也）善用兵者修道而保法故能爲勝敗之政（用兵者先修治爲不可勝之道保法度不失敵之敗亂也）兵法一曰度二曰量三曰數四曰稱五曰勝（勝敗之政用兵之法當以此五事稱量知敵之情）地生度（因地形勢

而度之）度生量量生數（知其遠近廣狹知其人數也）數生稱（稱量己與敵孰愈也）稱生勝（稱量之故知其勝負所在也）故勝兵若以鎰稱銖敗兵若以銖稱鎰（輕不能舉重也）勝者之戰若決積水於千仞之谿者形也（八尺曰仞決水千仞其勢疾也）

兵勢第五（用兵任勢也）

孫子曰凡治衆如治寡分數是也（部曲爲分什伍爲數）鬬衆如鬬寡形名是也（旌旗曰形金鼓曰名）三軍之衆可使必受敵而無敗者奇正是也（先出合戰爲正後出爲奇）兵之所加如以碫投卵者虛實是也（以至實擊至虛也）凡戰者以正合以奇勝（正者當敵奇者從旁擊不備也）故善出奇者無窮如天地不竭如江海終而復始日月是也死而更生四時是也聲不過五

五聲之變不可勝聽也色不過五五色之變不可勝觀也味不過五五味之變不可勝嘗也（以喻奇正之無窮也）戰勢不過奇正奇正之變不可勝窮也奇正相生如循環之無端孰能窮之哉激水之疾至於漂石者勢也鷙鳥之疾至於毀折者節也（發起擊敵也）故善戰者其勢險（險疾也）其節短（短近也）勢如彍弩節如發機（在度不遠發則中也）紛紛紜紜鬬亂而不可亂（亂旌旗以示敵以金鼓齊之也）渾渾沌沌形圓而不可敗（車騎轉也形圓者出入有道齊整也）亂生於治怯生於勇弱生於強（皆毀形匿情也）治亂數也（以部分名數爲之故不可亂也）勇怯勢也強弱形也（形勢所宜）故善動敵者形之敵必從之（見羸形也）予之敵必取之（以利誘敵敵遠離其壘而以便勢擊其空虛孤特也）以利動

之以本待之（以利動敵也）故善戰者求之於勢不責於人故能擇人而任勢（專任權也）任勢者其戰人也如轉木石木石之性安則靜危則動方則止圓則行（任自然勢也）故善戰人之勢如轉圓石於千仞之山者勢也

魏武帝註孫子卷上

魏武帝註孫子卷中

虛實第六（能虛實彼己也）

孫子曰凡先處戰地而待敵者佚（力有餘也）後處戰地而趨戰者勞故善戰者致人而不致於人能使敵人自至者利之也（誘之以利）能使敵人不得至者害之也（出其所必趨攻其所必救）故敵佚能勞之（以事煩之）飽能飢之（絕其糧道）安能動

之（攻其所愛出其必趨使敵不得不救也）出其所不趨趨其所不意行千里而不勞者行於無人之地也（出空擊虛擊其不意）攻而必取者攻其所不守也守而必固者守其所不攻也故善攻者敵不知其所守善守者敵不知其所攻（情不泄也）微乎微乎至於無形神乎神乎至於無聲故能爲敵之司命進而不可禦者衝其虛也退而不可追者速而不可及也（卒往進攻其虛懈退又疾也）故我欲戰敵雖高壘深溝不得不與我戰者攻其所必救也（絕糧道守歸路而攻其君主也）我不欲戰雖畫地而守之（軍不欲煩也）敵不得與我戰者乖其所之也（乖戾也戾其道示以利害使敵疑也）故形人而我無形則我專而敵分我專爲一敵分爲十是以十攻其一也則

我衆敵寡能以衆擊寡則吾之所與戰者約矣吾所與戰之地不可知不可知則敵所備者多敵所備者多則吾所與戰者寡矣故備前則後寡備後則前寡備左則右寡備右則左寡無所不備則無所不寡寡者備人者也衆者使人備己者也（形藏敵疑則分離其衆以備我也）故知戰之地知戰之日則可千里而會戰（以度量知空虛會戰之日）不知戰地不知戰日則左不能救右右不能救左前不能救後後不能救前而況遠者數十里近者數里乎以吾度之越人之兵雖多亦奚益於勝哉（吳越讎國也）故曰勝可爲也敵雖衆可使無鬬故策之而知得失之計作之而知動靜之理形之而知死生之地角

之而知有餘不足之處（角量也）故形兵之極至於無形無形則深間不能窺智者不能謀因形而措勝於衆衆不能知（因敵形而立勝）人皆知我所以勝之形而莫知吾所以制勝之形（不以一形勝萬形故制勝者人皆知吾所以勝莫知吾因敵形而制勝也）故其戰勝不復而應形於無窮（不重復動而應之也）夫兵形象水水之形避高而趨下兵之形避實而擊虛水因地而制流兵因敵而制勝故兵無常勢水無常形能因敵變化而取勝者謂之神（勢盛必衰形露必敗故能因敵變化取勝若神）故五行無常勝四時無常位日有短長月有死生（兵無常勢盈縮隨敵）

軍爭第七（兩軍爭勝）

孫子曰凡用兵之法將受命於君合軍聚衆（聚國人結行伍選部曲起營陳也）交和而舍（軍門爲和門左右爲旗門以車爲營曰轅門以人爲營曰人門兩軍相對爲交和）莫難於軍爭（從始受命至於交和軍爭爲難也）軍爭之難者以迂爲直以患爲利（示以遠邇其道里先敵至也）故迂其途（迂其途者示之遠也）而誘之以利後人發先人至（明於度數先知遠近之計）此知迂直之計者也軍爭爲利衆爭爲危（善者則以利不善者則以危）舉軍而爭利則不及（遲不及也）委軍而爭利則輜重捐（置輜重則恐捐棄也）是故卷甲而趨日夜不處（不得休息）倍道兼行百里而爭利則擒三將軍（百里爭利非也三將軍皆以爲擒）勁者先疲者後其法十一而至五十里而爭利則蹶上將軍其法半至（蹶猶挫也）三十里而爭利則三分之二至（道近而至）

者多故無死敗是故軍無輜重則亡無糧食則亡無委積則亡無此三者亡之道也故不知諸侯之謀者不能豫交不知敵情者不能結交不知山林險阻沮澤之形者不能行軍高而崇者爲山衆樹聚者爲林坑壍者爲險一高一下者爲阻水草漸洳者爲沮衆水所歸而不流者爲澤不用鄉導者不能得地利故兵以詐立以利動以分合爲變者也兵一分一合以敵爲變故其疾如風擊空虛也其徐如林不見利也侵掠如火疾也不動如山守也難知如陰動如雷震掠鄉分衆因敵制勝廓地分利廣地以分敵利懸權而動量敵而動先知迂直之計者勝此軍爭之法也軍政曰言不相聞故爲之金鼓視不相見故爲之旌旗夫金鼓旌旗者所以一人之耳目也人既專一則勇者不得獨進怯者

不得獨退此用衆之法也故夜戰多火鼓晝戰多旌旗所以變人之耳目也三軍可奪氣將軍可奪心是故朝氣銳晝氣惰暮氣歸善用兵者避其銳氣擊其惰歸此治氣者也以治待亂以靜待譁此治心者也以近待遠以佚待勞以飽待飢此治力者也無邀正正之旗勿擊堂堂之陳此治變者也正正整齊也堂堂者大也故用兵之法高陵勿向背丘勿逆佯北勿從銳卒勿攻餌兵勿食歸師勿遏圍師必闕司馬法曰圍其三面闕其一面所以示生路也窮寇勿迫此用兵之法也

九變第八變其正得其所用有九

孫子曰凡用兵之法將受命於君合軍聚衆圯地無

舍無所依也水毀曰圯衢地合交結諸侯也四通之地絕地無留無久止也圍地則謀發奇謀也死地則戰殊死戰也途有所不由隘難之地所不當從軍有所不擊軍雖可擊以地險難留之失前利若得之則利薄困窮之兵必死戰也城有所不攻城小而固糧饒不可攻操所以置華費而深入徐川得十四縣也地有所不爭君命有所不受故將通於九變之利者知用兵矣將不通九變之利雖知地形不能得地之利矣治兵不知九變之術雖知五利不能得人之用矣謂下五事是故智者之慮必雜於利害在利思害在害思利也雜於利而務可信也雜於害而患可解也是故屈諸侯者以害害其所惡也役諸侯者以業業事也使其煩勞若彼入我出彼出我入也趨諸侯者以利令自來也故用兵之法無恃其不來恃吾有

以待之無恃其不攻恃吾有所不可攻也故將有五危必死可殺勇而無慮也必生可虜見利畏怯不進忿速可侮忿疾急之人可怒侮而致之廉潔可辱廉潔之人可汙辱而致之愛民可煩出其所必趨愛民者必倍道兼行以救之救之則煩勞也凡此五者將之過也用兵之災也覆軍殺將必以五危不可不察也

行軍第九擇便利而行也

孫子曰凡處軍相敵絕山依谷近水草便利也視生處高生陽也戰隆無登無迎高也此處山之軍也絕水必遠水引敵使渡客絕水而來勿迎之於水內令半渡而擊之利半渡勢不併故可敗欲戰者無附於水而迎客附近也視生處高水上當處其高前向水後依高而處無迎水流恐漑我也此處水上之軍也絕斥

澤唯亟去無留若交軍於斥澤之中必依水草而背衆樹不得已與敵會於斥澤之中此處斥澤之軍也平陸處易車騎之利右背高前死後生戰便也此處平陸之軍也凡四軍之利黃帝之所以勝四帝也黃帝始立四方諸侯亦稱帝以此四地勝之凡軍好高而惡下貴陽而賤陰養生處實軍無百疾是謂必勝恃實滿向水草放牧也丘陵隄防必處其陽而右背之此兵之利地之助也上雨水沫至欲涉者待其定也恐半涉而水遽漲也凡地有絕澗天井天牢天羅天陷天隙必亟去之勿近也山水深大者為絕澗四方高中央下者為天井深山所過若蒙籠者為天牢可以羅絕人者為天羅地形陷者為天陷澗道迫狹深數大者為天隙吾遠之敵近之吾迎之敵背之用兵常遠六害令敵近背之則我利敵凶軍旁有險阻

潢井蒹葭林木蘙薈者必謹覆索之此伏姦之所也險者一高一下之地阻者多水也潢者池也井者下也蒹葭者衆草所聚也林木者衆木所居也蘙薈者可以屏蔽之處也此以上論地形以下相敵情也近而靜者恃其險也遠而挑戰者欲人之進也其所居易者利也衆樹動者來也斬伐樹木除道也衆草多障者疑也結草為障欲使我疑鳥起者伏也下有伏兵獸駭者覆也敵廣陳張翼來覆我也塵高而銳者車來也卑而廣者徒來也散而條達者樵採也少而往來者營軍也辭卑而益備者進也其使來辭卑使間視之敵人增備也辭強而進驅者退也詭詐也輕車先出居其側者陳也陳兵欲戰也無約而請和者謀也奔走而陳兵者期也半進半退者誘也杖而立者飢也汲而先飲者渴也見利

而不進者勞也士卒疲勞也鳥集者虛也夜呼者恐也軍士夜呼將不勇也軍擾者將不重也旌旗動者亂也吏怒者倦也殺馬肉食者軍無糧也懸缻不返其舍者窮寇也諄諄諭諭徐與人言者失衆也諄諄語皃諭諭失志皃數賞者窘也數罰者困也先暴而後畏其衆者不精之至也先輕敵後聞其衆則心惡之也來委謝者欲休息也兵怒而相迎久而不合又不相去必謹察之備奇伏也兵非貴益多權力均也雖無武進未見便也足以併力料敵取人而已廝養足也夫唯無慮而易敵者必擒於人卒未親附而罰之則不服不服則難用卒已親附而罰不行則不可用故令之以文齊之以武文仁也武法也是謂必取令素行以教其民

則民服令不素行以教其民則民不服令素行者與衆相得也

魏武帝註孫子卷中

魏武帝註孫子卷下

地形第十欲戰審地形以立勝也

孫子曰地形有通者有掛者有支者有隘者有險者有遠者此六者地之形也我可以往彼可以來曰通通形者先居高陽利糧道以戰則利寧致人無致於人可以往難以返曰掛掛形者敵無備出而勝之敵若有備出而不勝難以返不利我出而不利彼出而不利曰支支形者敵雖利我我無出也引而去之令敵半出而擊之

利隘形者我先居之必盈之以待敵若敵先居之盈而勿從不盈而從之隘兩山之間通谷也敵勢不得撓我也我先居之必前齊隘口陳而守之以出奇也敵若先居此地齊口陳勿從也即半隘陳者從之而與敵共此利也險形者我先居之必居高陽以待敵若敵先居之引而去之勿從也地險隘尤不可致於人遠形者勢均難以挑戰戰而不利挑戰者延敵也凡此六者地之道也將之至任不可不察也故兵有走者有弛者有陷者有崩者有亂者有北者凡此六者非天地之災將之過也夫勢均以一擊十曰走不料力也卒強吏弱曰弛吏不能統卒故弛壞吏強卒弱曰陷吏強欲進卒弱輒陷敗也大吏怒而不服遇敵懟而自戰將不知其能曰崩大吏小將也大將怒之心不厭服忿而赴敵不量輕重則必崩壞將弱

不嚴教道不明吏卒無常陳兵縱橫曰亂爲將若此亂之道也將不能料敵以少合衆以弱擊強兵無選鋒曰北其勢若此必走之兵也凡此六者敗之道也將之至任不可不察也夫地形者兵之助也料敵制勝計險阨遠近上將之道也知此而用戰者必勝不知此而用戰者必敗故戰道必勝主曰無戰必戰可也戰道不勝主曰必戰無戰可也故進不求名退不避罪唯民是保而利於主國之寶也視卒如嬰兒故可與之赴深谿視卒如愛子故可與之俱死愛而不能令厚而不能使亂而不能治譬如驕子不可用也恩不可專用罰不可獨任知吾卒之可以擊而不知敵之不可擊勝之半也知敵之可

擊而不知吾卒之不可以擊勝之半也知敵之可擊知吾卒之可以擊而不知地形之不可以戰勝之半也故知兵者動而不迷舉而不窮故曰知彼知己勝乃不殆知天知地勝乃可全

九地第十一欲戰之地有九

孫子曰用兵之法有散地有輕地有爭地有交地有衢地有重地有圮地有圍地有死地諸侯自戰其地者爲散地士卒戀土道近易散入人之地而不深者爲輕地士卒皆輕返也我得亦利彼得亦利者爲爭地可以少勝衆弱擊強我可以往彼可以來者爲交地道正相交錯也諸侯之地三屬我與敵相當而旁有他國也先至而得天下之衆者爲衢地先至得其國助

入人之地深背城邑多者爲重地難返之地山林險阻沮澤凡難行之道者爲圮地少固也所由入者隘所從歸者迂彼寡可以擊吾之衆者爲圍地疾戰則存不疾戰則亡者爲死地前有高山後有大水進則不得退則有礙是故散地則無戰輕地則無止爭地則無攻不當攻當先至爲利交地則無絕相及屬也衢地則合交結諸侯也重地則掠蓄積糧食圮地則行無稽留也圍地則謀發奇謀也死地則戰殊死戰也古之善用兵者能使敵人前後不相及衆寡不相恃貴賤不相救上下不相收卒離而不集兵合而不齊合於利而動不合於利而止暴之使離亂之使不齊動兵而戰敢問敵衆整而將來待之若何或人問之曰先奪其所愛則聽矣奪其所恃之利若先據利

地則我所欲必得也兵之情主速乘人之不及由不虞之道攻
其所不戒也凡爲客之道深入則專主人不克掠於
饒野三軍足食謹養而勿勞并氣積力運兵計謀爲
不可測養士氣并兵力爲不可測度之計投之無所往死且不北死
焉不得士死安不得也士人盡力在難地心并也兵士甚陷則不懼
士陷在死地則意專不懼無所往則固入深則拘拘專也不得已則
鬬人窮則死戰也是故其兵不修而戒不求而得不約而親
不令而信不求索其意而自得也禁祥去疑至死無所之禁妖祥之
言去疑惑之計吾士無餘財非惡貨也無餘命非惡壽也皆焚
燒物非惡貨之多棄財致死不得已也令發之日士卒坐者涕霑襟偃
卧者涕交頤皆持必死之計投之無所往諸劌之勇也故善

用兵者譬如率然率然者常山之蛇也擊其首則尾
至擊其尾則首至擊其中則首尾俱至敢問可使如
率然乎曰可夫吳人與越人相惡也當其同舟濟而
遇風其相救也如左右手是故方馬埋輪未足恃也
方馬縛馬也埋輪恃不動也此言專難不如權巧故曰雖方馬埋輪不足恃也齊勇若一政
之道也剛柔皆得地之理也強弱勢也故善用兵者攜手
若使一人不得已也齊一皃將軍之事靜以幽正以治
謂清淨幽深平正也能愚士卒之耳目使之無知愚誤也民可與樂成不可
與慮始易其事革其謀使人無識易其居迂其途使人
不得慮帥與之期如登高而去其梯帥與之深入諸
侯之地而發其機若驅羣羊驅而往驅而來莫知所

之一其心也聚三軍之衆投之於險險難也此將軍之事也
九地之變屈伸之利人情之理不可不察也人情見利而進
遭害而退凡爲客之道深則專淺則散去國越境而師者
絕地也四通者衢地也入深者重地也入淺者輕地
也背固前隘者圍地也無所往者死地也是故散地
吾將一其志輕地吾將使之屬使相交屬爭地吾將趨其
後地利在前當速進其後交地吾將謹其守衢地吾將固其結
重地吾將繼其食掠彼也圮地吾將進其途疾過也圍地
吾將塞其闕以一其心死地吾將示之以不活勵士心也故兵
之情圍則禦相持禦也不得已則鬬勢有不得已者過則從陷之甚過
則從計也是故不知諸侯之謀者不能豫交不知山林險

阻沮澤之形者不能行軍不用鄉導者不能得地利
上已陳此三事而復云者力惡不能用兵故復言也四五者一不知非霸王之
兵也四五者謂九地之利害或曰上四五事也夫霸王之兵伐大國則其
衆不得聚威加於敵則其交不得合是故不爭天下
之交不養天下之權信己之私威加於敵交者不結成天下諸
侯之權也絕天下之交奪天下之權故威得伸而自私故其城可拔其國可隳
施無法之賞懸無政之令言軍法令不豫施懸之司馬法曰見敵作誓瞻功作
賞犯三軍之衆若使一人犯用也言明賞罰雖用衆若使一人犯之以
事勿告以言兵尚詐犯之以利勿告以害勿使知害投之亡
地然後存陷之死地然後生夫衆陷於害然後能爲
勝敗必殊死戰在死亡之地亦有敗者孫臏曰兵恐不投之於死地也故爲兵之事

在順詳敵之意（佯愚也或曰彼欲進設伏而退彼欲去開而擊之）并敵一向千里殺將（先示之以開空虛弱之處敵則并向而利之雖千里可擒其將也）是謂巧能成事（是成事之巧也）是故政舉之日夷關折符無通其使（謀定則閉關梁絕其符信勿使通使）厲於廊廟之上以誅其事（誅治也）敵人開闔必亟入之（敵有開隙當急入之也）先其所愛（據便利也）微與之期（後人發先人至）踐墨隨敵以決戰事（行踐規矩無常也）是故始如處女敵人開戶後如脫兎敵不及拒（處女示弱脫兎往疾）

火攻第十二（以火攻當擇時日）

孫子曰凡火攻有五一曰火人二曰火積三曰火輜四曰火庫五曰火隊行火必有因（因姦人也）煙火必素具（燒具也）發火有時起火有日時者天之燥也日者月在

箕壁翼軫也凡此四宿者風起之日也凡火攻必因五火之變而應之火發於內則早應之於外（以兵應之）火發而其兵靜者待而勿攻極其火力可從而從之不可從則止（見可而進知難而退）火可發於外無待於內以時發之火發上風無攻下風（不便也）晝風久夜風止（數當然也）凡軍必知五火之變以數守之故以火佐攻者明（取勝明也）以水佐攻者強水可以絕不可以奪（水但能絕敵糧道分敵軍不可奪敵蓄積）夫戰勝攻取而不修其功者凶命曰費留（若水之留不復還或曰賞不以時但費留也賞善不踰月）故曰明主慮之良將修之非利不動非得不用非危不戰（不得已而用兵）主不可以怒而興師將不可以慍而致戰合於利而動不合於利而

止（不以己之喜怒用兵）怒可以復喜慍可以復説亡國不可以復存死者不可以復生故明主慎之良將警之此安國全軍之道也

用間第十三（戰必先用間以知敵情）

孫子曰凡興師十萬出征千里百姓之費公家之奉日費千金内外騷動怠於道路不得操事者七十萬家（古者八家爲鄰一家從軍七家奉之言十萬之師舉不事耕稼者七十萬家）相守數年以爭一日之勝而愛爵祿百金不知敵之情者不仁之至也非人之將也非主之佐也非勝之主也故明君賢將所以動而勝人成功出於衆者先知也先知者不可取於鬼神（不可禱祀而求）不可象於事（不可以事類求）不可

驗於度（不可以事數度）必取於人知敵之情者也（因間人也）故用間有五有因間有内間有反間有死間有生間五間俱起莫知其道是謂神紀人君之寶也（因時任用五間也）因間者因其鄉人而用之内間者因其官人而用之反間者因其敵間而用之死間者爲誑事於外令吾間知之而傳於敵間也生間者反報也故三軍之事莫親於間賞莫厚於間事莫密於間非聖智不能用間非仁義不能使間非微妙不能得間之實微哉微哉無所不用間也間事未發而先聞者間與所告者皆死凡軍之所欲擊城之所欲攻人之所欲殺必先知其守將左右謁者門者舍人之姓名令吾間必索知

之必索敵間之來間我者因而利之導而舍之故反間可得而用也（舍居止也）因是而知之故鄉間內間可得而使也因是而知之故死間爲誑事可使告敵因是而知之故生間可使如期五間之事主必知之知之必在於反間故反間不可不厚也昔殷之興也伊摯在夏（伊尹也）周之興也呂牙在殷（呂望也）故明君賢將能以上智爲間者必成大功此兵之要三軍所恃而動也

魏武帝註孫子卷下

嘉慶庚申蘭陵孫氏重刊小讀書堆藏宋本頤千里手摹上版

魏武帝註孫子序

操聞上古有弧矢之利論語曰足兵尚書八政曰師易曰師貞丈人吉詩曰王赫斯怒爰征其旅黃帝湯武咸用干戚以濟世也司馬法曰人故殺人殺之可也恃武者滅恃文者亡夫差偃王是也聖人之用兵戢而時動不得已而用之吾觀兵書戰策多矣孫武所著深矣審計重舉明畫深圖不可相誣而但世人未之深亮訓說況文煩富行於世者失其旨要故撰爲略解焉

《宋本十一家注孙子》三卷

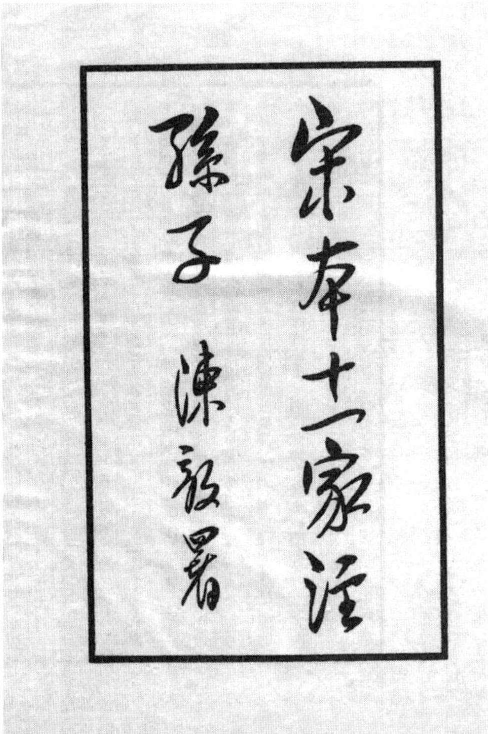

宋本十一家注孫子 陳毅署

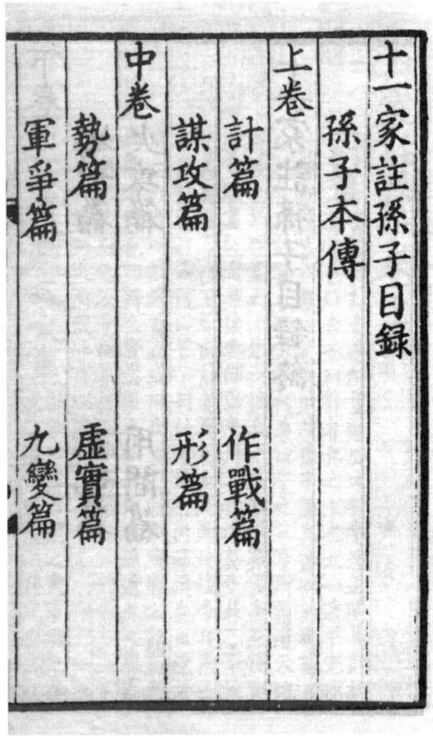

十一家註孫子目録

孫子本傳

上卷

計篇　作戰篇

謀攻篇　形篇

中卷

勢篇　虛實篇

軍爭篇　九變篇

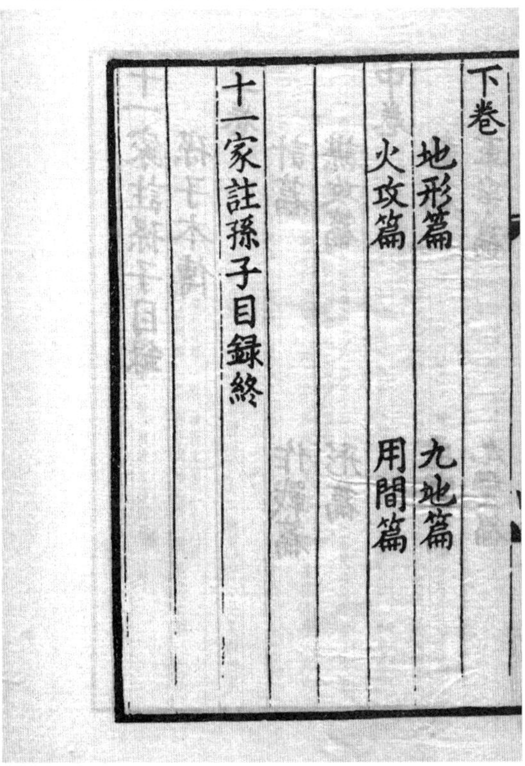

下卷

地形篇　九地篇

火攻篇　用間篇

十一家註孫子目録終

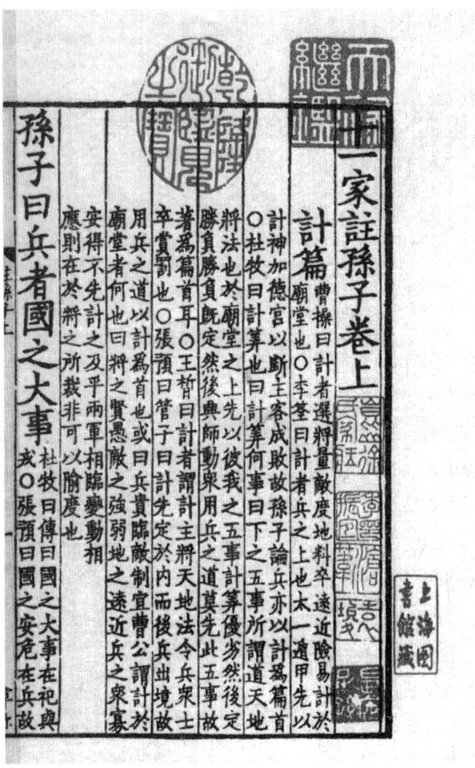

十一家註孫子卷上

計篇 曹操曰計者選將量敵度地料卒遠近險易計於廟堂也○李筌曰計者兵之上也太一遁甲先以計神加德宮以斷主客成敗故孫子論兵亦以計爲篇首○杜牧曰計算也曰計算何事曰下之五事所謂道天地將法也於廟堂之上先以彼我之五事計算優劣然後定勝負勝負既定然後興師動衆用兵之道莫先此五事故著爲篇首耳○王晳曰計者謂計主將天地法令兵衆士卒賞罰也○張預曰管子曰計先定於內而後兵出境故用兵之道以計爲首也或曰兵貴臨敵制宜曹公謂計於廟堂者何也曰將之賢愚敵之強弱地之遠近兵之衆寡安得不先計之及乎兩軍相臨變動相應則在於將之所裁非可以預度也

孫子曰兵者國之大事 杜牧曰傳曰國之大事在祀與戎○張預曰國之安危在兵故

講武練兵實先務也**死生之地存亡之道不可不察也**李筌曰兵者凶器死生存亡繫於此矣是以重之恐人輕行者也○杜牧曰國之存亡人之死生皆由於兵故須審察也○賈林曰地猶所也亦謂陳師振旅戰陳之地得其利則生失其便則死故曰死生之地道者權機立勝之道得之則存失之則亡故曰不可不察也書曰有存道者輔而固之有亡道者推而亡之○梅堯臣曰地有死生之勢戰有存亡之道○王晳曰兵舉則死生存亡繫之○張預曰民之死生兆於此則國之存亡見於彼然死生曰地存亡曰道者以死生在勝負之地而存亡繫得失之道也得不重慎審察乎**故經之以五事校之以計而索其情**曹操曰謂下五事七計求彼我之情也○李筌曰謂下五事也校量也量計遠近而求物情以應敵○杜牧曰經者經度也五者即下所謂五事也校者校量也計者即篇首計算也索者搜索也情者彼我之情也此言先須經度五事之優劣次復校量計算之得失然後始可搜索彼我勝負之情狀○賈林曰校量彼我之計謀搜索兩軍之情實則長短可知勝負易見○梅堯臣曰經紀五事校定計利○王晳曰經常也又經緯也計者謂下七計索盡也兵之大經不出道天地將法耳就而校之以七計然後能盡彼己勝負之情狀也○張預曰經經緯也上先經緯五事之次序下乃用五事以校計彼我之優劣探索勝負之情狀**一曰道**張預曰恩信使民**二曰天**張預曰上順天時**三曰地**張預曰下知地利**四曰將**張預曰委任賢能**五曰法**杜牧曰此之謂五事也○王晳曰此經之五事也夫用兵之道人和爲本天時與地利則其助也三者具然後議舉兵兵舉必須將能將能然後法修孫子所次此之謂矣○張預曰節制嚴明夫將與法在五事之末者凡舉兵伐罪廟堂之上先察恩信之厚薄後度天時之逆順次審地形之險易三者已熟然後命將征之兵既出境則法令一從於將此其次序也**道者令民與上同意也**張預曰以恩信道義撫衆則三軍一心樂爲其用易曰悅以犯難民忘其死**故可以與之死可以與之生而不畏危**曹操曰謂道之以教令危者危疑也○李筌曰危亡也以道理衆人自化之得其同用何亡之有○杜牧曰道者仁義也李斯問兵於荀卿答曰彼仁義者所以修政者也政修則民親其上樂其君輕爲之死復對趙孝成王論兵曰百將一心三軍同力臣之於君也下之於上也若子之事父弟之事兄若手臂之捍頭目而覆胷臆也如此始可令與上下同意死生同致不畏懼於危疑也○陳皥註同杜牧○孟氏曰一作人不疑謂始終無二志也一作人不危道謂道之以政令齊之以禮教故能化服士民與上下同心也故用兵之妙以權術爲道大道廢而有法法廢而有權權廢而有勢勢廢而有術術廢而有數大道淪替人情訛僞非以權數而取之則不得其欲也故其權術之道使民上下同進趨共愛憎一利害故人心歸於德得人之力無私之至也故百萬之衆其心如一可與俱同死力動而不至危亡也臣之於君下之於上若子之事父弟之事兄若手臂之捍頭目而覆胷臆也如此始可與上同意死生同致不畏懼於危疑○賈林曰將能以道爲心與人同利共患則士卒服自然心與上者同也使士卒懷我如父母視敵如仇讎者非道不能也黃石公云得道者昌失道者亡○杜佑曰謂導之以政令齊之以禮教也危者疑也上有仁施下能致命也故與處存亡之難不畏傾危之敗若晉陽之圍沈竈產蛙人無叛疑心矣○梅堯臣曰危戾也主有道則政教行人心同則危戾去故主安與安主危與危○王晳曰道謂主有道能得民心也夫得民之心者所以得死力也得死力者所以濟患難也易曰悅以犯難民忘其死如是則安畏危難之事乎○張預曰危疑也士卒感恩死生存亡與上同之決然無所疑懼**天者陰陽寒暑時制也**曹操曰順天行誅因陰陽四時之制故司馬法曰冬夏不興師所以兼愛民也○李筌曰應天順人因時制敵○杜牧曰陰陽者五行刑德向背之類是也今五緯行止最可據驗巫咸甘氏石氏唐蒙史墨梓慎裨竈之徒皆有著述咸稱祕奧察其指歸皆本人事準星經曰歲星所在之分不可攻攻之反受其殃也左傳昭三十二年夏吳伐越始用師於越史墨曰不及四十年越其有吳乎越得歲而吳伐之必受其凶註曰存亡之數不過三紀歲月三周三十六歲故曰不及四十年也

睹者國家自元和已至今三十年間凡四伐趙寇昭義軍加以數道之衆常號十萬圍之臨城縣攻其南不拔攻其北不拔攻其東不拔攻其西不拔其四度圍之通有十歲十歲之内東西南北豈有刑德向背王相吉辰哉其不拔者豈不曰城堅池深糧多人一哉復以往事驗之秦累世戰勝竟滅六國豈天道二百年間常在乾方福德常居鶉首豈不曰穆公已還卑身趨士務耕戰明法令而致之乎故梁惠王問尉繚子曰黄帝有刑德可以百戰百勝其有之乎尉繚子曰不然黄帝所謂刑德者刑以伐之德以守之非世之所謂刑德也夫舉賢用能者不時日而利明法審令者不卜筮而吉貴功養勞者不禱祠而福周武王伐紂師次于汜水共頭山風雨疾雷鼓旗毁折王之驂乘惶懼欲死太公曰夫用兵者順天道未必吉逆之未必凶若失人事則三軍敗亡且天道鬼神視之不見聽之不聞故智者不法愚者拘之若乃好賢而任能舉事而得時此則不看時日而事利不假卜筮而事吉不待禱祠而福從遂命驅之前進周公曰今時逆太歲龜灼言凶卜筮不吉星凶爲災請還師太公怒曰今紂剖比于囚箕子以飛廉爲政伐之有何不可枯草朽骨安可知乎乃焚龜折蓍

此年歲在星紀星紀其分也歲星所在其國有福吳先用兵故反受其殃哀二十二年越滅吳至此三十八歲也李淳風曰天下誅秦歲星聚於東井秦政暴虐失歲星仁和之理違歲星恭肅之道拒諫信讒是故胡亥終於滅亡復曰歲星清明潤澤所在之國分大吉君令合於時則歲星光喜年豐人安君尚暴虐令人不便則歲星色芒角而怒則兵起由此言之歲星所在或有福德或有災祥豈不背本於人事乎夫吳越之君德均勢敵闔閭興師志於吞滅非爲拯民故歲星福越而禍吳秦之殘酷天下誅之上合天意故歲星禍秦而祚漢熒惑罰星也宋景公出一善言熒惑退移三舍而延二十七年以此推之歲爲善星不福無道火爲罰星不罰有德舉此二者其他可知況所臨之分隨其政化之善惡各變其本色芒角大小隨爲禍福各隨時而占之淳風曰夫形器著於下精象係於上近取之身耳目爲肝腎之用鼻口實心腹所資彼此影響豈不然歟易曰在天成象在地成形變化見矣蓋本於人事而已矣刑德向背之說尤不足信夫刑德天官之陳背水陳者爲絶紀向山坂陳者爲廢軍武王伐紂背濟水向山坂而陳以二萬二千五百人擊紂之億萬而滅之今可目

曰謂順天行誅因陰陽四時剛柔之制○梅堯臣曰兵必參天道順氣候以時制之所謂制也司馬法曰冬夏不興師所以兼愛民也○王晳曰謂陰陽揔天道五行四時風雲氣象也善消息之以助軍勝然非異人特授其訣則未由也若黄石授書張良乃太公兵法是也意者豈天機神密非常人所得知耶其諸十數家紛紜抑未足以取審矣寒暑若吳起云疾風大寒盛夏炎熱之類時制因時利害而制宜也范蠡云天時不作弗爲人客是也○張預曰夫陰陽者非孤虚向背之謂也蓋兵自有陰陽耳范蠡曰後則用陰先則用陽盡敵陽節盈吾陰節而奪之又云設右爲牝益左爲牡早晏以順天道李衛公解曰左右者人之陰陽早晏者天之陰陽奇正者天人相變之陰陽此皆言兵自有陰陽剛柔之用非天官日時之陰陽也今觀尉繚子天官之篇則義最明矣太白陰經亦有天無陰陽之篇皆著爲卷首欲以決世人之惑也太公曰聖人欲止後世之亂故作爲譎書以寄勝於天道無益於兵也是亦然矣唐太宗亦曰凶器無甚於兵行兵苟便於人事豈以避忌爲疑也寒暑者謂冬夏興師也漢征匈奴士多墮指馬援征蠻卒多疫死皆冬夏興師故也時制者謂順天時

率衆先涉武王從之遂滅紂宋高祖圍慕容超於廣固將攻城諸將咸諫曰今往亡之日兵家所忌高祖曰我往彼亡吉孰大焉乃命悉登遂克廣固後魏太祖武帝討後燕慕容麟甲子晦日進軍太史令鼂崇奏曰昔紂以甲子日亡帝曰周武豈不以甲子日勝乎崇無以對遂戰破之後魏太武帝征夏赫連昌於統萬城師次城下昌鼓譟而前會有風雨從賊後來太史進曰天不助人將士飢渴願且避之崔浩曰千里制勝一日豈得變易風道在人豈有常也帝從之昌軍大敗或曰如此者陰陽向背定不足信孫子敘之何也荅曰夫暴君昏主或爲一疑一馬則必殘人逞志非以天道鬼神誰能制止故孫子敘之蓋有深旨寒暑時氣節制其行止也周瑜爲孫權數曹公四敗一曰今盛寒馬無藁草驅中國士衆遠涉江湖不習水土必生疾病此用兵之忌也寒暑同歸於天時故聯以敘之也○孟氏曰兵者法天運也陰陽者剛柔盈縮也用陰則沉虚固靜用陽則輕捷猛厲後則用陰先則用陽陰無蔽也陽無察也陰陽之象無定形故兵法天天有寒暑兵有生殺天則應殺而制物兵則應機而制形故曰天也○賈林曰讀時制爲時氣謂從其善時占其氣候之利也○杜佑

能果斷嚴能立威○王晳曰智者先見而不惑能謀慮通權變也信
者號令一也仁者惠撫惻隱得人心也勇者徇義不懼能果毅也嚴
者以威嚴肅衆心也五者相須闕一不可故曹公曰將宜五德備也
○何氏曰非智不可以料敵應機非信不可以訓人率下非仁不可
以附衆撫士非勇不可以決謀合戰非嚴不可以服強齊衆全此五
才將之體也○張預曰智不可亂信不可欺仁不可暴勇不可懼嚴
不可犯五德皆備然後可以為大將**法者曲制官道主用也**曹操曰部曲旛幟金鼓之制也
官者百官之分也道者糧路也主者主軍費用也○李筌曰曲部曲
也制節度也官爵賞也道路也主掌也用者軍資用也皆師之常法
而將所治也○杜牧曰曲者部曲隊伍有分畫也制者金鼓旌旗有
節制也官者偏裨校列各有官司也道者營陳開闔各有道徑也主
者管庫廝養職守主張其事也用者車馬器械三軍須用之物也荀
卿曰械用有數夫兵者以食為本須先計糧道然後興師○梅堯臣
曰曲制部曲隊伍分畫必有制也官道裨校首長統率必有道也主
用主軍之資糧百物必有用度也○王晳曰曲者卒伍之屬制者節

而制征討也太白陰經言天時者乃水旱蝗雹荒亂之天時非孤虛向背之天時也**地者遠近險易廣**
狹死生也曹操曰言以九地形勢不同因時制利也論在九地篇中○李筌曰得形勢之地有死生之勢○梅堯臣
曰知形勢之利害○張預曰凡用兵貴先知地形知遠近則能為迂直之計知險易則能審步騎之利知廣狹則能度衆寡之用知死生
則能識戰散之勢也**將者智信仁勇嚴也**曹操曰將宜五德備也○李筌曰此五者為將之德
故師有文人之稱也○杜牧曰先王之道以仁為首兵家者流用智
為先蓋智者能機權識變通也信者使人不惑於刑賞也仁者愛人
憫物知勤勞也勇者決勝乘勢不逡巡也嚴者以威刑肅三軍也楚
申包胥使於越越王勾踐將伐吳問戰焉夫戰智為始仁次之勇次
之不智則不能知民之極無以詮度天下之衆寡不仁則不能與三
軍共飢勞之殃不勇則不能斷疑以發大計也○賈林曰專任智則
賊偏施仁則懦固守信則愚恃勇力則暴令過嚴則殘五者兼備各
適其用則可為將帥○梅堯臣曰智能發謀信能賞罰仁能附衆勇

誰知誰否也若荀息料虞公貪而好寶宮之奇懦而不能強諫是也
○梅堯臣曰誰能得人心也○王晳曰若韓信言項王匹夫之勇婦
人之仁名雖為霸實失天下心謂漢王入武關秋毫無所害除秦苛
法秦民亡不欲大王王秦者是也○何氏曰書曰撫我則后虐我則
讎撫虐之政孰有之也○張預曰先校二國之君誰有恩信之道即
上所謂令民與上同意者之道也若淮陰料項王仁勇過高祖而不
賞有功為婦人之仁亦是也**將孰有能**杜牧曰將孰有能者上所謂智信仁勇嚴也○梅堯臣同杜牧註○王晳
曰若漢王問魏大將柏直曰是口尚乳臭不能當韓信之類是也○
張預曰察彼我之將誰有智信仁勇嚴之能若漢高祖料魏將柏直
不能當韓信之類也**天地孰得**曹操李筌並曰天時地利○杜牧曰天者上所謂陰陽寒暑時制也地者上所謂遠
近險易廣狹死生也○杜佑曰視兩軍所據知誰得天時地利○梅
堯臣曰稽合天時審察地利○王晳同杜牧註○張預曰觀兩軍所
舉誰得天時地利若魏武帝盛冬伐吳慕容超不據大峴則失天時地利者也**法令孰行**曹操曰設而不犯犯而必

制其行列進退也官者群吏偏裨也道者軍行及所舍也主者主守
其事用者凡軍之用謂輜重糧積之屬○張預曰曲部曲也制節制
也官謂分偏裨之任道謂利糧餉之路主者職掌軍資之
人用者計度費用之物六者用兵之要宜處置有其法**凡此五**
者將莫不聞知之者勝不知者不勝張預曰已上五事人人同
聞但深曉變極之理則勝不然則敗**故校之以計而索其情**曹操曰同聞五者將知其
變極即勝也索其情者勝負之情○杜牧曰謂上五事將欲聞知校
量計算彼我之優劣然後搜索其情狀乃能必勝不爾則敗○賈林
曰書云非知之艱行之惟艱○王晳曰當盡知也言雖周知五事待
七計以盡其情也○張預曰上已陳五事自此而下方考校彼我之
得失探索勝負之情狀也**曰主孰有道**曹操曰道德智能○李筌曰孰實也有道之主必有智能之將范增辭楚
陳平歸漢即其義也○杜牧曰孰誰也言我與敵人之主誰能遠佞
親賢任人不疑也○杜佑曰主君也道道德也必先考校兩國之君

遷列於誰爲明吾以此知勝負矣曹操曰以七事計之知勝負矣○賈林曰以上七事量校彼我之政則勝敗可見○梅堯臣曰能索其情則知勝負○張預曰七事俱優則未戰而先勝七事俱劣則未戰而先敗故勝負可預知也○將聽吾計用之必勝留之將不聽吾計用之必敗去之曹操曰不能定計則退而去也○杜牧曰若彼自備護不從我計形勢均等無以相加用戰必敗引而去之故春秋傳曰允當則歸也○陳皥曰孫武以書干闔閭曰聽用吾計策必能勝敵我當留之不去不聽吾計策必當負敗我去之不留以此感動闔閭庶必見用故闔閭曰子之十三篇寡人盡觀之矣其時闔閭行軍用師多自爲將故不言主而言將也○孟氏曰將裨將也聽吾計畫而勝則留之違吾計畫而敗則除去之○梅堯臣曰武以十三篇干吳王闔閭故首篇以此辭動之謂王將聽我計而用戰必勝我當留此也王將不聽我計而用戰必敗我當去此也○王晳曰將行也用謂用兵耳言行聽吾此計用兵則必勝我當留行不聽

誅○杜牧曰縣法設禁貴賤如一魏絳戮僕曹公斷髮是也○杜佑曰發號出令校孰下不敢犯○梅堯臣曰齊衆以法一衆以令○王晳曰孰能法明令便人聽而從○張預曰魏絳戮揚干穰苴斬莊賈吕蒙誅鄉人卧龍刑馬謖茲所謂設而不犯犯而必誅誰爲如此○兵衆孰強杜牧曰上下和同勇於戰爲強卒衆車多爲強○梅堯臣曰内和外附○王晳曰強弱足以相刑而知○張預曰車堅馬良士勇兵利聞鼓而喜聞金而怒誰者爲然士卒孰練杜牧曰辨旌旗審金鼓明開合知進退閑馳逐便弓矢習擊刺也○杜佑曰知誰兵器強利士卒簡練者故王子曰士不素習當陳惶惑將不素習臨陳闇變○梅堯臣曰車騎閑習孰國精粗○王晳曰孰訓之精○何氏曰勇怯強弱豈能一槩○張預曰離合聚散之法坐作進退之令誰素閑習賞罰孰明杜牧曰賞不僭刑不濫○杜佑曰賞善罰惡知誰分明者故王子曰賞無度則費而無恩罰無度則戮而無威○梅堯臣曰賞有功罰有罪○王晳曰孰能賞必當功罰必稱情○張預曰當賞者雖仇怨必録當罰者雖父子不舍又司馬法曰賞不逾時罰不

○張預曰所謂勢者須因事之利制爲權謀以勝敵耳故不能先言也自此而後略言權變兵者詭道也曹操曰兵無常形以詭詐爲道○李筌曰軍不厭詐○梅堯臣曰非譎不可以行權非權不可以制敵○王晳曰詭者所以求勝敵御衆必以信也○張預曰用兵雖本於仁義然其取勝必在詭詐故曳柴揚塵欒枝之譎也萬弩齊發孫臏之奇也千牛俱奔田單之權也囊沙壅水淮陰之詐也此皆用詭道而制勝也故能而示之不能張預曰實強而示之弱實勇而示之怯李牧敗匈奴孫臏斬龐涓之類也用而示之不用李筌曰言已實用師外示之怯也漢將陳豨反連兵匈奴高祖遣使十輩視之皆言可擊復遣婁敬報曰匈奴不可擊上問其故對曰夫兩國相制宜矜誇其長今臣往徒見羸老此必能而示之不能臣以爲不可擊也高祖怒曰齊虜以口舌得官今妄沮吾衆械婁敬于廣武以三十萬衆至白登高祖爲匈奴所圍七日乏食此師外示之以怯之義也○杜牧曰此乃詭詐藏形夫形也者不可使見於敵敵人見形必有應傳曰鷙鳥將擊必藏其形如匈奴

吾此計用兵則必敗我當去也○張預曰將辭也孫子謂今將聽吾所陳之計而用兵則必勝我乃留此矣將不聽吾所陳之計而用兵則必敗我乃去之他國矣以此辭激吳王而求用計利以聽乃爲之勢以佐其外曹操曰常法之外也○李筌曰計利既定乃乘形勢之勢也佐其外者常法之外也○杜牧曰計算利害是軍事根本利害已見聽用然後於常法之外更求兵勢以助佐其事也○賈林曰計其利聽其謀得敵之情我乃設奇譎之勢以動之外者或傍攻或後躡以佐正陳○梅堯臣曰定計於内爲勢於外以助成勝○王晳曰吾計之利已聽復當知應變以佐其外○張預曰孫子又謂吾所計之利若已聽從則我當復爲兵勢以佐助其事於外蓋兵之常法即可明言於人兵之利勢須因敵而爲勢者因利而制權也曹操曰制由權也權因事制也○李筌曰謀因事勢○杜牧曰自此便言常法之外勢夫勢者不可先見或因敵之害見我之利或因敵之利見我之害然後始可制機權而取勝也○梅堯臣曰因利行權以制之○王晳曰勢者乘其變者也

示羸老於漢使之義也○杜佑曰言已實能用外示之以不能不用使敵不我備也若孫臏減竈而制龐涓○王晳曰強示弱勇示怯治示亂實示虛智示愚衆示寡進示退速示遲取示捨彼示此○何氏曰能而示之不能者如單于羸師誘高祖圍于平城是也用而示之不用者如李牧按兵於雲中大敗匈奴是也○張預曰欲戰而示之退欲速而示之緩班超擊莎車趙奢破秦軍之類也

近而示之遠遠而示之近 李筌曰令敵失備也漢將韓信虜魏王豹初陳舟欲渡臨晉乃潛師浮木罌從夏陽襲安邑而魏失備也耿弇之征張步亦先攻臨淄皆示遠勢也○杜牧曰欲近襲敵必示以遠去之形欲遠襲敵必示以近進之形韓信盛兵臨晉而渡於夏陽此乃示以近形而遠襲敵也後漢末曹公袁紹相持官渡紹遣將郭圖淳于瓊顏良等攻東郡太守劉延於白馬紹引兵至黎陽將渡河曹公北救延津荀攸曰今兵少不敵分兵勢乃可公致兵延津將欲渡兵向其後紹必西應之然後輕兵襲白馬掩其不備顏良可擒也公從之紹聞兵渡即留分兵西應之公乃引軍行趨白馬未至十餘里良大驚來戰使張遼關羽前進擊破斬顏良解白馬圍此乃示以遠形而近襲敵也○賈林曰去就在我敵何由知○杜佑曰欲近而設其遠也欲遠而設其近也誑耀敵軍示之以遠本從其近若韓信之襲安邑○梅堯臣曰使其不能賾○王晳同上註○何氏曰遠而示之近者韓信陳舟臨晉而渡夏陽是也近而示之遠者晉侯伐虢假道于虞是也○張預曰欲近襲之反示以遠吳與越夾水相距越爲左右句卒相去各五里夜爭鳴鼓而進吳人分以禦之越乃潛涉當吳中軍而襲之吳大敗是也欲遠攻之反示以近韓信陳兵臨晉而渡於夏陽是也

利而誘之 杜牧曰趙將李牧大縱畜牧人衆滿野匈奴小入佯北不勝以數千人委之單于聞之大喜率衆大至牧多爲奇陳左右夾擊大破殺匈奴十餘萬騎也○賈林曰以利動之動而有形我所以因形制勝也○梅堯臣曰彼貪利則以貨誘之○何氏曰利而誘之者如赤眉委輜重而餌鄧禹是也○張預曰示以小利誘而克之若楚人伐絞莫敖曰絞小而輕請無扞采樵者以誘之於是絞人獲楚三十人明日絞人爭出驅楚役徒於山中楚人設伏兵於山下而大敗之是也

亂而取之 李筌曰敵貪利必亂也秦王姚興征禿髮傉檀悉驅部內牛羊散放於野縱秦人虜掠秦人得利既無行列傉檀陰分十將掩而擊之大敗秦人斬首七千餘級亂而取之之義也○杜牧曰敵有昏亂可以乘而取之傳曰兼弱攻昧取亂侮亡武之善經也○賈林曰我令姦智亂之候亂而取之也○梅堯臣曰彼亂則乘而取之○王晳曰亂謂無節制取言易也○張預曰詐爲紛亂誘而取之若吳越相攻吳以罪人三千示不整以誘越罪人或奔或止越人爭之爲吳所敗是也言敵亂而後取者非也春秋之法凡書取者言易也魯師取邿是也

實而備之 曹操曰敵治實須備之也○李筌曰備敵之實蜀將關羽欲圍魏之樊城懼吳將呂蒙襲其後乃多留備兵守荆州蒙陰知其旨遂詐之以疾羽乃撤去備兵遂爲蒙所取而荆州沒吳則其義也○杜牧曰對壘相持不論虛實常須爲備此言居常無事鄰封接境敵若修政治實上下相愛賞罰明信士卒精練即須備之不待交兵然後爲備也○陳皞曰敵若不動完實我當謹備亦自實以備敵也○梅堯臣曰彼實則不可不備○王晳曰彼將有以擊吾之不備也○何氏曰彼敵但見其實而未見其虛之形則當蓄力而備之也○張預曰經曰角之而知有餘不足之處有餘則實也不足則虛也言敵人兵勢既實則我當爲不可勝之計以待之勿輕舉也李靖軍鏡曰觀其虛則進見其實則止

強而避之 曹操曰避其所長也○李筌曰量力也楚子伐隨隨之臣季梁曰楚人上左君必左無與王遇且攻其右右無良焉必敗偏敗衆乃攜矣少師曰不當王非敵也不從隨師敗績隨侯逸攻強之敗也○杜牧曰逃避所長言敵人乘兵強氣銳則當須且回避之待其衰懈候其間隙而擊之晉末嶺南賊盧循徐道覆乘虛襲建鄴劉裕禦之曰賊若新亭直上且當避之回泊蔡洲乃成擒耳徐道覆欲焚舟直上循以爲不可乃泊於蔡洲竟以敗滅○賈林曰以弱制強理須待變○杜佑曰彼府庫充實士卒銳盛則當退避以伺其虛懈觀變而應之○梅堯臣曰彼強則我當避其銳○王晳曰敵兵精銳我勢寡弱則須退避○張預曰經曰無邀正正之旗無擊堂堂之陳言敵人行陳脩整節制嚴明則我當避之不可輕肆也若秦晉相攻交綏而退蓋各防其失敗也

怒而撓之 曹操曰待其衰懈也○李筌曰將之多怒者權必易亂性不堅也漢相陳平謀撓楚權以

太宰具進楚使驚曰是亞父使邪乃項王使邪此怒撓之者也○杜牧曰大將剛戾者可激之令怒則遲志使意志氣撓亂不顧本謀也○孟氏曰敵人盛怒當屈撓之○梅堯臣曰彼褊急易怒則撓之使憤激輕戰○王晳曰敵持重則激怒以撓之○何氏曰怒而撓之者漢兵擊曹咎於汜水是也○張預曰彼性剛忿則辱之令怒志氣撓惑則不謀而輕進若晉人執宛春以怒楚是也尉繚子曰寬不可激而怒言性寬者則不可激怒而致之也

卑而驕之

李筌曰幣重而言甘其志不小後趙石勒稱臣於王浚左右欲擊之浚曰石公來欲奉我耳敢言擊者斬設饗禮以待之勒乃驅牛羊數萬頭聲言上禮實以塡諸街巷使浚兵不得發乃入薊城擒浚於廳斬之而并燕卑而驕之則其義也○杜牧曰秦末匈奴冒頓初立東胡強使使謂冒頓曰欲得頭曼時千里馬冒頓以問羣臣羣臣皆曰千里馬國之寶勿與冒頓曰柰何與人鄰國愛一馬乎遂與之居頃之東胡使使來曰願得單于一閼氏冒頓問羣臣皆怒曰東胡無道乃求閼氏請擊之冒頓曰與人鄰國愛一女子乎與之居頃之東胡復曰匈奴有棄地千里吾欲有之冒頓問羣臣羣臣皆曰與之亦可不與亦可冒頓大怒曰地者國之本也本何可與諸言與者皆斬之冒頓上馬令國中有後者斬東襲東胡東胡輕冒頓不爲之備冒頓擊滅之冒頓遂西擊月氏南并樓煩白羊河南北侵燕代悉復收秦所使蒙恬所奪匈奴地也○陳皥曰所欲必無所顧惜子女以惑其心玉帛以驕其志范蠡鄭武之謀也○杜佑曰彼其舉國興師怒而欲進則當外示屈撓以高其志俟惰歸要而擊之故王子曰善用法者如貍之與鼠力之與智示之猶卑靜而下之○梅堯臣曰示以卑弱以驕其心○王晳曰示卑弱以驕之彼不虞我而擊其閒○張預曰或卑辭厚賂或羸師佯北皆所以令其驕怠吳子伐齊越子率衆而朝王及列士皆有賂吳人皆喜惟子胥懼曰是豢吳也後果爲越所滅楚伐庸七遇皆北庸人曰楚不足與戰矣遂不設備楚子乃爲二隊以伐之遂滅庸皆其義也

佚而勞之

一本作引而勞之○曹操曰以利勞之○李筌曰敵佚而我勞之者善功也吳伐楚公子光問計於伍子胥子胥曰可爲三師以肄焉我一師至彼必盡衆而出彼出我歸亟肄以疲之多方以誤之然後三師以繼之必大克從之楚於是乎始病吳矣○杜牧曰吳公子光問伐楚於伍員員曰可爲三軍以肄焉我一師至彼必盡出彼出則歸亟肄以疲之多方以誤之然後三師以繼之必大克從之於是子重一歲七奔命於是乎始病吳終入郢後漢末曹公既破劉備備奔袁紹引兵欲與曹公戰別駕田豐曰操善用兵未可輕舉不如以久持之將軍據山河之固有四州之地外結英豪內修農戰然後揀其精銳分爲奇兵乘虛迭出以擾河南救右則擊其左救左則擊其右使敵疲於奔命人不安業我未勞而彼已困矣不及三年可坐克也今釋廟勝之策而決成敗於一戰悔無及也紹不從故敗○梅堯臣曰以我之佚待彼之勞○王晳曰多奇兵也彼出則歸彼歸則出救左則右救右則左所以罷勞之也○何氏曰孫子有治力之法以佚而待勞故論敵佚我宜多方以勞弊之然後可以制勝○張預曰我則力全彼則道敝若晉楚爭鄭久而不決晉知武子乃分四軍爲三部晉各一動而楚三來於是三駕而楚不能與之爭又申公巫臣教吳伐楚於是子重一歲七奔命是也

親而離之

曹操曰以間離之○李筌曰破其行約間其君臣而後攻也昔秦伐趙秦相應侯間於趙王曰我惟懼趙用括耳廉頗易與也趙王然之乃用括代頗爲秦所坑卒四十萬於長平則其義也○杜牧曰言敵若上下相親則當以厚利啗而離間之陳平言於漢王曰今項王骨鯁之臣不過亞父鍾離眛龍且周殷之屬不過數人大王誠能捐數萬斤金間其君臣彼必內相誅漢因舉兵而攻之滅楚必矣漢王然之出黃金四萬斤與平使之反間項王果疑亞父不急擊下滎陽漢王遁去○陳皥曰彼悋爵祿此必捐之彼嗇財貨此必輕之彼好殺罰此必緩之因其上下相猜得行離間之說由余所以歸秦英布所以佐漢也○杜佑曰以利誘之使五間並入辯士馳說親彼君臣分離其形勢若秦遣反間欺誑趙君使廢廉頗而任趙奢之子卒有長平之敗○梅堯臣同杜牧註○王晳曰敵相親當以計謀離間之○張預曰或間其君臣或間其交援使相離貳然後圖之應侯間趙而退廉頗陳平間楚而逐范增是君臣相離也秦晉相合以伐鄭燭之武夜出說秦伯曰今得鄭則歸於晉無益於秦也不如捨鄭以爲東道主秦伯悟而退師是交援相離也

攻其無備 出其不意

曹操曰擊其懈怠出其空虛○李筌曰擊懈怠襲空虛○杜牧曰擊其空虛襲其懈怠○孟氏曰擊其空

虛襲其懈怠使敵不知所以備也故曰兵者無形爲妙太公曰動莫神於不意謀莫善於不識○梅堯臣王晳二註同上○何氏曰攻其無備者魏太祖征烏桓郭嘉曰胡恃其遠必不設備因其無備卒然擊之可破滅也太祖行至易水嘉曰兵貴神速今千里襲人輜重多難以趨利不如輕兵兼道以出掩其不意乃密出盧龍塞直指單于庭合戰大破之唐李靖陳十策以圖蕭銑總管三軍之任一以委靖八月集兵夔州銑以時屬秋潦江水泛漲三峽路危必謂靖不能進遂不設備九月靖率兵而進曰兵貴神速機不可失今兵始集銑尚未知乘水漲之勢倏忽至城下所謂疾雷不及掩耳縱使知我倉卒無以應敵此必成擒也進兵至夷陵銑始懼召兵江南果不能至勒兵圍城銑遂降出其不意者魏末遣將鍾會鄧艾伐蜀蜀將姜維守劍閣鍾會攻維未克艾上言請從陰平由邪徑出劍閣西入成都奇兵衝其腹心劍閣之軍必還赴涪則會方軌而進劍閣之軍不還則應涪之兵寡矣軍志云攻其無備出其不意今掩其空虛破之必矣冬十月艾自陰平行無人之地七百餘里鑿山通道造作橋閣山高谷深至爲艱險又糧運將匱頻於危殆艾以氈自裹推轉而下將士

皆攀木緣崖魚貫而進先登至江油蜀守將馬邈降諸葛瞻自涪還綿竹列陳相拒大敗之斬瞻及尚書張遵等進軍至成都蜀主劉禪降又齊神武爲東魏將率兵伐西魏屯軍蒲坂造三道浮橋渡河又遣其將竇泰趣潼關高敖曹圍洛州西魏將周文帝出軍廣陽召諸將謂曰賊今掎吾三面又造橋於河示欲必渡欲綴吾軍使竇泰得西入耳久與相持其計得行非良策也且高歡用兵常以泰爲先驅其下多銳卒屢勝而驕今出其不意襲之必克克泰則歡不戰而自走矣諸將咸曰賊在近捨而遠襲事若蹉跌悔無可及周文曰歡前再襲潼關吾軍不過霸上今者大來兵未出郊賊顧謂吾但自守耳無遠鬬意又狃於得志有輕我心乘此擊之何往不克賊雖造橋未能徑渡比五日中吾取竇泰必矣公等勿疑周文遂率騎六千還長安聲言欲往隴右辛亥潛出軍癸丑晨至潼關竇泰卒聞軍至惶懼依山爲陳未及成列周文擊破之斬泰傳首長安高敖曹適陷洛州聞泰沒燒輜重棄城而走○張預曰攻無備者謂懈怠之處敵之所不虞者則擊之若燕人畏鄭三軍而不虞制人爲制人所敗是也出不意者謂虛空之地敵不以爲慮者則襲之若鄧艾伐蜀行無人之地七百餘里是也

此兵家之勝不可先傳也曹操曰傳猶洩也兵無常勢水無常形臨敵變化不可先傳也故料敵在心察機在目也○李筌曰無備不意攻之必勝此兵之要祕而不傳也○杜牧曰傳言也此言上之所陳悉用兵取勝之策固非一定之制見敵之形始可施爲不可先事而言也○梅堯臣曰臨敵應變制宜豈可預前言之○王晳曰夫校計行兵是謂常法若乘機決勝則不可預傳述也○張預曰言上所陳之事乃兵家之勝策須臨敵制宜不可以預先傳言也

夫未戰而廟筭勝者得筭多也未戰而廟筭不勝者得筭少也多筭勝少筭不勝而況於無筭乎吾以此觀之勝負見矣曹操曰以吾道觀之矣○李筌曰夫戰者決勝廟堂然後與人爭利凡伐叛懷遠推亡固存兼弱攻昧皆物情之所出中外離心如商周之師者是爲未戰而廟筭勝太一遁甲置筭之法因六十筭已上爲多筭六十筭已下爲少筭客多筭臨少筭主人敗客少筭臨多筭主人勝此皆勝敗易見矣○杜牧曰廟筭者計筭於廟堂之上也○梅堯臣曰多筭故未戰而廟謀先勝少筭故未戰而廟謀不勝是不可無筭矣○王晳曰此懼學者惑不可先傳之說故復言計篇義也○何氏曰計有巧拙成敗繫焉○張預曰古者興師命將必致齋於廟授以成筭然後遣之故謂之廟筭籌策深遠則其計所得者多故未戰而先勝謀慮淺近則其計所得者少故未戰而先負多計勝少計其無計者安得無敗故曰勝兵先勝而後求戰敗兵先戰而後求勝有計無計勝負易見

作戰篇

曹操曰欲戰必先筭其費務因糧於敵也○李筌曰先定計然後修戰具是以戰次計之篇也○王晳曰計以知勝然後與戰而具軍費猶不可以久也○張預曰計筭已定然後完車馬利器械運糧草約費用以作戰備故次計

孫子曰凡用兵之法馳車千駟革車千乘帶
甲十萬曹操曰馳車輕車也駕駟馬革車重車也言萬騎之重車駕四馬卒三萬軍養二人主炊家子一人主保固守
衣裝廐二人主養馬凡五人步兵十人重以大車駕牛養二人主炊家子一人主守衣裝凡三人也帶甲十萬士卒數也○李筌曰馳車
戰車也革車輕車也帶甲步卒車一兩駕以駟馬步卒七十人計千駟之軍帶甲七萬馬四千匹孫子約以軍資之數以十萬爲率則百
萬可知也○杜牧曰輕車乃戰車也古者車戰革車輜車重車也載器械財貨衣裝也司馬法曰一車甲士三人步卒七十二人炊家子
十人固守衣裝五人廐養五人樵汲五人輕車七十五人重車二十五人故二乘兼一百人爲一隊舉十萬之衆革車千乘校其費用支
計則百萬之衆皆可知也○梅堯臣曰馳車輕車也革車重車也凡輕車一乘甲士步卒二十五人重車一乘甲士步卒七十五人舉二
車各千乘是帶甲者十萬人○王晳曰曹公曰輕車也駕駟馬凡千乘晳謂馳車謂駕革車也一乘四馬爲駟千駟則革車千乘曹公曰

重車也晳謂革車兵車也有五戎千乘之賦諸侯之大者曹公曰帶甲十萬步卒數也晳謂井田之法甸出兵車一乘甲士三人步卒七
十二人千乘摠七萬五千人此言帶甲十萬豈當時權制歟○何氏曰十萬舉成數也○張預曰馳車即攻車也革車即守車也按曹公
新書云攻車一乘前拒一隊左右角二隊共七十五人守車一乘炊子十人守裝五人廐養五人樵汲五人共二十五人攻守二乘凡一
百人興師十萬則用車二千輕重各半與此同矣千里饋糧曹操曰越境千里李筌曰道理縣遠則內
外之費賓客之用膠漆之材車甲之奉日費
千金然後十萬之師舉矣曹操曰謂賂賞猶在外○李筌曰夫軍出於外則帑
藏竭於內舉千金者言多費也千里之外贏糧則二十人奉一人也○杜牧曰軍有諸侯交聘之禮故曰賓客也車甲器械完緝修繕言
膠漆者舉其微細千金者言費用多也猶賂賞在外也○賈林曰計費不足未可以興師動衆故李太尉曰三軍之門必有賓客論議○

梅堯臣曰舉師十萬饋糧千里日費如此師久之戒也○王晳曰內謂國中外謂軍所也賓客若諸侯之使及軍中宴饗吏士也膠漆車
甲舉細與大也○何氏曰老師費財智者慮之○張預曰去國千里即當因糧若須供餉則內外騷動疲困於路蠹耗無極也賓客者使
命與遊士也膠漆者修飾器械之物也車甲者膏轄金革之類也約其所費日用千金然後能興十萬之師千金言重費也賂賞猶在外
其用戰也勝久則鈍兵挫銳攻城則力屈曹操曰鈍
弊也屈盡也○杜牧曰勝久謂淹久而後能勝也言與敵相持久而後勝則甲兵鈍弊銳氣挫衂攻城則人力殫盡屈折也○賈林曰戰
雖勝人久則無利兵貴全勝鈍兵挫銳士傷馬疲則屈○梅堯臣曰雖勝且久則必兵仗鈍弊而軍氣挫銳攻城而久則力必殫屈○王
晳曰屈窮也求勝以久則鈍弊折挫攻城則益甚也○張預曰及交兵合戰也久而後能勝則兵疲氣沮矣千里攻城力必困屈久
暴師則國用不足孟氏曰久暴師露衆千里之外則軍國費用不足相供○梅堯臣曰師久暴於

外則輸用不給○張預曰日費千金師久暴則國用豈能給若漢武帝窮征深討久而不解及其國用空虛乃下哀痛之詔是也夫
鈍兵挫銳屈力殫貨則諸侯乘其弊而起雖
有智者不能善其後矣李筌曰十萬衆舉日費千金非唯頓挫於外亦財殫於內是以
聖人無暴師也隋大業初煬帝重兵好征力屈鴈門之下兵挫遼水之上疏河引淮轉輸彌廣出師萬里國用不足於是楊玄感李密乘
其弊而起縱蘇威高熲豈能爲之謀也○杜牧曰蓋以師久不勝財力俱困諸侯乘之而起雖有智能之士亦不能於此之後善爲謀畫
也○賈林曰人離財竭雖伊呂復生亦不能救此亡敗也○杜佑曰雖當時有用兵之術不能防其後患○梅堯臣曰取勝攻城暴師且
久則諸侯乘此弊而起襲我我雖有智將不能制也○王晳曰以其弊甚必有危亡之憂○何氏曰其後謂兵不勝而敵乘其危殆雖智
者不能盡其善計而保全○張預曰兵已疲矣力已困矣財已匱矣隣國因其罷弊起兵以襲之則縱有智能之人亦不能防其後患若

王之舉必以死從此則指日剋期天下必定敬業欲從其策薛璋又
說曰金陵之地王氣已見宜早應之兼有大江設險足可以自固請
且攻取常潤等州以爲王霸之業然後率兵北上鼓行而前此則退
有所歸進無不利實良策也敬業以爲然乃自率兵四千人南渡以
擊潤州思恭密謂杜求仁曰兵勢宜合不可分今敬業不知并力渡
淮率山東之衆以合洛陽必無能成事果敗○張預曰但能取勝則
寧拙速而無巧久若司馬宣王伐上庸以一月
圖一年不計死傷與糧競者斯可謂欲拙速也**夫兵久而國**
利者未之有也李筌曰春秋曰兵猶火也弗戢將自焚○賈
林曰兵久無功諸侯生心○杜佑曰兵者凶
器久則生變若智伯圍趙逾年不歸卒爲襄子所擒身死國分故新
序傳曰好戰窮武未有不亡者也○梅堯臣曰力屈貨殫何利之有
○張預曰師老
財竭於國何利**故不盡知用兵之害者則不能盡**
知用兵之利也李筌曰利害相依之所生先知其害然後知
其利也○杜牧曰害之者勞人費財利之者

吳伐楚入郢久而不歸越兵遂入吳當是時
雖有伍員孫武之徒何嘗能爲善謀於後乎**故兵聞拙速未**
睹巧之久也曹操李筌曰雖拙有以速勝未睹者言其無也
○杜牧曰攻取之間雖拙於機智然以神速爲
上蓋無老師費財鈍兵之患則爲巧矣○孟氏曰雖拙有以速勝○
陳皥曰所謂疾雷不及掩耳卒電不及瞬目○杜佑註同孟氏○梅
堯臣曰拙尚以速勝未見工而久可也○王晳曰晳謂久則師老財
費國虛人困巧者保無斯患也○何氏曰速雖拙不費財力也久雖
巧恐生後患也後秦姚萇與苻登相持萇將苟曜據逆萬堡密引苻
登萇與登戰敗於馬頭原收衆復戰姚碩德謂諸將曰上慎於輕戰
每欲以計取之今戰既失利而更逼賊必有由也萇聞而謂碩德曰
登用兵遲緩不識虛實今輕兵直進徑據吾東必苟曜與之連結也
事久變成其禍難測所以速戰者欲使苟曜豎子謀之未就好之未
深耳果大敗之武后初徐敬業舉兵於江都稱匡復皇家以盩厔尉
魏思恭爲謀主問計於思恭對曰明公既以太后幽縶少主志在匡
復兵貴拙速宜早渡淮北親率大衆直入東都山東將士知公有勤

同曹操註○張預曰役謂興兵動衆之役故師卦註曰任大役重無
功則凶籍謂調兵之符籍故漢制有尺籍伍符言一舉則勝不可再
籍兵役於國也糧始出則載之越境則掠之歸
國則迎之是不三載也此言兵不可久暴也**取用於國因**
糧於敵故軍食可足也曹操曰兵甲戰具取用國中糧
食因敵也○李筌曰具我戎器
因敵之食雖出師千里無匱乏也○杜佑曰兵甲戰具取用國中糧
食因敵也取資用於我國因糧食於敵家也晉師館穀於楚是也○
梅堯臣曰軍之須用取於國軍之糧餉因於敵○何氏曰因謂兵出
境鈔聚掠野至於克敵拔城得其儲積也○張預曰器用取於國者
以物輕而易致也糧食因於敵者以粟重而難運
也夫千里饋糧則士有飢色故因糧則食可足**國之貧於**
師者遠輸遠輸則百姓貧李筌曰兵役數起而賦斂重
○杜牧曰管子曰粟行三百
里則國無一年之積粟行四百里則國無二年之積粟行五百里則
衆有飢色此言粟重物輕也不可推移推移之則農夫耕牛俱失南

吞敵拓境苟不顧已之患則舟中之人盡爲敵國安能取利於敵人
哉○賈林曰將驕卒惰貪利忘變此害最甚也○杜佑曰言謀國動
軍行師不先慮危亡之禍則不足取利也若秦伯見襲鄭之利不顧
崤函之敗吳王務伐齊之功而忘姑蘇之禍也○梅堯臣曰不再籍
不三載利也百姓虛公家費害也苟不知害又安知利○王晳曰久
而能勝未免於害速則利斯盡也○張預曰先知老師殫貨之害然
後能知擒敵
制勝之利**善用兵者役不再籍糧不三載**曹操曰
籍猶賦
也言初賦民而便取勝不復歸國發兵也始載糧後遂因食於敵還
兵入國不復以糧迎之也○李筌曰籍書也不再籍書恐人勞怨生
也秦發關中之卒是以有陳吳之難也軍出度遠近饋之軍人載糧
迎之謂之三載越境則館穀於敵無三載之義也○杜牧曰審敵可
攻審我可戰然後起兵便能勝敵而還鄭司農周禮註曰役謂發兵
起役籍乃伍籍也比參爲伍因內政寄軍令以伍籍發軍起役也○
陳皥曰籍借也不再借民而役也糧者往則載焉歸則迎之是不三
載也不困乎兵不竭乎國言速而利也○梅堯臣同陳皥註○王晳

成公作丘甲也國用急迫乃使丘出甸賦違常制也丘十六井甸六十四井力屈財殫中原內虛於家百姓之費十去其七曹操曰丘十六井也百姓財殫盡而兵不解則運糧盡力於原野也十去其七者所破費也○李筌曰兵久不止男女怨曠困於輸輓丘役力屈財殫而百姓之費十去其七○杜牧曰司馬法曰六尺爲步步百爲畝畝百爲夫夫三爲屋屋三爲井四井爲邑四邑爲丘四丘爲甸丘蓋十六井也丘有戎馬一匹牛四頭甸有戎馬四匹牛十六頭丘車一乘甲士三人步卒七十二人今言兵不解則丘役益急百姓糧盡財竭力盡於原野家業十耗其七也○陳皥曰丘聚也聚斂賦役以應軍須如此則財竭於人人無不困也○王晳曰急者暴於常賦也若魯成公作丘甲是也如此則民費太半矣要見公費差減故云十七曹公曰丘十六井兵不解則運糧盡力於原野○何氏曰國以民爲本民以食爲天居人上者宜乎重惜○張預曰運糧則力屈輸餉則財殫原野之民家產內虛度其所費十無其七也公家之費破車

畝故百姓不得不貧也○賈林曰遠輸則財耗於道路弊於轉運百姓日貧○孟氏曰兵車轉運千里之外財則費於道路人有困窮者○張預曰以七十萬家之力供餉十萬之師於千里之外則百姓不得不貧近於師者貴賣貴賣則百姓財竭曹操曰軍行已出界近師者貪財皆貴賣則百姓虛竭也○李筌曰夫近軍必有貨易百姓徇財殫產而從之竭也○賈林曰師徒所聚物皆暴貴人貪非常之利竭財物以賣之初雖獲利殊多終當力疲貨竭又云既有非常之斂故賣者求價無厭百姓竭力買之自然家國虛盡也○杜佑曰言近軍師市多非常之賣當時貪貴以趨末利然後財貨殫盡家國虛也○梅堯臣曰遠者供役以轉饋近者貪利而貴賣皆貧國匱民之道也○王晳曰夫遠輸則人勞費近市則物騰貴是故久師則爲國患也曹公曰軍行已出界近於師者貪財皆貴賣皆謂將出界也○張預曰近師之民必貪利而貴貨其物於遠來輸餉之人則財不得不竭財竭則急於丘役張預曰財力殫竭則丘井之役急迫而不易供也或曰丘役謂如魯

石四㪷爲一鍾一石一百二十斤蒠豆稭也秆禾藁也或言蒠秆藁也秦攻匈奴使天下運糧起於黃腄瑯琊負海之郡轉輸北河率三十鍾而致一石漢武建元中通西南夷作者數萬人千里負擔饋糧率十餘鍾致一石今校孫子之言食敵一鍾當吾二十鍾蓋約平地千里轉輸之法費二十石得一石不約道里蓋漏闕也黃腄音直瑞反又音誰在東萊北河即今之朔方郡○李筌曰遠師轉一鍾之粟費二十鍾方可達軍將之智也務食於敵以省己之費也○孟氏曰十斛爲鍾計千里轉運道路耗費二十鍾可致一鍾於軍中矣○梅堯臣註同曹操○王晳曰曹公曰蒠豆稭也秆禾藁也石者百二十斤也轉輸之法費二十乃得一晳謂上文千里饋糧則轉輸之法謂千里耳蒠今作萁秆故書爲芉當作秆○張預曰六石四㪷爲鍾一百二十斤爲石蒠豆稭也秆禾藁也千里饋糧則費二十鍾石而得一鍾石到軍所若越險阻則猶不啻故秦征匈奴率三十鍾而致一石此言能將必因糧於敵也故殺敵者怒也曹操曰威怒以致敵○李筌曰怒者軍威也○杜牧曰萬人非能同心皆怒在我激之以勢使然也田單守即墨使燕人劓降者擢城中

罷馬甲冑矢弩戟楯蔽櫓丘牛大車十去其六一本作十去其七○曹操曰丘牛謂丘邑之牛大車乃長轂車也○李筌曰丘大也此數器者皆軍之所須言遠近之費公家之物十損於七也○梅堯臣曰百姓以財糧力役奉軍之費其資十損乎七公家以牛馬器仗奉軍之費其資十損乎六是以竭賦窮兵百姓弊矣役急民貧國家虛矣○王晳曰楯干也蔽可以屏蔽櫓大楯也丘牛古所謂匹馬丘牛也大車牛車也易曰大車以載○張預曰兵以車爲務本故先言車馬疲敝也蔽櫓楯也今謂之彭排丘牛大牛也大車必革車也始言破車疲馬者謂攻戰之馳車也次言丘牛大車者即輜重之革車也公家車馬器械亦十損其六故智將務食於敵食敵一鍾當吾二十鍾蒠秆一石當吾二十石曹操曰六斛四㪷爲鍾蒠豆稭也秆禾藁也石者一百二十斤也轉輸之法費二十石得一石一云蒠音忌豆也七十斤爲一石當吾二十言遠費也○杜牧曰六

同怒則敵可殺尉繚子曰民之所以戰者氣也謂氣怒則人人自戰**取敵之利者貨也**曹操曰軍
無財士不來軍無賞士不往○李筌曰利者益軍實也○杜牧曰使
士見取敵之利者貨財也謂得敵之貨財必以賞之使人皆有欲各
自為戰後漢荆州刺史度尚討桂州賊帥卜陽潘鴻等入南海破其
三屯多獲珍寶而鴻等黨聚猶眾士卒驕富莫有鬬志尚曰卜陽潘
鴻作賊十年皆習於攻守當須諸郡併力可攻之令軍恣聽射獵兵
士喜悅大小相與從禽尚乃密使人潛焚其營珍積皆盡獵者來還
莫不泣涕尚曰卜陽等財貨足富數世諸卿但不併力耳所亡少少
何足介意眾聞咸憤踴願戰尚令秣馬蓐食明晨徑赴賊屯陽鴻不
設備吏士乘鋭遂破之此乃是也○孟氏同杜牧註○杜佑曰人知
勝敵有厚賞之利則冒白刃當矢石而樂以進戰者皆貨財酬勳賞
勞之誘也○梅堯臣曰殺敵則激吾人以怒取敵則利吾人以貨○
王晳曰謂設厚賞耳若使眾貪利自取則或違節制耳○張預曰以
貨啗士使人自為戰則敵利可取故曰重賞之下必有勇夫○皇朝
太祖命將伐蜀諭之曰所得州邑當與我傾竭帑庫以饗士卒國家

人墳墓之類是也○賈林曰人之無怒則不肯殺○王晳曰兵主威
怒○何氏曰燕圍齊之即墨齊之降者盡劓齊人皆怒愈堅守田單
又縱反間曰吾懼燕人掘吾城外冢墓僇辱先人可為寒心燕軍盡
掘壠墓燒死人即墨人從城上望見皆泣涕其欲出戰怒自十倍單
知士卒可用遂破燕師後漢班超使西域到鄯善會其吏士三十六
人與共飲酒酣因激怒之曰今俱在絕域欲立大功以求富貴虜使
到裁數日而王禮貌即廢如收吾屬送匈奴骸骨長為豺狼食矣官
屬皆曰今在危亡之地死生從司馬超曰不入虎穴不得虎子當今
之計獨有因夜以火攻虜使彼不知我多少必大震怖可殄盡也滅
此虜則功成事立矣眾曰善初夜將吏士奔虜營會天大風超令十
人持鼓藏虜舍後約曰見火然皆當鳴鼓大呼餘人悉持弓弩夾門
而伏超順風縱火虜眾驚亂眾悉燒死蜀龐統勸劉備襲益州牧劉
璋備曰此大事不可倉卒及璋使備擊張魯乃從璋求萬兵及資寶
欲以東行璋但許兵四千其餘皆給半備因激怒其眾曰吾為益州
征強敵師徒勤瘁不遑寧居今積帑藏之財而悋於賞功望士大夫
為出死力戰其可得乎由是相與破璋○張預曰激吾士卒使上下

軍曰若車不得車騎不得騎徒不得徒雖破軍皆無功**而更其旌旗**曹操曰與吾同也○李筌曰惡色與
吾同○賈林曰令不識也○張預曰變敵之色令與己同**車雜而乘之**曹操曰不獨任也○李筌曰夫降虜
之旌旗必更其色而雜其車乃可用也○杜牧曰士卒自獲敵車
任雜然自乘之官不録也○梅堯臣曰車許雜乘旗無因故○王晳
曰謂得敵車可與我車雜用之也○張預
曰己車與敵車參雜而用之不可獨任也**卒善而養之**張預曰所
獲之卒必以恩信
撫養之俾為我用**是謂勝敵而益強**曹操曰益己之強○李筌曰後漢光武破
銅馬賊於南陽虜眾數萬各配部曲然人心未安光武令各歸本營
乃輕行其間以勞之相謂曰蕭王推赤心置人腹中安得不投死乎
於是漢益振則其義也○杜牧曰得敵卒也因敵之資益己之強○
梅堯臣曰獲卒則任其所長養之以恩必為我用也○王晳曰得敵
卒則養之與吾卒同善者謂勿侵辱之也若厚撫初附或失人心○
何氏曰因敵以勝敵何往不強○張預曰勝其敵而獲其車與卒既

所欲惟土疆耳於是將吏死戰所至皆下遂平蜀**故車戰得車十乘已上賞**
其先得者曹操曰以車戰能得敵車十乘已上賞賜之不言車戰得車十乘已上者賞之而言賞得者何言欲開示
賞其所得車之卒也陳車之法五車為隊僕射一人十車為官卒長
一人車滿十乘將吏二人因而用之故別言賜之欲使將恩下及也
或曰言使自有車十乘已上與敵戰但取其有功者賞之其十乘已
下雖一乘獨得餘九乘皆賞之所以率進勵士也○李筌曰重賞而
勸進也○杜牧曰夫得車十乘已上者蓋眾人用命之所致也若徧
賞之則力不足與其所獲之車公家仍自以財貨賞其唱謀先登者
此所以勸勵士卒故上文云取敵之利者貨也言十乘者舉其綱目
也○賈林曰勸未得者使自勉也○梅堯臣曰徧賞則難周故獎一
而勸百也○王晳曰以財賞其所先得之卒○張預曰車一乘凡七
十五人以車與敵戰吾士卒能獲敵車十乘已上者吾士卒必不下
千餘人也以其人眾故不能徧賞但以厚利賞其陷陳先獲者以勸
餘眾古人用兵必使車奪車騎奪騎步奪步故吳起與秦人戰令三

爲我用則是增己之強光武推赤心人人投死之類也故兵貴勝不貴久曹操曰久則不利兵猶火也不戢將自焚也○孟氏曰貴速勝疾還也○梅堯臣曰上所言皆貴速也速則省財用息民力也○何氏曰孫子首尾言兵久之理蓋知兵不可玩武不可黷之深也○張預曰久則師老財竭易以生變故但貴其速勝疾歸故知兵之將生民之司命國家安危之主也曹操曰將賢則國安也○李筌曰將有殺伐之權威欲卻敵人命所繫國家安危在於此矣○杜牧曰民之性命國之安危皆由於將也○梅堯臣曰此言任將之重○王晳曰將賢則民保其生而國家安矣否則民被毒殺而國家危矣明君任屬可不精乎○何氏曰民之性命國之治亂皆主於將將之材難古今所患也○張預曰民之死生國之安危繫乎將之賢否

謀攻篇

曹操曰欲攻敵必先謀○李筌曰合陳爲戰圍城曰攻以此篇次戰之下○杜牧曰廟堂之上計筭已定戰爭之具糧食之費悉已用備可以謀攻故曰謀攻也○王晳曰謀攻敵之利害當全策以取之不銳於伐兵攻城也○張預曰計議已定戰具已集然後可以智謀攻故次作戰

孫子曰凡用兵之法全國爲上破國次之曹操曰興師深入長驅距其城郭絕其內外敵舉國來服爲上以兵擊破敗而得之其次也○李筌曰不貴殺也韓信虜魏王豹擒夏說斬成安君此爲破國者及用廣武君計北首燕路遣一介之使奉咫尺之書燕從風而靡則全國也○賈林曰全得其國我國亦全乃爲上○杜佑曰敵國來服爲上以擊破爲次○王晳曰若韓信舉燕是也○何氏曰以方略氣勢令敵人以國降上策也○張預曰尉繚子曰講武料敵使敵氣失而師散雖形全而不爲之用此道勝也破軍殺將乘堙發機會衆奪地此力勝也然則所謂道勝力勝者即全國破國之謂也夫弔民伐罪全勝爲上爲不得已而至於破則其次也全軍爲上破軍次之曹操杜牧曰司馬法曰一萬五千五百人爲軍何氏曰降其城邑不破我軍也全旅爲上破旅次之曹操曰五百人爲旅全卒爲上破卒次之曹操曰一校已上至一百人也李筌曰百人已上爲卒○杜佑曰一校下至百人也全伍爲上破伍次之曹操曰百人已下至五人○李筌曰百人已下爲伍○杜牧曰五人爲伍○梅堯臣曰謀之大者全得之○王晳曰國軍卒伍不間小大全之則威德爲優破之則威德爲劣○何氏曰自軍至伍皆次序上下言之此意以策略取之爲妙不惟一軍至於一伍不可不全○張預曰周制萬二千五百人爲軍五百人爲旅百人爲卒五人爲伍自軍至伍皆以不戰而勝之爲上是故百戰百勝非善之善者也曹操曰未戰而戰自屈勝善也○李筌曰以計勝敵也○陳皞曰戰必殺人故也○賈林曰兵威遠振全來降伏斯爲上也詭詐爲謀摧破敵衆殘人傷物然後得之又其次也○杜佑曰未戰而敵自屈服○梅堯臣曰惡乎殺傷殘害也○張預曰戰而後能勝必多殺傷故云非善不戰而屈人之兵善之善者也曹操曰未戰而敵自屈服○杜牧曰以計勝敵○陳皞曰韓信用李左車之計馳咫尺之書不戰而下燕城也○孟氏曰重廟勝也○王晳曰兵貴伐謀不務戰也○何氏曰後漢王霸討周建蘇茂既戰歸營賊復聚挑戰霸堅臥不出方饗士作倡樂茂雨射營中中霸前酒樽霸安坐不動軍吏曰茂已破今易擊霸曰不然茂客兵遠來糧食不足故挑戰以徼一切之勝今閉營休士所謂不戰而屈人兵善之善也茂乃引退○張預曰明賞罰信號令齊器械練士卒暴其所長使敵從風而靡則爲大善若吳王黃池之會晉人畏其有法而服之者是也故上兵伐謀曹操曰敵始有謀伐之易也○李筌曰伐其始謀也後漢寇恂圍高峻峻遣謀臣皇甫文謁恂辭禮不屈恂斬之報峻曰軍師無禮已斬之欲降急降不欲固守峻即日開壁而降諸將曰敢問殺其使而降其城何也恂曰皇甫文峻之心腹其取謀者留之則文得其計殺之則峻亡其膽所謂上兵伐謀諸將曰非所知也○杜牧曰晉平公欲攻齊使范昭往觀之景公觴之酒酣范昭請君之樽酌公曰寡人之樽進客范昭已飲晏子徹樽更爲酌范昭佯醉不悅而起舞謂太師曰能爲我奏成周之樂乎吾爲舞之太師曰瞑臣不

習范昭趨出景公曰晉大國也來觀吾政今子怒大國之使者將奈何晏子曰觀范昭非陋於禮者且欲慚於國臣故不從也太師曰夫成周之樂天子之樂也惟人主舞之今范昭人臣而欲舞天子樂臣故不爲也范昭歸報晉平公曰齊未可伐臣欲辱其君晏子知之臣欲犯其禮太師識之仲尼曰不越罇俎之間而折衝千里之外晏子之謂也春秋時秦伐晉晉將趙盾禦之上軍佐臾駢曰秦不能久請深壘固軍以待之秦人欲戰秦伯謂士會曰若何而戰對曰趙氏新出其屬曰臾駢必實爲此謀將以老我師也趙有側室曰穿晉君之壻也有寵而弱不在軍事好勇而狂且惡臾駢之佐上軍若使輕者肆焉其可秦軍掩晉上軍趙穿追之不及返怒曰裹糧坐甲固敵是求敵至不擊將何俟焉軍吏曰將有待也穿曰我不知謀將獨出乃以其屬出趙盾曰秦獲穿也獲一卿矣秦以勝歸我何以報乃皆出戰交綏而退夫晏子之對是敵人將謀伐我我先伐其謀故敵人不得而伐我士會之對是我將謀伐敵敵人有謀拒我乃伐其謀敵人不得與我戰斯二者皆伐謀也故敵欲謀我伐其未形之謀我若伐敵敗其已成之計固非止於一也○孟氏曰九攻九拒是其謀也○杜佑曰敵方設謀欲舉衆師伐而抑之是其上故太公云善除患者理於未生善勝敵者勝於無形也○梅堯臣曰以智勝○王晳曰以智謀屈人最爲上○何氏曰敵始謀攻我我先攻之易也揣知敵人謀之趣向因而加兵攻其彼心之發也○張預曰敵始發謀我從而攻之彼必喪計而屈服若晏子之沮范昭是也或曰伐謀者用謀以伐人也言以奇策秘算取勝於不戰兵之上也

其次伐交 曹操曰交將合也○李筌曰伐其始交也蘇秦約六國不事秦而秦閉關十五年不敢窺山東也○杜牧曰非止將合而已合之者皆可伐也張儀願獻秦地六百里於楚懷王請絕齊交隨何於黥布坐上殺楚使者以絕項羽曹公與韓遂交馬語以疑馬超高洋以蕭深明請和於梁以疑侯景終陷臺城此皆伐交權道變化非一途也○陳皞曰或云敵已興師交合伐而勝之是其次也若晉文公敵宋攜離曹衛也○孟氏曰交合強國敵不敢謀○梅堯臣曰以威勝○王晳曰謂未能全屈敵謀當且間其交使之解散彼交則事鉅敵堅彼不交則事小敵脆也○何氏曰杜稱已上四事乃親而離之之義也伐交者兵欲交合設疑兵以懼之使進退不得因來屈服旁鄰既爲我援敵不得不孤弱也○張預曰兵將交戰將合則伐之傳曰先人有奪人之心謂兩軍將合則先薄之孫叔敖之敗晉師厨人濮之破華氏是也或曰伐交者用交以伐人也言欲舉兵伐敵先結鄰國爲犄角之勢則我彊而敵弱

其次伐兵 曹操曰兵形已成也○李筌曰臨敵對陳兵之下也○賈林曰善於攻取舉無遺策又其次也故太公曰爭勝於白刃之前者非良將也○梅堯臣曰以戰勝○王晳曰戰者危事○張預曰不能敗其始謀破其將合則犀利兵器以勝之兵者器械之揔名也太公曰必勝之道器械爲寶

其下攻城 曹操曰敵國已收其外糧城守攻之爲下攻也○李筌曰夫王師出境敵則開壁送款舉櫬轅門百姓怡悅攻之上也若頓兵堅城之下師老卒惰攻守勢殊客主力倍以此攻之爲下也○杜佑曰言攻城屠邑攻之下者所害者多○梅堯臣曰費財役爲最下○王晳曰士卒殺傷城或未克○張預曰夫攻城屠邑不惟老師費財兼亦所害者多是爲攻之下者

攻城之法爲不得已 張預曰攻城則力屈所以必攻者蓋不獲已耳

修櫓轒轀具器械三月而後成距闉又三月而後已 曹操曰修治也櫓大楯也轒轀者轒牀也轒牀其下四輪從中推之至城下也具備也器械者機關攻守之揔名飛樓雲梯之屬距闉者踴土稍高而前以附其城也○李筌曰櫓楯也以蒙首而趨城下轒轀者四輪車也其下藏兵數十人塡隍推之直就其城木石所不能壞也器械飛樓雲梯板屋木幔之類也距闉者土木山乘城也東魏高歡之圍晉州侯景之攻臺城則其器也役約三月恐兵久而人疲也○杜牧曰櫓即今之所謂彭排轒轀四輪車排大木爲之上蒙以生牛皮下可容十人往來運土塡塹木石所不能傷今俗所謂木驢是也距闉者積土爲之即今之所謂壘道也三月者一時也言修治器械更其距闉皆須經時精好成就恐傷人之甚也管子曰不能致器者困言無以應敵也太公曰必勝之道器械爲寶漢書志曰兵之伎巧一十有三家習手足便器械機關以立攻守之勝者夫攻城者有撞車剗鈎車飛梯蝦蟇木解合車狐鹿車影車高障車馬頭車獨行車運土豚魚車○陳皞曰杜稱櫓爲彭排非也若是彭排即當用

言已者以其經時而畢上也皆不得已之謂**將不勝其忿而蟻附之殺士三分之一而城不拔者此攻之災也**曹操曰將忿不待攻城器而使士卒緣城而上如蟻之緣墻殺傷士卒也○李筌曰將怒而不待攻城而使士卒肉薄登城如蟻之所附墻爲木石所殺之者三有一焉而城不拔者此攻之災也○杜牧曰此言爲敵所辱不勝忿怒也後魏太武帝率十萬衆寇宋臧質于盱眙太武帝始就質求酒質封溲便與之太武大怒遂攻城乃命肉薄登城分番相代墜而復昇莫有退者屍與城平復殺其高梁王如此三旬死者過半太武聞彭城斷其歸路見疾疫甚衆乃解退傳曰一女乘城可敵十夫以此校之尚恐不啻○賈林曰但使人心外附士卒內離城乃自拔○杜佑曰守過二時敵人不服將不勝心之忿多使士卒蟻附其城殺傷我士民三分之一也言攻趣不拔還爲己害故韓非曰夫一戰不勝則過斃矣○何氏曰將心忿急使士卒如蟻緣而登死者過半城且不下斯害也已○張預曰攻逾二時敵猶不服將心忿躁不能持久使

此櫓字曹云大楯恐或近之蓋言候器械全具須三月距闉又三月已計六月將若不待此而生忿速必多殺士卒故下云將不勝其忿而蟻附之災也○杜佑曰轒轀上汾下温距闉者踊土積高而前以附於城也積土爲山曰堙以距敵城觀其虛實春秋傳曰楚司馬子反乘堙而闚宋城也○梅堯臣曰威智不足以屈人不獲已而攻城也治攻具須經時也曹公曰櫓大楯也轒轀者轒牀也其下四輪從中推至城下也器械機關攻守之總名蜚梯之屬也謂櫓爲大楯非也兵之具甚衆何獨言修大楯耶今城上守禦樓曰櫓櫓是轒牀上華屋以蔽矢石者歟○張預曰修櫓大楯也傳曰晉侯登巢車以望楚軍註云巢車車上爲櫓又晉師圍偪陽魯人建大車之輪蒙之以甲以爲櫓左執之右拔戟以成一隊註云櫓大楯也以此觀之修櫓爲大楯明矣轒轀四輪車其下可覆數十人運土以實隍者器械攻城摠名也三月者約經時成也或曰孫子戒心忿而亟攻之故權言以三月成器械三月起距堙其實不必三月也城尚不能下則又積土與城齊使士卒上之或觀其虛實或毀其樓櫓欲必取也土山曰堙楚子反乘堙而闚宋城是也器械言成者取其久而成就也距堙

攻也李筌曰以計取之後漢鄧侯臧宮圍妖賊於原武連月不拔士卒疾癘東海王謂宮曰今擁兵圍必死之虜非計也宜撤圍開其生路而示之彼必逃散一亭長足擒也從之而拔原武魏攻壺關亦其義也○杜牧曰司馬文王圍諸葛誕於壽春議者多欲急攻之文王以誕城固衆多攻之力屈若有外救表裏受敵此至危之道也吾當以全策縻之可坐制也誕二年五月反三年二月破滅六軍按甲深溝高壘而誕自困十六國前燕將慕容恪率兵討段龕於廣固恪圍之諸將勸恪急攻之恪曰軍勢有緩而克敵有急而取之若彼我勢既均外有強援力足制之當羈縻守之以待其斃乃築室反耕嚴固圍壘終克廣固曾不血刃也○孟氏曰言以威刑服敵不攻而取若鄭伯肉袒以迎楚莊王之類○梅堯臣曰攻則傷財○王晳曰若唐太宗降薛仁杲是也○張預曰或攻其所必救使敵棄城而來援則設伏取之若耿弇攻臨淄而克西安脅巨里而斬費邑是也或外絕其強援以久持之坐俟其斃若楚師築室反耕以服宋是也茲皆不攻而拔城之義也**毀人之國而非久也**曹操曰毀滅人國不久露師也○李筌曰

戰士蟻緣而登城則其士卒爲敵人所殺三中之一而堅城終不可拔茲攻城之害也已或曰將心忿速不俟六月之久而亟攻之則其害如此**故善用兵者屈人之兵而非戰也**李筌曰以計屈敵非戰之屈者晉將郭淮圍麴城蜀將姜維來救淮趨牛頭山斷維糧道及歸路維大震不戰而遁麴城遂降則不戰而屈之義也○杜牧曰周亞夫敵七國引兵東北壁昌邑以梁委吳使輕兵絕吳餉道吳梁相斃而食竭吳遁去因追擊大破之蜀將姜維使將句安李韶守麴城魏將陳泰圍之姜維來救出自牛頭山與泰相對泰曰兵法貴在不戰而屈人今絕牛頭維無返道則我之擒也諸軍各守勿戰絕其還路維懼遁走安等遂降○梅堯臣曰戰則傷人○王晳曰若李左車說成安君請以奇兵三萬人掠韓信於井陘之策是也○何氏曰言伐謀伐交不至於戰故司馬法曰上謀不鬭其旨見矣○張預曰前所陳者庸將之爲耳善用兵者則不然或破其計或敗其交或絕其糧或斷其路則可不戰而服之若田穰苴明法令拊士卒燕晉聞之不戰而遁亦是也**拔人之城而非**

以術毀人國不久而斃隋文問僕射高熲伐陳之策熲曰江外田收與中國不同伺彼農時我正暇豫徵兵掩襲彼釋農守禦候其聚兵我便解退再三若此彼農事疲矣又南方地卑舍悉茅竹倉庫儲積悉依其間密使行人因風縱火候其營立更爲之行其謀陳始病也○杜牧曰因敵有可乘之勢不失其機如摧枯朽沛公入關晉降孫皓隋取陳氏皆不久之○賈林曰兵不可久久則生變但毀滅其國不傷殘於人若武王伐殷殷人稱爲父母○杜佑曰若誅理暴逆毀滅敵國不暴師衆也○梅堯臣曰久則生變○王晳同梅堯臣註○何氏曰善攻者不以兵攻以計困之令其自拔令其自毀非勞久守而取之也○張預曰以順討逆以智伐愚師不久暴而敵國滅何假六月之稽乎

必以全爭於天下故兵不頓而利可全此謀攻之法也曹操曰不與敵戰而必完全得之立勝於天下不頓兵血刃也○李筌曰以全勝之計爭天下是以不頓收利也○梅堯臣曰全爭者兵不戰城不攻毀不久皆以謀而屈敵是曰謀攻故不鈍兵利自完○張預曰不戰則士不傷不攻則力不屈不久則財不費以完全立勝於天下故無頓兵血刃之害而有國富兵強之利斯良將計攻之術也

故用兵之法十則圍之曹操曰以十敵一則圍之是將智勇等而兵利鈍均也若主弱客強操所以倍兵圍下邳生擒呂布也○杜牧曰圍者謂四面壘合使敵不得逃逸凡圍四合必須去敵城稍遠占地既廣守備須嚴若非兵多則有闕漏故用兵有十倍也呂布敗是上下相疑侯成執陳宮委布降所以能擒非曹公兵力而能取之若上下相疑政令不一設使不圍自當潰叛何況圍之固須破滅孫子所言十則圍之是將勇智等而兵利鈍均不言敵人自有離叛曹公稱倍兵降布蓋非圍之力窮也此不可以訓也○李筌曰愚智勇怯等十倍於敵則圍之攻守殊勢也○杜佑曰以十敵一則圍之是爲將智勇等而兵利鈍均也若主弱客勁不用十也曹公操所以倍兵圍下邳生擒呂布若敵壘固守依附險阻彼一我十乃可圍也敵雖盛所據不便未必十倍然後圍之○梅堯臣曰彼一我十可以圍○何氏曰圍者四面合兵以圍城而攻量彼我兵勢將才愚智勇怯等而我十倍勝於敵人是以十對一可以圍之無令越逸也○張預曰吾之衆十倍於敵則四面圍合以取之是爲將智勇等而兵利鈍均也若主弱客強不必十倍然後圍之尉繚子曰守法一而當十十而當百百而當千千而當萬言守者十人而當圍者百人與此法同

五則攻之曹操曰以五敵一則三術爲正二術爲奇○李筌曰五則攻之攻守勢殊也○杜牧曰術猶道也言以五敵一則當取己三分爲三道以攻敵之一面留己之二候其無備之處出奇而乘之西魏末梁州刺史宇文仲和據州不受代魏將獨孤信率兵討之仲和嬰城固守信夜令諸將以衝梯攻其東北信親帥將士襲其西南遂克之也○陳皥曰兵說五倍於敵自是我有餘力彼之勢分也豈止分爲三道以攻敵此獨說攻城故下文云小敵之堅大敵之擒也○杜佑曰若敵并兵自守不與我戰彼一我五乃可攻戰也或無敵人內外之應未必五倍然後攻○梅堯臣同杜佑註○王晳曰謂十圍而取五則攻者皆勢力有餘不待其虛懈也此以下亦謂智勇利鈍均耳○何氏曰愚智勇怯等量我五倍多於敵人可以三分攻城二分出奇以取勝○張預曰吾之衆五倍於敵則當驚前掩後衝東擊西無五倍之衆則

不能爲此計曹公謂三術爲正二術爲奇不其然乎若敵無外援我有內應則不須五倍然後攻之

倍則分之曹操曰以二敵一則一術爲正一術爲奇○李筌曰夫兵者倍於敵則分半爲奇我衆彼寡動而難制符堅至淝水不分而敗王僧辯至張公洲分而勝也○杜牧曰此言非也此言以二敵一則當取己之一或趣敵之要害或攻敵之必救使敵一分之中復須分減相救因以一分而擊之夫戰法非論衆寡每陣皆有奇正非待人衆然後能設奇項羽於烏江二十八騎尚不聚之猶設奇正循環相救況於其他哉○陳皥曰直言我倍於敵分兵趨其所必救即我倍中更倍以擊敵之中分也杜雖得之未盡其說也○杜佑曰已二敵一則一術爲正一術爲奇彼一我二不足爲變故疑兵分離其軍也故太公曰不能分移不可以語奇○梅堯臣曰彼一我二可分其勢○王晳曰謂分者分爲二軍使其腹背受敵則我得一倍之利也○何氏曰兵倍於敵則分半爲奇我衆彼寡足可分兵主客力均善戰者勝也○張預曰吾之衆一倍於敵則當分爲二部一以當其前一以衝其後彼應前則後擊之應後則前擊之茲所謂一術爲正一術爲奇也杜氏不

曉兵分則爲奇聚則爲正而遠非曹公何誤也**敵則能戰之**曹操曰己與敵人衆等善者猶當設伏奇以勝之○李筌曰主客力敵惟善者戰○杜牧曰此說非也凡己與敵人兵衆多少智勇利鈍一且相敵則可以戰夫伏兵之設或在敵前或在敵後或因深林叢薄或因暮夜昏晦或因隘阨山阪擊敵不備自名伏兵非奇兵也○陳皥曰、已與敵人衆寡相等先爲奇兵可勝之計則戰之故下文云不若則能避之杜說奇伏得之也○梅堯臣曰勢力均則戰○王晳曰謂能者能感士卒心得其死戰耳若設奇伏以取勝是謂智優不在兵敵也○何氏曰敵言等敵也唯能者可以戰勝耳○張預曰彼我相敵則以正爲奇以奇爲正變化紛紜使敵莫測以與之戰兹所謂設奇伏以勝之也杜氏不曉凡置陣皆有揚奇備伏而云伏兵當在山林非也**少則能逃之**曹操曰高壁壘勿與戰也○李筌曰量力不如則堅壁不出挫其鋒待其氣懈而出奇擊之齊將田單守即墨燒牛尾卽殺騎刼則其義也○杜牧曰兵不敵且避其鋒尚俟隙便奮決求勝言能者謂能忍忿受耻敵人求挑不出也不似曹咎汜水之戰也○陳皥曰此說非也但敵人兵倍於我則宜避之以驕其志用爲後圖非謂忍忿受耻太宗辱宋老生以虜其衆豈是兵力不等也○賈林曰彼衆我寡逃匿兵形不令敵知當設奇伏以待之設詐以疑之亦取勝之道又一云逃匿兵形敵不知所備懼其變詐全軍亦逃○杜佑曰高壁壘勿與戰也彼之衆我之寡不可敵則當自逃守匿其形○梅堯臣曰彼衆我寡去而勿戰○王晳曰逃伏也謂能倚固逃伏以自守也傳曰師逃于夫人之宮或兵少而有以勝者蓋將優卒強耳○何氏曰兵少固壁觀變潛形見可則進○張預曰彼衆我寡宜逃去之勿與戰是亦爲將智勇等而兵利鈍均也若我治彼亂我奮彼怠則敵雖衆亦可以合戰若吳起以五百乘破秦五十萬衆謝玄以八千卒敗符堅一百萬豈須逃之乎**不若則能避之**曹操曰引兵避之也○杜牧曰言不若者勢力交援俱不如也則須速去之不可遷延也如敵人守我要害發我津梁合圍於我則欲去不復得也○杜佑曰引兵備之強弱不敵勢不相若則引軍避待利而動○梅堯臣曰勢力不如則引而避○王晳曰將與兵俱不若遇敵攻必敗也○張預曰兵力謀勇皆劣於敵則當引而避之以伺其隙**故小敵之堅大敵之擒也**曹操曰小不能當大也○李筌曰小敵不量力而堅戰者必爲大敵所擒也漢都尉李陵以步卒五千之衆對十萬之軍而見殺匈奴也○杜牧曰言堅者將性堅忍不能逃不能避故爲大者之所擒也○孟氏曰小不能當大也言小國不量其力敢與大邦爲讎雖權時堅城固守然後必見擒獲春秋傳曰旣不能強又不能弱所以敗也○梅堯臣曰不逃不避雖堅亦擒○王晳註同梅堯臣○何氏曰如右將軍蘇建前將軍趙信將兵三千餘人與大將軍衛青分行獨逢單于兵數萬力戰一日漢兵且盡前將軍信胡人降爲翕侯匈奴誘之遂將其餘騎可八百餘奔降單于右將軍蘇建遂盡亡其軍獨以身得亡自歸大將軍問其正閎長史安議郎周霸等建爲云何霸曰自大將軍出未嘗斬一裨將今建棄軍可斬以明威重閎安曰不然兵法小敵之堅大敵之擒也今建獨以數千當單于數萬力戰一日餘士盡不敢有二心自歸而斬之是示後人無歸意也○張預曰小敵不度強弱而堅戰必爲大敵之所擒息侯屈於鄭伯李陵降於匈奴是也孟子曰小固不可以敵大弱固不可以敵強寡固不可以敵衆**夫將者國之輔也輔周則國必強**曹操曰將周密謀不泄也○李筌曰輔猶助也將才足則兵必強○杜牧曰才周也○賈林曰國之強弱必在於將將輔於君而才周其國則強不輔於君內懷其貳則弱擇人授任不可不愼何氏曰周謂才智具也得才智周備之將國乃安強也**輔隙則國必弱**曹操曰形見於外也○李筌曰隙缺也將才不備兵必弱○杜牧曰才不周也○梅堯臣曰得賢則周備失士則隙缺○王晳曰周謂將賢則忠才兼備隙謂有所缺也○何氏曰言其才不可不周用事不可不周知也故將在軍必先知五事六行五權之用與夫九變四機之說然後可以內御士衆外料戰形苟昧於兹雖一日不可居三軍之上矣○張預曰將謀周密則敵不能窺故其國強微缺則乘釁而入故其國弱太公曰得士者昌失士者亡**故君之所以患於軍者三**梅堯臣曰患君之所不知○孟氏曰已下語是○張預曰下三事也**不知軍之不可**

惑矣曹操曰軍容不入國國容不入軍禮不可以治兵也○李筌曰任將不以其人也燕將慕容評出軍所在因山泉賣樵水貪鄙積貨爲三軍帥不知其政也○杜牧曰蓋謂禮度法令自有軍法從事若使同於尋常治國之道則軍士生惑矣至如周亞夫見天子不拜漢文知其勇不可犯魏尚守雲中上首級爲有司所劾馮唐所以發憤也○杜佑曰夫治國尚禮義兵貴於權詐形勢各異敎化不同而君不知其變軍國一政以用治民則軍士疑惑不知所措故兵經曰在國以信在軍以詐也○陳皡曰言不知三軍之事違衆沮議左傳稱晉彘季不從軍師之謀而以偏師先進終爲楚之所敗也○梅堯臣曰不知治軍之務而參其政則衆惑亂也曹公引司馬法曰軍容不入國國容不入軍是也○何氏曰軍國異容所治各殊欲以治國之法以治軍旅則軍旅惑亂○張預曰仁義可以治國而不可以治軍權變可以治軍而不可以治國理然也號公不修慈愛而爲晉所滅晉侯不守四德而爲秦所克是不以仁義治國也齊侯不射君子而敗於晉宋公不擒二毛而衄於楚是不以權變治軍也故當仁義而用權譎則國必危晉號是也當變詐而尚禮義則兵必敗

以進而謂之進不知軍之不可以退而謂之退是謂縻軍曹操曰縻御也○李筌曰縻絆也不知進退者軍必敗如絆驥足無馳驟也楚將龍且逐韓信而敗是不知其進秦將符融揮軍少却而敗是不知其退○杜牧曰猶駕御縻絆使不自由也君國君也患於軍者爲軍之患害也夫授鉞凶門推轂閫外之事將軍裁之如趙充國欲爲屯田漢宣必令決戰孫皓臨滅賈充尚請班師此不知進退之謂也○賈林曰軍之進退將可臨時制變君命內御患莫大焉故太公曰國不可以從外治軍不可以從中御○杜佑曰縻御也縻爲反君不知軍之形勢而欲從中御也○梅堯臣曰君不知進退之宜而專進退是縻繫其軍六韜所謂軍不可以從中御○王晳曰縻繫也去此患則當託以不御之權故必忠才兼備之臣爲之將也○張預曰軍未可以進而必使之進軍未可以退而必使之退是謂縻絆其軍也故曰進退由內御則功難成不知三軍之事而同三軍之政者則軍士

遂能成功三軍既惑且疑則諸侯之難至矣是謂亂軍引勝曹操曰引奪也○李筌曰引奪也兵權道也不可謬而使處趙上卿藺相如言趙括徒能讀其父書然未知合變王令以名使括如膠柱鼓瑟此則不如三軍之權而同三軍之任趙王不從果有長平之敗諸侯之難至也○杜牧曰言我軍疑惑自致擾亂如引敵人使勝我也○孟氏曰三軍之衆疑其所任惑其所爲則鄰國諸侯因其乖錯作難而至也太公曰疑志不可以應敵○梅堯臣曰君徒知制其將不能用其人而乃同其政任俾衆疑惑故諸侯之難作是自亂其軍自去其勝○王晳曰引諸侯勝己也○何氏曰士疑惑而無畏則亂故敵國得以乘我隙釁而至矣○張預曰軍士疑惑未肯用命則諸侯之兵乘隙而至是自潰其軍自奪其勝也故知勝有五李筌曰謂下五事也○張預曰下五事也知可以戰與不可以戰者勝李筌曰料人事逆順然後以太一遁甲筭三門遇奇五將無關格迫脅主客之計者必勝也○

齊宋是也然則治國之道固不可以治軍也不知三軍之權而同三軍之任則軍士疑矣曹操曰不得其人也○杜牧曰謂將無權智不能銓度軍士各任所長而雷同使之不盡其材則三軍生疑矣黃石公曰善任人者使智使勇使貪使愚智者樂立其功勇者好行其志貪者邀趨其利愚者不顧其死○陳皡曰將在軍權不專制任不自由三軍之士自然疑也○杜佑曰不得其人也君之任將當精擇焉將若不知權變不可付以勢位苟授非其人則舉措失所軍覆敗也若趙不用廣武君而用成安君○梅堯臣曰不知權謀之道而參其任用則衆疑貳也○王晳曰政也權也使不知者同之則動有違異必相牽制也是則軍衆疑惑矣裴度所以奏去監軍平蔡州也此皆由君上不能專任賢將則使同之故通謂之三患○何氏曰不知用兵權謀之人用之爲將則軍不治而士疑○張預曰軍吏中有不知兵家權謀之人而使同居將帥之任則政令不一而軍疑矣若邲之戰中軍帥荀林父欲還裨將先縠不從爲楚所敗是也近世以中官監軍其患正如此高崇文伐蜀因罷之

所致○何氏曰書云受有億兆夷人離心離德予有亂臣十人同心同德商滅而周興○張預曰百將一心三軍同力人人欲戰則所向無前矣**以虞待不虞者勝**李筌杜牧曰有備預也○孟氏曰虞度也左傳曰不備不虞不可以師待敵之可勝也○陳皥曰謂先為不可勝之師待敵之可勝也○杜佑曰虞度也以我有法度之師擊彼無法度之兵○梅堯臣曰慎備非常○王晳曰以我之虞待敵之不虞也○何氏曰春秋時城濮之役晉無楚備以敗於邲邲之役楚無晉備以敗於鄢自鄢已來晉不失備而加之以禮重之以睦是以楚弗能加晉又周末荊人伐陳吳救之軍行三十里兩十日夜不見星左史倚相謂大將子期曰雨十日夜甲輯兵聚吳人必至不如備之乃為陳而吳人至見荊有備而反左史曰其反覆六十里其君子休小人為食我行三十里擊之必克從之遂破吳軍魏大將軍南征吳到積湖魏將滿寵帥諸軍在前與敵隔水相對寵令諸將曰今夕風甚猛賊必來燒營宜豫為之備諸軍皆警夜半賊果遣十部來燒營寵掩擊破之又春秋衛人以燕師伐鄭鄭祭足原繁洩駕以三軍軍其前使曼伯與子元潛軍軍

杜牧曰下文所謂知彼知己是也○孟氏曰能料知敵情審其虛實者勝也○梅堯臣曰知可不可之宜○王晳曰可則進否則止保勝之道也○何氏曰審己與敵○張預曰可戰則進攻不可戰則退守能審攻守之宜則無不勝**識眾寡之用者勝**李筌曰量力也○杜牧曰先知敵之眾寡然後起兵以應之如王翦伐荊曰非六十萬不可是也○杜佑曰言兵之形有眾而不可擊寡或可以弱制強而能變之者勝也故春秋傳曰師克在和不在眾是也○梅堯臣曰量力而動○王晳曰謂我對敵兵之眾寡圍攻分戰是也○張預曰用兵之法有以少而勝眾者有以多而勝寡者在乎度其所用而不失其宜則善如吳子所謂用衆者務易用少者務隘是也**上下同欲者勝**曹操曰君臣同欲○李筌曰觀士卒心上下同欲如報私仇者勝○陳皥曰言上下共同其利欲則三軍無怨敵可勝也傳曰以欲從人則可以人從欲鮮濟也○杜佑曰言君臣和同勇而戰者勝故孟子曰天時不如地利地利不如人和○梅堯臣曰心齊一也○王晳曰上下一心若先縠剛愎以取敗呂布違異以致亡皆上下不同欲之

君決戰在將也○梅堯臣曰自閫以外將軍制之○王晳曰君御能將者不能絕疑忌耳若賢明之主必能知人固當委任以責成效推轂授鉞是其義也攻戰之事一以專之不從中御所以一威且盡其才也況臨敵乘機間不容髮安可遙制之乎○何氏曰古者遣將於太廟親操鉞持其首授其柄曰從是以上至天者將軍制之乃復操柄授與刃曰從是以下至淵者將軍制之故李牧之為趙將居邊軍市之租皆自用饗士賞賜決於外不從中御也周亞夫之軍細柳軍中唯聞將軍之命不聞天子之詔也蓋用兵之法一步百變見可則進知難而退而曰有王命焉是白大人以救火也未及反命而煨燼久矣曰有監軍焉是作舍道邊也謀無適從而終不可成矣故御能將而責平猾虜者如絆韓盧而求獲狡兔者又何異焉○張預曰將有智勇之能則當任以責成功不可從中御也故曰閫外之事將軍裁之**此五者知勝之道也**曹操曰此上五事也**故曰知彼知己者百戰不殆**李筌曰量力而拒敵有何危殆乎○杜牧曰以我之政料敵之政以我之將料敵之將以我之

其後燕人畏鄭三軍而不虞制人六月鄭二公子以制人敗燕師于北制君子曰不備不虞不可以師又楚子重自陳伐莒圍渠丘渠丘城惡眾潰奔莒楚入渠丘莒人囚楚公子平楚人曰勿殺吾歸而俘莒人殺之楚師圍莒莒城亦惡庚申莒潰楚遂入鄆莒無備故也君子曰恃陋而不備罪之大者也備豫不虞善之大者也莒恃其陋而不修城郭浹辰之間而楚克其三都無備也夫○張預曰常為不可勝以待敵故吳起曰出門如見敵士季曰有備不敗**將能而君不御者勝**曹操曰司馬法曰進退惟時無曰寡人也○李筌曰將在外君命有所不受者勝真將軍也吳伐楚吳公子光弟夫槩王至請擊楚子常不許夫槩曰所謂見義而行不待命也今日我死楚可入也以其屬五千先擊子常敗之審此則將能而君不御也晉宣帝拒諸葛亮於五丈原天子使辛毗仗節軍門曰敢問戰者斬亮聞笑曰苟能制吾豈千里請戰假言天子不許示武於眾此是不能之將○杜牧曰尉繚子曰夫將者上不制乎天下不制乎地中不制乎人故兵者凶器也將者死官也○杜佑曰將既精能曉練兵勢君能專任事不從中御故王子曰指授在

衆料敵之衆以我之食料敵之食以我之地料敵之地校量巳定優劣短長皆先見之然後兵起故有百戰百勝也○孟氏曰審知彼巳強弱利害之勢雖百戰實無危殆也○梅堯臣曰彼已五者盡知之故無敗○王晳曰殆危也謂校盡彼我之情知勝而後戰則百戰不危○張預曰知彼知已者攻守之謂也知彼則可以攻知己則可以守攻是守之機守是攻之策苟能知之雖百戰不危也或曰士會察楚師之不可敵陳平料劉項之長短是知彼知己也

不知彼而知己一勝一負李筌曰自以己強而不料敵則勝負未定秦主符堅以百萬之衆南伐或謂曰彼有人焉謝安桓沖江表偉才不可輕之堅曰我以八州之衆士馬百萬投鞭可斷江水何難之有後果敗績則其義也○杜牧曰恃我之強不知敵不可伐者一勝一負王猛將終諫符堅曰晉氏雖在江表而正朔所禀謝安桓沖江表偉人不可伐也及堅南伐曰吾士馬百萬投鞭可濟遂有淝水之敗也○陳皡曰杜說乃是出兵無名而伐無罪所以敗也非一勝一負之義○杜佑曰雖不知敵之形勢恃己能克之者勝負各半○梅堯臣曰自知己者勝負半也○王晳曰但能計己不知敵之強弱則或勝或負○張預曰唐太宗曰今之將臣雖未能知彼苟能知己則安有不利乎所謂知己者守吾氣而有待焉者也故知守而不知攻則勝負之半

不知彼不知己每戰必殆李筌曰是謂狂寇不敗何待也○杜佑曰外不料敵內不知己用戰必殆○梅堯臣曰一不知何以勝○王晳曰全昧於計也○張預曰攻守之術皆不知以戰則敗

形篇

曹操曰軍之形也我動彼應兩敵相察情也○李筌曰形謂主客攻守八陳五營陰陽向背之形○杜牧曰因形見情無形者情密有形者情疎密則勝疎則敗也○王晳曰形者定形也謂兩敵強弱有定形也善用兵者能變化其形因敵以制勝○張預曰兩軍攻守之形也隱於中則人不可得而知見於外則敵乘隙而至形因攻守而顯故次謀攻

孫子曰昔之善戰者先為不可勝張預曰所謂知己者也**以待敵之可勝**梅堯臣曰藏形內治伺其虛懈○張預曰所謂知彼者也**不可勝在己可勝在敵**曹操曰自修理以待敵之虛懈也○李筌曰夫善用兵者守則深壁多具軍食善其教練攻其城則尚橦棚雲梯土山地道陳則在山川丘陵背孤向虛從疑擊閒善戰者犄角勢連首尾相應者為不可勝也夫善戰者能為不可勝不能使敵之必可勝故曰勝可知而不可為不可勝者守也可勝者攻也此數者以為可勝也○杜牧曰自整軍事長有待敵之備閉跡藏形使敵人不能測度因伺敵人有可乘之便然後出而攻之○杜佑曰先咨之廟堂慮其危難然後高壘深溝使兵練習以此守備之故待敵之闕則可勝之言制敵在外故自修理以候敵之虛懈已見敵有闕漏之形然後可勝○王晳曰不可勝者修道保法也可勝者有所隙耳○張預曰守之故在己攻之故在彼

故善戰者能為不可勝杜牧曰不可勝者上文註解所謂修整軍事閉形藏跡是也此事在己故曰能為○張預曰藏形晦跡居常嚴備則已能為

不能使敵之可勝杜牧曰敵若無形可窺無虛懈可乘則我雖操可勝之具亦安能取勝敵乎○賈林曰敵有智謀深為已備不能強令不已備○杜佑曰在己故練兵士策與道合深為備者亦不可強勝之○梅堯臣曰在己故能為在敵故無必○王晳曰在敵不在我也○張預曰若敵強弱之形不顯於外則我豈能必勝於彼

故曰勝可知曹操曰見成形也○杜牧曰知者但能知己之力可以勝敵也○陳皡曰取勝於形勝可知也**而不可為**曹操曰敵有備故也○杜牧曰言我不能使敵人虛懈為我可勝之資○賈林曰敵若隱而無形不可強為勝敗○杜佑曰敵有備也已料敵見敵形者則勝負可知若敵密而無形亦不可強使為敗故范蠡曰時不至不可強生事不究不可強成○梅堯臣曰敵有闕則可知敵無闕則不可為○何氏曰可知之勝在我我有備也不可為之勝在敵敵無形也○張預曰已有備則勝可知敵有備則不可為

不可勝者

闕也後人謂不足爲弱有餘爲強者非也**善守者藏於九地之下善攻者動於九天之上故能自保而全勝也**曹操曰因山川丘陵之固者藏於九地之下因天時之變者動於九天之上○李筌曰天一遁甲經云九天之上可以陳兵九地之下可以伏藏常以直符加時干後一所臨宮爲九天後二所臨宮爲九地地者靜而利藏天者運而利動故魏武不明二遁以九地爲山川九天爲天時也夫以天一太一之遁幽微知而用之故全也經云之三避五魁然獨處能知三五橫行天下以此法出不拘諸咎則其義也○杜牧曰守者韜聲滅跡幽比鬼神在於地下不可得而見之攻者勢迅聲烈疾若雷電如來天上不可得而備也九者高深數之極○陳皥曰春三月寅功曹爲九天之上申傳送爲九地之下夏三月午勝先爲九天之上子神后爲九地之下秋三月申傳送爲九天之上寅功曹爲九地之下冬三月子神后爲九天之上午勝先爲九地之下也○杜佑曰善守備者務因其山川之阻丘陵之固使不知所攻言其深密藏於九地

守也曹操曰藏形也○杜牧曰言未見敵人有可勝之形已則藏形爲不可勝之備以自守也○杜佑曰藏形也若未見其形彼衆我寡則自守也○梅堯臣曰且有待也○何氏曰未見敵人形勢虛實有可勝之理則宜固守○張預曰知己未可以勝則守其氣而待之**可勝者攻也**曹操曰敵攻已乃可勝○李筌曰夫善用兵者守則高壘堅壁也攻則櫓棚雲梯土山地道陳左川澤右丘陵背孤向虛從疑擊間識辨五令以節衆勢連首尾相應者爲不可勝也無此數者以爲可勝也○杜牧曰敵人有可勝之形則當出而攻之○杜佑曰敵攻已乃可勝也已見其形彼寡我衆則可攻○梅堯臣曰見其闕也○王晳曰守者以於勝不足攻者以於勝有餘○張預曰知彼有可勝之理則攻其心而取之**守則不足攻則有餘**曹操曰吾所以守者力不足也所以攻者力有餘也○李筌曰力不足者可以守力有餘者可以攻也○梅堯臣曰守則知力不足攻則知力有餘○張預曰吾所以守者謂取勝之道有所不足故且待之吾所以攻者謂勝敵之事已有其餘故出擊之言非百勝不戰非萬全不

不可知也動於九天之上喻來而不可備也尉繚子曰若祕於地若邃於天是也守則固是自保也攻則取是全勝也**見勝不過衆人之所知非善之善者也**曹操曰當見未萌○李筌曰知不出衆知非善也韓信破趙未餐而出井陘曰破趙會食時諸將嘸然佯應曰諾乃背水陳趙乘壁望見皆大笑言漢將不便兵也乃破趙食斬成安君此則衆所不知也○杜牧曰衆人之所見破軍殺將然後知勝我之所見廟堂之上罇俎之間已知勝負者矣○賈林曰守必固攻必克能自保全而常不失勝見未然之勝善知將然之敗謂實微妙通玄非衆人之所見也○孟氏曰當見未萌言兩軍已交雖料見勝負策不能過絕於人但見近形非遠太公曰智與衆同非國師也○梅堯臣曰人所見而見故非善○王晳曰衆常之人見所以勝而不知制勝之形○張預曰衆人所知已成已著也我之所見未形未萌也**戰勝而天下曰善非善之善者也**曹操曰爭鋒也○李筌曰爭鋒力戰天下易見故非善也○杜牧曰天下猶上

之下善攻者務因天時地利水火之變使敵不知所備言其雷震發動若於九天之上也○梅堯臣曰九地言深不可知九天言高不可測蓋守備密而攻取迅也○王晳曰守者爲未見可攻之利當潛藏其形沉靜幽默不使敵人窺測之也攻者爲見可攻之利當高遠神速乘其不意懼敵人覺我而爲之備也九者極言之耳○何氏曰九地九天言其深微尉繚子曰治兵者若祕於地若邃於天言其祕密邃遠之甚也後漢涼州賊王國圍陳倉左將軍皇甫嵩督前軍董卓救之卓欲速進赴陳倉嵩不聽卓曰智者不後時勇者不留決速救則城全不救則城滅全滅之勢在於此也嵩曰不然百戰百勝不如不戰而屈人之兵是以先爲不可勝以待敵之可勝不可勝在我可勝在彼彼守不足我攻有餘有餘者動於九天之上不足者陷於九地之下今陳倉雖小城守固備非九地之陷也王國雖強而攻我之所不救非九天之勢也夫勢非九天攻者受害陷非九地守者不拔國今已陷受害之地而陳倉保不拔之城我可不煩兵動衆而取全勝之功將何救焉遂不聽王國圍陳倉自冬迄春八十餘日城堅守固竟不能拔賊衆疲弊果自解去○張預曰藏於九地之下喻幽而

文言衆也言天下人皆稱戰勝者故破軍殺將者也我之善者陰謀潛運攻必伐謀勝敵之日曾不血刃○陳皥曰潛運其智專伐其謀未戰而屈人之兵乃是善之善者也○梅堯臣曰見不過衆戰雖勝天下稱之猶不曰善○王晳曰以謀屈人則善矣○張預曰戰而後能勝衆人稱之曰善是有智名勇功也故云非善若見微察隱取勝於無形則眞善者也 故舉秋毫不爲多力見日月不爲明目聞雷霆不爲聰耳 曹操曰易見聞也○李筌曰易見聞也以爲攻戰勝而天下不曰善也夫智能之將人所莫測爲之深謀故孫武曰難知如陰也○王晳曰衆人之所知不爲智力戰而勝人不爲善○何氏曰此言衆人之所見所聞不足爲異也昔烏獲舉千鈞之鼎爲力離朱百步覩纖芥之物爲明師曠聽蚊行蟻步爲聰也兵之成形而見之誰不能也故勝於未形乃爲知兵矣○張預曰人皆能也引此以喻衆人之見勝也秋毫謂兎毛至秋而勁細言至輕也 古之所謂善戰者勝於易勝者也

曹操曰原微易勝攻其可勝不攻其不可勝也○杜牧曰敵人之謀初有萌兆我則潛運以能攻之用力既少制勝既微故曰易勝也○梅堯臣曰力舉秋毫明見日月聰聞雷霆不出衆人之所能也故見於著則勝於難見於微則勝於易○何氏曰言敵人之謀初有萌兆我則潛運已能攻之用力既少制敵甚微故曰易勝也○張預曰交鋒接刃而後能制敵者是其勝難也見微察隱而破於未形者是其勝易也故善戰者常攻其易勝而不攻其難勝也 故善戰者之勝也無智名無勇功 曹操曰敵兵形未成勝之無赫赫之功也○李筌曰勝敵而天下不知何智名之有○杜牧曰勝於未萌天下不知故無智名曾不血刃敵國已服故無勇功也○梅堯臣曰大智不彰大功不揚見微勝易何勇何智○何氏曰患銷未形人誰稱智不戰而服人誰言勇漢之子房唐之裴度能之○張預曰陰謀潛運取勝於無形天下不聞料敵制勝之智不見搴旗斬將之功若留侯未嘗有戰鬬功是也 故其戰勝不忒 李筌曰百戰百勝有何疑貳也此筌以忒字爲貳也○陳皥曰籌不

慮運策不徒發○張預曰力戰而求勝雖善者亦有敗時旣見於未形察於未成則百戰百勝而無一差忒矣 不忒者其所措必勝勝已敗者也 曹操曰察敵必可敗不差忒也○李筌曰置勝於已敗之師何忒焉師老卒惰法令不一謂已敗也○杜牧曰措猶置也忒差忒也我能置勝不忒者何也蓋先見敵人已敗之形然後攻之故能致必勝之功不差忒也○賈林曰讀措爲錯錯雜也取敵之勝理非一途故雜而料之也常於勝未形已見敵之敗○梅堯臣曰睹其可敗勝則不差○何氏曰善料也○張預曰所以能勝而不差者葢察知敵人有必可敗之形然後措兵以能之云耳 故善戰者立於不敗之地而不失敵之敗也 李筌曰兵得地者昌失地者亡地者要害之地秦軍敗趙先據北山者勝宋師伐燕過大峴而勝皆得其地也○杜牧曰不敗之地者爲不可勝之計使敵人必不能敗我也不失敵人之敗者言窺伺敵人可敗之形不失毫髮也○陳皥註同李筌○杜佑註同杜牧○梅堯臣曰善候敵隙我則常勝

○王晳曰常爲不可勝待敵可勝不失其機○何氏曰自恃有備則無患常伺敵隙則勝之不失也立於不敗之地利也言我常爲勝所○張預曰審吾法令明吾賞罰便吾器用養吾武勇是立於不敗之地也我有節制則彼將自衂是不失敵之敗也 是故勝兵先勝而後求戰敗兵先戰而後求勝 曹操曰有謀與無慮也○李筌曰計與不計也是以薛公知黥布之必敗田豐知魏武之必勝是其義也○杜牧曰管子曰天時地利其數多少其要必出於計數故凡攻伐之道計必先定於內然後兵出乎境不明敵人之政不能加也不明敵人之積不能約也不明敵人之將不見先軍不明敵人之士不見先陳故以衆擊寡以理擊亂以富擊貧以能擊不能以教士練卒擊敺衆白徒故能百戰百勝此則先勝而後求戰之義也衛公李靖曰夫將之上務在於明察而衆和謀深而慮遠審於天時稽乎人理若不料其能不達權變及臨機對敵方始趑趄左顧右盼計無所出信任過說一彼一此進退狐疑部伍狼藉何異趣蒼生而赴湯火驅牛羊而啗狼虎者乎此則先戰而後求勝之義也

已○王晳曰法者下之五事也○張預曰修治爲戰之道保守制敵之法故能必勝或曰先修飾道義以和其衆後保守法令以戢其下使民愛而畏之然後能爲勝敗 兵法一曰度 賈林曰度土地也○王晳曰丈尺也 二曰量 賈林曰量人力多少倉廩虛實○王晳曰斗斛也 三曰數 賈林曰筭數也以數推之則衆寡可知虛實可見○王晳曰百千也 四曰稱 賈林曰既知衆寡兼知彼我之德業輕重才能之長短○王晳曰權衡也 五曰勝 曹操曰勝敗之政用兵之法當以此五事稱量知敵之情○張預曰此言安營布陳之法也李衛公曰教士猶布碁於盤若無畫路碁安用之 地生度 曹操曰因地形勢而度之○李筌曰既度有情則量敵而禦之○杜牧曰度者計也言度我國土大小人戶多少征賦所入兵車所籍山河險易道里迂直自度此事與敵人如何然後起兵夫小不能謀大弱不能擊強近不能襲遠夷不能攻險此皆生於地故先度也○梅堯臣曰因地以度軍勢○王晳曰地人所獲也舉兵攻戰先本於地由地故生度度所以度長短知遠近

○賈林曰不知彼我之情陳兵輕進意雖求勝而終自敗也○梅堯臣曰可勝而戰戰則勝矣未見可勝勝可得乎○何氏曰凡用兵先定必勝之計而後出軍若不先謀唯欲恃強勝未必也○張預曰計謀先勝然後興師故以戰則克尉繚子曰兵不必勝不可以言戰攻不必拔不可以言攻謂危事不可輕擧也又曰兵貴先勝於此則勝彼矣弗勝於此則弗勝彼矣此之謂也若趙充國常先計而後戰亦是也不謀而進欲幸其成功故以戰則敗 善用兵者修道而保法故能爲勝敗之政 曹操曰善用兵者先自修治爲不可勝之道保法度不失敵之敗亂也○李筌曰以順討逆不伐無罪之國軍至無虜掠不伐樹木污井竈所過山川城社陵祠必滌而除之不習亡國之事謂之道法也軍嚴肅有死無犯賞罰信義立將若此者能勝敵之敗政也○杜牧曰道者仁義也法者法制也善用兵者先修理仁義保守法制自爲不可勝之政伺敵有可敗之隙則攻能勝之○賈林曰常修用兵之勝道保賞罰之法度如此則常爲勝不能則敗故曰勝敗之政也○梅堯臣曰攻守自修法令自保在我而

我之勝負也○梅堯臣曰因數以權輕重○王晳曰稱所以知重輕喩強弱之形勢也能盡知遠近之計大小之擧多少之數以與敵相形則知重輕所在○何氏同杜牧註 稱生勝 曹操曰稱量之數知其勝負所在○李筌曰稱知輕重勝敗之數可知也○杜牧曰稱校既熟我勝敵敗分明見也○梅堯臣曰因輕重以知勝負○王晳曰重勝輕也○陳皞杜佑李筌同杜牧上五事註○何氏曰上五事未戰先計必勝之法故孫子引古法以跡勝則之要也○張預曰稱宜也地形與人數相稱則疎密得宜故可勝也尉繚子曰無過在於度數度謂尺寸數謂什伍度以量地數以量兵地與兵相稱則勝五者皆因地形而得故自地而生之也李靖五陳隨地形而變是也 故勝兵若以鎰稱銖 梅堯臣曰力易擧也 敗兵若以銖稱鎰 曹操曰輕不能擧重也○李筌曰二十兩爲鎰銖之於鎰輕重異位勝敗之數亦復如之○梅堯臣曰力難制也○王晳曰言銖鎰者以明輕重之至也○張預曰二十兩爲鎰二十四銖爲兩此言有制之兵對無制之兵輕重不侔也 勝者之

也凡行軍臨敵先須知遠近之計○何氏曰地者遠近險易也度計也未出軍先計敵國之險易道路迂直兵甲孰多勇怯孰是計度可伐然後興師動衆可以成功 度生量 杜牧曰量者酌量也言度地已熟然後能酌量彼我之強弱也○梅堯臣曰因度地以量敵情○王晳曰謂量有大小言既知遠近之計則須更量其敵之大小也○何氏曰量酌彼已之形勢 量生數 曹操曰知其遠近廣狹知其人數也○李筌曰量敵遠近強弱須備士卒軍資之數而勝也○杜牧曰數者機數也言強弱已定然後能用機變數也○賈林曰量地遠近廣狹則知敵人人數多少也○梅堯臣曰因量以得衆寡之數○王晳曰數所以紀多少言既知敵之大小則更計其精粗多少之數曹公曰知其人數○何氏曰數機變也先酌量彼我強弱利害然後爲機數○張預曰地有遠近廣狹之形必先度知之然後量其容人多少之數也 數生稱 曹操曰稱量敵孰愈也○李筌曰分數既定賢智之多少得賢者重失賢者輕如韓信之論楚漢也須知輕重別賢愚而稱之錙銖則強○杜牧曰稱校也機權之數已行然後可以稱校彼

戰民也若決積水於千仞之谿者形也 曹操曰八尺曰仞決水千仞其高勢疾也○李筌曰八尺曰仞言其勢也杜預伐吳言兵如破竹數節之後皆迎刃自解則其義也○杜牧曰夫積水在千仞之谿不可測量如我之守不見形也及決水下湍悍奔注如我之攻不可禦也○梅堯臣曰水決千仞之谿莫測其迅兵動九天之上莫見其跡此軍之形也○王晳曰千仞之谿至隋絶也喻不可勝者可勝之形乘機攻之決水是也○張預曰水之性避高而趨下決之赴深谿固湍浚而莫之禦也兵之形象水乘敵之不備掩敵之不意避實而擊虛亦莫之制也或曰千仞之谿謂不測之淵人莫能量其淺深及決而下之則其勢莫之能禦如善守者匿形晦跡藏於○九地之下敵莫能測其強弱及乘虛而出則其鋒莫之能當也

十一家註孫子卷上

十一家註孫子卷中

勢篇 曹操曰用兵任勢也○李筌曰陳以形成如決建瓴之勢故以是篇次之○王晳曰勢者積勢之變也善戰者能任勢以取勝不勞力也○張預曰兵勢已成然後任勢以取勝故次形

孫子曰凡治衆如治寡分數是也 曹操曰部曲為分什伍為數○李筌曰善用兵者將鳴一金舉一旗而三軍盡應號令既定如寡焉○杜牧曰分者分別也數者人數也言部曲行伍皆分別其人數多少各任偏裨長伍訓練昇降皆責成之故我所治者寡也韓信曰多多益辦是也○陳皞曰若聚兵既衆即須多為部伍部伍之內各有小吏以主之故分其人數使之訓齊決斷遇敵臨陳授以方略則我統之雖衆治之益寡○孟氏曰分隊伍也數兵之大數也分數多少制置先定○梅堯臣曰部伍奇正之分數各有所統○王晳曰分數謂部曲也偏裨各有部分與其人數若師旅卒兩之屬○張預曰統衆既多必先分偏裨之任定行伍之數使不相亂然後可用故治兵之法一人曰獨二人曰比三人曰參比參為伍五人為列二列為火五火為隊二隊為官二官為曲二曲為部二部為校二校為裨二裨為軍遞相統屬各加訓練雖治百萬之衆如治寡也

鬪衆如鬪寡形名是也 曹操曰旌旗曰形金鼓曰名○杜牧曰旌旗鐘鼓敵亦有之我安得獨為形名鬪衆如鬪寡也夫形者陳形也名者旌旗也戰法曰陳間容陳足曳白刃故大陳之中復有小陳各占地分皆有陳形旗者各依方色或認以鳥獸某將某陳自有名號形名已定志專勢孤人自為戰敗則自敗勝則自勝戰百萬之兵如戰一夫此之是也○陳皞曰夫軍士既衆分布必廣臨陳對敵遞不相知故設旌旗之形使各認之進退遲速又不相聞故設金鼓以節之所以令之曰聞鼓則進聞金則止曹說是也○梅堯臣曰形以旌旗名以采章指麾應速無有後先○王晳曰曹公曰旌旗曰形金鼓曰名晳謂形者旌旗金鼓之制度名者各有其名號也○張預曰軍政曰言不相聞故為鼓鐸視不相見故為旌旗今用兵既衆相去必遠耳目之力所不聞見故令士卒望旌旗之形而前卻聽金鼓之號而行止則勇者不得獨進怯者不得獨退故曰此用衆之法也

三軍之衆可使必受敵而無敗者奇正是也 曹操曰先出合戰為正後出為奇○李筌曰當敵為正傍出為奇將三軍無奇兵未可與人爭利漢吳王濞擁兵入大梁吳將田伯祿說吳王曰兵屯聚而西無他奇道難以立功臣願得五萬人別循江淮而上收淮南長沙入武關與大王會此亦一奇也不從遂為周亞夫所敗此則有正無奇○杜牧曰解在下文○賈林曰當敵以正陳取勝以奇兵前後左右俱能相應則常勝而不敗也○梅堯臣曰動為奇靜為正靜以待之動以勝之○王晳曰必當作畢字誤也奇正還相生故畢受敵而無敗也○何氏曰兵體萬變紛紜混沌無不是正無不是奇若兵以義舉者正也臨敵合變者奇也我之正使敵視之為奇我之奇使敵視之為正正亦為奇奇亦為正大抵用兵皆有奇正無奇正而勝者幸勝也浪戰也如韓信背水而陳以兵循山而拔趙幟以破其國則背水正也循山奇也信又盛兵臨晉而以木罌從夏陽襲安邑而虜魏王豹則臨晉正也夏

名正然後分奇正奇正審然後虛實可見矣四事所以次序也 凡戰者以正合以奇勝 曹操曰正者當敵奇兵從傍擊不備也○李筌曰戰無其詐難以勝敵○杜佑曰正者當敵奇者從傍擊不備以正道合戰以奇變取勝也○梅堯臣曰用正合戰用奇勝敵○何氏曰如戰國廉頗爲趙將秦使閒曰秦獨畏趙括耳廉頗易與且降矣會頗軍多亡失數敗堅壁不戰又聞秦反閒之言使括代頗至則出軍擊秦秦軍佯敗而走張二奇兵以刼之趙軍逐勝追造秦壁壁堅拒不得入而秦奇兵二萬五千絕趙軍後又五千騎絕趙壁閒趙兵分爲二被道絕括卒敗又唐突厥犯塞煬帝令唐高祖與馬也太守王仁恭率衆備邊會虜寇馬邑仁恭以衆寡不敵有懼色高祖曰今主上遐遠孤城絕援若不死戰難以圖全於是親選精騎四千出爲遊軍居處飲食隨逐水草一同於突厥見虜候騎但馳騁獵耳若輕之及與虜相遇則掎角置陳選善射者爲別隊持滿以待之虜莫能測不敢決戰因縱奇兵擊走之獲其特勤所乘駿馬斬首千餘級又太宗選精銳千餘騎爲奇兵皆黑衣玄甲分爲左右隊建大旗令騎將秦叔寶程齩金等分

陽奇也由是觀之受敵無敗者奇正之謂也尉繚子曰今以鏌鋣之利犀兕之堅三軍之衆有所奇正則天下莫當其戰矣○張預曰三軍雖衆使人人皆受敵而不敗者在乎奇正也奇正之説諸家不同尉繚子則曰正兵貴先奇兵貴後曹公則曰先出合戰爲正後出爲奇李衛公則曰兵以前向爲正後却爲奇此皆以正爲正以奇爲奇曾不説相變循環之義唯唐太宗曰以奇爲正使敵視以爲正則吾以奇擊之以正爲奇使敵視以爲奇則吾以正擊之混爲一法使敵莫測茲最詳矣 兵之所加如以碫投卵者虛實是也 曹操曰以至實擊至虛○李筌曰碫實卵虛以實擊虛其勢易也○孟氏曰碫石也兵若訓練至整部領分明更能審料敵情委知虛實後以兵而加之實同以碫石投卵也○梅堯臣曰碫石也音遐以實擊虛猶以堅破脆也○王晳曰鍛治鐵也○何氏曰用兵識虛實之勢則無不勝○張預曰下篇曰善戰者致人而不致於人此虛實彼我之法也引致敵來則彼勢常虛不往赴彼則我勢常實以實擊虛如舉石投卵其破之必矣夫合軍聚衆先定分數分數明然後習形名形

可勝聽也 李筌曰變入八音奏樂之曲不可盡聽 色不過五 李筌曰青黃赤白黑也 五色之變不可勝觀也味不過五 李筌曰酸辛鹹甘苦也 五味之變不可勝嘗也 曹操曰自無窮如天地已下皆以喻奇正之無窮也○李筌曰五味之變庖宰鼎飪也○杜牧曰自無窮如天地已下皆喻八陳奇正也○張預曰引五聲五色五味之變以喻奇正相生之無窮 戰勢不過奇正奇正之變不可勝窮也 李筌曰邀截掩襲萬途之勢不可窮盡也○梅堯臣曰奇正之變猶五聲五色五味之變無盡也○王晳曰奇正者用兵之鈐鍵制勝之樞機也臨敵運變循環不窮窮則敗也孟氏曰六韜云奇正發於無窮之源○張預曰戰陳之勢止於奇正一事而已及其變而用之則萬途千轍烏可窮盡 奇正相生如循環之無端孰能窮之 李筌曰奇正相依而生如環團圓不可窮

統之每臨寇太宗躬被玄甲先鋒率之候機而進所向摧殄常以少擊衆賊徒氣懾又五代漢高祖在晉陽郭進往依之漢祖壯其材會北虜屠安陽城因遣進攻拔之戎人遁去授坊州刺史虜主道襲高祖出奇兵井陘進以閒道先入洺北因定河北此皆以奇勝之迹也○張預曰兩軍相臨先以正兵與之合戰徐發奇兵或擣其旁或擊其後以勝之若鄭伯禦燕師以三軍軍其前以潛軍軍其後是也 故善出奇者無窮如天地 李筌曰動靜也 不竭如江河 李筌曰通流不絕○杜佑曰言應變出奇無窮竭○張預曰言應變出奇無有窮竭 終而復始日月是也死而復生四時是也 李筌曰奇變如日月四時虛盈寒暑不停○杜佑曰日月運行入而復出四時更王興而復廢言奇正變化或若日月之進退四時之盛衰也○張預曰日月運行入而復出四時更〻盛而復衰喻奇正相變紛紜渾沌終始無窮也 聲不過五 李筌曰宮商角徵羽也 五聲之變不

也鷙能搏物能節其遠近也○張預曰鷹鸇之擒鳥雀必節量遠近伺候審而後擊故能折物尉繚子曰便吾器用養吾武勇發之如鳥擊李靖曰鷙鳥將擊卑飛斂翼皆言待之而後發也**是故善戰者其勢險**曹操李筌曰險猶疾也○杜牧曰險者言戰爭之勢發則殺人故下文喻如彍弩○王晳曰險者折以致其疾也如水得險隘而成勢**其節短**曹操李筌曰短近也○杜牧曰言以近節也如鷙鳥之發近則搏之力全志專則必獲也○杜佑曰短近也節斷也短近言能因危取勝以卒擊近也○梅堯臣曰險則迅短則勁故戰之勢當險疾而短近也○王晳曰鷙之能搏者發必中來勢遠而所搏之節至短也兵之乘機當如是耳曹公曰短者近也○孟氏同杜牧註○張預曰險疾短近也言善戰者先度地之遠近形之廣狹然後立陳使部伍行列相去不遠其進擊則以五十步為節不可過遠故勢迅則難與節近則易勝**勢如彍弩節如發機**曹操曰在度不遠發則中也○李筌曰弩不疾則不遠矢不近則不中勢尚疾節務速○杜牧曰彍張也如弩已張發則殺人

端倪也○梅堯臣曰變動周旋之不極○王晳曰敵不能窮我也、何氏曰奇正生而轉相為變如循歷其環求首尾之莫窮也○張預曰奇亦為正正亦為奇變化相生若循環之無本末誰能窮詰**激水之疾至於漂石者勢也**孟氏曰勢峻則巨石雖重不能止○杜佑曰言水性柔弱石性剛重至於漂轉大石投之洿下皆由急疾之流激得其勢○張預曰水性柔弱險徑要路激之疾流則其勢可以轉巨石也**鷙鳥之疾至於毀折者節也**曹操曰發起擊敵○李筌曰柔勢可以轉剛況於兵者乎彈射之所以中飛鳥者善於疾而有節制○杜牧曰勢者自高注下得險疾之勢故能漂石也節者節量遠近則搏之故能毀折物也○杜佑曰發起討敵如鷹鸇之攫撮也必能挫折禽獸者皆由伺候之明邀得屈折之節也王子曰鷹隼一擊百鳥無以爭其勢猛虎一奮萬獸無以爭其威○梅堯臣曰水雖柔勢迅則漂石鷙雖微節勁則折物○王晳曰鷙鳥之疾亦勢也由勢然後有搏擊之節下要云險故先取漂石以喻也○何氏曰水能動石高下之勢

敵可敗而不可敗者號令齊整也○杜牧曰此言陳法也風后握奇文曰四為正四為奇餘奇為握奇音機或總稱之先出游軍定兩端此之是也奇者零也陳數有九中心有零者大將握之不動以制四面入陳而取準則焉其人之列面面相向背背相承也周禮蒐苗獮狩車驟徒趨及表乃止進退疾徐疏密之節一如戰陳表乃旗也旗者蓋與民期於下也握奇文曰先出游軍定兩端蓋游軍執本方旗先定地界然後軍士赴之兵於旗下乃出奇正變為陳也周禮蒐苗獮狩車驟徒趨及表乃止此則入陳遺制握奇之文止此而已其餘之詞乃後之作者增加之以重難其事耳夫五兵之利無如弧矢之利以威天下五兵同致天獨有弧矢星聖人獨言弧矢能威天下不言他兵何也蓋戰法利於弧矢者非得陳不見其利故黃帝勝於蚩尤以中夏車徒制戎虜騎士此乃弧矢之利也在於近代可以驗之者晉武時羌陷涼州司馬督馬隆請募勇士三千平之募腰引弩三十六鈞弓四鈞立標簡試軍西渡溫水虜樹機能以衆萬計過隆隆依入陳法且戰且前弓矢所人皆應弦而倒誅殺萬計涼州遂平隋時突厥入寇楊素擊之先是諸將與虜戰每虜胡騎奔突皆戎車徒

故上文云其勢險也機者固須以近節量之然後必能中故上文云其節短短乃近也此言戰陳不可遠逐敵人恐有隊伍離散斷絕反為敵所乘也故牧野誓曰六步七步四伐五伐是以近也○陳皥曰弩之發機近則易中戰之遇敵疾則易捷若趨馳不速奮擊不近則不能克敵而全勝○賈林曰戰之勢如弩之張兵之勢如機之發○梅堯臣曰彍音霍彍張也如弩之張勢不逡巡如機之發節近易中也○王晳曰戰勢如弩之張者所以有待也待其有可乘之勢如發其機○何氏曰險疾也短近也此言擊戰得形便如張弩發機勢宜疾速仍利於便近不得追擊過差也故太公曰擊如發機者所以破精微也○張預曰如弩之張勢不可緩如機之發節不可遠言趨利尚疾奮擊貴近也故太公曰擊如發機者所以破精微也**紛紛紜紜鬬亂而不可亂也渾渾沌沌形圓而不可敗也**曹操曰旌旗亂也示敵若亂以金鼓齊之[illegible]騎轉而形圓者出入有道齊整也○李筌曰紛紜而鬬示如可亂建旌有部鳴金有節是以不可亂也渾沌合雜也形圓無向背也示

奔迸退無逆走四頭八尾觸處爲首敵衝其中兩頭俱救此亦與曲禮之説同數起於五而終於八今夔州州前諸葛武侯以石縱横八行布爲方陣奇正之出皆生於此奇亦爲正之正正亦爲奇之奇彼此相用循環無窮也諸葛出斜谷以兵少但能正用六數今盩厔司竹園乃有舊壘司馬懿以十萬步騎不敢決戰蓋知其能也○杜佑曰旌旗亂也示敵若亂以金鼓齊之紛紛旌旗像紜紜士卒貌言旌旗翻轉一合一離士卒進退或往或來視之若散擾之若亂然其法令素定度職分明各有分數擾而不亂者也車騎轉形圓者出入有道齊整也渾渾車輪轉行沌沌步驟奔馳視其行陳縱横圓而不方然而指趨各有所應故王子曰將欲内明而外暗内治而外混所以示敵之輕已者也○梅堯臣曰分數已定形名已立離合散聚似亂而不能亂形無首尾應無前後陽旋陰轉欲敗而不能敗○王晳曰曹公曰旌旗亂也示敵若亂以金鼓齊之矣晳謂紛紜鬬亂之貌也不可亂者節制嚴明耳又曹公曰車騎轉而形圓者出入有道齊整也晳謂渾沌形圓不測之貌也不可敗者無所隙缺又不測故也○何氏曰此言鬬勢也善將兵者進退紛紛似亂然士馬素習旌旗

步相參舁鹿角爲方陳騎在其内素至悉除舊法令諸軍各爲步騎突厥鬬之以手加額仰天曰天賜我也大率精騎十餘萬而至素一戰大破之此乃以徒步制騎士若非有陳法知開闔首尾之道安能致勝也曲禮曰行前朱雀而後玄武左青龍而右白虎招摇在上急繕其怒鄭司農云以四獸爲軍陳象天也孔疏曰此言軍行象天文而作陳法但不知作之何如耳何徹云畫此四獸於旌旗上以標前後左右之陳也急繕其怒言其卒之勁利威怒如天之怒也招摇北斗杓第七星也舉此則六星可知也陳象天文即北斗也復曰進退有度鄭司農註曰度謂伐與步數也孔疏曰如牧野誓云六步七步四伐五伐是也復曰左右有局鄭司農註曰局是步分孔疏曰言軍之左右各有部分進則就敵退則就列不相差濫也下文復曰父之讎弗與共戴天兄弟之讎不返兵交遊之讎不同國四郊多壘此卿大夫之辱也此言讎辱至於戰爭期在必勝固不可不知陳法也其文故相次而言乃聖賢之深旨矣軍志曰陳間容陳足曳白刃隊間容隊可與敵對前禦其前後當其後左防其左右防其右行必魚貫立必鴈行長以參短短以參長回軍轉陳以前爲後以後爲前進無

人先須至勇然後能爲僞怯也欲僞爲弱形以驕敵人先須至彊然後能爲僞弱也○賈林曰恃治則亂生恃勇彊則怯弱生○梅堯臣曰治則能僞爲亂勇則能僞爲怯彊則能僞爲弱○王晳同梅堯臣註○何氏曰言戰時爲奇正形勢以破敵也我兵素治矣我士素勇矣我勢素彊矣若不匿治勇彊之勢何以致敵須張似亂似怯似弱之形以誘敵人彼惑我誘之之狀破之必矣○張預曰能示敵以紛亂必已之治也能示敵以懦怯必已之勇也能示敵以羸弱必已之強也皆匿形以誤敵人

治亂數也

曹操曰以部曲分名數爲之故不亂也○李筌曰歷數也百六之災陰陽之數不由人興時所會也○杜牧曰言行伍各有分畫部曲皆有名數故能爲治然後能爲僞亂也夫爲僞亂者出入不時樵採縱横刁斗不嚴是也○賈林曰治亂之分各有度數○梅堯臣曰以治爲亂存之乎分數○王晳曰治亂者數之變數謂法制○張預曰實治而僞示以亂明其部曲行伍之數也上文所謂治衆如治寡分數是也

勇怯勢也

李筌曰夫兵得其勢則怯者勇失其勢則勇者怯兵法無定惟因勢而成也○杜牧曰言以勇爲怯者也見有

有節非亂也渾沌形勢作離作合人以爲敗而號令素明離合有勢非可敗也形圓無行列也○張預曰此八陳法也昔黄帝始立丘井之法因以制兵故井分四道八家處之井字之形開方九焉五爲陳法四爲閑地所謂數起於五也虚其中大將居之環其四面諸部連繞所謂終於八也及乎變化制敵則紛紜散鬬雖亂而法不亂渾沌交錯形雖圓而勢不散所謂分而成八復而爲一也後世武侯之方陳李靖之六花唐太宗之破陳樂舞皆其遺制也

亂生於治怯生於勇弱生於彊

曹操曰皆毀形匿情也○李筌曰恃治之整不撫其下而多怨其亂必生秦并天下銷兵焚書以列國爲郡縣而秦自稱始皇都關中以爲至萬代有之至胡亥矜驕陳勝吳廣乘弊而起所謂亂生於治也以勇陵人爲敵所敗秦王符堅鼓行伐晉勇也及甘敗聞風聲鶴唳以爲晉軍是其怯也所謂怯生於勇也吳王夫差兵無敵於天下陵齊於黄池陵越於會稽是其彊也爲越所敗城門不守兵圍王宮殺夫差而并其國所謂弱生於彊也○杜牧曰言欲僞爲亂形以誘敵人先須至治然後能爲僞亂也欲僞爲怯形以伺敵

從之 曹操曰見羸形也○李筌曰善誘敵者軍或彊能進退其敵也晉人伐齊斥山澤之險雖所不至必旆而踈陳之輿曳柴從之齊人登山而望晉師見旌旗揚塵謂其衆而夜遁則晉弱齊為彊也齊伐魏將田忌用孫臏謀減竈而趨大梁魏將龐涓逐之曰齊魯何其怯也入吾境亡者半矣及馬陵為齊人所敗殺龐涓虜魏太子而旋形以弱而敵從之也○杜牧曰非止於羸弱也言我彊敵弱則示以羸形動之使來我弱敵彊則示之以彊形動之使去敵之動作皆須從我孫臏曰齊國號怯三晉輕之令入魏境為十萬竈明日為五萬竈魏龐涓逐之曰齊虜何怯也入吾境土亡者太半因急追之至馬陵道狹臏乃斫木書之曰龐涓死此樹下伏弩於側令曰見火始發涓至鑽燧讀之萬弩齊發龐涓死此乃示以羸形能動龐涓遂來從我而殺之也○隋煬帝於鴈門為突厥始畢可汗所圍太宗應募救援隸將軍雲定興營將行謂定興曰必多齎旗鼓以設疑兵且始畢可汗敢圍天子必以我倉卒無援我張吾軍容令數十里晝則旌旗相續夜則鉦鼓相應虜必以為救兵雲集覩塵而遁不然彼衆我寡不能久矣定興從之師次崞縣始畢遁去此乃我弱敵彊示之利之勢而不動敵人以我為實怯也○陳皥曰勇者奮速也怯者淹緩也敵人見我欲進不進即以我為怯也必有輕易之心我因其懈惰假勢以攻之龍且輕韓信鄭人誘我師是也○孟氏註同陳皥○梅堯臣曰以勇為怯示之以不取○王晳曰勇怯者勢之變○張預曰實勇而偽示以怯因其勢也魏將龐涓攻韓齊將田忌救之孫臏謂忌曰彼三晉之兵素悍勇而輕齊齊號為怯善戰者因其勢而利導之使齊軍入魏地日減其竈涓聞之大喜曰吾素知齊怯乃倍日并行逐之遂敗於馬陵 **彊弱形也** 曹操曰形勢所宜○杜牧曰以彊為弱須示其形匈奴冒頓示婁敬以羸老是也○陳皥曰楚王毀中軍以張隨人用為後圖此類也○梅堯臣曰以彊為弱形之以羸懦○王晳曰彊弱者形之變○何氏曰形勢暫變以誘敵戰非怯非弱也示亂不亂隊伍本整也○張預曰實彊而偽示以弱見其形也漢高祖欲擊匈奴遣使覘之匈奴匿其壯士肥馬見其弱兵羸畜使者十輩皆言可擊惟婁敬曰兩國相攻宜矜誇長今徒見老弱必有奇兵不可擊也帝不從果有白登之圍 **故善動敵者形之敵必**

禹、、則其義也○杜牧曰以利動敵敵既從我則嚴兵以待之上文所解是也○梅堯臣曰以上數事動誘動而從我則以精卒待之○王晳曰或使之從或使之取必先嚴兵以待之也○何氏曰敵貪我利則失行列利既能動則以所待之卒擊之無不勝也如曹公西征馬超與超夾關為軍公急持之而潛遣徐晃朱靈等夜渡蒲坂津據河西為營公自潼關北渡未濟超赴船急戰公放牛馬以餌賊賊亂取牛馬公得渡循河為甬道而南賊退距渭口公乃多設疑兵潛以舟載兵入渭為浮橋夜分兵結營於渭南賊夜攻營伏兵奮擊破之十六國南梁禿髮傉檀守姑臧後秦姚興遣將姚弼等至於城下傉檀驅牛羊於野弼衆採掠傉檀分兵擊大破之後魏末大將廣陽王元深伐北狄使于謹單騎入賊中示以恩信於是西部鐵勒首長乜列河等三萬餘户並款附相率南遷廣陽欲與謹至折敷嶺迎接之謹曰破六汗拔陵兵衆不少聞乜列河等歸附必來邀擊彼若先據險要則難與爭鋒今以乜列河等餌之當競來抄掠然後設伏而待必指掌破之廣陽然其計拔陵果來邀擊破乜列河於嶺上部衆皆沒謹伏兵發賊遂大敗悉收得乜列河之衆○張預曰形之既從以彊動之令去故敵之來去一皆從我之形也○梅堯臣曰形亂弱而必從○王晳曰誘敵使必從○何氏曰移形變勢誘動敵人敵昧於戰必落我計中而來力足制之○張預曰形之以羸弱敵必來從晉楚相攻苗賁皇謂晉侯曰若欒范易行以誘之中行二郤必克二穆果敗楚師又楚伐隋羸師以張之季良曰楚之羸誘我也皆此二義也 **予之敵必取之** 曹操曰以利誘敵敵遠離其壘而以便勢擊其空虛孤特也○杜牧曰曹公與袁紹相持官渡曹公循河而西紹於是渡河追公公營南阪下馬解鞍時白馬輜重就道諸將以為敵騎多不如還營荀攸曰此所以餌敵也安可去之紹將文醜與劉備將五六千騎前後繼至或分趨輜重公曰可矣乃皆上馬時騎不滿六百人遂大破之斬文醜○梅堯臣曰示畏怯而必取○王晳曰餌敵使必取予與同○張預曰誘之以小利敵必來取吳以囚徒誘越楚以樵者誘絞是也 **以利動之以卒待之** 曹操曰以利動敵也○李筌曰後漢大司馬鄧禹之攻赤眉也赤眉佯北棄輜重而遁車皆載土覆之以豆禹軍乏食競趨之不為行列赤眉伏兵奄至擊之手之又取是能以利動之而來也則以勁卒待之李靖以卒爲本以本待之者謂正兵節制之師**故善戰者求之於勢不責於人**杜佑曰言勝負之道自圖於中不求之下責怒師衆彊使力進也若秦穆悔過不替孟明也**故能擇人而任勢**一作故能擇人而任之諸家作任勢者多矣○曹操曰求之於勢者專任權也不責於人者權變明也○李筌曰得勢而戰人怯者能勇故能擇其所能任之夫勇者可戰謹慎者可守智者可說無棄物也○杜牧曰言善戰者先料兵勢然後量人之材隨短長以任之不責成於不材者也曹公征張魯於漢中張遼李典樂進將千餘人守合淝教與護軍薛悌署函邊曰賊至乃發俄而吳孫權十萬人衆圍合淝乃共發教曰若孫權至者張李將軍出戰樂將軍守護軍勿得與戰諸將皆疑遼曰公征在外比救至彼破我必矣是以教及其未合逆擊之折其威勢以安衆心然後可守成敗之機在此一舉典與遼同出果大破孫權吳人奪氣還修守備衆心乃安權攻城十日不拔乃退孫盛論曰夫兵詭道也至於合淝之守懸弱無援專任勇者則好戰生患專任怯者則懼心難保且彼衆我寡衆者必懷貪惰我以致命之師擊貪惰之卒其勢必勝勝而後守則必固矣是以魏武雜選武力參以異同爲之密教節宣其用事至而應若合符契也○賈林曰讀爲擇人而任勢言示以必勝之勢使人從之豈更外責於人求其勝敗擇勇怯之人任進退之勢○陳皥曰善戰者專求於勢見利速進不爲敵先專任機權不責成於人苟不獲已而用人即須擇而任之○杜佑曰權變之明能簡置於人任己之形勢也○梅堯臣曰用人以勢則易責人以力則難能者當在擇人而任勢○何氏曰得勢自勝不專責人以力也○王晳曰謂將能擇人任勢以戰則自然勝矣人者謂偏裨與○張預曰任人之法使貪使愚使智使勇各任自然之勢不責人之所不能故隨材大小擇而任之尉繚子曰因其所長而用之言三軍之中有長於步者有長於騎者因能而用則人盡其材又晉侯類能而使之是也**任勢者其戰人也如轉木石木石之性安則靜危則動方則止圓則行**曹操曰任自然勢也○李筌曰任勢御衆當如此也○杜佑曰言投之安地則安投之危地則危不知有所回避也任勢自然也方圓之形猶兵勝負之形○梅堯臣曰木石重物也易以勢動難以力移三軍至衆也可以勢戰不可以力使自然之道也○何氏同梅堯臣註○張預曰木石之性置之安地則靜置之危地則動方正則止圓斜則行自然之勢也三軍之衆甚陷則不懼無所往則固不得已則鬭亦自然之道**故善戰人之勢如轉圓石於千仞之山者勢也**李筌曰蕲通以爲坂上走丸言其易也○杜牧曰轉石於千仞之山不可止遏者在山不在石也戰人有百勝之勇彊弱一貫者在勢不在人也杜公元凱曰昔樂毅藉濟西一戰能并彊齊令兵威已成如破竹數節之後迎刃自解無復著手此勢也勢不可失乃東下建鄴終滅吳此篇大抵言兵貴任勢以險迅疾速爲本故能用力少而得功多也○梅堯臣曰圓石在山屹然其勢一人推之千人莫制也○王晳曰石不能自轉因山之勢而不可遏也戰不能妄勝因兵之勢而不可支也○張預曰石轉於山而不可止遏者由勢使之也兵在於險而不可制禦者亦勢使之也李靖曰兵有三勢將輕敵士樂戰志勵青雲氣等飄風謂之氣勢關山狹路羊腸狗門一夫守之千人不過謂之地勢因敵怠慢勞役飢渴前營未舍後軍半濟謂之因勢故用兵任勢如峻坂走丸用力至微而成功甚博也

虛實篇

曹操曰能虛實彼己也○李筌曰善用兵者以虛爲實善破敵者以實爲虛故次其篇○杜牧曰夫兵者避實擊虛先須識彼我之虛實也○王晳曰凡自守以實攻敵以虛也○張預曰形篇言攻守勢篇說奇正善用兵者先知攻守兩齊之法然後知奇正先知奇正相變之術然後知虛實蓋奇正自攻守而用虛實由奇正而見故次勢

孫子曰凡先處戰地而待敵者佚曹操李筌並曰力有餘也○賈林曰先處形勝之地以待敵者則有備豫士馬閑逸○杜佑同賈林註○王晳同曹操註○張預曰形勢之地我先據之以待敵人之來

即馳馬欲先據之諸將皆曰虜兵盛而新乘勝不可與爭宜止軍便地徐思方略異曰虜兵方盛臨境狃忕小利遂欲深入若得栒邑三輔動揺是吾憂也夫攻者不足守者有餘今先據城以佚待勞非所以爭鋒也遂潛往閉城偃旗鼓行巡不知馳赴之異乘其不意卒擊鼓建旗而出巡軍驚亂奔走追而大破之東魏將齊神武伐西魏軍過蒲津涉洛至許原西魏將周文帝軍至沙苑齊神武聞周文至引軍來會詰朝候騎告齊神武軍且至周文步將李弼曰彼衆我寡不可平地置陳此東十里有渭曲可先據以待之遂軍至渭曲背水東西爲陳合戰大破之○張預曰便利之地彼已據之我方趨彼以戰則士馬勞倦而力不足或謂所戰之地我宜先到立陳以待彼則已佚矣彼先結陳我後至則我勞矣若宋人已成列楚師未既濟之類**故善戰者致人而不致於人**李筌曰故能致人之勞不致人之佚也○杜牧曰致令敵來就我我當蓄力待之不就敵人恐我勞也後漢張步將費邑分遣其弟敢守巨里耿弇進兵先脅巨里使多伐樹木揚言以塡坑塹數日有降者言邑聞弇欲攻巨里謀來救之弇乃嚴令

則士馬閑逸而力有餘**後處戰地而趨戰者勞**李筌曰力不足也太一遁甲云彼來攻我則我爲主彼爲客主易客難也是以太一遁甲言其定計之義故知勞佚事不同先後勢異○杜牧曰後周遣將師突厥之衆逼齊齊將段韶禦之時大雪之後周人以步卒爲前鋒從西而下去城二里諸將欲逆擊之韶曰步人氣力勢自有限今積雪既厚逆戰非便不如陳以待之彼勞我佚破之必矣既而交戰大破之前鋒盡殪自餘遁矣○賈林曰敵處便利我則不往引兵别據示不敵其軍敵謂我無謀必來攻襲如此則反令敵倦而我不勞○孟氏曰若敵已處便勢之地己方赴利士馬勞倦則不利矣○梅堯臣曰先至待敵則力完後至趨戰則力屈○何氏曰戰國秦師伐韓圍閼與趙遣將趙奢救之軍士許歷曰秦人不意趙師至此其來氣盛將軍必厚集其陳以待之不然必敗又曰先據北山上者勝後至者敗趙奢即發萬人趨之秦兵後至爭山不得上趙奢縱兵擊之大破秦軍遂解閼與之圍後漢初諸將征隗囂爲囂所敗光武令悉軍栒邑未及至隗囂乘勝使其將王元行巡將二萬餘人下隴因分遣巡取栒邑漢將馮異

使敵人不得至者害之也曹操曰出其所必趨攻其所必救○李筌曰害其所急彼必釋我而自固也魏人寇趙邯鄲乞師於齊齊將田忌欲救趙孫臏曰夫解紛者不控捲救鬬者不摶撠批亢擣虛形格勢禁則自解爾今二國相持輕銳竭於外疲老殆於内我襲其虛彼必解圍而奔命所謂一舉存趙而弊魏也後魏果釋趙而奔大梁遭齊人於馬陵魏師敗績○杜牧曰曹公攻河北師次頓丘黑山賊于毒等攻武陽曹公乃引兵西入山攻毒本屯毒聞之棄武陽還遭曹公要擊於内大破之也○陳皥曰子胥疲楚師孫臏走魏將之類也○杜佑曰致其所必走攻其所必救能守其險害之要路敵不得自至故王子曰一猫當穴萬鼠不敢出一虎當溪萬鹿不敢過○梅堯臣曰敵不得來當制之以害○王晳曰以害形之敵患之而不至○張預曰所以能令敵人必不得至者害其所顧愛耳孫臏直走大梁而解邯鄲之圍是也**故敵佚能勞之**曹操曰以事煩之○李筌曰攻其不意使敵疲於奔命○杜牧曰高熲言平陳之策於隋祖曰江北寒田收差晚江南土熱水田早熟量彼收穫之際徵

軍中趣修攻具宣勑諸部後三日當悉力攻巨里城陰緩生口令得亡歸歸者以弇期告邑至日果自將精兵三萬餘人來救之弇喜謂諸將曰吾修攻具者欲誘致邑耳今來適其所求也即分三千人守巨里自引精兵上岡阪乘高大破之遂臨陳斬費邑○杜佑曰言兩軍相遠彊弱俱敵彼可使歷險而來我不可歷險而往必能引致敵人已不往從也○梅堯臣曰能令敵來則敵勞我不往就則我佚○王晳曰致人者以佚乘其勞致於人者以勞乘其佚○何氏曰令敵自來○張預曰致敵來戰則彼勢常虛不往赴戰則我勢常實此乃虛實彼我之術也耿弇先逼巨里以誘致費邑近之**能使敵人自至者利之也**曹操曰誘之以利也○李筌曰以利誘之敵則自遠而至也趙將李牧誘匈奴則其義也○杜牧曰李牧大縱畜牧人衆滿野匈奴小入佯北不勝以數千人委之單于大喜率衆來入牧大破之殺匈奴十萬騎單于奔走歲餘不敢犯邊也○梅堯臣曰何能自來示之以利○何氏曰以利誘之而來我佚敵勞○張預曰所以能致敵之來者誘之以利耳李牧佯北以致匈奴楊素毀車以誘突厥是也**能**

兵上馬聲言掩襲彼必屯兵禦守足得廢其農時彼既聚兵我便解甲於是陳人始病○梅堯臣曰撓之使不得休息○王晳曰巧致之也○何氏曰春秋時吳王闔閭問於伍員曰伐楚何如對曰楚執政衆莫適任患若爲三師以肄焉一師至彼必皆出彼出則歸彼歸則出彼必道弊亟肄以疲之多方以誤之既罷而後以三軍繼之必大克之闔閭從之楚於是乎始病吳遂入郢○張預曰爲多方以誤之之術使其不得休息或曰彼若先處戰地以待我則是彼佚也我不可趨而與之戰我既不往彼必自來即是變佚爲勞也

飽能饑之曹操曰絕糧道以饑之○李筌曰焚其積聚芟其禾苗絕其糧道○杜牧曰我爲主敵爲客則可以絕糧道而饑之如我爲客敵爲主則如之何答曰饑敵之術非止絕糧道但能饑之則是隋高熲平陳之策曰江南土薄舍多茅竹有畜積皆非地窖密遣人因風縱火待敵修立更復燒之不出數年自可財力俱盡遂行其策由是陳人益困三國時諸葛誕文欽據壽春及招吳請援司馬景王討之謂諸將曰彼當突圍決一朝之命或謂大軍不能久省食減口冀有他變料賊之情不出此二者當多方以亂之因命合圍遺羸疾寄穀淮北廩軍士豆人三升誕欽聞之果喜景王愈羸形以示之誕等益寬恣食俄而城中糧盡攻而拔之隋末宇文化及率兵攻李密於黎陽密知化及糧少因僞和之以弊其衆化及大喜恣其兵食冀密饋之其後食盡其將王智略張童仁等率所部兵歸於密前後相繼化及以此遂敗○陳皥曰饑敵之術在臨事應機○梅堯臣曰要其糧使不得饋○王晳曰謂敵人足食我能使之饑乏耳曹公曰絕其糧道晳謂火積亦是也○何氏曰如吳楚反周亞夫曰楚丘剽輕難與爭鋒願以梁委之絕其食道乃可制也亞夫會兵滎陽吳攻梁梁急請救亞夫引兵東北走昌邑深壁而守使輕騎弓高侯等絕吳楚兵後食道兵乏糧饑欲退數挑戰終不出乃引兵去精兵追擊大破之王莽末天下亂光武兄伯升起兵討莽莽將甄阜梁丘賜所敗復收會兵衆還保於棘陽阜賜乘勝留輜重於藍鄉引精兵十餘萬人南渡橫臨泚水阻兩山間爲營絕後橋示無還心伯升於是大饗軍士設盟約休卒三日爲六部潛師夜起襲取藍鄉盡獲其輜重明晨自南攻甄阜下江兵自東南攻梁丘賜乏食陳潰遂斬阜賜唐輔公祏遣其僞將馮惠亮陳當世領水軍屯于博望山陳正通河間王孝恭徐紹宗率步騎軍于青州山河間王孝恭至堅壁不與鬭使奇兵斷其糧道賊漸餒夜薄我營孝恭安卧不動明日縱羸兵以攻賊壘使盧祖尚率精騎列陳以待之俄而攻壘者敗走出追奔數里遇祖尚軍與戰大敗之正通棄營而走○張預曰我先舉兵則我爲客彼爲主爲客則食不足爲主則飽有餘若奪其畜積掠其田野因糧於彼館穀於敵則我反飽彼反饑矣則是變客爲主也不必焚其積聚廢其農時然後能饑敵矣或彼爲客則絕其糧道廣武君欲請奇兵以遮絕韓信軍後是也

安能動之曹操曰攻其所必愛出其所必趨則使敵不得不相救也○李筌曰出其所必趨擊其所不意攻其所不愛使不得不救也○杜牧曰司馬宣王攻公孫文懿於遼東阻遼水以拒魏軍宣王曰賊堅營高壘以老我師攻之正入其計古人云敵雖高壘不得不與我戰者攻其所必救我今直指襄平則人懷內懼懼而求戰破之必矣遂整陳而過賊見兵出其後果來邀之乃縱擊大破之竟平遼東○陳皥曰左傳楚伐宋宋告急於晉晉先軫曰我執曹君而分曹衛之田以賜宋人楚愛曹衛必不許也喜賂怒頑能無戰乎遂破楚師○孟氏註同曹操○梅堯臣曰趨其所顧使不得止○王晳同李筌註○何氏曰攻其所愛豈能安視而不動哉○張預曰彼方安守以爲自固之術不欲速戰則當攻其所必救使不得已而須出臾騈堅壁秦伯挑其裨將遂皆出戰是也

出其所不趨趨其所不意曹操曰使敵不得相往而救之也○何氏曰令敵人須應我

行千里而不勞者行於無人之地也曹操曰出空擊虛避其所守擊其不意○李筌曰出敵無備從孤擊虛何人之有○杜牧曰梁元帝時西蜀稱帝率兵東下將攻元帝西魏大將周文帝曰平蜀制梁在茲一舉諸將多有異同文帝謂將軍尉遲迥曰伐蜀之事一以委公然計將安出迥曰蜀與中國隔絕百餘年矣恃其山川險阻不虞我師之至宜以精甲銳騎星夜奔襲之平路則倍道兼行險途則緩兵漸進出其不意衝其腹心必向風不守竟以平蜀言不勞者空虛之地無敵人之虞行止在我故不勞也○陳皥曰夫言空虛者非止爲敵人不備也但備之不嚴守之不固將弱兵亂糧少勢孤我整軍臨之彼必望風自

潰是我不勞苦如行無人之地○梅堯臣曰出所不意○何氏曰曹公北征烏桓謀臣郭嘉曰兵遺神速今千里襲人輜重多難以趨利且彼聞之得以爲備不如留輜重輕兵兼道以出掩其不意公乃密出盧龍塞直指單于庭虜卒聞公至惶怖合戰大破之斬蹋頓及名王已下又唐吐谷渾寇邊以李靖爲西海道行軍大總管輕途二千里行空虛之地平吐谷渾而還故太宗曰且李靖三千輕騎深入虜庭克復定襄古今未有也○張預曰掩其空虛攻其無備雖千里之征人不疲勞若鄧艾伐蜀由陰平之徑行無人之地七百餘里是也

攻而必取者攻其所不守也 李筌曰無虞易取○杜牧曰警其東擊其西誘其前襲其後後漢張步都劇使弟藍守西安又令別將守臨淄去臨淄四十里耿弇引軍營其間弇視西安城小而堅藍兵又精臨淄名雖大其實易攻弇令軍吏治攻具後五日攻西安縱生口令歸藍聞之晨夜守城至期夜半弇勒諸將蓐食及明至臨淄城下護軍荀梁等爭之以爲宜速攻西安弇曰西安聞吾欲攻日夜爲備臨淄出其不意至必驚擾吾攻之一日必拔拔臨淄即西安勢孤所謂擊一得兩盡如其策後漢末朱儁擊黃巾賊帥韓忠於宛儁作長圍起土山以臨其城內因鳴鼓攻其西南賊悉衆赴之儁自將精兵五千掩其東北乘城而入忠乃退保小城惶懼乞降○陳皥曰國家征上黨王宰知劉稹恃天井之險不爲固守之計宰悉力攻奪而後守稹失其險終陷其巢穴也○梅堯臣曰言擊其南實攻其北○王晳曰攻其虛也謂將不能兵不精壘不堅備不嚴救不及食不足心不一爾○張預曰善攻者動於九天之上使敵人莫之能備莫之能備則吾之所攻者乃敵之所不守也耿弇之克臨淄朱儁之討黃巾但其一端耳

守而必固者守其所不攻也 杜牧曰不攻尚守何況其所攻乎漢太尉周亞夫擊七國於昌邑也賊奔壁東南陬亞夫使備其西北俄而賊精卒攻西北不得入因遁走追破之○陳皥曰無慮敵不攻慮我不守無所不攻無所不守乃用兵之計備也○梅堯臣曰賊擊我西亦備乎東○王晳曰守以實也謂將能兵精壘堅備嚴救及食足心一爾○張預曰善守者藏於九地之下使敵人莫之能測莫之能測則吾之所守者乃敵之所不攻也周亞夫擊東南而備西北亦是其一端也

故善攻者敵不知其所守善守者敵不知其所攻 曹操曰情不泄也○李筌曰善攻者器械多也東魏高歡攻鄴是也善守謹備也周韋孝寬守晉州是也○杜牧曰攻取備禦之情不泄也○賈林曰教令行人心附備守堅固微隱無形敵人猶豫智無所措也○梅堯臣曰善攻者機密不泄善守者周備不隙○王晳曰善攻者待敵有可勝之隙速而攻之則使其不能守也善守者常爲不可勝則使其不能攻也云不知者攻守之計不知所出耳○何氏曰言攻守之謀令不可測○張預曰夫守則不足攻則有餘所謂不足者非力弱也蓋示敵以不足則敵必來攻此是敵不知其所攻也所謂有餘者非力彊也蓋示敵以有餘則敵必自守此是敵不知其所守也情不外泄積乎攻守者也

微乎微乎至於無形神乎神乎至於無聲故能爲敵之司命 李筌曰言二遁用兵之奇正攻守微妙不可形於言說也微妙神乎敵之死生懸形於我故曰司命○杜牧曰微者靜也神者動也靜者守動者攻敵之死生悉懸於我故如天之司命○杜佑曰言其微妙所不可見也言變化之形倏忽若神故能料敵死生若天之司命也○梅堯臣曰無形則微密不可得而窺無聲則神速不可得而知○王晳曰微密則難窺神速則難應故能制敵之命○何氏曰武論虛實之法至於神微而後見成功之極也吾之實使敵視之爲虛吾之虛使敵視之爲實敵之實吾能使之爲虛敵之虛吾能知其非實蓋敵不識吾虛實而吾能審敵之虛實也吾欲攻敵也知彼所守者爲實而所不守者爲虛吾將避其堅而攻其脆批其亢而擣其虛敵欲攻我也知彼所攻者爲不急而所不攻者爲要吾將示敵之虛而鬬吾之實彼示形在東而吾設備於西是故吾之攻也彼不知其所當守吾之守也敵不料其所當攻攻守之變出於虛實之法或藏九地之下以喻吾之守或動九天之上以比吾之攻滅跡而不可見韜聲而不可聞若從地出天下倏出間入星耀鬼行入乎無間之域旋乎九泉之淵微之微者神之神者至於天下之明目不能窺其形之微天下之聰耳不能聽其聲之神有形者至於無形有聲者至於無聲非無形也敵人不能窺也

非無聲也敵人不能聽也虛實之變極也善學兵者通於虛實之變遂可以入於神微之奧不善者案迹尋微窮神而泥其用兵之跡不能泯其形聲而至於聞見者是不知神微之妙固在虛實之變也三軍之衆百萬之師安得無形與聲哉但敵人不能窺聽耳○張預曰攻守之術微妙神密至於無形之可覩無聲之可聞故敵人死生之命皆主於我也**進而不可禦者衝其虛也退而不可追者速而不可及也**曹操曰卒往進攻其虛懈退又疾也○李筌曰進者襲空虛懈怠退者必輜重在先行遠而大軍始退是以不可追後趙王石勒兵在葛陂苦雨欲班師于鄴懼晉人躡其後用張賓計令輜重先行遠而不可及也此筌以速字爲遠者也○杜牧曰既攻其虛敵必敗敗喪之後安能追我我故得以疾退也○陳皡曰杜説非也曹公之圍張繡也城未拔力未屈而去之繡兵出襲其後賈詡止之繡不聽果被曹公所敗繡謂詡曰公既能知其敗必能知其勝詡曰復以敗卒襲之繡從之曹公果敗豈是敗喪之後不能追之哉蓋言乘虛而進敵不知所禦遂利

而退敵不知所追也○杜佑曰衝突其虛空也○梅堯臣曰進乘其虛則莫我禦退因其弊則莫我追○何氏曰兵進則衝虛兵退則利速我能制敵而敵不能制我也○張預曰對壘相持之際見彼之虛隙則急進而擣之敵豈能禦我也獲利而退則速還壁以自守敵豈能追我也兵之情主速風來電往敵不能制**故我欲戰敵雖高壘深溝不得不與我戰者攻其所必救也**曹操李筌曰絕其糧道守其歸路攻其君主也○杜牧曰我爲主敵爲客則絕其糧食守其歸路若我爲客敵爲主則攻其君主司馬宣王攻遼東直指襄平是也○梅堯臣曰攻其要害○王晳曰曹公曰絕糧道守歸路攻君主也晳謂敵若堅守但能攻其所必救則與我戰矣若耿弇欲攻巨里以致費邑亦是也○何氏曰如魏將司馬宣王征公孫文懿汎舟潛濟遼水作長圍忽棄賊而向襄平諸將言不攻賊而作長圍非所以示衆也宣王曰賊堅營高壘欲以老吾兵也古人言曰敵雖高壘不得不與我戰者攻其所必救也賊大衆在此則窟穴虛矣我直指襄平必人懷內懼懼

而求戰破之必矣遂整陣而過賊見兵出其後果邀之宣王謂諸將曰所以不攻其營正欲致此不可失也乃縱兵逆擊大破之三戰皆捷唐馬燧討田悅時軍糧少悅深壁不戰燧令諸軍持十日糧進次倉口與悅夾洹水而軍李抱眞李芃問曰糧少而深入何也燧曰糧少利速戰兵法善於致人不致於人今田悅與淄青兗三軍爲首尾計欲不戰以老我師若分兵擊其左右兵少未可必破悅且來救是前後受敵也兵法所謂攻其必救彼固當戰也燧爲諸軍合而破之燧乃造三橋道逾洹水日挑戰悅不敢出恒州兵以軍少懼爲燧所并引軍合於悅悅與燧明日復挑戰乃伏兵萬人欲邀燧燧乃引諸軍半夜皆食先雞鳴時擊鼓吹角潛師傍洹水徑赴魏州令曰聞賊至則止爲陳又令百騎吹鼓角皆留於後仍抱薪持火待軍畢發止鼓角匿其旁伺悅軍畢渡焚其橋軍行十數里乃率淄青兗州步騎四萬餘人踰橋掩其後乘風縱火鼓譟而進燧乃坐甲令無動命前除草斬荊棘廣百步以爲陳募勇力得五千餘人分爲前列以俟賊至比悅軍至則火止氣乏力少衰乃縱兵擊之悅軍大敗悅走橋橋已焚矣悅軍亂赴水斬首二萬淄青軍殆盡○張預曰我爲客彼爲

主我兵彊而食少彼勢弱而糧多則利在必戰敵人雖有金城湯池之固不得守其險而必來與我戰者在攻其所顧愛使之相救援也若楚人圍宋晉將救之狐偃曰楚始得曹而新婚於衛若伐曹衛楚必救之則宋免矣從之而解又晉宣帝討公孫文懿忽棄賊而走襄平討其巢穴賊果出邀之遂逆擊三戰皆捷亦其義也**我不欲戰畫地而守之**曹操曰軍不欲煩也○李筌曰拒境自守也若入敵境則用天一遁甲眞人閉六戊之法以刀畫地爲營也○孟氏曰以物畫地而守喻其易也蓋我能戾敵人之心不敢至也**敵不得與我戰者乖其所之也**曹操曰乖戾也戾其道示以利害使敵疑也○李筌曰乖異也設奇異而疑之是以敵不可得與我戰漢上谷太守李廣縱馬卸鞍疑也○杜牧曰言敵來攻我我不與戰設權變以疑之使敵人疑惑不決與初來之心乖戾不敢與我戰也曹公爭漢中地蜀先主拒之時將趙雲守別屯將數十騎輕出卒遇大軍雲且鬬且卻公軍追至圍雲入營史大開門偃旗息鼓曹公軍疑有伏引去諸葛武侯屯於陽平使魏

形我形不見故敵分兵以備我○張預曰吾之正使敵視以爲奇吾之奇使敵視以爲正形人者也以奇爲正以正爲奇變化紛紜使敵莫測無形者也敵形既見我乃合衆以臨之我形不彰彼必分勢以防備 我專爲一敵分爲十 是以十攻其一也 杜佑曰我料見敵形審其虛實故所備者少專爲一屯以我之專擊彼之散卒爲十共擊一也○梅堯臣曰離一爲十我常以十分擊一分 則我衆而敵寡 杜佑曰我專爲一故衆敵分爲十故寡○張預曰見敵虛實不勞多備故專爲一屯彼則不然不見我形故分爲十處是以我之十分擊敵之一分也故我不得不衆敵不得不寡 能以衆擊寡者則吾之所與戰者約矣 杜牧曰約猶少也我深溝高壘滅跡韜聲出入無形攻取莫測或以輕兵健馬衝其空虛或以彊弩長弓奪其要害觸左履右突後驚前晝日誤之以旌旗暮夜惑之以火鼓故敵人畏懾分兵防虞譬如登山瞰城垂簾視外敵人分張之勢我則盡知我之攻守之方敵則不測故

延諸將并兵東下武侯惟留萬人守城候白司馬宣王曰亮在城中兵少力弱將士失色亮時意氣自若勑軍中悉臥旗息鼓不得輒出開四門掃地卻灑宣王疑有伏於是引去趨北山亮謂參佐曰司馬懿謂吾有設伏循山走矣宣王後知頗以爲恨曹公與呂布相持公軍出收麥布領衆卒至公營止有千人出陳半隱於堤下呂布遲疑不敢進曰曹操多詐勿入伏中遂引兵去○陳皞曰左傳楚令尹子元伐鄭入自純門至于逵市懸門不發子元曰鄭有人焉乃還○賈林曰置疑兵於敵惡之所屯營於形勝之地雖未修壘壍敵人不敢來攻我也○梅堯臣曰畫地踰易也乖其道而示以利使其疑而不敢進也○王晳曰畫地言易且明制之必有道也○張預曰我爲主彼爲客我糧多而卒寡彼食少而兵衆則利在不戰雖不爲營壘之固敵必不敢來與我戰者示以疑形乖其所往也若楚人伐鄭鄭懸門不發効楚言而出楚師不敢進而遁又司馬懿欲攻諸葛亮亮偃旗卧鼓開門卻灑懿疑有伏兵遂引而去亦其義也 故形人而我無形則我專而敵分 杜佑曰我專一而敵分散○梅堯臣曰他人有

則前寡備左則右寡備右則左寡無所不備則無所不寡 杜佑曰言敵之所備者多則士卒無不分散而少○梅堯臣曰所備皆寡也 寡者備人者也衆者使人備己者也 曹操曰上所謂形藏敵疑則分離其衆以備我也○李筌曰陳兵之地不可令敵人知之彼疑則謂衆離而備我也○杜牧曰所戰之地不可令敵人知之我形不泄則左右前後遠近險易敵人不知亦不知我何處來攻何地會戰故分兵徹衛處處防備形藏者衆分多者寡故衆者必勝也寡者必敗也○孟氏曰備人則我散備我則彼分○杜佑曰敵分散而少者皆先備人也敵所以備己多者由我專而衆故也○梅堯臣曰使敵愈備則愈寡也○王晳曰左右前後俱備則俱寡○何氏同諸註○張預曰左右前後無處不爲備則無處不兵寡也所以寡者爲兵分而廣備於人也所以衆者爲勢專而使人備己也 故知戰之地知戰之日則可千里

我能專一敵則分離專一者力全分離者力寡以全擊寡故能必勝也○杜佑曰言約少而易勝○梅堯臣曰以專擊分則我所敵少也○王晳曰多爲之形使敵備已其實攻者則無形也故我專敵分矣專則衆分則寡十攻一者大約言耳○何氏同杜牧註○張預曰夫勢聚則彊兵散則弱以衆彊之勢擊寡弱之兵則衆力少而成功多矣 吾所與戰之地不可知 杜佑曰言舉動微密情不可見使彼知所出而不知吾所舉知所舉而不知吾所集○張預曰無形勢故也 不可知則敵所備者多 梅堯臣曰敵不知則處處爲備 敵所備者多則吾所與戰者寡矣 曹操曰形藏敵疑則分離其衆備我也言少而易擊也○王晳曰與敵必戰之地不可使敵知之知則并力得拒於我曹公曰形藏則敵疑○張預曰不能測吾車果何出騎果何來徒果何從故分離其衆所在輒爲備遂致衆散而弱勢分而衰是以吾所與接戰之處以大衆臨孤軍也 故備前則後寡備後

○杜佑曰夫善戰者必知戰之日知戰之地度道設期分軍雜卒遠
者先進近者後發千里之會同時而合若會都市其會地之日無令
敵知知之則所備處少不知則所備處多備寡則專備多則分分則
力散專則力全○梅堯臣曰若能度必戰之地必戰之日雖千里之
遠可剋期而與戰○王晳曰必先知地利敵情然後以兵法之度量
計其遠近知其空虛審敵趣應之所及戰期也如是則雖千里可會
戰而破敵矣故曹公曰以度量知虛空會戰之日者是也○張預曰
凡舉兵伐敵所戰之地必先知之師至之日能使敵人如期而來以
與我戰知戰地日則所備者專所守者固雖千里之遠可以赴戰若
蹇叔知晉人禦師必於殽是知戰地也陳湯料烏孫圍兵五日必解
是知戰日也又若孫臏龐涓於馬陵度日暮必至是也**不知戰地不知戰日則左**
不能救右右不能救左前不能救後後不能
救前而況遠者數十里近者數里乎杜牧曰管子曰計未定而

而會戰曹操曰以度量知空虛會戰之日○李筌曰知戰之地
則舟車步騎之所便也魏武以北土未安捨鞍馬仗舟
楫與吳越爭彊是以有黃蓋之敗吳王濞驅吳楚之衆奔馳於梁鄭
之間此不知戰地日者故太一遁甲曰計法三門五將主客成敗則
可知也於是千里會戰而勝○杜牧曰宋武帝使朱齡石伐譙縱於
蜀宋武曰往年劉敬宣出内水向黃武無功而退賊謂我今應從外
水來而料我當出其不意猶從内水來也如此必以重兵守涪城以
備内道若向黃武正墮其計今以大衆自外取成都疑兵向内水此
則制敵之奇也而慮此聲先馳賊知虛實別有函書全封付齡石函
邊書曰至白帝乃開諸軍未知處分所由至白帝發書曰衆軍悉從
外水取成都臧熹朱林於中水取廣漢使羸弱乘高艦十餘由内水
向黃武譙縱果以重兵備内水齡石滅之○陳皥曰杜註止言知戰
之地未叙知戰之日我若伐敵至期不得與我戰敵來侵我我必預
備以應之項羽謂曹咎曰我十五日必定梁地復與將軍會苟不知
必戰之日安能爲約○孟氏曰以度量知空虛并知戰地之形又審
必戰之日則可千里期會先往以待之若敵已先至可不往以勞之

○孟氏曰若使敵不知戰地期日我之必勝可常有也○梅堯臣同
杜牧註○王晳何氏同孟氏註○張預曰爲勝在我故也形篇云勝
可知而不可爲今言勝可爲者何也蓋形篇論攻守之勢言敵若有
備則不可必爲也今則主以越兵而言度越人必不能知所戰之地
日故云可爲也**敵雖衆可使無鬬**杜牧曰以下四事度量之敵兵雖衆使其不能與我鬬勝也○
孟氏曰敵雖多兵我能多設變詐分其形勢使不能併力也○賈林
曰敵雖衆多不知己之兵情常使急自備不暇謀鬬○梅堯臣曰苟
能寡何有鬬○王晳曰多益不救奚所恃而鬬張預曰分散其勢不得齊力同進則焉能與我爭**故策之而知**
得失之計李筌曰用兵者取勝之兵法可制太一遁甲五將之計以定關格掩迫之數得失可知也○孟氏曰策度
敵情觀其施爲則計數可知○賈林曰樽俎帷幄之間以策籌之我
得彼失之計皆先知也○杜佑曰策度敵情觀其所施計數可知○
梅堯臣曰彼得失之計我以筭策而知○王晳曰策其敵情以見得
失之數○張預曰籌策敵情知其計之得失若薛公料黥布之三計

出兵則戰而自毀也○杜佑曰敵已先據形勢之地已方趣利欲戰
則左右前後疑惑進退不能相救況十數里之間也○梅堯臣曰不
能救者寡也左右前後尚不能救況遠乎○張預曰不知敵人何地
會兵何日接戰則所備者不專所守者不固忽遇勍敵則倉遽而與
之戰左右前後猶不能相接又況首尾相去之遼乎**以吾度之越人之兵雖多**
亦奚益於勝敗哉曹操曰越人相聚紛然無知也或曰吳越讎國也○李筌曰越過也不知戰地
及戰日兵雖過人安能知其勝敗乎○陳皥曰孫子爲吳王闔閭論
兵吳與越讎故言越謂過人之兵非義也○賈林曰不知戰地不知
戰日士衆雖多不能制勝敗之政亦何益也○梅堯臣曰吳越敵國
也言越人雖多亦當爲我分之而寡也○王晳曰此武相時料敵也
言越兵雖多苟不善相救亦無益於勝敗之數○張預曰吾字作吳
字之誤也吳越鄰國數相侵伐故下文云吳人與越人相惡也言越
國之兵雖曰衆多但不知戰地戰日當分其勢而弱也**故曰勝可爲也**杜牧曰爲勝在我故言可爲也

破陳設奇或偃旗鼓形之以弱或虛列竈火旙幟形之以彊投之以死致之以生是以死生因地而成也韓信下井陘劉裕過大峴則其義也○杜牧曰死生之地蓋戰地也投之死地必生置之生地必死言我多方誤撓敵人以觀其應我之形然後隨而制之則死生之地可知也○陳皥曰敵人既有動靜則我得見其形有謀者所處之地必生無謀者所投之地必死也○孟氏曰形相敵情觀其所據則地形勢生死可得而知○賈林曰見所理兵形則可知其死所○梅堯臣曰彼生死之地我因形見而識○何氏同杜牧註○張預曰形之以弱則彼必進形之以彊則彼必退因其進退之際則知彼所據之地死與生也上文云善動敵者形之敵必從之是也死地謂傾覆之地生地謂便利之地**角之而知有餘不足之處**曹操曰角量也○李筌曰角量也量其力精勇則虛實可知也○杜牧曰角量也言以我之有餘角量敵人之有餘以我之不足角量敵人之不足管子曰善攻者料衆以攻衆料食以攻食食不存不攻備不存不攻司馬宣王伐遼東司馬陳珪曰昔攻上庸八部並進晝夜不息故能一旬之半拔堅城斬孟達

是也**作之而知動靜之理**李筌曰候望雲氣風鳥人情則動靜可知也王莽時王尋征昆陽有雲氣如壞山當營而隧去地數丈而光武知其必敗梁王僧辯營上有如堤之氣侯景知其必勝風鳥貪狩之類也此筌以作字爲候字者也○杜牧曰作激作也言激作敵人使其應我然後觀其動靜理亂之形也魏武侯曰兩軍相當不知其將如何吳起曰令賤勇者將銳而擊交合而北北而勿罰觀敵進退一坐一起其政以理奔北不追見利不取此將有謀若其悉衆追北旗幡雜亂行止縱橫貪利務得若此之類將令不行擊而勿疑○陳皥曰作爲也爲之利害使敵赴之則知進退之理也○賈林曰善覘候者必知其動靜之理○杜佑曰喜怒動作察其舉止則情理可得故知動靜權變爲其勝負也○梅堯臣曰彼動靜之理因我所發而見○王晳曰候其理當動以否○張預曰發作久之觀其喜怒則動靜之理可得而知也若晉文公拘宛春以怒楚將子玉子玉遂乘晉軍是其躁動也諸葛亮遺巾幗婦人之飾以怒司馬宣王宣王終不出戰此是其安靜也**形之而知死生之地**李筌曰夫

謀之哉○何氏曰行列在外機變在內因形制變人難窺測可謂神微○張預曰始以虛實形敵敵不能測故其極致卒歸於無形既無形可覩無迹可求則間者不能窺其隙智者無以運其計**因形而錯勝於衆衆不能知**曹操曰因敵形而立勝○李筌曰錯置也設形險之勢因士卒之勇而取勝焉軍事尚密非衆人之所知也○杜牧曰窺形可置勝敗非智者不能固非衆人所能得知也○梅堯臣曰衆知我能置勝矣不知因敵之形○何氏曰因敵置勝衆不能知○張預曰因敵變動之形以置勝非衆人所能知**人皆知我所以勝之形而莫知吾所以制勝之形**曹操曰不以一形之勝萬形或曰不備知也制勝者人皆知吾所以勝莫知吾因敵形制勝也○李筌曰戰勝人知之制勝之法幽密人莫知○杜牧曰言已勝之後但知我制敵人使有敗形本自於我然後我能勝之也上文云近而示之遠遠而示之近利而誘之亂而取之實而備之彊而避之怒而撓之卑而驕之佚而勞之親而離之斯皆制勝之

今者遠來而更安緩愚切惑焉王曰孟達衆少而食支一年吾將四倍於達而糧不淹一月以一月圖一年安可不速以四擊一正命半解猶當爲之是以不計死傷與糧競也今賊衆我寡賊飢我飽雨水乃爾功力不設賊糧垂盡當示無能以安之既而雨止晝夜攻之竟平遼東○梅堯臣曰彼有餘不足之處我以角量而審○王晳曰角謂相角也角彼我之力則知有餘不足之處然後可以謀攻守之利也此而上亦所以量敵知戰○張預曰有餘彊也不足弱也角量敵形知彼彊弱之所唐太宗曰凡臨陳常以吾彊對敵弱常以吾弱對敵彊苟非角量安得知之**故形兵之極至於無形無形則深間不能窺智者不能謀**李筌曰形敵之妙入於無形間不可窺智不可謀是謂形也○杜牧曰此言用兵之道至於臻極不過於無形無形則雖有間者深來窺我不能知我之虛實彊弱不泄於外雖有智能之士亦不能謀我也○梅堯臣曰兵本有形虛實不露是以無形此極致也雖使間者以情釣智者以謀料可得乎○王晳曰制兵形於無形是謂極致孰能窺而

道人莫知之也○陳皥曰人但知我勝敵之善不能知我因敵之敗形○梅堯臣曰知得勝之跡而不知作勝之象○王晳曰若韓信背水拔幟是也人但見水上軍殊死戰不可敗及趙軍驚亂遁走不知吾能制使之然者以何道也○張預曰立勝之迹人皆知之但莫測吾因敵形而制此勝也 故其戰勝不復而應形於無窮 曹操曰不重復動而應之也○李筌曰不復前謀以取勝隨宜制變也○杜牧曰敵每有形我則始能隨而應之以取勝○杜佑曰死官也○賈林曰應敵形而制勝乃無窮○梅堯臣曰不執故態應形有機○王晳曰夫制勝之理惟一而所勝之形無窮也○何氏曰已勝之分不再用也敵來斯應不循前法故不窮○張預曰已勝之後不復更用前謀但隨敵之形而應之出奇無窮也 夫兵形象水 孟氏曰兵之形勢如水流遲速之勢無常也 水之形避高而趨下 梅堯臣曰性也 兵之形避實而擊虛 梅堯臣曰利也○張預曰水趨下則順兵擊虛則利 水因地

而制流 杜牧曰因地之下○梅堯臣曰順高下也○張預曰方圓斜直因地而成形 兵因敵而制勝 李筌曰不因敵之勢吾何以制哉夫輕兵不能持久守之必敗重兵挑之必出怒兵辱之彊兵緩之將驕宜卑之將貪宜利之將疑宜反間之故因敵而制勝○杜牧曰因敵之虛也○賈林曰見敵盛衰之形我得因而立勝○杜佑曰言水因地之傾側而制其流兵因敵之虧闕而取其勝者也○梅堯臣曰隨虛實也○王晳曰謂隄防踈導之也○何氏曰因敵彊弱而成功○張預曰虛實彊弱隨敵而取勝 故兵無常勢 梅堯臣曰應敵爲勢○張預曰敵有變動故無常勢 水無常形 梅堯臣曰因地爲形○孟氏曰兵有變化地有方圓○張預曰地有高下故無常形 能因敵變化而取勝者謂之神 曹操曰勢盛必衰形露必敗故能因敵變化取勝若神○李筌曰能知此道謂之神兵也○杜牧曰兵之勢因敵乃見勢不在我故無常勢如水之形因地乃有形不在水故無常形水因地之下則可漂石兵因敵之

應則可變化如神者也○梅堯臣曰隨而變化微不可測○王晳曰兵有常理而無常勢水有常性而無常形兵有常理者擊虛是也無常勢者因敵以應之也水有常性者就下是也無常形者因地以制之也夫兵勢有變則雖敗卒尚復可使擊勝兵況精銳乎○何氏曰行權應變在智略智略不可測則神妙者也○張預曰兵勢已定能因敵變動應而勝之其妙如神 故五行無常勝 杜佑曰五行更王○王晳曰迭相克也 四時無常位 杜佑曰四時迭用○王晳曰迭相代也 日有短長月有死生 曹操曰兵無常勢盈縮隨敵○李筌曰五行者休囚王相遞相勝也四時者寒暑往來無常定也日月者周天三百六十五度四分度之一百刻者春秋二分則日夜均夏至之日晝六十刻夜四十刻冬至之日晝四十刻夜六十刻長短不均也月初爲朔八日爲上弦十五日爲望二十四日爲下弦三十日爲晦則死生義也孫子以爲五行四時日月盈縮無常況於兵之形變安常定也○梅堯臣曰皆所以象兵之隨敵也○王晳曰皆喻兵之變化非一道也○張預曰言五

行之休王四時之代謝日月之盈昃皆如兵勢之無定也

軍爭篇

曹操曰兩軍爭勝○李筌曰爭者趨利也虛實定乃可與人爭利○王晳曰爭者爭利得利則勝宜先審輕重計迂直不可使敵乘我勞也○張預曰以軍爭爲名者謂兩軍相對而爭利也先知彼我之虛實然後能與人爭勝故次虛實

孫子曰凡用兵之法將受命於君 李筌曰受君命也遵廟勝之筭恭行天罰○張預曰受君命伐叛逆 合軍聚衆 曹操曰聚國人結行伍選部曲起營爲軍陳○梅堯臣曰聚國之衆合以爲軍○王晳曰大國三軍揔三萬七千五百人若悉舉其賦則揔七萬五千人此所謂合軍聚衆○張預曰合國人以爲軍聚兵衆以爲陳 交和而舍 曹操曰軍門爲和門左右門爲旗門以車爲營曰轅門以人爲營曰人門兩軍相對爲交和○

李筌曰交間和雜也合軍之後彊弱勇怯長短向背間雜而仵之力相兼後合諸營壘與敵爭之○杜牧曰周禮以旌爲左右和門鄭司農曰軍門曰和今謂之壘門立兩旌旗表之以敘和出入明次第也交者言與敵人對壘而舍和門相交對也○賈林曰舍止也士衆交雜和合而止於軍中趨利而動○梅堯臣曰軍門爲和門兩軍交對而舍也○何氏曰和門相望將合戰爭利兵家難事也○張預曰軍門爲和門言與敵對壘而舍其門相交對也或曰與上下交相和睦然後可以出兵爲營舍故吳子曰不和於國不可以出軍不和於軍不可以出陳

莫難於軍爭

曹操曰從始受命至於交和軍爭難也○杜牧曰於爭利害難也○梅堯臣曰自受命至此爲最難○張預曰與人相對而爭利天下之至難也

軍爭之難者以迂爲直以患爲利

曹操曰示以遠速其道里先敵至也○杜牧曰言欲爭奪先以迂遠爲近以患爲利誑紿敵人使其慢易然後急趨也○陳皞曰言合軍聚衆交和而舍皆有舊制惟軍爭最難也苟不知以迂爲直以患爲利者即不能與敵爭也○賈林曰全軍而行爭於便利之地而先據之若不得其地則輸敵之勝最其難也○杜佑曰敵途本迂患在道遠則先處形勢之地故曰以患爲利○梅堯臣曰能變迂爲近轉患爲利難也○王晳曰曹公曰示以遠速其道里先敵至晳謂示以遠者使其不虞而行或奇兵從間道出也○何氏曰謂所征之國路由山險迂曲而遠將欲爭利則當分兵出奇隨逐鄉導由直路乘其不備急擊之雖有陷險之患得利亦速也如鍾會伐蜀而鄧艾出奇先至蜀蜀無備而降故下云不得鄉導不能得地利是也○張預曰變迂曲爲近直轉患害爲便利此軍爭之難也

故迂其途而誘之以利後人發先人至此知迂直之計者也

曹操曰迂其途者示之遠也後人發先人至者明於度數先知遠近之計也○李筌曰故迂其途示不速進後人發先人至也用兵若此以患爲利者○杜牧曰上解曰以迂爲直是示敵人以迂遠敵意已怠復誘敵以利使敵心不專然後倍道兼行出其不意故能後發先至而得所爭之要害也秦伐韓軍於閼與趙王令趙奢往救之去邯鄲三十里而令軍中曰有以軍事諫者死秦軍武安西秦軍鼓譟勒兵武安屋瓦皆震軍中候有一人言急救武安奢立斬之堅壁留二十八日不行復益增壘秦間來奢善食而遣之間以報秦秦將大喜曰夫去國三十里而軍不行乃增壘閼與非趙地也奢既遣秦間乃卷甲而趨二日一夜至令善射者去閼與五十里而軍秦人聞之悉甲而至有一卒曰先據北山者勝奢使萬人據之秦人來爭不得奢因縱擊大破之閼與遂得解○賈林曰敵途本近我能迂之者或以羸兵或以小利於他道誘之使不得以軍爭赴也○梅堯臣曰遠其途誘以利款之也後其發先其至爭之也能知此者變迂轉害之謀也○何氏曰迂途者當行之途也以分兵出奇則當行之途示以迂險設勢以誘敵令得小利縻之則出奇之兵雖後發亦先至也言爭利須料迂直之勢出奇故下云分合爲變其疾如風是也○張預曰形勢之地爭得則勝凡欲近爭便地先引兵遠去復以小利啗敵使彼不意我進又貪我利故我得以後發而先至此所謂以迂爲直以患爲利也趙奢據北山而敗秦軍郭淮屯北原而走諸葛是也能後發先至者明於度數知以迂爲直之謀者也

故軍爭爲利軍爭爲危

曹操曰善者則以利不善者則以危○李筌曰夫軍者將善則利不善則危○杜牧曰善者計度審也○賈林曰我軍先至得其便利之地則爲利彼敵先據其地我三軍之衆馳往爭之則敵佚我勞危之道也○梅堯臣曰軍爭之事有利也有危也○又一本作軍爭爲利衆爭爲危○何氏曰此又言出軍行師驅三軍之衆與敵人相角逐以爭一日之勝得之則爲利失之則爲危不可輕舉○張預曰智者爭之則爲利庸人爭之則爲危明者知迂直愚者昧之故也

舉軍而爭利則不及

曹操曰遲不及也○李筌曰輜重行遲○賈林曰行軍用師必趨其利遠近之勢直以舉軍往爭其利難以速至可以潛設奇計迂敵途程敵不識我謀則我先而敵後也○杜佑曰遲不及也舉軍悉行爭赴其利則道路悉不相遠○梅堯臣曰舉軍中所有而行則遲緩○王晳曰以輜重故○張預曰竭軍而前則行緩而不能及利

委軍而爭利則輜重捐

曹操曰置輜重則恐捐棄也○李筌曰委棄輜重則軍資闕也○杜牧曰舉一軍之物行

馬陵亦其義也○杜牧曰此說未盡也凡軍一日行三十里爲一舍倍道兼行者再舍晝夜不息乃得百里爲一舍倍道若如此爭利衆疲倦則三將軍皆須爲敵所擒其法什一而至者不得已必須爭利凡十人中擇一人最勁者先往其餘者則令繼後而往萬人中先擇十人平旦先至其餘繼至有巳午時至者有申未時至者各得不竭其力相續而至與先往者足得聲響相接凡爭利必是爭奪要害雖千人守之亦足以拒抗敵人以待繼至者太宗以三千五百騎先據武牢竇建德十八萬衆而不能前此可知也○陳皥曰杜說別是用兵一途非什一而至之義也蓋言百里爭利勁者先疲者後十中得一而至九皆疲困一則勁者也○賈林曰路遠人疲奔馳力盡如此則我勞敵佚被擊何疑百里爭利愼勿爲也○杜佑曰百里爭利非也三將軍皆爲擒也彊弱不伏相待率十有一人至軍也罷音疲○梅堯臣曰軍日行三十里而舍今乃晝夜不休行百里故三將軍爲其擒也何則涉途既遠勁者少罷者多十中得一至耳三將軍者三軍之師也○王晳曰罷羸也此言爭利之道宜近不宜遠耳夫衝風之衰不能起毛羽彊弩之末不能穿魯縞苟日夜兼行百里趨利縱則重滯遲緩不及於利委棄輜重輕兵前追則恐輜重因此棄捐也○賈林曰恐敵知而絕我後糧也○杜佑曰委置庫藏輕師而行若敵乘虛而來抄絕其後則已輜重皆悉棄捐○梅堯臣曰委軍中所有而行則輜重棄○王晳同曹操註○何氏同杜佑註○張預曰委置重滯輕兵獨進則恐輜重爲敵所掠故棄捐也

是故卷甲而趨日夜不處 曹操曰不得休息罷也

倍道兼行百里而爭利則擒三將軍 杜佑曰若不慮上二事欲從速疾卷甲束仗潛軍夜行若敵知其情邀而擊之則三軍之將爲敵所擒也若秦伯襲鄭三帥皆獲是也

勁者先疲者後其法十一而至 曹操曰百里而爭利非也三將軍皆以爲擒○李筌曰一日行一百二十里則爲倍道兼行行若如此則勁健者先到疲者後至軍健者少疲者多凡十人可一人先到餘悉在後以此遇敵何三將軍不擒哉魏武逐劉備一日一夜行三百里諸葛亮以爲彊弩之末不能穿魯縞言無力也是以有赤壁之敗龐涓追孫臏死於

十里而爭利則蹷上將軍其法半至 曹操曰蹷猶挫也○李筌曰百里則十人一人至五十里十人五人至挫軍之威不至擒也言道近不至疲○杜牧曰半至者凡十人中擇五人勁者先往也○賈林曰上猶先也○杜佑曰蹷猶挫也前軍之將已爲敵所蹷敗○梅堯臣曰十中得五猶遠不能勝○王晳曰罷勞之患減於太半止挫敗而已○張預曰路不甚遠十中五至猶挫軍威況百里乎蹷上將謂前軍先行也或問曰唐太宗征宋金剛一日一夜行二百餘里亦能克勝者何也答曰此形同而勢異也且金剛既敗衆心已沮迫而滅之則河東立平若其緩之賊必生計此太宗所以不計疲頓而力逐也孫子所陳爭利之法蓋與此異矣

三十里而爭利則三分之二至 曹操曰道近至者多故無死敗也○李筌曰近不疲也故無死亡○杜牧曰三十里內凡十人中可以六七人先往也不言其法者舉上文可知也○杜佑曰道近則至者多故不言死敗勝負未可知也古者用師日行三十里步騎相須今徒而趨利三分之二至○梅堯臣使一分勁者能至固已困乏矣即敵人以佚擊我之勞自當不戰而敗故司馬宣王曰吾倍道兼行此曉兵者之所忌也或曰趙奢亦卷甲而趨二日一夜卒勝秦者何也曰奢久并氣積力增壘遣間示怯以驕之使秦不意其至兵又堅奢又去閼與五十里而軍比秦聞之及發兵至非二三日不能也能來是彼有五十里趨敵之勞而我固已二三日休息士卒不勝其佚且又投之險難先據高陽奇正相因曷爲不勝哉○何氏曰言三將出奇求利委軍衆輜重卷甲務速若晝夜百里不息則勁者能十至其一我勞敵佚敵衆我寡擊之未必勝也敗則三將俱擒以此見武之深戒也○張預曰卷甲猶悉甲也悉甲而進謂輕重俱行也凡軍日行三十里則止過六十里已上爲倍道晝夜不息爲兼行言百里之遠與人爭利輕兵在前輜重在後人罷馬倦渴者不得飲飢者不得食忽遇敵則以勞對佚以飢敵飽又復首尾不相及故三軍之帥必皆爲敵所擒若晉人獲秦三帥是也輕兵之中十人得一人勁捷者先至下九人悉疲困而在後況重兵乎何以知輕重俱行下文云五十里而爭利則半至若止是輕兵則一日行五十里不爲遠也焉有半至之理是必重兵偕行也

五

之謀者不能豫交曹操曰不知敵情謀者不能結交也○李筌曰豫備也知敵之情必備其交矣
○杜牧曰非也豫先也交交兵也言諸侯之謀先須知之然後可交
兵合戰若不知其謀固不可與交兵也○陳皥曰曹說以爲不先知
敵人之作謀即不能預結外援二說並通○梅堯臣曰不知敵國之
謀則不能預交鄰國以爲援助也○張預曰先知諸侯之實情然後
可與結交不知其謀則恐翻覆爲患其鄰國爲援亦軍
爭之事故下文云先至而得天下之衆者爲衢地是也不知山
林險阻沮澤之形者不能行軍曹操曰高而崇者爲山衆樹所聚者爲林
坑塹者爲險一高一下者爲阻水草漸洳者爲沮衆水所歸而不流
者爲澤不先知軍之所據及山川之形者則不能行師也○梅堯臣
曰山林險阻之形沮澤濘淖之所必先審知○張預曰高而崇者爲
山衆木聚者爲林坑坎者爲險一高一下者爲阻水草漸洳者爲沮
衆水所歸而不流者爲澤凡此地形悉能知之然後可與人爭利而行軍不用鄉導者不能得

曰道近至多庶或有勝○王晳曰計彼我之勢宜須爭者或亦當然
雖三分二至蓋其精銳者之力未至勞乏不可決以爲敗故不云其
法也○張預曰路近不疲至者太半不失行列之政不絕人馬之力庶幾可以爭勝上三事皆謂舉軍而爭利也是故軍
無輜重則亡無糧食則亡無委積則亡曹操曰無此三
者亡之道也○李筌曰無輜重者闕所供也袁紹有十萬之衆魏武
用荀攸計焚燒紹輜重而敗紹於官渡無糧食者雖有金城不重於
食也夫子曰足食足兵民信之矣故漢赤眉百萬衆無食而君臣面
縛宜陽是以善用兵者先耕而後戰無委積者財乏闕也漢高祖無
關中光武無河內魏武無兗州軍北身遁豈能復振也○杜牧曰輜
重者器械及軍士衣裝委積者財貨也○陳皥曰此說委軍爭利之
難也○梅堯臣曰三者不可無是不可委軍而爭利也○王晳曰委
積謂薪芻蔬材之屬軍恃此三者以濟不可輕離也○張預曰無輜
重則器用不供無糧食則軍餉不足無委積則財貨不充皆亡覆之道此三者謂委軍而爭利也故不知諸侯

寇矣夫以奉辭致討越未歷之地聲教未通音驛所絕深入其阻不
亦艱哉我孤軍以往彼密嚴而待客主之勢已相遠矣況其專任詭
譎多方以誤我苟不計而直進冒危而長驅蹄險則有壅決之害晝
行則有暴來之鬪夜止則有虛驚之憂倉卒無備落其彀中是乃擁
熊虎之師自投於死地又安能摩逆壘蕩狡穴乎故敵國之山川陵
陸丘阜之可以設險者林木蒲葦茂草之可以隱藏者道里之遠近
城郭之小大邑落之寬狹田壤之肥瘠溝渠之深淺蓄積之豐約卒
乘之衆寡器械之堅脆必能盡知之則虜在目中不足擒也昔張騫
嘗使大夏留匈奴中久導軍知利善水草處其軍得以無飢渴茲亦
能獲其便利也凡用鄉導或軍行虜獲其人須防賊謀陰持姦計爲
其誘誤必在鑒其色察其情參驗數人之言始終如一乃可爲準厚
其頒賞使之懷恩豐其室家使之係心即爲吾人當無翻覆然不如
素畜堪用者但能諳練行途不必土人亦可任也仍選腹心智勇之
士挾而偕往則巨細必審指蹤無失矣○張預曰山川之夷險道路
之迂直必用鄉人引而導之乃可知其所利而爭勝吳伐魯鄙人導之以克武城是也故兵以詐立杜牧

地利李筌曰入敵境恐山川隘狹地土泥濘井泉不利使人導之以得地利易曰即鹿無虞則其義也○杜牧曰管子曰凡兵
主者必先審知地圖轘轅之險濫車之水名山通谷經川陵陸丘阜
之所在苴草林木蒲葦之所茂道里之遠近城郭之大小名邑廢邑
園殖之地必盡知之地形出入之相錯者盡藏之然後不失地利衞
公李靖曰凡是賊徒好相掩襲須擇勇敢之夫選明察之士兼使鄉
導潜歷山林密其聲晦其跡或刻爲獸足而却履於中途或上冠微
禽而幽伏於蘩薄然後傾耳以遠聽竦目而深視專智以度事機注
心而視氣色觀水痕則知敵濟之早晚覘樹動則可辨來寇之驅馳
故烽火莫若謹而審旌旗莫若齊而一賞罰必重而不欺刑戮必嚴
而不捨敵之動靜而我有備也敵之機謀而我先知也○陳皥曰凡
此地利非用鄉人爲導引則不能知地利也○杜佑曰不任彼鄉人
而導軍者則不能得道路之便利也○梅堯臣曰凡丘陵原衍之向
背城邑道路之迂直非人引導不能得也○何氏曰鄉導略曰從禽
者若無山虞之官度其形勢之可否則徒入於林中終不能獲鹿矣
出征者若無彼鄉之人導其道路之迂直則雖至于境外終不能獲

曰詐敵人使不知我本情然後能立勝也○梅堯臣曰非詭道不能立事○王晳曰謂以迂爲直以患爲利也○何氏曰張形勢以誤敵也○張預曰以變詐爲本使敵不知吾奇正所在則我可爲立 以利動 杜牧曰利者見利始動也○梅堯臣曰非利不可動○王晳曰誘之也○何氏曰量敵可擊則擊○張預曰見利乃動不妄發也傳曰三軍以利動 以分合爲變者也 曹操曰兵一分一合以敵爲變也○李筌曰以詭詐乘其利動或合或分以爲變化之形○杜牧曰分合者或分或合以惑敵人觀其應我之形然後能變化以取勝也○陳皡曰作合作分隨而更變之也○孟氏曰兵法詭詐以利動敵心或合或離爲變化之術○梅堯臣王晳同曹操註○張預曰或分散其形或合聚其勢皆因敵動靜而爲變化也或曰變謂奇正相變使敵莫測故衛公兵法云兵散則以合爲奇兵合則以散爲奇三令五申三散三合復歸於正焉 故其疾如風 曹操曰擊空虛也○李筌曰進退也其來無跡其退至疾也○梅堯臣曰來無形跡○王晳曰速乘虛也○何氏同梅堯臣註○張預曰其來

疾暴所向皆靡 其徐如林 曹操曰不見利也○李筌曰整陳而行○杜牧曰徐緩也言緩行之時須有行列如林木也恐爲敵人之掩襲也○孟氏曰言緩行須有行列如林以防其掩襲○杜佑曰不見利不前如風吹林小動而其大不移○梅堯臣曰如林之森然不亂也○王晳曰齊肅也○張預曰徐舒也舒緩而行若林木之森森然謂未見利也尉繚子曰重者如山如林輕者如炮如燔也 侵掠如火 曹操曰疾也○李筌曰如火燎原無遺草○杜牧曰猛烈不可嚮也○賈林曰侵掠敵國若火燎原不可往復○張預曰詩云如火烈烈莫我敢遏言勢如猛火之熾誰敢禦我 不動如山 曹操曰守也○李筌曰駐車也○杜牧曰閉壁屹然不可搖動也○賈林曰未見便利敵誘誑我我因不動如山之安○梅堯臣曰峻不可犯○王晳曰堅守也○何氏曰止如山之鎮靜○張預曰所以持重也荀子議兵篇云圓居而方正則若盤石然觸之者角摧言不動之時若山石之不可移犯之者其角立毀 難知如陰 李筌曰其勢不測如陰不能覩萬象○杜牧曰如玄雲蔽天不見三辰○梅堯臣曰

幽隱莫測○王晳曰形藏也○何氏曰暗祕而不可料○張預曰如陰雲蔽天莫覩辰象 動如雷震 李筌曰盛怒也○杜牧曰如空中擊下不知所避也○賈林曰其動也疾不及應太公曰疾雷不及掩耳○梅堯臣曰迅不及避○王晳曰不虞而至○何氏曰藏謀以奮如此○張預曰如迅雷忽擊不知所避故太公曰疾雷不及掩耳迅電不及瞬目 掠鄉分衆 曹操曰因敵而制勝也○李筌曰抄掠必分兵爲數道懼不虞也○杜牧曰敵之鄉邑聚落無有守兵六畜財穀易於剽掠則須分番次第使衆人皆得往也不可獨有所往如此則大小強弱皆欲與敵爭利也○陳皡曰夫鄉邑村落因非一處察其無備分兵掠之○掠鄉一作指向○賈林曰三軍不可言遣故以旌旗指向隊伍不可語傳故以麾幟分衆故因敵陳形可爲勢此尤順訓練分明師徒服習也○梅堯臣曰以饗士卒○王晳曰指所鄉以分其衆鄉音向○何氏曰得掠物則與衆分○張預曰用兵之道大率務因糧於敵然而鄉邑之民所積不多必分兵隨處掠之乃可足用 廓地分利 曹操曰分敵利也○李筌曰得敵地必分守利害○杜牧曰廓

開也開土拓境則分割與有功者韓信言於漢王曰項王使人有功當封爵者刻印刓忍不能與今大王誠能反其道以天下城邑封功臣天下不足取也三略曰獲地裂之○陳皡曰言獲其土地則屯兵種蒔以分敵之利也○賈林曰廓度也度敵所據地利分其利也○梅堯臣曰與有功也○王晳曰廓視地形以據便利勿使敵專也○張預曰開廓平易之地必分兵守利不使敵人得之或云得地則分賞有功者今觀上下之文恐非謂此也 懸權而動 曹操曰量敵而動也○李筌曰權量秤也敵輕重與吾有銖鎰之別則動夫先動爲客後動爲主客難而主易太一遁甲定計之筭明動易也○杜牧曰如衡懸權秤量已定然後動也○何氏同杜牧註○張預曰如懸權於衡量知輕重然後動也尉繚子曰權敵審將而後舉言權量敵之輕重審察將之賢愚然後舉也 先知迂直之計者勝此軍爭之法也 李筌曰迂直道路勞佚餒寒生於道路○杜牧曰言軍爭者先須計遠近迂直然後可以爲勝其計量之審如懸權於衡不失錙銖然後可以動而取勝此乃軍爭勝之法也○梅

堯臣曰稱量利害而動在預知遠近之方則勝○王晳曰量敵審輕重而動又知迂直必勝之道也○張預曰凡與人爭利必先量道路之迂直審察而後動則無勞頓寒餒之患而且進退遲速不失其機故勝也軍政曰梅堯臣曰軍之舊典○王晳曰古軍書言不相聞故爲金鼓杜佑曰金鉦鐸也聽其音聲以爲耳候○梅堯臣曰以威耳也耳威於聲不可不清○王晳曰鼓鼙鉦鐸之屬坐作進退疾徐疏數皆有其節視不相見故爲旌旗杜佑曰瞻其指麾以爲目候○梅堯臣曰以威目也目威於色不得不明○王晳曰表部曲行列齊整也夫金鼓旌旗者所以一人之耳目也李筌曰鼓進鐸退旌賞而旗罰耳聽金鼓目視旌旗故不亂也勇怯不能進退者由旗鼓正也○張預曰夫用兵既衆占地必廣首尾相遠耳目不接故設金鼓之聲使之相聞立旌旗之形使之相見視聽均齊則雖百萬之衆進退如一矣故曰鬭衆如鬭寡形名是也人既專一則勇

者不得獨進怯者不得獨退此用衆之法也杜牧曰旌以出令旗以應號蓋旗者即今之信旗也軍法曰當進不進當退不退者斬之吳起與秦人戰戰未合有一夫不勝其勇前獲雙首而返吳起斬之軍吏進諫曰此材士也不可斬吳起曰信材士非令也乃斬之○梅堯臣曰一人之耳目者謂使人之視聽齊一而不亂也鼓之則進金之則止麾右則右麾左則左不可以勇怯而獨先也○王晳曰使三軍之衆勇怯進退齊一者鼓鐸旌旗之爲也○張預曰士卒專心一意惟在於金鼓旌旗之號令當進則進當退則退一有違者必戮故曰令不進而進與令不退而退厥罪惟均尉繚子曰鼓鳴旗麾先登者未嘗非多力國士也將者之過也言不可賞先登獲雋者恐進退不一耳故夜戰多火鼓晝戰多旌旗所以變人之耳目也李筌曰火鼓夜之所視聽旌旗晝之所指揮○杜牧曰令軍士耳目皆隨旌旗火鼓而變也或曰夜戰多火鼓其旨如何夜黑之後必無原野列陳與敵刻期而戰

也軍襲敵營鳴鼓然火適足以警敵人之耳明敵人之目於我返害其義安在答曰富哉問乎此乃孫武之微旨也凡夜戰者蓋敵人來襲我壘不得已而與之戰其法在於立營之法與陳小同故志曰止則爲營行則爲陳蓋大陳之中必包小陳大營之內亦包小營蓋前後左右之軍各自有營環遶大將之營居於中央諸營環之隅落鉤聯曲折相對象天之壁壘星其營相去上不過百步下不過五十步道徑通達足以出隊列部壁壘相望足以弓弩相救每於十字路口必立小堡上致柴薪穴爲暗道胡梯上之令人看守夜黑之後聲鼓四起即以燔燎是以賊夜襲我雖入營門四顧屹然復有小營各自堅守東西南北未知所攻大將營或諸小營中先知有賊至者放令盡入然後擊鼓諸營齊應衆堡燎火明如晝日諸營兵士於是閉門登壘下瞰敵人勁弩彊弓四向俱發敵人雖有韓白之將鬼神之兵亦無能計也唯恐夜不襲我來則必敗若敵人或能潛入一營即諸營舉火出兵四面繞之號令營中不得輒動須臾之際善惡自分賊若出走皆在羅網矣故司馬宣王入諸葛亮營壘見其曲折曰此天下之奇才也今之立營通洞豁達雜以居之若有賊夜來斫營萬人

一時驚擾雖多致斥候嚴爲備守晦黑之後彼我不分雖有衆力亦不能用○陳皞曰杜言夜黑之後必無原野列陳與敵人刻期而戰非也天寶末李光弼以五百騎趨河陽多列火炬首尾不息史思明數萬之衆不敢逼之豈止待賊斫營而已○賈林曰火鼓旌旗可以聽望故晝夜異用之○梅堯臣曰多者欲以變惑敵人耳目○王晳曰多者所以震駭視聽使慹我之威武聲氣也傳曰多鼓鈞聲以夜軍之○張預曰凡與敵戰夜則火鼓不息晝則旌旗相續所以變亂敵人之耳目使不知其所以備我之計越伐吳夾水而陳越爲左右句卒使夜或左或右鼓譟而進吳師分以禦之遂爲越所敗是惑以火鼓也晉伐齊使司馬斥山澤之險雖所不至必旆而疏陳之齊侯畏而脫歸是惑以旌旗也故三軍可奪氣曹操曰左氏言一鼓作氣再而衰三而竭○李筌曰奪氣奪其銳勇齊伐魯戰於長勺齊人一鼓公將戰曹劌曰未可齊人三鼓劌曰可矣乃戰齊師敗績公問其故劌曰夫戰勇氣也一鼓作氣再而衰三而竭彼竭我盈故克之奪三軍之氣也○杜牧曰司馬法戰以力久以氣勝齊伐魯莊公將戰於長勺公將鼓之曹劌曰未可齊人

而有待焉所謂守其氣者常養吾之氣使銳盛而不衰然後彼之氣可得而奪也 **將軍可奪心** 李筌曰怒之令憤撓之令亂間之令疎卑之令驕則彼之心可奪也○杜牧曰心者將軍心中所倚賴以爲軍者也後漢寇恂征隗囂囂將高峻守高平第一峻遣軍將皇甫文出謁恂辭禮不屈恂怒斬之遣其副峻惶恐即日開城門降諸將曰敢問殺其使而降其城何也恂曰皇甫文峻之腹心其所取計者今來辭氣不屈必無降心全之則文得其計殺之則峻亡其膽是以降耳後燕慕容垂遣子寶率衆伐後魏始寶之來垂已有疾自到五原道武帝斷其來路父子問絶道武乃詭其行人之辭令臨河告之曰父已死何不遽還寶兄弟聞之憂懼以爲信然因夜遁去道武襲之大破於參合陂○梅堯臣曰以鼓旗之變惑奪其氣軍既奪氣將亦奪心○王晳曰紛亂諠譁則將心奪矣○何氏曰先須己心能固然後可以奪敵將之心故傳曰先人有奪人之心司馬法曰本心固新氣勝者是也○張預曰心者將之所主也夫治亂勇怯皆主於心故善制敵者撓之而使亂激之而使惑迫之而使懼故彼之心謀可以奪也傳曰先人有奪人之心謂奪其本

三鼓劌曰可矣齊師敗績公問其故對曰夫戰勇氣也一鼓作氣再而衰三而竭彼竭我盈故克之晉將毋丘儉文欽反諸軍屯樂嘉司司景王銜枚徑造之欽子鴦年十八勇冠三軍曰及其未定請登城鼓譟擊之可破既而三譟之欽不能應鴦退相與引而東景王謂諸將曰欽走矣發銳軍以追之諸將曰欽舊將鴦小而銳引軍內入未有失利必不走也王曰一鼓作氣再而衰三而竭鴦鼓而欽不應其勢已屈不走何待欽果引去○王晳曰震慹衰惰則軍氣奪矣○何氏曰淮南子曰將充勇而輕敵卒果敢而樂戰三軍之衆百萬之師志厲青雲氣如飄風聲如雷霆誠積踰而威加敵人此謂氣勢吳子曰三軍之衆百萬之師張設輕重在於一人是謂氣機故奪氣者有所待有所乘則可矣○張預曰氣者戰之所恃也夫含生稟血鼓作鬬爭雖死不省者氣使然也故用兵之法若激其士卒令上下同怒則其鋒不可當故敵人新來而氣銳則且以不戰挫之伺其衰倦而後擊故彼之銳氣可以奪也尉繚子謂氣實則鬬氣奪則走者此之謂也曹劌言一鼓作氣者謂初來之氣盛也再而衰三而竭者謂陳久而人倦也又李靖曰守者不止守其壁堅其陳而已必也守吾氣

爭飲水太宗曰可擊矣遂戰生擒建德○陳皥曰有辰巳列陳至午未未勝者午未列陳至申酉未勝者不必事須晨旦而爲陽氣申午而爲衰氣也太宗之攻建德也登高而望之謂諸將曰賊盡銳來攻我當少避之退則可以騎留之以明不須晨旦也凡彼有銳則如此避之不然則否○杜佑曰避其精銳之氣擊其懈惰欲歸此理氣者也曹劌之說是也○梅堯臣曰氣盛勿擊衰懈易敗○何氏曰夫人情莫不樂安而惡危好生而懼死無故驅之就卧尸之地樂趨於兵戰之場其心之所畜非有忿怒欲鬬之氣一旦乘而激之冒難而不顧犯危而不畏則未嘗不悔而怯矣今夫天下懦夫心有所激則率爾爭鬬不啻諸劌至于操刃而求鬬者氣之所乘也氣衰則息惻然而悔矣故三軍之視強寇如視處女者乘其忿怒而有所激也是以即墨之圍五千人擊却燕師者乘燕劓降掘塚之怒也秦之鬬士倍我者因三施無報之怒所以我怠而秦奮也二者治氣有道而所用乘其機也○張預曰朝謂始晝謂中暮謂末非以早晚爲辭也凡人之氣初來新至則勇銳陳久人倦則衰故善用兵者當其銳盛則堅守以避之待其惰歸則出兵以擊之此所謂善治己之氣以奪人之

心之計也又李靖曰攻者不止攻其城擊其陳而已必有攻其心之術焉所謂攻其心者常養吾之心使安閑而不亂然後彼之心可得而奪也 **是故朝氣銳** 陳皥曰初來之氣氣方盛銳勿與之爭也○孟氏曰司馬法曰新氣勝舊氣新氣即朝氣也○王晳曰士衆凡初舉氣銳也 **晝氣惰** 王晳曰漸久少怠 **暮氣歸** 孟氏曰朝氣初氣也晝氣再作之氣也暮氣衰竭之氣也○梅堯臣曰朝言其始也晝言其中也暮言其終也謂兵始而銳久則惰而思歸故可擊○王晳曰怠久意歸無復戰理 **故善用兵者避其銳氣擊其惰歸此治氣者也** 李筌曰氣者軍之氣勇○杜牧曰陽氣生於子成於寅衰於午伏於申凡晨朝陽氣初盛其來必銳故須避之候其衰伏擊之必勝武德中太宗與竇建德戰於汜水東建德列陳彌亙數理太宗將數騎登高觀之謂諸將曰賊度險而囂是軍無政令逼城而陳有輕我心按兵不出待敵氣衰陳久卒飢必將自退退而擊之何往不克建德列陳自卯至午兵士飢倦悉列坐右又

懈此所謂善治己之心以奪人之心者也 以近待遠以佚待勞以飽待飢此治力者也 李筌曰客主之勢○杜牧曰上文云致人而不致於人是也○杜佑曰以我之近待彼之遠以我之閑佚待彼之疲勞以我之充飽待彼之飢虛此理人力者也○梅堯臣曰無困竭人力以自弊○王晳曰以餘制不足善治力也○張預曰近以待遠佚以待勞飽以待飢誘以待來重以待輕此所謂善治己之力以困人之力者也 無邀正正之旗勿擊堂堂之陳此治變者也 曹操曰正正齊也堂堂大也○李筌曰正正者齊整也堂堂者部分也○杜牧曰堂堂者無懼也兵者隨敵而變敵有如此則勿擊之是能治變也後漢曹公圍鄴袁尚來救公曰尚若從大道來當避之若循西山來此成擒耳尚果循西山來逆擊大破之也○梅堯臣曰正正而來堂堂而陳示無懼也必有奇變○王晳曰本可要擊以視整齊盛大故變○何氏曰所謂強則避之○張預曰正正謂形名齊整也堂堂謂行陳廣大也敵人如此豈可輕

氣者也前趙將游子遠之敗伊餘羌唐武德中太宗之破竇建德皆用此術 以治待亂以靜待譁此治心者也 李筌曰伺敵之變因而乘之○杜牧曰司馬法曰本心固言料敵制勝本心已定但當調治之使安靜堅固不為事撓不為利惑候敵之亂伺敵之譁則出兵攻之矣○陳皞曰政令不一賞罰不明謂之亂旌旗錯雜行伍輕囂謂之譁審敵如是則出攻之○賈林曰以我之整治待敵之撓亂以我之清淨待敵之諠譁此治心者也故太公曰事莫大於必克用莫大於玄默也○梅堯臣曰鎮靜待敵衆心則寧○王晳同陳皞註○何氏曰夫將以一身之寡一心之微連百萬之衆對虎狼之敵利害之相雜勝負之紛揉權智萬變而措置於胸臆之中非其中廓然方寸不亂豈能應變而不窮處事而不迷卒然遇大難而不驚案然接萬物而不惑吾之治足以待亂吾之靜足以待譁前有百萬之敵而吾視之則如遇小寇亞夫之禦寇也堅臥而不起欒箴之臨敵也好以整又好以暇夫審此二人者蘊以何術哉蓋其心治之有素養之有餘也○張預曰治以待亂靜以待譁安以待躁忍以待忿嚴以待

得其力弊乃遣下馬擊之短兵始交周人大潰並即奔遁○張預曰敵處高為陳不可仰攻人馬之馳逐弧矢之施發皆不便也故諸葛亮曰山陵之戰不仰其高敵從高而來不可迎之勢不順也引至平地然後合戰 佯北勿從 李筌杜牧曰恐有伏兵也○賈林曰敵未衰忽然奔北必有奇伏要擊我兵謹勒將士勿令逐追○杜佑曰北奔走也敵方戰氣勢未衰便奔走而陳兵者必有奇伏勿深入從之故太公曰夫出甲陳兵縱卒亂行者欲以為變也○梅堯臣同杜牧註○王晳曰勢不至北必有詐也則勿逐○何氏曰如戰國秦師伐趙趙奢之子括代廉頗將拒秦於長平秦陰使白起為上將軍趙出兵擊秦秦軍佯敗而走張二奇兵以劫之趙軍逐勝追造秦壁壁堅不得入而秦奇兵二萬五千人絕趙軍後又一軍五千騎絕趙壁間趙軍分而為二糧道絕而秦出輕兵擊之趙戰不利因築壁堅守以待救至秦聞趙食道絕王自之河內發卒遮絕趙救及糧食趙卒不得食四十六日陰相殺食括中射而死蜀劉表遣劉備北侵至鄴曹公遣夏侯惇李典拒之一朝備燒屯去惇遣諸將追擊之典曰賊無故退疑必有伏南道窄狹草木深不可追也不聽

戰軍政曰見可而進知難而退又曰強而避之言須識變通此所謂善治變化之道以應敵人者也 故用兵之法高陵勿向背丘勿逆 李筌曰地勢也○杜牧曰向者仰也背者倚也逆者迎也言敵在高處不可仰攻敵倚丘山下來求戰不可逆之此言自下趨高者力乏自高趨下者勢順也故不可向迎○孟氏曰敵背丘陵為陳無有後患則當引軍平地勿迎擊之○杜佑曰敵若依據丘陵險阻陳兵待敵勿輕攻趍也既馳勢不便及有殞石之衝也○梅堯臣曰高陵勿向者敵處其高不可仰擊背丘勿逆者敵自高而來不可逆戰勢不便也○王晳曰如此不便則當嚴陳以待變也○何氏曰秦伐韓趙王令趙奢救之秦人聞之悉甲而至軍士許歷請以軍事諫曰秦人不意趙師至此其來氣盛將軍必厚集其陳以待之不然必敗令先據北山上者勝後至者敗奢從之即發萬人趨之秦兵後至爭山不得上奢縱兵擊之大破秦軍後周遣將伐高齊圍洛陽齊將段韶禦之登邙坂聊欲觀周軍形勢至太和谷便值周軍即遣馳告諸營與諸將結陣以待之周軍以步人在前上山逆戰韶以彼步我騎且卻且引

惇等果入賊伏裏典往救備見救至乃退西魏末遣將史寧與突厥同伐吐谷渾遂至樹敦即吐谷渾之舊都多諸珍藏而其主先已奔賀真城留其征南王及數千人固守寧攻之僞退吐谷渾人果開門逐之因回兵奪門門未及闔寧兵遂得入生獲其征南王俘獲男女財寶盡歸諸突厥北齊高澄立侯景叛歸梁而圍彭城澄遣慕容紹宗討之將戰紹宗以梁人剽悍恐其衆之撓也召將帥而語之曰我當佯退誘梁人使前汝可擊其背申明誡之景又命梁人曰逐北勿過二里會戰紹宗走梁人不用景言乘敗深入魏人以紹宗之言爲信爭掩擊遂大敗之唐安祿山反郭子儀圍衛州僞鄭王慶緒率兵來援分爲三軍子儀陳以待之預選射者三千人伏於壁内誡之曰俟吾小却賊必爭進則登城鼓譟弓弩齊發以逼之既戰子儀僞退而賊果乘之乃開壘門遽聞鼓譟矢注如雨賊徒震駭整衆追之遂虜慶緒○張預曰敵人奔北必審真僞若旗鼓齊應號令如一紛紛紜紜雖退走非敗也必有奇也不可從之若旗靡轍亂人囂馬駭此真敗却也

鋭卒勿攻

李筌曰避鋭氣也○杜牧曰避實也楚子伐隋隋臣季良曰楚人尚左君必左無與王遇且攻其右右無良焉必敗偏敗衆乃攜矣隋少師曰不當王非敵也不從隋師敗績○陳皥曰此說是避敵所長非鋭卒勿攻之旨也蓋言士卒輕鋭且勿攻之待其懈惰然後擊之所謂千里遠鬬其鋒莫當蓋近之爾○梅堯臣曰伺其氣挫○何氏曰如蜀先主率大衆東伐吴吴將陸遜拒之蜀主從建平連圍至夷陵界立數十屯以金帛爵賞誘動諸夷先遣將吴班以數千人於平地立營欲以挑戰諸將皆欲擊之遜曰備舉軍東至鋭氣始盛且乘高守險難可卒攻攻之縱下猶難盡克若有不利損我必大今但且獎勵將士廣施方略以觀其變備知其計不行乃引伏兵八千人從谷中出遜曰所以不聽諸軍擊班者揣之必有巧故也諸將並曰攻備當在初今乃令人五六百里相銜持經七八月其諸要害賊已固守擊之必無利矣遜曰備是猾虜其軍始集思慮精專未可干也今住已久不得我便兵疲意沮計不復生掎角此寇正在今日乃先攻一營不利遜曰吾已曉破之之術乃令各持一把茅以火攻拔之備因夜遁魏末吴將諸葛恪圍新城司馬景王使毋丘儉文欽等拒之儉欽請戰景王曰恪卷甲深入投兵死地其鋒未易當且新城小而固攻之未可拔遂令諸將高壘以弊之相持數日恪攻城力屈死傷太半景王乃令欽督鋭卒趣合榆斷其歸路恪懼而遁前趙劉曜遣將討羌大酋權渠率衆保險阻曜將游子遠頻敗之權渠欲降其子伊餘大言於衆中曰往年劉曜自來猶無若我何晨壓子遠壘門左右勸出戰子遠曰吾聞伊餘有專諸之勇慶忌之捷其父新敗怒氣甚盛且西戎勁悍其鋒不可擬也不如緩之使氣竭而擊之乃堅壁不戰伊餘有驕色子遠候其無備夜分誓衆秣馬蓐食先晨具甲掃壘而出遲明設覆而戰生擒伊餘于陳唐武德中太宗率師往河東討劉武周江夏王道宗從軍太宗登玉壁城觀賊顧謂道宗曰賊恃其衆來邀我戰汝謂如何對曰羣賊鋒不可當易以計屈難與力爭令衆深壁高壘以挫其鋒烏合之徒莫能持久糧運致竭自當離散可不戰而擒太宗曰汝意見暗與我合後賊食盡夜遁一戰敗之又太宗征薛仁杲於折墌城賊十有餘萬兵鋒甚鋭數來挑戰諸將請戰太宗曰我卒新經挫衂鋭氣猶少賊驟勝必輕進好鬬我且閉壁以折之待其氣衰而後擊可一戰而破此萬全計也因令軍中曰敢言戰者斬相持久之賊糧盡軍中頗攜貳其將相繼來降太宗知仁杲必腹内離謂諸將曰可以戰矣令總管梁實營於淺水原以誘之賊大將宗羅睺自恃驕悍求戰不得氣憤者久之及是盡鋭攻梁實冀逞其志梁實固險不出以挫其鋒羅睺攻之愈急太宗度賊已疲復謂諸將曰彼氣將衰吾當取之必矣申令諸將遲明合戰令將軍龐玉陳於淺水原南出賊之右先餌之羅睺併軍共戰玉軍幾敗太宗親御大軍奄自原北出其不意羅睺回師相拒我師表裏齊奮呼聲動天羅睺氣奪於是大潰又李靖從河間王孝恭討蕭銑兵至夷陵銑將文士弘率精卒數萬屯清江孝恭欲擊之靖曰士弘銑之健將士卒驍勇今新出荆門盡兵出戰此是救敗之師恐不可當也宜且泊南岸勿與爭鋒待其氣衰然後奮擊破之必矣孝恭不從留靖守營與賊戰孝恭果敗奔于南岸○張預曰敵若乘鋭而來其鋒不可當宜少避之以伺疲挫晉楚相持楚晨壓晉軍而陳軍吏患之欒書曰楚師輕窕固壘以待之三日必退退而擊之必獲勝焉又唐太宗征薛仁杲賊兵鋒甚鋭數來挑戰諸將咸請戰太宗曰當且閉壘以折之待其氣衰可一戰而破也果然

餌兵勿食

李筌曰秦人毒涇上流○杜牧曰敵忽棄飲食而去先須嘗試不可便食慮毒也後魏文帝時

飲食但以利留敵皆爲餌也若曹公以畜産餌馬超以輜重餌袁紹李矩以牛馬餌石勒之類皆是也

歸師勿遏

李筌曰士卒思歸志不可遏也○杜牧曰曹公自征張繡於穰劉表遣兵救繡以絶軍後公將引還繡兵來追公軍不得進表與繡復合兵守險公軍前後受敵公乃夜鑿險爲地道悉過輜重設奇兵步騎夾攻大破之公謂荀文若曰虜遏吾歸師而與吾死地吾是以知勝矣○孟氏曰人懷歸心必能死戰則不可止而擊也○杜佑曰人人有室家鄉國之往不可遏截之徐觀其變而制之○梅堯臣曰敵必死戰○王晳曰人自爲戰也勿遏塞之若猶有他慮則可要而擊曹公攻鄴袁尚來救諸將以爲歸師不如避之公曰尚從大道來則避之若循西山來者此成擒耳蓋大道來則歸意全循山來則顧負險且有懼心也○何氏曰如魏初曹操圍張繡於穰劉表遣兵救繡以絶軍後公將引還繡兵來追公軍不得進連營稍前到安衆繡與表合兵守險公軍前後受敵公乃夜鑿險爲地道悉過輜重設奇兵會明賊謂公爲遁也悉軍來追乃縱奇兵步騎夾攻大破之公謂荀彧曰虜遏吾歸師與吾死地是以知勝齊建武二年魏圍鍾離張欣泰

庫莫奚侵擾詔濟陰王新成率衆討之王乃多爲毒酒賊既漸逼使棄營而去賊至喜競飲酒酣毒作王簡輕騎縱擊俘獲萬計○陳皥曰此之獲勝蓋非偶然固非爲將之道垂後世法也孫子豈以他人不能致毒於人腹中哉此言喻魚若見餌不可食也敵若懸利不可貪也曹公與袁紹將文醜等戰諸將以爲敵騎多不如還營荀攸曰此所以餌敵也安可去之即知餌兵非止謂寘毒也食字疑或爲貪字也○梅堯臣曰魚貪餌而亡兵貪餌而敗敵以兵來釣我我不可從○王晳曰餌我以利必有奇伏○何氏曰如春秋時楚伐絞軍其南門莫敖屈瑕曰絞小而輕輕則寡謀請無扞采樵者以誘之從之絞人獲三十人明日絞人爭出驅楚役徒於山中楚人坐其北門而覆諸山下大敗之爲城下之盟而還又如赤眉佯敗棄輜重走車載土以豆覆其上鄧弘取之爲赤眉所敗曹公未得濟而放牛馬馬超取之而公得渡又如曹公棄輜重文醜劉備分取之而爲公所破又如後魏廣陽王元深以也列河誘拔陵竟來抄掠拔陵爲于謹伏兵所破此皆餌之之術也○張預曰三略曰香餌之下必有懸魚言魚貪餌則爲釣者所得兵貪利則爲敵人所敗夫餌兵非止謂寘毒於

無必死之心因而擊之後漢妖巫維汜弟子單臣傅鎮等相聚入原武城劫掠吏人自稱將軍光武遣臧宮將北軍數千人圍之賊食多數攻不下士卒死傷帝召公卿諸侯王問方略明帝時爲東海王對曰妖巫相劫勢無久立其中必有悔者但外圍急不得走耳小挻緩令得逃亡則一亭長足以擒矣帝即勑令開圍緩守賊衆分散遂斬臣鎮等大唐天寶末李光弼領朔方軍與史思明戰于土門賊衆退散四面圍合光弼令開東南角以縱之賊見開圍棄甲急走因追擊之盡殲其衆是開一面也○杜佑曰若圍敵平陸之地必空一面以示其虛欲使戰守不固而有去留之心若敵臨危據險彊救在表當堅固守之未必闕也此用兵之法○梅堯臣同曹操註○何氏曰如後漢初張步據齊地漢將耿弇擧兵討之步使其大將費邑軍歷下又分守祝阿鍾城弇先擊祝阿自晨攻城未日中而拔故開圍一角令其衆得奔歸鍾城鍾城人聞祝阿已潰大恐懼遂空壁亡去又朱儁與徐璆共討黃巾餘賊韓忠據宛乞降不許因急攻之連城不克儁登山觀之顧謂張超曰吾知之矣賊今外圍周固内營急逼乞降不受欲出不得所以死戰也萬人一心猶不可當況十萬乎其害甚

爲軍主隨崔慧景救援及魏軍退而邵陽洲上餘兵萬人求輸馬五百匹假道慧景欲斷路攻之欣泰説慧景曰歸師勿遏古人畏之兵在死地不可輕也慧景乃聽過也前秦符堅征晉至壽春兵敗還長安慕容泓起兵于華澤堅將符叡竇衝姚萇討之符叡勇果輕敵不恤士衆泓聞其至也懼率衆將奔關東叡馳兵邀之姚萇諫曰鮮卑有思歸之心宜驅令出關不可遏也叡弗從戰于華澤叡敗績被殺後涼呂弘攻段業於張掖不勝將東走業議欲擊之其將沮渠蒙遜諫曰歸師勿過窮寇勿追此兵家之戒不如縱之以爲後圖業曰一日縱敵悔將無及遂率衆追之爲弘所敗○張預曰兵之在外人人思歸當路邀之必致死戰韓信曰從思東歸之士何所不克曹公既破劉表謂荀彧曰虜過吾歸師吾是以知勝又呂弘攻段業不勝將東走業欲擊之或諫曰歸師勿過兵家之戒不如縱之以爲後圖業不從率衆追之爲弘所敗古人似此者多不可悉陳

圍師必闕

曹操曰司馬法曰圍其三面闕其一面所以示生路也○李筌曰夫圍敵必空其一面示不固也若四面圍之敵必堅守不拔也項羽坑外黃魏武圍壺關即其義也○杜牧曰示以生路令

之漢宣帝時趙充國討先零羌羌覩大軍棄輜重欲渡湟水道阨狹充國徐行驅之或曰逐利行遲充國曰窮寇也不可迫緩之則走不顧急之則還致死諸將曰善虜果赴水溺死者數萬於是大破之也○陳皥曰鳥窮則搏獸窮則噬也○梅堯臣曰困獸猶鬬物理然也○何氏曰前燕呂護據野王陰通晉事覺燕將慕容恪等率衆討之將軍傅顏言之恪曰護窮寇假合王師既臨則上下喪氣殿下前以廣固天險守易攻難故爲長久之策今賊形不與往同宜急攻之以省千金之費恪曰護老賊經變多矣觀其爲備之道則未易卒圖也今圍之於窮城樵採路絶內無蓄積外無彊援不過於十旬弊之必矣何必殘士卒之命而趨一時之利哉此謂兵不血刃而坐以制勝也遂列長圍守之凡經六月而野王潰護南奔于晉悉降其衆五代晉將符彥卿杜重威經恪北鄙遇虜於陽城戎人十萬圍晉師於中野乏水軍人鑿井取泥衣絞而吮之人馬渴死甚衆彥卿曰與其束手就擒曷若以身徇國我今窮變乃率勁騎出擊之會大風揚塵乘勢決戰戎人大潰此彥卿爲虜十萬所圍乃窮變之寇遂致死力以求生戎人不悟之致敗也○張預曰敵若焚舟破釜來決一戰則不

矣今不如徹圍并兵入城忠見圍解則勢必自出出則意散易破之道也旣而解圍忠果出戰儁因破之又魏太祖圍壺關下令曰城拔皆坑之連月不下曹仁曰圍城必示之活門所以開其生路也今公告之必死將人自爲守且城固而糧多攻之則士卒傷守之則日久今頓兵堅城之下攻必死之虜非良計也太祖從之開城遂降又後魏末齊神武起義兵於河北尒朱兆天光度律仲遠等四將同會鄴南士馬精彊號二十萬圍神武於南陵山是時神武馬二千步卒不滿三萬人兆等設圍不合神武連繫牛驢自塞歸道於是將士死戰四面奮擊大破兆等○張預曰圍其三面開其一角示以生路使不堅戰後漢朱儁討賊帥韓忠於宛急攻不克因謂軍吏曰賊今外圍周固所以死戰若我解圍勢必自出出則意散易破之道也果如其言又曹公圍壺關謂之曰城破皆坑之連攻不下曹仁謂公曰夫圍城必示之活門所以開其生路也今公許之必死令人自守非計也公從之遂拔其城是也

窮寇勿迫

杜牧曰春秋時吳伐楚楚師敗走及清發闔閭復將擊之夫槩王曰困獸猶鬬況人乎若知不免而致死必敗我若使半濟而後可擊也從之又敗

地不可舍止無所依也○何氏曰下篇言圮地則吾將進其塗謂少固之地宜速去之也○張預曰山林險阻沮澤凡難行之道爲圮地以其無所依故不可舍止

衢地交合

曹操曰結諸侯也○李筌曰四通曰衢結諸侯之交地也○賈林曰結諸侯以爲援○梅堯臣曰夫四通之地與旁國相通當結其交也○何氏曰下篇云衢地吾將固其結言交結諸侯使牢固也○張預曰四通之地旁有鄰國先往結之以爲交援

絶地無留

曹操曰無久止也○李筌曰地無泉井畜牧來樵之處爲絶地不可留也○賈林曰谿谷坎險前無通路曰絶當速去無留○梅堯臣曰始去國始出境猶不居輕地是不可久留也○張預曰去國越境而師者絶地也危絶之地過於重地故不可淹留久止也

圍地則謀

曹操曰發奇謀也○李筌曰因地能通○賈林曰居四險之中曰圍地敵可往來我難出入居此地者可預設奇謀使敵不爲我患乃可濟也○梅堯臣曰往返險迂當出奇謀○何氏曰下篇亦云圍地則謀言在艱險之地與敵相持須用奇險詭譎之謀不至於害也○張預曰居前隘後固之地當發奇謀若漢高爲匈

可逼迫蓋獸窮則搏也晉師敗齊于鞌齊侯請盟晉人不許齊侯曰請收合餘燼背城借一晉人懼而與之盟吳夫槩王謂困獸猶鬬漢趙充國言緩之則走不顧急之則還致死蓋亦近之

此用兵之法也

九變篇

曹操曰變其正得其所用九也○王晳曰晳謂九者數之極用兵之法當極其變耳逸詩云九變復貫不知曹公謂何爲九或曰九地之變也○張預曰變者不拘常法臨事適變從宜而行之之謂也凡與人爭利必知九地之變故次軍爭

孫子曰凡用兵之法將受命於君合軍聚衆

張預曰已解上文

圮地無舍

曹操曰無所依也水毁曰圮○李筌曰地下曰圮行必水淹也○陳皥曰圮低下也孔明謂之地獄獄者中下四面高也○孟氏曰太下則爲敵所囚○杜佑曰擇地頓兵當趨利而避害也○梅堯臣曰山林險阻沮澤之

奴所圖用陳平奇計得出故近之

死地則戰 曹操曰殊死戰也○李筌曰置兵於必死之地人自爲私鬬韓信破趙此是也○梅堯臣曰前後有礙決在死戰此而上舉九地之大約也○王晳註上之五地並同曹公○何氏曰下篇亦云死地則戰者此地速爲死戰則生若緩而不戰氣衰糧絕不死何待也○張預曰走無所往當殊死戰淮陰背水陳是也從圮地無舍至此爲九變止陳五事者舉其大略也九地篇中說九地之變唯言六事亦陳其大略也凡地有勢有變九地篇上所陳者是其勢也下所敘者是其變也何以知九變爲九地之變下文云將不通九變雖知地形不能得地利又九地篇云九地之變屈伸之利不可不察以此觀之義可見也下既說九地此復言九變者孫子欲敘五利故先陳九變蓋九變五利相須而用故兼言之

塗有所不由 曹操曰隘難之地所不當從不得已從之故爲變○李筌曰道有險狹懼其邀伏不可由也○杜牧曰後漢光武遣將軍馬援耿舒討武陵五谿蠻軍次下雋今辰州也有兩道可入從壺頭則路近而水險從充道則路夷而運遠帝初以爲疑及軍至耿舒欲從充道援以爲棄日費糧不如進壺頭搤其咽喉則賊自破以事上之帝從援策乃進營壺頭賊乘高守隘水疾船不得上會暑甚士卒多疫死援亦中病卒耿舒與兄好畤侯書曰舒前上言當先擊充糧雖難運而兵馬得用軍人數萬爭欲先奮今壺頭竟不得進大衆怫鬱行死誠可痛惜○賈林曰由從也途且不利雖近不從○杜佑曰阨難之地所不當從也不得已從之故爲變也○梅堯臣曰避其險阨也○王晳曰途雖可從而有所不從慮奇伏也若趙涉說周亞夫避殽黽阨陿之間慮置伏兵請走藍田出武關抵洛陽間不過差一二日是也○張預曰險阨之地車不得方軌騎不得成列故不可由也不得已而行之必爲權變韓信知陳餘不用李左車計乃敢入井陘口是也

軍有所不擊 曹操曰軍雖可擊以地險難久留之失前利若得之則利薄困窮之兵必死戰也○杜牧曰蓋以銳卒勿攻歸師勿遏窮寇勿迫死地不可攻或我彊敵弱敵前軍先至亦不可擊恐驚之退走也言有如此之軍皆不可擊斯統言爲將須知有此不可擊之軍即須不擊益爲知變也故列於九變篇中○陳皥曰見小利不能傾敵則勿擊之恐重勞人也○賈林曰軍可威懷勢將降伏則不擊寇窮據險擊則死戰可自固守待其心惰取之○杜佑曰軍雖可擊以地險難久留之失前利若得之利薄也窮困之卒隘陷之軍不可攻爲死戰也當固守之以待隙也○梅堯臣曰往無利也○王晳曰曹公曰軍雖可擊以地險難久留之失前利若得之則利薄晳謂餌兵銳卒正正之旗堂堂之陳亦是也○張預曰縱之而無所損克之而無所利則不須擊也又若我弱彼彊我曲彼直亦不可擊如晉楚相持士會曰楚人德刑政事典禮不易不可敵也不爲是征義相近也

城有所不攻 曹操曰城小而固糧饒不可攻也操所以置華費而深入徐州得十四縣也○杜牧曰操捨華費不攻故能兵力完全深入徐州得十四縣也蓋言敵於要害之地深峻城隍多積糧食欲留我師若攻拔之未足爲利不拔則挫我兵勢故不可攻也宋順帝時荆州守沈攸之反素蓄士馬資用豐積戰士十萬甲馬二千軍至郢城功曹臧寅以爲攻守異勢非旬日所拔若不時舉挫銳損威今順流長驅計日可捷既傾根本則郢城豈能自固故兵法曰城有所不攻是也攸之不從郢郡守柳世隆拒攸之攸之盡銳攻之不克衆潰走入林自縊後周武帝欲出兵於河陽以伐齊吏部宇文弢進曰今用兵須擇地河陽要衝精兵所聚盡力攻之恐難得志如臣所見彼汾之曲戍小山平攻之易拔用武之地莫過於此帝不納師竟無功復大舉伐齊卒用弢計以滅齊國家自元和三年至于今三十年間凡四攻寇魏薄攻寇之南宮縣上黨攻寇之臨城縣太原攻寇之河星鎮是寇三城池浚壁堅蒭粟米石金炭麻膏凡城守之資常爲不可勝之計以備官軍擊虜攻既不拔兵頓力疲寇以勁兵來救故百戰百敗故三十年間困天下之功力攻數萬之寇四圍其境通計十歲竟無尺寸之功者蓋常墮寇計中不能知變也○賈林曰臣忠義重稟命堅守者亦不可攻也○梅堯臣曰有所害也○王晳曰城非控要雖可攻然懼於鈍兵挫銳或非堅實而得士死力又剋雖有期而救兵至吾雖得之利不勝其所害也○張預曰拔之而不能守委之而不爲患則不須攻也又若深溝高壘卒不能下亦不可攻如士匄請伐偪陽荀罃曰城小而固勝之不武弗服爲笑是也

地有所不爭 曹操曰小利之地方爭得而失之則不爭也○杜牧曰言得之難守失之無害伍子胥諫夫差曰今我伐齊獲其地猶石田也東晉陶侃

至此爲五利或曰自圯地無舍至地有所不爭爲九變謂此九事皆不從中覆但臨時制宜故統之以君命有所不受 **故將**
通於九變之地利者知用兵矣 李筌曰謂上之九事也○杜佑曰九事之
變皆臨時制宜不由常道故言變也○賈林曰九變上九事將帥之
任機權遇勢則變因利則制不拘常道然後得其通變之利變之則
九數之則十故君命不在常變例也○梅堯臣曰達九地之勢變而
爲利也○王晳曰非賢智不能盡事理之變也○何氏曰孫子以九
變名篇解者十有餘家皆不條其九變之目者何也蓋自圯地無舍
而下至君命有所不受其數十矣使人不得不惑愚熟觀文意上下
止述其地之利害爾且十事之中君命有所不受且非地事昭然不
類矣蓋孫子之意言凡受命之將合聚軍衆如經此九地有害而無
利則當變之雖君命使之舍留攻爭亦不受也況下文言將不通於
九變之利者雖知地形不能得地之利矣其君命豈得與地形而同
筭也況下之地形篇云戰道必勝主曰無戰必戰可也戰道不勝主
曰必戰無戰可也厥旨盡在此矣○張預曰更變常道而得其利者

鎮武昌議者以武昌北岸有邾城宜分兵鎮之侃每不荅而言者不
已侃乃渡水獵引諸將佐語之曰我所以設險而禦寇正以長江耳
邾城隔在江北內無所倚外接羣夷夷中利深晉人貪利夷不堪命
必引寇虜乃致禍之由非禦寇也且今縱有兵守之亦無益於江南
若羯虜有可乘之會此又非所資也後庾亮戍之果大敗也○梅堯
臣曰得之無益者○王晳曰謂地雖要害敵已據之或得之無所用
若難守者○張預曰得之不便於戰失之無害於己則不須爭也又
若遼遠之地雖得之終非己有亦不可爭如吳子伐齊伍員諫曰得
地於齊猶獲石田也不如早從事於越不聽爲越所滅是也 **君命有所不受** 曹操曰苟便於事不拘於
君命也○李筌曰苟便於事不拘君命穰苴斬莊賈魏絳戮楊干是
也○杜牧曰尉繚子曰兵者凶器也爭者逆德也將者死官也無天
於上無地於下無敵於前無主於後○賈林曰決必勝之機不可推
於君命苟利社稷專之可也○孟氏曰無敵於前無君於後閫外之
事將軍制之○梅堯臣曰從宜而行也此而上五利也○張預曰苟
便於事不從君命夫槩王曰見義而行不待命是也自塗有所不由

而用○王晳曰雖知五地之利不通其變如膠柱鼓瑟耳○張預曰凡兵有利有變知利而不識變豈能得人之用曹公言下五事爲五
利者謂九變之下五事也非謂雜於利害已下五事也 **是故智者之慮必雜於利**
害 曹操曰在利思害在害思利當難行權也○李筌曰害彼利此之慮○賈林曰雜一爲親一爲難言利害相參雜智者能慮之
愼之乃得其利也○梅堯臣曰同曹操註○王晳曰將通九變則利害
盡矣○張預曰智者慮事雖處利地必思所以害雖處害地必思所
以利此亦通變之謂也 **雜於利而務可信也** 曹操曰計敵不能依五地爲我害所務可信也
○杜牧曰信申也言我欲取利於敵人不可但見取敵人之利先須
以敵人害我之事參雜而計量之然後我所務之利乃可申行也○
賈林曰在利之時則思害以自愼一云以害雜利行之威令以臨之
刑法以戮之已不二三則衆務皆信人不敢欺也○梅堯臣曰以害
參利則事可行○王晳曰曲盡其利則可勝矣○張預曰以所害而
參所利可以伸己之事鄭師克蔡國人皆喜惟子產懼曰小國無文

知用兵之道矣 **將不通於九變之利者雖知地形不能**
得地之利矣 賈林曰雖知地形心無通變豈惟不得其利亦恐反受害也將貴適變也○梅堯臣曰知地不
知變安得地之利○張預曰凡地有形有變知形而不曉變豈能得地之利 **治兵不知九變之**
術雖知五利不能得人之用矣 曹操曰謂下五事也九變一云五變○賈
林曰五利五變亦在九變之中遇勢能變則利不變則害在人故無
常體能盡此理乃得人之用也五變謂途雖近知有險阻奇伏之變
而不由軍雖可擊知有窮變死鬬之變而不擊城雖勢孤可攻知有
糧充兵銳將智臣忠不測之變而不攻地雖可爭知得之難守得之
無利有反奪傷人之變而不爭君命雖宜從之知有內御不利之害
而不受此五變者臨時制宜不可預定貪五利者途近則由軍勢孤
則擊城勢危則攻地可取則爭軍可用則受命貪此五利不知其變
豈惟不得人用抑亦敗軍傷士也○梅堯臣曰知利不知變安得人

德而有武功禍莫大焉後楚果伐鄭此是在利思害也**雜於害而患可解也**曹操曰既參於利則亦計於害雖有患可解也○李筌曰智者為利害之事必合於道不至於極○杜牧曰我欲解敵人之患不可但見敵能害我之事亦須先以我能取敵人之利參雜而計量之然後有患乃可解釋也故上文云智者之慮必雜於利害也譬如敵人圍我我若但知突圍而去志必懈怠即必為追擊未若勵士奮擊因戰勝之利以解圍也舉一可知也○賈林曰在害之時則思利而免害故措之死地則生投之亡地則存是其患解也○梅堯臣曰以利參害則禍可脫○王晳曰周知其害則不敗矣○何氏曰利害相生明者常慮○張預曰以所利而參所害可以解己之難張方入洛陽連戰皆敗或勸方宵遁方曰兵之利鈍是常貴因敗以為成耳夜潛進逼敵遂致克捷此是在害思利也**是故屈諸侯者以害**曹操曰害其所惡也○李筌曰害其政也○杜牧曰惡音一路反言敵人苟有其所惡之事我能乘而害之不失其機則能屈敵也○賈林曰為害之計理非一途或誘其賢智令彼無臣或遺以姦人破其政令或為巧詐間其君臣或遺工巧使其人疲財耗或饋淫樂變其風俗或與美人惑亂其心此數事若能潛運陰謀密行不泄皆能害人使之屈折也○梅堯臣曰制之以害則屈也○王晳曰窮屈於必害之地勿使可解也○張預曰致之於受害之地則自屈服或曰間之使君臣相疑勞之使民失業所以害之也若韋孝寬間斛律光高熲平陳之策是也**役諸侯者以業**曹操曰業事也使其煩勞若彼入我出彼出我入也○李筌曰煩其農也○杜牧曰言勞役敵人使不得休我須先有事業乃可為也事業者兵眾國富人和令行也○杜佑曰能以事勞役諸侯之人令不得安佚韓人令秦鑿渠之類是也或以奇技藝業淫巧功能令其耽之心目內役諸侯若此而勞○梅堯臣曰撓之以事則勞○王晳曰常若為攻襲之業以弊敵也田常曰吾兵業已加魯矣○張預曰以事勞之使不得休或曰壓之以富彊之業則可役使若晉楚國彊鄭人以犧牲玉帛奔走以事之是也**趨諸侯者以利**曹操曰令自來也○李筌曰誘之以利○杜牧曰言以利誘之使自來至我也墮吾畫中○孟氏曰趨速也善示以利令忘變而速至我作變以制之亦謂得人之用也○梅堯臣同杜牧註○王晳曰趨敵之間當周旋我利也○張預曰動之以小利使之必趨**故用兵之法無恃其不來恃吾有以待也**梅堯臣曰所恃者不懈也**無恃其不攻恃吾有所不可攻也**曹操曰安不忘危常設備也○李筌曰預備不可闕也○杜佑曰安則思危存則思亡常有備○梅堯臣曰所賴者有備也○王晳曰備者實也○何氏曰兵略曰君子當安平之世刀劍不離身古諸侯相見兵衛不徹警蓋雖有文事必有武備況守邊固圉交刃之際歟凡兵所以勝者謂擊其空虛襲其懈怠苟嚴整終事則敵人不至傳曰不備不虞不可以師昔晉人禦秦深壘固軍以待之秦師不能久楚為陳而吳人至見有備而返程不識將屯正部曲行伍營陳擊刀斗吏治軍簿虜不得犯朱然為軍師雖世無事每朝夕嚴鼓兵在營者咸行裝就隊使敵不知所備故出輒有功是謂能外禦其侮者乎常能居安思危在治思亂戒之於無形防之於未然斯善之善者也其次莫如險其走集明其伍候慎固其封守繕完其溝隍或多調軍食或益修戰械故曰物不素具不可以應卒又曰惟事事乃其有備有備無患常使彼勞我佚彼老我壯亦可謂先人有奪人之心不戰而屈人之師也若夫莒恃陋而潰齊以狎敵而殲虢以易晉而亡魯以果邾而敗莫敖小羅而無次吳子入巢而自輕斯皆可以作鑒也故吾有以待吾有所不可攻者能豫備之之謂也○張預曰言須思患而預防之傳曰不備不虞不可以師**故將有五危**李筌張預曰下五事也**必死可殺也**曹操曰勇而無慮必欲死鬬不可曲撓可以奇伏中之○李筌曰勇而無謀也○杜牧曰將愚而勇者患也黃石公曰勇者好行其志愚者不顧其死吳子曰凡人之論將常觀於勇勇之於將乃數分之一耳夫勇者必輕合輕合而不知利未可將也○梅堯臣同李筌註○何氏曰司馬法曰上死不勝言貴其謀勝也○張預曰勇而無謀必欲死鬬不可與力爭當以奇伏誘致而殺之故司馬法曰上死不勝言將無策略止能以死先士卒則不勝也**必生可虜也**曹操曰見利畏法不進也○李筌曰

疑怯可虜也○杜牧曰晉將劉裕泝江追桓玄戰于崢嶸洲于時義軍數千玄兵甚盛而玄懼有敗衂常漾輕舸於舫側故其衆莫有鬬心義軍乘風縱火盡銳爭先玄衆是以大敗也○孟氏曰將之怯弱志必生返意不親戰士卒不精上下猶豫可急擊而取之新訓曰爲將怯懦見利而不能進太公曰失利後時反受其殃○梅堯臣曰怯而不果○王晳曰無鬬志曹公曰見利怯不進也晳謂見害亦輕走矣○何氏曰司馬法曰上生多疑疑爲大患也○張預曰臨陳畏怯必欲生返當鼓譟乘之可以虜也晉楚相攻晉將趙嬰齊令其徒先具舟於河欲敗而先濟是也**忿速可侮也**曹操曰疾急之人可忿怒侮而致之也○李筌曰急疾之人性剛而可侮致也太宗殺宋老生而平霍邑○杜牧曰忿者剛怒也速者褊急也性不厚重也若敵人如此可以陵侮使之輕進而敗之也十六國姚襄攻黃落前秦苻生遣苻黃眉鄧羌討之襄深溝高壘固守不戰鄧羌說黃眉曰襄性剛很易以剛動若長驅鼓行直壓其壘必忿而出師可一戰而擒也黃眉從之襄怒出戰黃眉等斬之○杜佑曰急疾之人可忿怒而致死忿速易怒者狷戇疾急不計其難可動作欺侮○梅堯臣曰狷急易動○王晳曰將性貴持重忿狷則易撓○張預曰剛愎褊急之人可凌侮而致之楚子玉剛忿晉人執其使以怒之果從晉師遂爲所敗是也**廉潔可辱也**曹操曰廉潔之人可汙辱致之也○李筌曰矜疾之人可辱也○杜佑曰此言敵人若高壁固壘欲老我師我勢不可留利在速戰揣知其將多忿急則輕侮而致之性本廉潔則汙辱之如諸葛孔明遺司馬仲達以巾幗欲使怒而出戰仲達忿怒欲濟師魏帝遣辛毗仗節以止之仲達之才猶不勝其忿況常才之人乎○梅堯臣曰徇名不顧○王晳同曹操註○張預曰清潔愛民之士可垢辱以撓之必可致也**愛民可煩也**曹操曰出其所必趨愛民者則必倍道兼行以救之救之則煩勞也○李筌曰攻其所愛必卷甲而救愛其人乃可以計疲○杜牧曰言仁人愛人者惟恐殺傷不能捨短從長棄彼取此不度遠近不量事力凡爲我攻則必來救如此可以煩之令其勞頓而後取之也○陳皥曰兵有須救不必救者項羽救趙此須救也亞父委梁不必救也○賈林曰廉潔之人不好侵掠愛人之仁不好鬬戰辱而煩之其動必敗○梅堯臣曰力疲則困○王晳曰以奇兵若將攻城邑者彼愛民必數救則煩勞也○張預曰民雖可愛當審利害若無微不救無遠不援則出其所必趨使煩而困也**凡此五者將之過也用兵之災也**陳皥曰良將則不然不必死不必生隨事而用不忿速不恥辱見可如虎否則閉户動靜以計不可喜怒也○梅堯臣曰皆將之失爲兵之凶○何氏曰將材古今難之其性往往失於一偏爾故孫子首篇言將者智信仁勇嚴貴其全也○張預曰庸常之將守一而不知變故取則於己爲凶於兵智者則不然雖勇而不必死雖怯而不必生雖剛而不可侮雖廉而不可辱雖仁而不可煩也**覆軍殺將必以五危不可不察也**賈林曰此五種之人不可任爲大將用兵必敗也○梅堯臣曰當慎重焉○張預曰言須識權變不可執一道也

行軍篇

曹操曰擇便利而行也○王晳曰行軍當據地便察敵情也○張預曰知九地之變然後可以擇利而行軍故次九變

孫子曰凡處軍相敵王晳曰處軍凡有四相敵凡三十有一○張預曰自絕山依谷至伏姦之所處則處軍之事也自敵近而靜至必謹察之則相敵之事也相猶察也料也**絕山依谷**曹操曰近水草利便也○李筌曰軍我敵彼也相其依止則勝敗之數彼我之勢可知也絕山守險也谷近水草夫列營壘必先分卒守隘縱畜牧收樵採而後寧○杜牧曰絕過也依近也言行軍經過山險須近谷而有水草之利也吳子曰無當天竈大谷之口言不可當谷但近谷而處可也○賈林曰兩軍相當敵宜擇利而動絕山跨山依谷傍谷也跨山無後患依谷有水草也○梅堯臣曰前爲山所隔則依谷以爲固○王晳曰絕度也依謂附近耳曹公曰近水草便利也○張預曰絕猶越也凡行軍越過山險必依附溪谷而居一則利水草一則負險固後漢武都羌爲寇馬援討之羌在山上援據便地奪其水草不與戰羌窮困悉降羌不知依谷之利也**視生處高**曹操曰生

者陽也○李筌曰向陽曰生在山曰高生高之地可居也○杜牧曰言須處高而面南也○陳皥曰若地有東西其法何如答曰然則面東也○賈林曰居陽曰生視生爲無蔽冒物色處軍當在高○杜佑曰高陽也視謂目前生地處軍當在高○梅堯臣曰若在陵之上必向陽而居處高乘便也○張預曰視生謂面陽也處軍當在高阜**戰隆無登**曹操曰無迎高也○李筌曰敵自高而下我無登而取之○杜牧曰隆高也言敵人在高我不可自下往高迎敵人而接戰也一作戰降無登降下也○賈林曰戰宜乘下不可迎高也○杜佑曰無迎高也謂山下也戰於山下敵引之上山無登逐也○梅堯臣曰敵處地之高不可登而戰○張預曰敵處隆高之地不可登迎與戰一本作戰降無登迎謂敵下山來戰引我上山則不可登迎**此處山之軍也**梅堯臣曰處山當知此三者○張預曰凡高而崇者皆謂之山處山拒敵以上三事爲法**絶水必遠水**曹操李筌曰引敵使渡○杜牧曰魏將郭淮在漢中蜀主劉備欲渡漢水來攻諸將議衆寡不敵欲依水爲陳以拒之淮曰此示弱而不足挫敵不如遠

水爲陳引而致之半濟而後擊備可破也既列陳備疑不敢渡○梅堯臣曰前爲水所隔則遠水以引敵○王晳曰我絶水也曹説是也○張預曰凡行軍過水欲舍止者必去水稍遠一則引敵使渡一則進退無礙郭淮遠水爲陳劉備悟之而不渡是也**客絶水而來勿迎之於水内令半濟而擊之利**李筌曰韓信殺龍且於濰水夫槩敗楚子於清發是也○杜牧曰楚漢相持項羽自擊彭越令其大司馬曹咎守成皋漢軍挑戰咎涉汜水戰漢軍候半涉擊大破之水内乃汭也誤爲内耳○梅堯臣曰敵之方來迎於水濱則不渡○王晳曰内當作汭迎於水汭則敵不敢濟遠則趨利不及當得其宜也○何氏曰如春秋時宋公及楚人戰于泓宋人既成列楚人未既濟司馬曰彼衆我寡及其未既濟也請擊之公曰不可既濟而未成列又以告公曰未可既陳而後擊之宋師敗績公傷股門官殲焉宋公違之故敗也吳伐楚楚師敗及清發將擊之夫槩王曰困獸猶鬭況人乎若知不免而致死必敗我若使先濟者知免後者慕之蔑有鬭心矣半濟而後可擊也從之又敗之魏將郭淮

在漢中蜀主劉備欲渡漢水來攻時諸將等議曰衆寡不敵欲依水爲陳以拒之淮曰此則示弱而不足以挫敵非筭也不如遠水爲陳引而致之半濟而後擊備可破也既陳備疑不敢渡唐武德中薛萬均與羅藝守幽燕竇建德率衆十萬寇范陽萬均謂藝曰衆寡不敵今若出鬭百戰百敗當以計取之可令羸兵弱馬阻水背城爲陳以誘之賊若渡水交兵請公精騎百人伏於城側待其半渡而擊之從之建德渡水萬均擊破之○張預曰敵若引兵渡水來戰不可迎之於水邊俟其半濟行列未定首尾不接擊之必勝公孫瓚敗黃巾賊於東光薛萬均破竇建德於范陽皆用此術也**欲戰者無附於水而迎客**曹操曰附近也○李筌曰附水迎客敵必不得渡而與我戰○杜牧曰言我欲用戰不可近水迎敵恐敵人疑我不渡也義與上同但客主詞異耳○杜佑曰附近也近水待敵不得渡也○梅堯臣曰必欲戰亦莫若遠水○王晳曰我利在戰則當差遠使敵必渡而與之戰也○張預曰我欲必戰勿近水迎敵恐其不得渡我不欲戰則阻水拒之使不能濟晉將陽處父與楚將子上夾泜水而軍陽子退舍欲使楚人渡

子上亦退舍欲令晉師渡遂皆不戰而歸**視生處高**曹操曰水上亦當處其高也前向水後當依高而處之○梅堯臣曰水上亦據高而向陽○王晳曰曹公曰水上亦當處其高晳謂非謂近水之地下曹註云恐漑我也疑當在此下○何氏曰視生向陽遠視也軍處高遠見敵勢則敵人不得潛來出我不意也○張預曰或岸邊爲陳或水上泊舟皆須面陽而居高**無迎水流**曹操曰恐漑我也○李筌曰恐漑我也智伯灌趙襄子光武潰王尋迎水處高乃敗之○杜牧曰水流就下不可於卑下處軍也恐敵人開決灌浸我也上文云視生處高也諸葛武侯曰水上之陳不逆其流此言我軍舟船亦不可泊於下流言敵人得以乘流而薄我也○賈林曰水流之地可以漑吾軍可以流毒藥迎逆也一云逆流而營軍兵家所忌○梅堯臣曰無軍下流防其決灌舳艫之戰逆亦非便○王晳曰當乘上流魏曹仁征吳欲攻濡須洲中蔣濟曰賊據西岸列船上流而兵入洲中是謂自內地獄危亡之道也仁不從而敗○何氏曰順流而戰則易爲力○張預曰卑地勿居恐決水漑我舟戰亦不可處下流以彼沿我泝戰不便也兼慮敵人投毒於

而會敵則依近水草背倚衆木○王晳曰猝與敵遇於此亦必就利而背固也○張預曰不得已而會兵於此地必依近水草以便樵汲背倚林木以爲險阻**此處斥澤之軍也**梅堯臣曰處斥澤當知此二者○張預曰處斥澤之地以上二事爲法**平陸處易**曹操曰車騎之利也○杜牧曰言於平陸必擇就其中坦易平穩之處以處軍使我車騎得以馳逐○王晳同曹操註○何氏同杜牧註○張預曰平原廣野車騎之地必擇其坦易無坎陷之處以居軍所以利於馳突也**而右背高前死後生**曹操曰戰便也○李筌曰夫人利用皆便於右是以背之前死致敵之地後生我自處○杜牧曰太公曰軍必左川澤而右丘陵死者下也生者高也下不可以禦高故戰便於軍馬也○賈林曰崗阜曰生戰地曰死後崗阜處軍穩前臨地用兵便高在右回轉順也○梅堯臣曰擇其坦易車騎便利右背丘陵勢則有憑前低後隆戰者所便○王晳曰凡兵皆宜向陽既後背山即前生後死疑文誤也○張預曰雖是平陸須有高阜必右背之所以恃爲形勢者也前低後高所以便乎奔

上流楚令尹拒吳卜戰不吉司馬子魚曰我得上流何故不吉遂決戰果勝是軍須居上流也**此處水上之軍也**梅堯臣曰處水上當知此五者○張預曰凡近水爲陳皆謂水上之軍水上拒敵以上五事爲法**絶斥澤惟亟去無留**陳皥曰斥鹹鹵之地水草惡漸洳不可處軍新訓曰地固斥澤不生五穀者是也○賈林曰鹹鹵之地多無水草不可久留○梅堯臣曰斥遠也曠蕩難守故不可留○王晳曰斥鹵也地廣且下而無所依○張預曰刑法志云山川沈斥顏師古註曰沈深水之下斥鹹鹵之地然則斥澤謂瘠鹵漸洳之所也以其地氣濕潤水草薄惡故宜急過**若交軍於斥澤之中必依水草而背衆樹**曹操曰不得已與敵會於斥澤中○李筌曰急過不得戰必依水背樹夫有水樹其地無陷溺也○杜牧曰斥鹵之地草木不生謂之飛鋒言於此忽遇敵即須擇有水草林木而止之○杜佑曰一本作背衆木言不得已與敵戰而會斥澤之中當背稠樹以爲固守蓋地利兵之助也○梅堯臣曰不得已

梅堯臣曰高則爽塏所以安和亦以便勢下則卑濕所以生疾亦以難戰○王晳曰有降無登且遠水患也○張預曰居高則便於覘望利於馳逐處下則難以爲固易以生疾**貴陽而賤陰**梅堯臣曰處陽則明順處陰則晦逆○王晳曰久處陰濕之地則生憂疾且弊軍器也○張預曰東南爲陽西北爲陰**養生而處實**曹操曰恃滿實也養生向水草可放牧養畜乘實猶高也○梅堯臣曰養生便水草處實利糧道○王晳曰養生謂水草糧糗之屬處實者倚固之謂○張預曰養生謂就善水草放牧也處實謂倚隆高之地以居也**軍無百疾是謂必勝**李筌曰夫人處卑下必藏疾惟高陽之地可居也○杜牧曰生者陽也實者高也言養之於高則無卑濕陰翳故百疾不生然後必可勝也○梅堯臣曰能知上三者則勢勝可必疾氣不生○張預曰居高面陽養生處厚可以必勝地氣乾燥故疾癘不作**丘陵隄防必處其陽而右背之**杜牧曰凡遇丘陵隄防之地常居其東南也○梅堯臣曰雖非至高亦當前向

擊也**此處平陸之軍也**梅堯臣曰處平陸當知此二者○張預曰居平陸之地以上二事爲法○**凡此四軍之利**李筌曰四者山水斥澤平陸也○張預曰山水斥澤平陸之四軍也諸葛亮曰山陸之戰不升其高水上之戰不逆其流草上之戰不涉其深平地之戰不逆其虛此兵之利也**黃帝之所以勝四帝也**曹操曰黃帝始立四方諸侯無不稱帝以此四地勝之也○李筌曰黃帝始受兵法於風后而滅四方故曰勝四帝也○梅堯臣曰四帝當爲四軍字之誤歟言黃帝得四者之利處山則勝山處水上則勝水上處斥澤則勝斥澤處平陸則勝平陸也○王晳曰四帝或曰當作四軍曹公曰黃帝始立四方諸侯無不稱帝以此四地勝之也一本無作亦○何氏曰梅氏之說得之○張預曰黃帝始立四方諸侯亦稱帝以此四地勝之按史記黃帝紀云與炎帝戰於阪泉與蚩尤戰於涿鹿北逐葷粥又太公六韜言黃帝七十戰而定天下此即是有四方諸侯戰也兵家之法皆始於黃帝故云然也**凡軍好高而惡下**

明而右依實○王晳曰處陽則人舒以和器健以利也○張預曰面陽所以貴明顯背高所以爲險固 **此兵之利地之助也** 梅堯臣曰兵所利者得形勢以爲助○張預曰用兵之利得地之助 **上雨水沫至欲涉者待其定也** 曹操曰恐半涉而水遽漲也○李筌曰恐水暴漲○杜牧曰言過溪澗見上流有沫此乃上源有雨待其沫盡水定乃可涉不爾半涉恐有瀑水卒至也○杜佑曰恐半渡水而遂漲上雨水當清而反濁沫至此敵人權過水之占也欲以中絕軍凡地有水欲漲沫先至皆爲絕軍當待其定也○梅堯臣曰流沫未定恐有暴漲○王晳曰水漲則沫涉步濟也曹說是也○張預曰渡未及畢濟而大水忽至也沫謂水上泡漚 **凡地有絕澗** 前後嶮峻水橫其中 **天井** 四面峻坂澗壑所歸 **天牢** 三面環絕易入難出 **天羅** 草木蒙密鋒鏑莫施 **天陷** 卑下汙濘車騎不通 **天隙** 兩山相向洞道狹惡六害皆梅堯臣注 **必亟去之勿近也** 曹操曰山

深水大者爲絕澗中方高中央下爲天井深山所過若蒙籠者爲天牢可以羅絕人者爲天羅地形陷者爲天陷山澗道迫狹地形深數尺長數丈者爲天隙○杜牧曰軍讖曰地形坳下大水所及謂之天井山澗迫狹可以絕人謂之天牢澗水澄闊不測淺深道路泥濘人馬不通謂之天陷地多溝坑坎陷木石謂之天隙林木隱蔽葭葦深遠謂之天羅○賈林曰兩岸深闊斷人行爲絕澗下中之下爲天井四邊澗險水草相兼中央傾側出入皆難爲天牢道路崎嶇或寬或狹細澀難行爲天羅地多沮洳爲天陷兩邊險絕形狹長而數里中間難通人行可以絕塞出入爲天隙此六害之地不可近背也○梅堯臣曰六害尚不可近況可留乎○王晳曰晳謂絕澗當作絕天澗脫天字耳此六者皆自然之形也牢謂如獄牢羅謂如網羅也陷謂溝坑淤濘之屬隙謂木石若隙罅之地軍行過此勿近不然則脫有不虞智力無所施也○張預曰谿谷深峻莫可過者爲絕澗外高中下衆水所歸者爲天井山險環繞所入者隘爲天牢林木縱橫葭葦隱蔽者爲天羅陂池泥濘漸車凝騎者爲天陷道路迫狹地多坑坎者爲天隙凡遇此地宜遠過不可近之 **吾遠之**

敵近之吾迎之敵背之 曹操曰用兵常遠六害令敵近背之則我利敵凶○李筌曰善用兵者致敵之受害之地也○杜牧曰迎向也背倚也言遇此六害之地吾遠之向之則進止自由敵人近之倚之則舉動有阻故我利而敵凶也○梅堯臣曰言六害當使我遠而敵附我向而敵倚則我利敵凶○張預曰六害之地我既遠之向之敵自近之倚之我則行止有利彼則進退多凶也 **軍行有險阻潢井葭葦山林蘙薈者必謹覆索之此伏姦之所處也** 曹操曰險者一高一下之地阻者多水也潢者池也井者下也葭葦者衆草所聚山林者衆木所居也蘙薈者可屏蔽之處也此以上論地形也以下相敵情也○李筌曰以下恐敵之奇伏誘詐也○梅堯臣曰險阻隘也山林之所產潢井下也葭葦之所生皆蘙薈足以蒙蔽當掩搜恐有伏兵○張預曰險阻丘阜之地多生山林潢井卑下之處多產葭葦皆蘙薈可以蒙蔽必降索之恐兵伏其中又慮姦細潛隱覘我虛實聽我號令伏姦當爲兩事

敵近而靜者恃其險也 梅堯臣曰近而不動倚險故也○王晳曰恃險故不恐也 **遠而挑戰者欲人之進也** 杜牧曰若近以挑我則有相薄之勢恐我不進故遠也○陳皞曰敵人相近而不挑戰恃其守險也若遠而挑戰者欲誘我使進然後乘利而奮擊也○梅堯臣同陳皞註○王晳曰欲致人也挑謂擿驍敵求戰○張預曰兩軍相近而終不動者倚恃險固也兩軍相遠而數挑戰者欲誘我之進也尉繚子曰分險者無戰心言敵人先分得險地則我勿與之戰也又曰挑戰者無全氣言相去遠則挑戰而延誘我進耶不可以全氣擊之與此法同也 **其所居易者利也** 曹操曰所居利也○李筌曰居勿之地致人之利○杜牧曰言敵不居險阻而居平易必有以便利於事也一本云士爭其所居者易利也○陳皞曰言敵人得其地利則將士爭以居之也○賈林曰敵之所居地多便利故挑我使前就己之便戰則易獲其利慎勿從之也○梅堯臣曰所居易利故來挑戰○王晳同曹操註○張預曰敵人捨險而居易者必有利也或曰敵欲

欲覆我必由他道險阻林木之中故驅起伏獸駭逸也覆者來襲我
也○陳皥曰覆者謂隱於林木之内潛來掩我候兩軍戰酣或出其
左右或出其前後若驚駭伏獸也○梅堯臣曰獸驚而奔旁有覆○
張預曰凡欲掩覆人者必由險阻草木中來故驚起伏獸奔駭也○
塵高而銳者車來也 杜牧曰車馬行疾仍須魚貫故塵高而尖○杜佑曰車馬行疾塵相衝故
高也○梅堯臣曰蹄輪勢重塵必高銳○張預曰車馬行疾而勢重
又轍迹相次而進故塵埃高起而銳直也凡軍行須有探候之人在
前若見敵塵必馳報主將如潘黨望晉塵使騁而告是也 **卑而廣者徒來也** 杜牧曰步人行遲可
以並列故塵低而闊也○梅堯臣曰人步低輕塵必卑廣○王晳曰
車馬起塵猛步人則差緩也○張預曰徒步行緩而迹輕又行列踈
遠故塵低而來 **散而條達者樵採也** 李筌曰煙塵之候晉師伐齊曳柴從之齊人登山望而畏
其衆乃夜遁薪來即其義也此筌以樵採二字爲薪來字○杜牧曰
樵採者各隨所向故塵埃散衍條達縱横斷絶貌也○梅堯臣曰樵

人之進故處於平易以示利而誘我也 **衆樹動者來也** 曹操曰斬伐樹木除道進來故動○梅堯臣同
曹操註○張預曰凡軍必遣善視者登高覘敵若見林木動摇者是
斬木除道而來也或曰不止除道亦將爲兵器也若晉人伐木益兵
是也 **衆草多障者疑也** 曹操曰結草爲障欲使我疑也○杜牧曰言敵人或營壘未成或拔軍潛
去恐我來追或爲掩襲故結草使往往相聚如有人伏藏之狀使我
疑而不敢進也○賈林曰結草多爲障蔽者欲使我疑之於中兵必
不實欲別爲攻襲宜審備之○杜佑曰結草多障欲使我度稠草中
多障蔽者敵必避去恐追及多作障蔽使人疑有伏焉○張預曰或
敵欲追我多爲障蔽設留形而遁以避其追或欲襲我
叢聚草木以爲人屯使我備東而擊西皆所以爲疑也 **鳥起者**
伏也 曹操曰鳥起其上下有伏兵○李筌曰藏兵曰伏○杜佑曰下有伏兵往藏觸鳥而驚起也○張預曰鳥適平飛至彼忽
高起者下有伏兵也 **獸駭者覆也** 曹操曰敵廣陳張翼來覆我也○李筌曰不意而至曰覆○杜牧曰凡敵

○杜牧曰吳王夫差北征會晉定公於黄池越王句踐伐吳吳晉方
爭長未定吳王懼乃合大夫而謀曰無會而歸與會而先晉孰利王
孫雒曰必會而先之吳王曰先之若何雒曰今夕必挑戰以廣民心
乃能至也於是吳王以帶甲三萬人去晉軍一里聲動天地晉使董
褐視之吳王親對曰孤之事君在今日不得事君亦在今日董褐曰
臣觀吳王之色類有大憂吳將毒我不可與戰乃許先歃吳王既會
遂還焉○杜佑曰詭詐驅馳示無所畏是知欲退也○梅堯臣曰欲
退者使既詞壯兵又彊進脅我也○王晳曰辭彊示進形欲我不虞
其去也○張預曰使來辭壯軍又前進欲脅我而求退也秦行人夜
戒晉師曰兩軍之士皆未憖也來日請相見晉臾駢曰使者目動而
言肆懼我也秦果宵遁 **輕車先出居其側者陳也** 曹操曰陳兵欲戰也○杜牧曰
出輕車先定戰陳疆界也○賈林曰輕車前禦欲結陳而來也○張
預曰輕車戰車也出軍其旁陳兵欲戰也按魚麗之陳先偏後伍言
以車居前以伍次之然則是欲戰者車先出其側也 **無約而請和者謀也** 李筌曰無質盟之約

採隨處塵必縱横○王晳曰條達纖微斷續之貌○張預曰分遣厮役隨處樵採故塵埃散亂而成隧道 **少而往來**
者營軍也 杜牧曰欲立營壘以輕兵往來爲斥候故塵少也○梅堯臣曰輕兵定營往來塵少○張預曰凡分栅營
者必遣輕騎四面近視其地欲周知險易廣狹之形故塵微而來 **辭卑而益備者進也** 曹操
曰其使來卑辭使間視之敵人增備也○杜牧曰言敵人使來言辭
卑遜復增壘塗壁若懼我者是欲驕我使懈怠必來攻我也趙奢救
閼與去邯鄲三十里增壘不進秦間來必善食遣之間以報秦將秦
將果大喜曰閼與非趙所有矣奢既遣秦間乃倍道兼行掩秦不備
擊之遂大破秦軍也○梅堯臣曰欲進者外則卑辭内則益備款我
也○張預曰使來辭遜敵復增備欲驕我而後進也田單守即墨燕
將騎劫圍之單身操版插與士卒分功使妻妾編行伍之間散食饗
士乃使女子乘城約降燕大喜又收民金千鎰令富豪遣使遺燕將
書曰城即降願無虜妻妾燕人益懈乃出兵擊大破之 **辭彊而進驅者退也** 曹操曰詭詐也

請和者必有謀於人田單詐騎劫紀信誑項羽即其義也○杜牧曰貞元三年吐蕃首領尚結贊因侵掠河曲遇疫癘人馬死者太半恐不得回乃詐與侍中馬燧款懇因奏請盟會燧乃盟之時河中節度使渾瑊奏曰若國家勤兵境上以謀伐為計蕃戎請盟亦聽信之今吐蕃無所求於國家遽請盟會必恐不實上不納渾瑊率衆二萬屯涇州平涼縣盟壇在縣西三十里五月十三日瑊率三千人會壇所吐蕃果衷甲劫盟焉○陳皡曰因盟相劫不獨國朝晉楚會於宋楚人衷甲欲襲晉晉人知之是以失信也今言無約而請和蓋總論兩國之師或侵或伐彼我皆未屈弱而無故請和好者此必敵人國內有憂危之事欲為苟且暫安之計不然則知我有可圖之勢欲使不疑先求和好然後乘我不備而來取也石勒之破王浚也先密為和好又臣服於浚知浚不疑乃請修朝覲之禮浚許之及入因誅浚而滅之○杜佑曰未有要約而便來請和有間謀也○梅堯臣曰無約請和必有姦謀○王晳曰無故驟請和者宜防他謀也○張預曰無故請和必有姦謀漢高祖欲擊秦軍使酈食其持重寶啗其將賈豎秦將果欲連和高祖因其怠而擊之秦師大敗又晉將李矩守滎陽

劉暢以三萬人討之矩遣使奉牛酒請降潛匿精兵見其弱卒暢大饗士卒人皆醉飽矩夜襲之暢僅以身免**奔走而陳兵車者期也**李筌曰戰有期及將用是以奔走之○杜牧曰上文輕車先出居其側者陳也蓋先出車定戰場界立旗為表奔走赴表以為陳也旗者期也與民期於下也周禮大蒐曰車驟徒趨及表乃止是也○賈林曰尋常之期不合奔走必有遠兵相應有晷刻之期必欲合勢同來攻我宜速備之○梅堯臣曰立旗為表奔以赴列○王晳曰陳而期民將求戰也○張預曰立旗為表與民期於下故奔走以赴之周禮曰車驟徒趨及表乃止是也**半進半退者誘也**李筌曰散於前○杜牧曰僞為雜亂不整之狀誘我使進也○梅堯臣曰進退不一欲以誘我○王晳曰詭亂形也○張預曰詐為亂形是誘我也若吳子以因徒示不整以誘楚師之類也**杖而立者飢也**李筌曰困不能齊○杜牧曰不食必困故杖也一本從此仗字○杜佑曰倚仗矛戟而立者飢之意○梅堯臣曰倚兵而立者足見飢弊之色○王晳曰倚仗者困餒之相○

張預曰凡人不食則困故倚兵器而立三軍飲食上下同時故一人飢則三軍皆然**汲而先飲者渴也**李筌曰汲未至先飲者士卒之渴○杜牧曰命之汲水未及而先取者渴也覩一人三軍可知也○梅堯臣同杜牧註○王晳曰以此見其衆行驅飢渴也○張預曰汲者未及歸營而先飲水是三軍渴也**見利而不進者勞也**曹操曰士卒之疲勞也○李筌曰士卒難用也○杜佑曰士疲倦也敵人來見我利而不能擊進者疲勞也○梅堯臣曰人其困乏何利之趨○張預曰士卒疲勞不可使戰故雖見利將不敢進也**鳥集者虛也**李筌曰城上有烏師其遁也○杜牧曰設留形而遁齊與晉相持叔向曰烏烏之聲樂齊師其遁後周齊王憲伐高齊將班師乃以柏葉為幕燒糞壤去高齊視之二日乃知其空營追之不及此乃設留形而遁走也○陳皡曰此言敵人若去營幕必空禽鳥既無畏乃鳴集其上楚子元伐鄭將奔諜者告曰楚幕有烏乃止則知其是設留形而遁也此篇蓋孫子辨敵之情僞也○杜佑曰敵大作營壘示我衆而鳥集止其中者虛也○梅堯臣曰

敵人既去營壘空虛鳥烏無猜來集其上○張預曰凡敵潛退必存營幕禽鳥見空鳴集其上楚伐鄭鄭人將奔諜告曰楚幕有烏乃止又晉伐齊叔向曰城上有烏齊師其遁此乃設留形而遁也**夜呼者恐也**曹操曰軍士夜呼將不勇也○李筌曰士卒怯而將懦故驚恐相呼○杜牧曰恐懼不安故夜呼以自壯也○陳皡曰十人中一人有勇雖九人怯懦恃一人之勇亦可自安今軍士夜呼蓋是將無勇曹說是也○孟氏同陳皡註○張預曰三軍以將為主將無膽勇不能安衆故士卒恐懼而夜呼若晉軍終夜有聲是也**軍擾者將不重也**李筌曰將無威重則軍擾○杜牧曰言進退舉止輕佻率易無威重軍士亦擾亂也○陳皡曰將法令不嚴威容不重士因以擾亂也○梅堯臣同陳皡註○張預曰軍中多驚擾者將不持重也張遼屯長社夜軍中忽亂一軍盡擾遼謂左右勿動是必有造變者欲以動亂人耳乃令軍士安坐遼中陳而立有頃即定此則能持重也○**旌旗動者亂也**杜牧曰魯莊公敗齊于長勺曹劌請逐之公曰若何對曰視其轍亂而旗靡故逐之○杜

堅守以待其弊也○張預曰捐糧穀以秣馬殺牛畜以饗士破釜及甑不復炊暴露兵衆不復反舍茲窮寇也孟明焚舟楚軍破釜之類是也

諄諄翕翕徐與人言者失衆也

曹操曰諄諄語貌翕翕失志貌○李筌曰諄諄翕翕竊語貌士卒之心恐上則私語而言是失衆也○杜牧曰諄諄者乏氣聲促也翕翕者顛倒失次貌如此者憂在内是自失其衆心也○賈林曰諄諄竊議貌翕翕不安貌徐與人言遞相問貌如此者必散失部曲也○梅堯臣曰諄諄吐誠懇也翕翕曠職事也緩言彊安恐衆離也○王晳曰諄諄語誠懇之貌翕翕者患其上也將失人心則衆相與語誠懇而患其上也○何氏曰兩人竊語誹議主將者也○張預曰諄諄語也翕翕聚也徐緩也言士卒相聚私語低緩而言以非其上是不得衆心也

數賞者窘也

李筌曰窘則數賞以勸進○杜牧曰勢力窮窘恐衆爲叛數賞以悅之○孟氏曰軍實窘也恐士卒心怠故別行小惠也○梅堯臣曰勢窮憂叛離屢賞以悅衆○王晳曰衆窘而不和裕則數賞以悅之○張預曰勢窘則易離故屢賞以撫士

數罰

佑曰旌旗謬動抵東觸西傾倚者亂也○梅堯臣曰旌旗輒動僱亞不次無紀律也○張預曰旌旗所以齊衆也而動搖無定是部伍雜亂也

吏怒者倦也

杜牧曰衆悉倦弊故吏不畏而忿怒也○陳皥曰將與不急之役故人人倦弊也○賈林曰人困則多怒○梅堯臣曰吏士倦煩怒不畏避也○張預曰政令不一則人情倦故吏多怒也晉楚相攻晉裨將趙旃魏錡怒而欲敗晉軍皆奉命于楚郤克曰二憾往矣弗備必敗是也

粟馬肉食軍無懸缻不返其舍者窮寇也

一云殺馬肉食者軍無糧也軍無懸缻不返其舍者窮寇也○李筌曰殺其馬而食肉故曰軍無糧也不返舍者窮迫不及竈也○杜牧曰粟馬言以糧穀秣馬也肉食者殺牛馬饗士也軍無懸缻者悉破之示不復炊也不返其舍者晝夜結部伍也如此皆是窮寇必欲決一戰爾缻音府炊器也○梅堯臣曰給糧以秣乎馬殺畜以饗乎士棄缻不復炊暴露不返舍是欲決戰而求勝也○王晳曰粟馬肉食所以爲力且久也軍無缻不復飲食也不返舍無回心也皆謂以死決戰耳敵如此者當

勢不能久○張預曰以所親愛委質來謝是勢力窮極欲休兵息戰也

兵怒而相迎久而不合又不相去必謹察之

曹操曰備奇伏也○李筌曰是軍必有奇伏須謹察之○杜牧曰盛怒出陳久不交刃復不解去有所待也當謹伺察之恐有奇伏旁起也○孟氏曰備有別應○梅堯臣曰怒而來逆我久而不接戰且又不解去必有奇伏以待我此以上論敵情○張預曰勇怒而來既不合戰又不引退當密伺之必有奇伏也

兵非益多也

曹操曰權力均一云兵非貴益多○賈林曰不貴衆擊寡乃所貴寡擊衆○王晳曰晳謂權力均足矣不以多爲益○張預曰兵非增多於敵謂權力均也

惟無武進

曹操曰未見便也○賈林曰武不足專進專進則暴○王晳曰不可但恃武也當以計智料敵而行○張預曰武剛也未能用剛武以輕進謂未見利也

足以併力料敵取人而已

曹操曰廝養足也○李筌曰兵衆武用力均惟得人者勝也○杜牧曰言我與敵人兵力皆均惟未能用武前

者困也

李筌曰困則數罰以勵士○杜牧曰人力困弊不畏刑罰故數罰以懼之○梅堯臣曰人弊不堪命屢罰以立威○王晳曰衆困而不精勤則數罰以脅之也○張預曰力困則難用故頻罰以畏衆

先暴而後畏其衆者不精之至也

曹操曰先輕敵後聞其衆則心惡之也○李筌曰先輕後畏是勇而無剛者不精之甚也○杜牧曰料敵不精之甚○賈林曰教令不能分明士卒又非精練如此之將先欲彊暴伐人衆悖則懼也至懦之極也○梅堯臣曰先行乎嚴暴後畏其衆離訓罰不精之極也○王晳曰敵先行列暴後畏其衆離爲將不精之甚也○何氏曰寬猛相濟精於將事也○張預曰先輕敵後畏人或曰先刻暴御下後畏衆叛已是用威行愛不精之甚故上文以數賞數罰而言也

來委謝者欲休息也

李筌曰徐前而疾後曰委謝○杜牧曰所以委質來謝此乃勢已窮或有他故必欲休息也○賈林曰氣委而言謝者欲求兩解○杜佑曰戰未相伏而下意氣相委謝者欲休息也○梅堯臣曰力屈欲休兵委質以來謝○王晳曰

進者蓋未得見其人也但能於廝養之中揀擇其材亦足并力料敵而取勝不假求於他也○陳皥曰言我兵力不多於敵又無利便可進不必他國乞師但於廝養中併力取人亦可破敵也○賈林曰雖無武勇之力而輕進足以智謀料敵併力而取敵人也○梅堯臣曰武纖也兵雖不足以纖進足以并給役廝養之力量敵而取勝也○王晳曰晳謂善分合之變者足以併力乘敵閒取勝人而已故雖廝養之輩可也況精兵乎曹說是也○張預曰兵力既均又未見便雖未足剛進足以取人於廝養之中以并兵合力察敵而取勝不必假他兵以助己故尉繚子曰天下助卒名爲十萬其實不過數萬其兵來者無不謂其將曰無爲天下先戰此言助卒無益不如已有兵法也

夫惟無慮而易敵者必擒於人 杜牧曰無有深謀遠慮但恃一夫之勇輕易不顧者必爲敵人所擒也○陳皥曰惟猶獨也此言殊無遠慮但輕敵者必爲其所擒不獨言其勇也左傳曰蜂蠆有毒而況國乎則小敵亦不可輕○王晳曰唯不能料敵但以武進則必爲敵所擒明患不在於不多也○張預曰不能料人反輕敵以武進必爲人所擒也齊晉相攻齊侯曰吾姑滅此而朝食不介馬而馳之爲晉所敗是也

卒未親附而罰之則不服不服則難用也 杜牧曰恩信未洽不可以刑罰齊之○梅堯臣曰傳至也德以至之恩以親之恩德未敷罰則不服故怨而難使○王晳曰恩信非素浹洽於人心未附也○張預曰驟居將帥之位恩信未加於民而遽以刑法齊之則怨懟而難用故田穰苴曰臣素卑賤士卒未附百姓不信又伍參曰晉之從政者新未能行令是也

卒已親附而罰不行則不可用也 曹操曰恩信已洽若無刑罰則驕惰難用也○梅堯臣曰恩德既洽刑罰不行則驕不可用○王晳曰所謂若驕子也○張預曰恩信素洽士心已附刑罰寬緩則驕不可用也

故令之以文齊之以武 曹操曰文仁也武法也○李筌曰文仁恩武威罰○杜牧曰晏子舉司馬穰苴文能附衆武能威敵也○王晳曰吳起云揔文武者軍之將兼剛柔者兵之事也

是謂必取 杜牧曰文武既行必也取勝○梅堯臣曰令以仁恩齊以威刑恩威並著則能必勝○張預曰文恩以悅之武威以肅之畏愛相兼故戰必勝攻必取或問曰書云威克厥愛允濟愛克厥威允罔功言先威也孫武先愛何也曰書之所稱仁人之兵也王者之於民恩德素厚人心已附及其用之惟患乎寡威也武之所陳戰國之兵也霸者之於民法令素酷人心易離及其用之惟患乎少恩也

令素行以教其民則民服 梅堯臣曰素舊也威令舊立教乃聽服○張預曰將令素行其民已信教而用之人人聽服

令不素行以教其民則民不服 王晳曰民不素教難卒爲用○何氏曰人既失訓安得服教

令素行者與衆相得也 杜牧曰素先也言爲將居常無事之時須恩信威令先著於人然後對敵之時行令立法人人信伏韓信曰我非素得拊循士大夫所謂驅市人而戰也所以使之背水令其人人自戰以其非素受恩信威令之從也○陳皥曰晉文公始入國教其民二年欲用之子犯曰民未知義未安其居此言欲令民不苟其生也於是出定襄王此言示以事君之大義入務利民民懷生矣又將用之子犯曰民未知信未宣其用於是伐原以示之信此言在往年伐原不貪其利而守其信民易資者不求豐焉此言人無貪詐也明徵其辭公曰可矣子犯曰民未知禮未生其恭於是大蒐以示之禮及戰之時少長有禮其可用也此五者教人之本也夫令要在先申使人聽之不惑法要在必行使人守之無輕信者也三令五申示人不惑也法令簡當議在必行然後可以與衆相得也○梅堯臣曰信服已久何事不從○王晳曰知此者始可言其并力勝敵矣○張預曰上以信使民民以信服上是上下相得也尉繚子曰令之之法小過無更小疑無申言號令一出不可反易自非大過大疑則不須更改申明所以使民信也諸葛亮與魏軍戰以寡對衆卒有當代者不留而遣之曰信不可失於是人人願留一戰遂大敗魏兵是也

十一家註孫子卷中

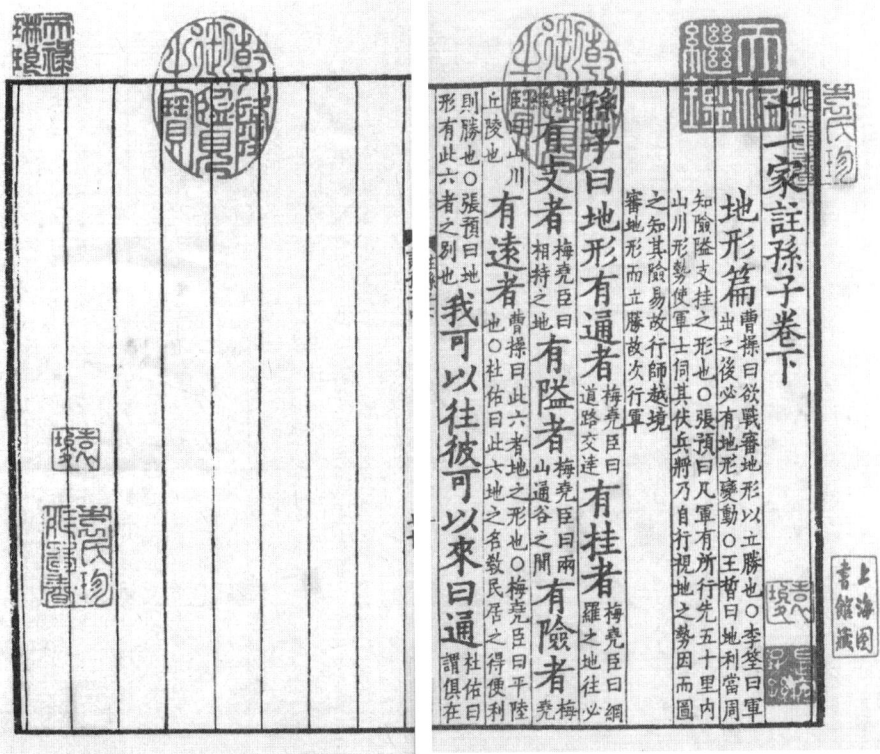

十一家註孫子卷下

地形篇

曹操曰欲戰審地形以立勝也○李筌曰軍出之後必有地形變動○王晳曰地利當周知險隘支挂之形也○張預曰凡軍有所行先五十里内山川形勢使軍士伺其伏兵將乃自行視地之勢因而圖之知其險易故行師越境審地形而立勝故次行軍

孫子曰地形有通者梅堯臣曰道路交達有挂者梅堯臣曰網羅之地往必掛綴有支者梅堯臣曰相持之地有隘者梅堯臣曰兩山通谷之間有險者梅堯臣曰山川丘陵也有遠者曹操曰此六者地之形也○梅堯臣曰平陸也○杜佑曰此六地之名數民居之得便利則勝也○張預曰地形有此六者之別也我可以往彼可以來曰通杜佑曰謂俱在平陸往來通利也○張預曰俱在平陸往來通達通形者先居高陽利糧道以戰則利曹操曰寧致人無致於人○李筌曰先之以待敵○杜牧曰通者四戰之地須先據高陽之處勿使敵人先得而我後至也利糧道者每於津阨或敵人要衝則築壘或作甬道以護之○賈林曰通利者無有崗坂亦無要害故兩通往來處高易于望候向陽視生通糧道便易轉運於此利於戰也○杜佑曰寧致人無致於人已先據高地分為屯守於歸來之路無使敵絕己糧道也○梅堯臣曰先據高陽利糧通阨敵人來至我戰則利○王晳註同曹操○何氏同杜佑註○張預曰先處戰地以待敵則致人而不致於人我雖居高面陽坐以致敵亦慮敵人不來赴戰故須使糧餉不絕然後為利可以往難以返曰挂杜佑曰掛者牽掛也挂形者敵無備出而勝之敵若有備出而不勝難以返不利李筌曰往不宜返曰挂○杜牧曰挂者險阻之地與敵共有犬牙相錯動有挂礙也往攻敵敵若無備攻之必勝則雖與險阻相錯敵人已敗不得復邀我歸路矣若往攻敵人敵人有備不能勝之則為敵人守險阻邀我歸路難以返也○陳皡曰不得已陷在此則須為持久之計掠取敵人之糧以伺利便而擊之○杜佑曰敵無備出攻之勝可也有備不得勝之則難還返也○梅堯臣曰出其不意往則獲利若其有備往必受制○張預曰察知敵情果為無備一舉而勝之則可矣若其有備出而弗克欲戰則不可留欲歸則不得返非所利也我出而不利彼出而不利曰支杜佑曰支久也俱不便久相持也○張預曰各守險固以相支持支形者敵雖利我我無出也引而去之令敵半出而擊之利李筌曰支者兩俱不利如挂之形故各分其勢○杜牧曰支者我與敵人各守高險對壘而軍中有平地狹而且長出軍則不能成陳遇敵則自下禦上彼我之勢俱不利便如此則堂堂引去伏卒待之敵若躡我候其半出發兵擊

之則利若敵人先去以誘我我不可出也○陳皞曰此說理繁而語倒但彼此出軍地形不便敵若設利誘我而去我愼勿追之我若引去敵止則已若來襲我候其半出則急擊之○賈林曰支者隔險隘可以相要截足得相支持故不利先出也○杜佑曰利利我也佯背我去我無出逐待其引而擊之可敗也○梅堯臣曰各居所險先出必敗利而誘我我不可愛僞去引敵半出而擊○王晳曰敵不肯至則設奇伏而退且詭之令必出○張預曰利我謂佯背我去也不可出攻我捨險則反爲所乘當自引去敵若來追伺其半出行列未定銳卒攻之必獲利焉李靖兵法曰彼此不利之地引而佯去待其半出而邀擊之

隘形者我先居之必盈之以待敵 杜佑曰盈滿也以兵陳滿隘形欲使敵不得進退也

若敵先居之盈而勿從不盈而從之 曹操曰隘形者兩山間通谷也敵勢不得撓我也我先居之必前齊隘口陳而守之以出奇也敵若先居此地齊口陳勿從也即半隘陳者從之而與敵共此利也○李筌曰盈平也敵先守隘我去之趙不守井陘之口韓信下之陳豨不守漳水高祖下之是也○杜牧曰盈者滿也言遇兩山之間中有通谷則須當山口爲營與兩山口齊如水之在器而盈滿也○杜佑曰謂齊口亦滿也如水之滿器與口齊也若我居之平易險阻皆制在我然後出奇以制敵若敵人據隘之半不知齊口滿盈之道我則入隘以從之蓋敵亦在隘我亦在隘俱得地形勝敗在我不在地形也夫齊口盈滿之術非惟隘形獨解有口譬如平坂迴澤車馬不通舟楫不勝中有一逕亦須據其路口使敵不得進也諸可知矣○陳皞曰隘口言陳是也言營非也○賈林曰從逐也盈實也敵若實而滿之則不可逐討若虛而無備則入而討之○梅堯臣同杜牧註○王晳同曹操註○張預曰左右高山中有平谷我先至之必齊滿山口以爲陳使敵不得進也我可以出奇兵彼不能以撓我敵若先居此地盈塞隘口而陳者不可從也若雖守隘口俱不齊滿者入而從之與敵共此險阻之利吳起曰無當天竈天竈者大谷之口言不可迎隘口而居之也

險形者我先居之必居高陽以待敵 杜佑曰居高陽之地以待敵人敵人從其下陰而來擊之則勝

若敵先居之引而去之勿從也 曹操曰地形險隘尤不可致於人○杜牧曰險者山峻谷深非人力所能作爲必居高陽以待敵若敵人先據之必不可以爭則當引去陽者南面之地恐敵人持久我居陰而生疾也今若於崤澠遇敵則先據北山此乃是面陰而背陽也高陽二者止可捨陽而就高不可捨高而就陽孫子乃統而言之也○杜佑曰地險先據則不致於人也○梅堯臣曰先得險固居高就陽待敵則強敵苟先之就戰則殆引去勿疑○王晳曰此亦爭地若唐太宗先據武牢以待竇建德是也○張預曰平陸之地尚宜先據況險阨之所豈可以致於人故先處高陽以佚待勞則勝矣若敵已據此地宜速引退不可與戰裴行儉討突厥嘗際晚下營壍壘方周忽令移就崇岡將士不悅以謂不可勞衆行儉不從速令徙之是夜風雨暴至前設營所水深丈餘將吏驚服以此觀之居高陽不惟戰便亦無水潦之患也

遠形者勢均難以挑戰戰而不利 曹操曰挑戰者延敵也○李筌曰力敵而挑則利未可知也○杜牧曰譬如我與敵壘相去三十里若我來就敵壘而延敵欲戰者是我困敵銳故戰者不利若敵來就我壘延我欲戰者是我佚敵勞敵亦不利故言勢均然則如何曰欲必戰者則移相近也○陳皞曰夫與敵營壘相遠兵力又均難以挑戰戰則不利故下文云勢均以一擊十曰走是也夫挑戰先須料我兵衆強弱可以加敵則爲之不然則不可輕進自取敗也○孟氏曰兵勢既均我遠入挑則不利也○杜佑曰挑迎敵也遠形去國遠也地勢均等無獨便利先挑之戰不利也○梅堯臣曰勢既均一挑戰則勞致敵則佚○王晳曰以遠致我勞也○張預曰營壘相遠勢力又均止可坐以致敵不宜挑人而求戰也

凡此六者地之道也將之至任不可不察也 李筌曰此地形之勢也將不知者以敗○賈林曰天生地形可以目察○梅堯臣曰夫地形者助兵立勝之本豈得不度也○張預曰六地之形將不可不知

故兵有走者有弛者有陷者有崩者

有亂者有北者凡此六者非天之災將之過
也 賈林曰走弛陷崩亂北皆敗壞大小變易之名也〇張預曰凡此六敗咎在人事 夫勢均以一
擊十曰走 曹操曰不料力〇李筌曰不量力也若得形便之地用奇伏之計則可矣〇杜牧曰夫以一擊十之道先
須敵人與我將之智謀兵之勇怯天時地利飢飽勞佚十倍相懸然
後可以奮一擊十若勢均力敵不能自料以我之一擊敵之十則須
奔走不能返舍復為駐止矣〇梅堯臣曰勢雖均而兵甚寡以寡擊
衆必走之道也〇王晳曰不待鬭而走也〇張預曰勢均謂將之智
勇兵之利鈍一切相敵也夫體敵勢等
自不可輕戰況奮寡以擊衆能無走乎 卒強吏弱曰弛 曹操曰吏
不能統故弛壞〇杜牧曰言卒伍豪強將帥懦弱不能驅率故弛圻
壞散也國家長慶初命田布帥魏以伐王廷湊布長在魏魏人輕易
之數萬人皆乘驢行營布不能禁居數月欲合戰兵士潰散布自剄
身死〇賈林曰令之不從威之不服見敵則亂不壞何為〇梅堯臣

曰吏無統卒者則軍政弛壞〇王晳同曹操註〇何氏曰言卒伍豪
強將帥懦弱不能驅領故弛圻壞散也〇張預曰士卒豪悍將吏懦
弱不能統轄約束故軍政弛壞也吳楚相攻吳公子光曰楚軍多
寵政令不一帥賤而不能整無大威命楚可敗果大敗楚師也 吏
強卒弱曰陷 曹操曰吏強欲進卒弱輒陷敗也〇李筌曰陷
敗也卒弱不一則難以為戰是以強陷也〇杜
牧曰言欲為攻取士卒怯弱不量其力強進之則陷沒於死地也〇
陳皥曰夫人皆有血氣誰無鬭敵之心若將乏刑德士乏訓練則人
皆懦怯不可用也〇賈林曰士卒皆羸鼓之不進吏強獨戰徒陷其
身也〇堯梅臣曰吏雖強進不能激之以勇故陷於死〇王晳曰為
下所陷〇張預曰將吏剛勇欲戰而士卒素
乏訓練不能齊勇同奮苟用之必陷於亡敗 大吏怒而不服
遇敵懟而自戰將不知其能曰崩 曹操曰大吏小
將也大將怒之
而不厭服忿而赴敵不量輕重則心崩壞〇李筌曰將為敵所怒不
料強弱驅士卒如命者必崩壞〇杜牧曰春秋時楚子伐鄭晉師救

之伍參言於楚子曰晉之從政者新未能行令其佐先穀剛愎不仁
未肯用命其三帥者專行不獲聽而無上衆無適從此行也晉師必
敗晉魏錡求公族未得而怒欲敗晉師請致師不許請使許之遂往
請戰而還趙旃求卿未得請挑戰不許召盟許之與魏錡皆命而往
郤克曰二憾往矣弗備必敗隨會曰若二子怒楚楚人乘我喪師無
日矣不如備之先穀曰不可隨會使鞏朔韓穿師七覆於敖前故上
軍不敗而中軍下軍果敗七覆七處伏兵也敖山名也〇陳皥曰此
大將無理而怒小將使之心內懷不服因緣怨怒遇敵便戰不顧能
否所以大敗也〇賈林曰自上墮下曰崩大吏小將不相壓伏崩壞
之道將又不量己之能否不知卒之勇怯強與敵鬭自取賊害豈非
自上而崩乎〇梅堯臣曰小將心怒而不服遇敵怨懟而不顧自取
崩敗者蓋將不知其能也〇王晳曰謂將怒不以理且不知裨佐之
才激致其兇懟如山之崩壞也〇何氏曰三軍同力上下一心則勝
也〇張預曰大凡百將一心三軍同力則能勝敵今小將恚怒而不
服於大將之令意欲俱敗逢敵便戰不量能否故必崩覆晉伐秦荀
偃行令是也曰雞鳴而駕唯余馬首是瞻欒書怒曰晉國之命未是

有也遂棄之歸又趙穿惡臾駢
而逐秦魏錡怒晉師而乘楚 將弱不嚴教道不明吏
卒無常陳兵縱橫曰亂 曹操曰為將若此亂之道也〇李筌曰將或有一於此亂之道
也〇杜牧曰言吏卒皆不拘常度故引兵出陳或縱或橫皆自亂之
也〇賈林曰威令既不嚴明士卒則無常禀如此軍幕不亂何為謂
將無嚴令賞罰不行之故〇梅堯臣曰懦而不嚴則士無常檢教而
不明則出陳縱橫不整亂之道也〇王晳曰亂者不勝其敗〇張預
曰將弱不嚴謂將帥無威德也教道不明謂教閱無古法也吏卒無
常謂將臣無久任也陳兵縱橫謂士卒無節制也為將若此自亂之
道 將不能料敵以少合衆以弱擊強兵無選
鋒曰北 曹操曰其勢若此必走之兵也〇李筌曰軍敗曰北不料敵也〇杜牧曰衛公李靖兵法有戰鋒隊言揀擇敢
勇之士每戰皆為先鋒司馬法曰選良次兵益人之強註曰勇猛勁
捷戰不得功後戰必選於前當以激致其銳氣也東晉大將軍謝玄

曰不量寡衆二曰本乖刑德三曰失於訓練四曰非理興怒五曰法令不行六曰不擇驍果此名六敗也將之至任不可不察也張預曰已上六事必敗之道夫地形者兵之助也杜牧曰夫兵之主在於仁義節制而已若得地形可以爲兵之助所以取勝也助一作易○陳皞曰天時不如地利○孟氏曰地利待人而險○賈林曰戰雖在兵得地易勝故曰兵之易也山可障水可灌高勝卑險勝平也○王晳曰兵道則在人○張預曰能審地形者兵之助耳乃末也料敵制勝者兵之本也料敵制勝計險阨遠近上將之道也杜牧曰饋用之費人馬之力攻守之便皆在險阨遠近也言若能料此以制敵乃爲將臻極之道○王晳曰料敵窮極之情險阨遠近之利害此兵道也○何氏曰知敵知地將軍之職○張預曰既能料敵虛實強弱之情又能度地險阨遠近之形本末皆知爲將之道畢矣知此而用戰者必勝不知此而用戰者

北鎮廣陵時符堅強盛玄多募勇勁劉牢之何謙諸葛侃高衡劉軌田洛孫無終等以驍猛應募玄以牢之領精銳爲前鋒百戰百勝號爲北府兵敵人畏之所向必克也○賈林曰兵鋒不選利鈍士卒不知勇怯如此用兵自取背道也○梅堯臣曰不能量敵情以少當衆不能選精銳以弱擊強皆奔北之理也○何氏曰夫士卒疲勇不可混同爲一一則勇士不勸疲兵因有所容出而不戰自敗也故兵法曰兵無選鋒曰北昔齊以伎擊強魏以武卒奮秦以銳士勝漢有三河俠士劍客奇材吳謂之解煩齊謂之決命唐謂之跳盪是皆選鋒之別名也兵之勝術無先於此凡軍衆既具則大將勤諸營各選精銳之士須蹻健出衆武藝軼格者部爲別隊大約十人選一人萬人選千人所選務寡要在必當擇腹心健將統率自大將親兵前鋒奇伏之類皆品量配之也○張預曰設若奮寡以擊衆驅弱以敵強又不選驍勇之士使爲先鋒兵必敗北也凡戰必用精銳爲前鋒者一則壯吾志一則挫敵威也故尉繚子曰武士不選則衆不強曹公以張遼爲先鋒而敗鮮卑謝元以劉牢之領精銳而拒符堅是也凡此六者敗之道也陳皞曰一

李筌曰進退皆保人非爲身也○杜牧曰進不求戰勝之名退不避違命之罪也如此之將國家之珍寶言其少得也○陳皞曰合猶歸也○梅堯臣曰寧違命而取勝勿順命而致敗○王晳曰戰與不戰皆在保民利主而已矣○張預曰進退違命非爲己也皆所以保民命而合主利此忠臣國家之寶也視卒如嬰兒故可與之赴深谿視卒如愛子故可與之俱死李筌曰若撫之如此得其死力也故楚子一言三軍之士皆如挾纊也○杜牧曰戰國時吳起爲將與士卒最下者同衣食臥不設席行不乘騎親裹贏糧與士卒分勞苦卒有病疽吳起吮之其卒母聞而哭之或問曰子卒也而將軍自吮疽何爲而哭母曰往年吳公吮其父其父不旋踵而死於敵今復吮此子妾不知其死所矣○梅堯臣曰撫而育之則親而不離愛而勗之則信而不疑故雖死與死雖危與危○王晳曰以仁恩結人心也○何氏曰如後漢段熲爲破羌將軍以征西羌行軍仁愛士卒傷者親自瞻省手爲裹瘡在邊十餘年未嘗一日蓐寢與將士同苦故皆樂爲死戰也

必敗杜牧曰謂知險阨遠近也○梅堯臣曰將知地形又知軍政則勝不知則敗○張預曰既知敵情又知地利以戰則勝俱不知之以戰即敗故戰道必勝主曰無戰必戰可也戰道不勝主曰必戰無戰可也李筌曰得戰勝之道必可戰也失戰勝之道必無戰可也立主人者發其行也○杜牧曰主者君也黃石公曰出軍行師將在自專進退內御則功難成故聖主明王跪而推轂曰閫外之事將軍裁之○孟氏曰寧違於君不逆士衆○梅堯臣曰將在軍君命有所不受○張預曰苟有必勝之道雖君命不戰可必戰也苟無必戰之道雖君命必戰可不戰也與其從令而敗事不若違制而成功故曰軍中不聞天子之詔故進不求名退不避罪王晳曰皆忠以爲國也○何氏曰進豈求名也見利於國家士民則進也退豈避罪也見其覆國殘民之害雖君命使進而不進罪及其身不悔也唯人是保而利合於主國之寶也

不得不清目威於色不得不明心威於刑不得不嚴三者不立必敗於敵故曰將之所撝莫不從移將之所指莫不前死衛公李靖曰古之善爲將者必能十卒而殺其三次者十殺其一十殺其三威振於敵國十殺其一令行於三軍是知畏我者不畏敵畏敵者不畏我善無細而不賞惡無微而不貶馬謖軍敗葛亮對泣而行誅鄉人盜笠吕蒙垂涕而後斬馬逸犯禾曹公割髮而自刑兩掾辭屈黃蓋詰問而俱斬故能威克其愛雖少必濟愛加其威雖多必敗○孟氏曰唯務行恩恩勢已成刑之必怨唯務行刑刑怨已深恩之不附必使恩威相參賞罰並用然後可以爲將可以統衆也○梅堯臣曰厚養而不使愛寵而不教亂法而不治猶如驕子安得而用也○王晳曰恩不以嚴未可濟也○何氏曰言恩不可純任純任則還爲己害○張預曰恩不可以專用罰不可以獨行專用恩則卒如驕子而不能使此曹公所以割髮而自刑卧龍所以垂泣而行戮楊素所以流血盈前而言笑自若李靖所以十殺其三使畏我而不畏敵也獨行罰則士不親附而不可用此古將所以投酒楚子所以挾纊吳起所以分衣食闔閭所以同勞佚也在易之師初六曰師出以律謂齊衆以法

晉王濬爲巴郡太守郡邊吳境兵士苦役生男多不舉濬乃嚴其科條寬其徭課其產育者皆與休復所全活者數千人及後伐吳先在巴郡之所全活者皆堪徭役供軍其父母戒之曰王府君生爾爾必勉之無愛死也故吳子有父子之兵○張預曰將視卒如子則卒視將如父未有父在危難而子不致死故荀卿曰臣之於君也下之於上也如子弟之事父兄手足之捍頭目也夫美酒泛流三軍皆醉溫言一撫士同挾纊信乎以恩遇下古人所重也故兵法曰勤勞之師將必先已暑不張蓋寒不重衣險必下步軍井成而後飲軍食熟而後飯軍壘成而後舍

厚而不能使愛而不能令亂而不能治譬若驕子不可用也

曹操曰恩不可專用罰不可獨任若驕子之喜怒對目還害而不可用也○李筌曰雖厚愛人不令如驕子者有勃逆之心不可用也○杜牧曰黃石公曰士卒可下而不可驕夫恩以養士謙以接之故曰可下制之以法故曰不可驕陰符曰害生於恩吳起曰夫鼓鼙金鐸所以威耳旌旗麾章所以威目禁令刑罰所以威心耳威於聲

地形之不可以戰勝之半也

曹操李筌曰勝之半者未可知也○杜牧曰地形者險易遠近出入迂直也○梅堯臣曰知彼知己而不知地形亦或不勝○王晳曰雖知彼己可以戰然不可虧地利也○張預曰既知己而又知彼但不得地形之助亦不可全勝

故知兵者動而不迷舉而不窮

杜牧曰未動未舉勝負已定故動則不迷舉則不窮也一云動而不困舉而不頓○陳皥曰窮者困也我若識彼此之動否量地形之得失則進而不迷戰而不困者也○梅堯臣曰無所不知則動不迷闇舉不困窮也○王晳曰善計者不迷善軍者不窮○張預曰不妄動故動則不誤不輕舉故舉則不困識彼我之虛實得地形之便利而後戰也

故曰知彼知己勝乃不殆

張預曰曉攻守之術則有勝而無危

知天知地勝乃不窮

李筌曰人事天時地利三者同知則百戰百勝○杜佑曰知地之便知天之時地之便依險阻向高陽也天之時順寒暑法刑德也既能知彼

也九二曰師中承天寵謂勸士以賞也以此觀之王者之兵亦德刑參任而恩威並行矣尉繚子曰不愛悅其心者不我用也不嚴畏其心者不我舉也故善將者愛與畏而已

知吾卒之可以擊而不知敵之不可擊勝之半也

梅堯臣曰知己而不知彼或有勝耳

知敵之可擊而不知吾卒之不可以擊勝之半也

杜牧曰可擊者勇敢輕死也不可擊者頓弊怯弱也○陳皥曰此說非也可擊不可擊者所謂兵衆孰強士卒孰練賞罰孰明也○梅堯臣曰知彼而不知己或有勝耳○王晳曰知己不知彼知彼不知己皆未可以決勝也○張預曰或知己而不知彼或知彼而不知己則有勝有負也唐太宗曰吾嘗臨陣先料敵心與己之心孰審然後彼可得而知焉察敵氣與己之氣孰治然後我可得而知焉言料心審治亂察氣見強弱形也可戰與不可戰也

知敵之可擊知吾卒之可以擊而不知

知己又按地形法天道勝乃可全又何難也○梅堯臣曰知彼利知此利故不危知天時知地形故不極○王晳同梅堯臣註○張預曰順天時得地利取勝無極

九地篇

曹操曰欲戰之地有九○李筌曰勝敵之地有九故次地形之下○王晳曰用兵之地利害有九也○張預曰用兵之地其勢有九此論地勢故次地形

孫子曰用兵之法有散地有輕地有爭地有交地有衢地有重地有圮地有圍地有死地

曹操曰此九地之名也○張預曰此九地之名

諸侯自戰其地爲散地

曹操曰士卒戀土道近易散○李筌曰卒恃土懷妻子急則散是爲散地也○杜牧曰士卒近家進無必死之心退有歸投之處○杜佑曰戰其境內之地士卒意不專有潰散之心故曰散地○梅堯臣同杜牧註○王晳同曹操註○何氏曰散地士卒恃之懷戀妻子急則散走是爲散地一曰地無關鍵士卒易散走居此地者不可數戰又曰地遠四平更無要害志意不堅而易離故曰散地吳王問孫武曰散地士卒顧家不可與戰則必固守不出若敵攻我小城掠吾田野禁吾樵採塞吾要道待吾空虛而急來攻則如之何武曰敵人深入吾都多背城邑士卒以軍爲家專志輕鬬吾兵在國安土懷生以陳則不堅以鬬則不勝當集人合衆聚穀蓄帛保城備險遣輕兵絕其糧道彼挑戰不得轉輸不至野無所掠三軍困餒因而誘之可以有功若欲野戰則必因勢依險設伏無險則隱於天氣陰晦昏霧出其不意襲其懈怠可以有功○張預曰戰於境內士卒顧家是易散之地也郎人將伐楚師楚鬬廉曰郎人軍其郊必不誡恃近其城莫有鬬志果爲楚所則是也

入人之地而不深者爲輕地

曹操曰士卒皆輕返也○杜牧曰師出越境必焚舟梁示民無返顧之心○李筌曰輕於退也○梅堯臣曰入敵未遠道近輕返○王晳曰初涉敵境勢輕士未有鬬志也○何氏曰輕地者輕於退也入敵境未深往返輕易不可止息將不得數動勞人吳王問孫武曰吾至輕地始入敵境士卒思還難進易退未背險阻三軍恐懼大將欲進士卒欲退上下異心敵守其城壘整其車騎或當吾前或擊吾後則如之何武曰軍至輕地士卒未專以入爲務無以戰爲故無近其名城無由其通路設疑佯惑示若將去選驍騎銜枚先入掠其牛馬六畜三軍見得進乃不懼分吾良卒密有所伏敵人若來擊之勿疑若其不至捨之而去又曰軍入敵境敵人固壘不戰士卒思歸欲退且難謂之輕地當選驍兵伏要路我退敵追來則擊之也○張預曰始入敵境士卒思還是輕返之地也尉繚子曰征役分軍而歸或臨戰自北則逃傷甚焉言民兵四集分屯占地使北來者當北道則多逃以其開之耳

我得則利彼得亦利者爲爭地

曹操曰可以少勝衆弱擊強○李筌曰此阨喉守險地先居者勝是爲爭地也○杜牧曰必爭之地乃險要也前秦符堅先遣大將呂光討西域堅敗績後光自西域還師至宜禾堅涼州刺史梁熙謀拒之高昌太守楊翰曰呂光新定西國兵強氣銳其鋒不可當若出流沙其勢難測高梧谷口險要宜先守之而奪其水彼既困渴人自然投戈如以爲遠不可守伊吾之關亦可拒之若廢此二要難爲計矣地有所必爭眞此機也熙不從竟爲光所滅也○陳皥曰彼我若先得其地者則可以少勝衆弱勝強也○杜佑曰謂山水阨口有險固之利兩敵所爭○梅堯臣曰無我無彼先得則利○王晳同陳皥註○何氏曰爭地便利之地先居者勝是以爭之吳王問孫武曰敵若先至據要保利簡兵練卒或出或守以備我奇則如之何武曰爭地之法先據爲利敵得其處愼勿攻之引而佯走建旗鳴鼓趣其所愛曳柴揚塵惑其耳目分吾良卒密有所伏敵必出救人欲我與人棄我取此爭先之道也若我先至而敵用此術則選吾銳卒固守其所輕兵追之分伏險阻敵人還鬬伏兵旁起此全勝之道○張預曰險固之利彼我得之皆可以少勝衆弱勝強者是必爭之地也唐太宗以五千人守成皐之險坐困竇建德十萬之衆是也

我可以往彼可以來者爲交地

曹操曰道正相交錯也○杜牧曰川廣地平可來可往足以交戰對壘○陳皥曰交錯是也言其道路交橫彼

交先至也言天下者謂能廣助則天下可從○何氏曰衢地者地要衝控帶數道先據此地衆必從之故得之則安失之則危也吳王問孫武曰衢地必先若吾道遠發後雖馳車驟馬至不能先則如之何武曰諸侯參屬其道四通我與敵相當而旁有他國所謂先者必先重幣輕使約和旁國交親結恩兵雖後至衆巳屬矣我有衆助彼失其黨諸國犄角震鼓齊攻敵人驚恐莫知所當○張預曰衢者四通之地我所敵者當其一面而旁有鄰國三面相連屬當往結之以爲巳援先至者謂先遣使以重幣約和旁國也兵雖後至巳得其國助矣

入人之地深背城邑多者爲重地曹操曰難返之地○李筌曰堅志也白起攻楚樂毅伐齊皆爲重地○杜牧曰入人之境巳深過人之城巳多津梁皆爲所恃要衝皆爲所據還師返旆不可得也○杜佑曰難返還也背去也背與倍同多道里也遠去巳城郭深入敵地心專意一謂之重地也○梅堯臣曰乘虛而入涉地愈深過城巳多津要絶塞故曰重難之地○王晳曰兵至此者事勢重也○何氏曰重地者入敵巳深國糧難應資給將士不掠何取吳王問孫武

我可以來往如此之地則須兵士首尾不絶切宜備之故下文云交地吾將謹其守其義可見也○杜佑曰交地有數道往來交相無可絶○梅堯臣同陳皡註○何氏曰交地平原交通也一曰可以交結不可杜絶之絶之致隙又曰交通四遠不可遏絶吳王問孫武曰交地吾將絶敵使不得來必令吾邊城修其守備深絶通路固其隘塞若不先圖之敵人巳備彼可得而來吾不得而往衆寡又均則如之何武曰既我不可以往彼可以來吾分卒匿之守而易怠示其不能敵人且至設伏隱廬出其不意可以有功也○張預曰地有數道往來通達而不可阻絶者是交錯之地也

諸侯之地三屬曹操曰我與敵相當而旁有他國也○孟氏曰若鄭界於齊楚晉是也

先至而得天下之衆者爲衢地曹操曰先至得其國助也○李筌曰對敵之傍有一國爲之屬先往而通之得其衆也○杜牧曰衢地者三屬之地我須先至其衝據其形勢結其旁國也天下猶言諸侯也○梅堯臣曰彼我相當有旁國三面之會先至則得諸侯之助也○王晳曰曹公云先至得其國助晳謂先至者結

入者隘所從歸者迂彼寡可以擊吾之衆者爲圍地李筌曰舉動難也○杜牧曰出入艱難易設奇伏覆勝也○杜佑曰所從入阸險歸道遠也持久則糧乏故敵可以少擊吾衆者爲圍地也○梅堯臣曰山川圍繞入則隘歸則迂也○何氏曰圍地入則隘險歸則迂回進退無從雖衆何用能爲奇變此地可由吳王問孫武曰吾入圍地前有強敵後有險難敵絶我糧道利我走勢敵鼓譟不進以觀吾能則如之何武曰圍地之宜必塞其闕示無所往則以軍爲家萬人同心三軍齊力并炊數日無見火煙故爲毀亂寡弱之形敵人見我備之必輕則告勵士卒令其奮怒陳伏良卒左右險阻擊鼓而出敵人若當疾擊務突我則前鬬後拓左右犄角也又曰敵在吾圍伏而深謀示我以利縈我以旗紛紜若亂不知所之奈何武曰千人操旌分塞要道輕兵進挑陳而勿搏交而勿去此敗謀之法○張預曰前狹後險之地一人守之千人莫向則以奇伏勝

疾戰則存不疾戰則亡者爲死地曹操曰前有高

曰吾引兵深入重地多所踰越糧道絶塞設欲歸還勢不可過欲食於敵持兵不失則如之何武曰凡居重地士卒輕勇轉輸不通則掠以繼食下得粟帛皆貢於上多者有賞士卒無歸意若欲還出即爲戒備深溝高壘示敵且久敵疑通途私除要害之道乃令輕車銜枚而行以牛馬爲餌敵人若出鳴鼓隨之陰伏吾士與之中期內外相應其敗可知也○張預曰深涉敵境多過敵城士卒心專無有歸志是難退之地也司馬景王謂諸葛恪卷甲深入其鋒不可當是也

行山林險阻沮澤凡難行之道者爲圮地曹操曰少固也○賈林曰經水所毀曰圮沮洳圮地不得久留宜速去也○梅堯臣曰水所毀圮行則猶難況戰守乎○何氏曰圮地者少固之地也不可爲城壘溝隍宜速去之吳王問孫武曰吾入圮地山川險阻難從之道行久卒勞敵在吾前而伏吾後營在吾左而守吾右良車驍騎要吾隘道則如之何武曰先進輕車去軍十里與敵相候接期險阻或分而左或分而右大將四觀擇空而取皆會中道倦而乃止○張預曰險阻漸洳之地進退艱難而無所依

所由

甲礪刃并氣一力或攻兩旁震鼓疾譟敵人亦懼莫知所當銳卒分行疾攻其後此是失道而求生故曰困而不謀者窮窮而不戰者亡吳王曰若吾圍敵則如之何武曰山峻谷險難以踰越謂之窮寇擊之之法伏卒隱廬開其去道示其走路求生透出必無鬬意因而擊之雖衆必破兵法又曰若敵人在死地士卒勇氣欲擊之法順而勿抗陰守其利必開去道以精騎分塞要路輕兵進而誘之陳而勿戰敗謀之法也○張預曰山川險隘進退不能糧絕於中敵臨於外當此之際勵士決戰而不可緩也

是故散地則無戰 李筌曰恐走散也○杜牧曰已具其上○賈林曰地無關鬬卒易散走居此地者不可數戰地形之說一家之理若號令嚴明士卒愛服死且不顧何散之有○梅堯臣曰我兵在國安土懷生陳則不堅鬬則不勝是不可以戰也○王晳曰決於戰則懼散○張預曰士卒懷生不可輕戰吳王問孫武曰散地不可戰則必固守不出若敵攻我小城掠吾田野禁吾樵採塞吾要道待吾空虛而來急攻則如之何武曰敵人深入專志輕鬬吾兵安土陳則不堅戰則不勝當集人聚穀保城備險輕兵絕其糧道彼挑戰不得

山後有大水進則不得退則有礙○李筌曰阻山背水食盡利速不利緩也○杜牧曰衛公李靖曰或有進軍行師不因鄉導陷於危敗爲敵所制左谷右山束馬懸車之逕前窮後絕鴈行魚貫之巖兵陳未整而强敵忽臨進無所憑退無所固求戰不得自守莫安駐則日月稽留動則首尾受敵野無水草軍乏資糧馬困人疲智窮力極一人守隘萬夫莫向如彼要害敵先據之如此之利我已失守縱有驍兵利器亦何以施其用乎若此死地疾戰則存不疾戰則亡當須上下同心併氣一力抽腸濺血一死於前因敗爲功轉禍爲福此乃是也○陳皡曰人在死地如坐漏船伏燒屋○賈林曰左右高山前後絕澗外來則易內出則難誤居此地速爲死戰則生若待士卒氣挫糧儲又無而持久不死何待○梅堯臣曰前不得進後不得退旁不得走不得不速戰也○何氏曰死地力戰或生守隅則死吳王問孫武曰吾師出境軍於敵人之地敵人大至圍我數重欲突以出四塞不通欲勵士激衆使之投命潰圍則如之何武曰深溝高壘示爲守備安靜勿動以隱吾能告令三軍示不得已殺牛燔車以饗吾士燒盡糧食塡夷井竈割髮捐冠絕去生慮將無餘謀士有死志於是砥

利簡兵練卒或出或守以備我奇則如之何武曰爭地之法讓之者得求之者失敵得其處愼勿攻之引而佯走建旗鳴鼓趣其所愛曳柴揚塵惑其耳目分吾良卒密有所伏敵必出救人欲我與人棄我取此爭先之道也若我先至而敵用此術則選吾銳卒固守其所輕兵追之分伏險阻敵人還鬬伏兵旁起此全勝之道也

交地則無絕 曹操曰相及屬也○李筌曰不可絕間也○杜牧曰川廣地平四面交戰須車騎部伍首尾聯屬不可使之斷絕恐敵人因而乘我○賈林曰可以交結不可杜絕絕之致隙○杜佑曰相及屬也俱可進退不可以兵絕之○梅堯臣曰道既錯通恐其邀截當令部伍相及不可斷也○王晳曰利糧道也交相往來之地亦謂之通地居高陽以待敵宜無絕糧道○張預曰往來交通不可以兵阻絕其路當以奇伏勝也吳王曰交地吾將絕敵使不得來必令吾邊城修其守備深絕通道固其隘塞若不先圖之敵人已備彼可得而來吾不得而往衆寡又均則如之何武曰既我不可以往彼可以來則分卒匿之守而易怠示其不能敵人且至設伏隱廬出其不意

衢地則合交 曹操曰結

轉輸不至野無所掠三軍困餒因而誘之可以有功若欲野戰則必因勢依險設伏無險則隱於陰晦出其不意襲其懈怠

輕地則無止 李筌曰恐進○杜牧曰兵法之所謂輕地者出軍行師始入敵境未背險要士卒思還難進易退以入爲難故曰輕地也當必選精騎密有所伏敵人卒至擊之勿疑若是不至踰之速去○杜佑曰志未堅不可遇敵○梅堯臣曰始入敵境未背險阻士心不專無以戰爲勿近名城勿由通路以速進爲利○王晳曰無故不當止也○張預曰士卒輕返不可輒留吳王曰士卒思還難進易退未背險阻三軍恐懼則如之何武曰軍在輕地士卒未專以入爲務無以戰爲故無近其名城無由其通路設疑佯惑示若將去乃選精騎銜枚先入掠其六畜三軍見得進乃不懼分吾良卒密有所伏敵人若來擊之勿疑若其不至捨之而去

爭地則無攻 曹操曰不當攻當先至爲利也○李筌曰敵先居地險不可攻○杜牧曰無攻者言敵人若已先得其地則不可攻也○梅堯臣曰形勝之地先據乎利敵若已得其處則不可攻○張預曰不當攻而爭之當後發先至也吳王曰敵若先至據要保

且久敵疑通途私除要害乃令輕車嚮枚而行揚其塵埃餌以牛
馬敵人若出鳴鼓隨之陰伏吾士與之中期內外相應其敗可知圮
地則行曹操曰無稽留也○李筌曰不可爲溝隍宜急去之○
梅堯臣曰既毀圮不可依止則當速行勿稽留也○王
晳曰合聚軍衆圮無舍止○張預曰難行之地不可稽留也吳王曰
山川險阻難從之道行久卒勞敵在吾前而伏吾後營在吾左而守
吾右良車驍騎要吾隘道則如之何武曰先進輕車去軍十里與敵
相候接期險阻或分而左或分而右大將四觀擇空而取皆會中道
倦而乃止圍地則謀曹操曰發奇謀也○李筌曰智者不困○杜牧曰難阻之地與敵相持須用奇險詭譎之計○
杜佑曰居此當權謀詐譎可以免難○梅堯臣曰前有隘後有險歸
道又迂則發謀慮以取勝○張預曰難以力勝易以謀取也吳王曰
前有強敵後有險難敵絕我糧道利我走勢彼鼓譟不進以觀吾能
則如之何武曰圍地必塞其關示無所往則以軍爲家萬人同心三
軍齊力并炊數日無見火煙故爲毀亂寡弱之形敵人見我備之必
輕則告勵士卒令其奮怒陳伏良卒左右險阻擊鼓而出敵人若當

諸侯也○李筌曰結行也○杜牧曰諸侯即上文云旁國也○孟氏
曰得交則安失交則危也○梅堯臣曰地雖四通何以得天下之助
當以重幣合○王晳曰四通之境非交援不強○張預曰四通之地
先交結旁國也吳王曰衢地貴先若吾道遠而發後雖馳車驟馬至
不得先則如之何武曰諸侯參屬其道四通我與敵相當而旁有他
國所謂先者必重幣輕使約和旁國交親結恩兵雖後至衆已屬矣
簡兵練卒阻利而處我有衆助彼失其黨諸國掎角敵人莫當重地則掠曹操曰畜積糧食也○李筌曰深入敵境
不可非義失人心也漢高祖入秦無犯婦女無取寶貨得人心如此
筌以掠字爲無掠字○杜牧曰言居於重地進未有利退復不得則
須運糧爲持久之計以伺敵也○孟氏曰因糧於敵也○梅堯臣曰
去國既遠多背城邑糧道必絕則掠畜積以繼食○王晳曰深入敵
境則掠其饒野以豐儲也難地食少則危○張預曰深入敵境饋餉
不繼當勵士掠食以備其乏也吳王曰重地多逾城邑糧道絕塞設
欲歸還勢不可過則如之何武曰凡居重地士卒輕勇轉輸不通則
掠以繼食下得粟帛皆貢於上多者有賞若欲還出深溝高壘示敵

則擊其右惶亂不暇計○杜牧曰多設變詐以亂敵人或衝前掩後
或驚東擊西或立偽形或張奇勢我則無形以合戰敵則必備而衆
分使其章懾離散上下驚擾不能和合不得齊集此善用兵也○孟
氏曰多設疑事出東見西攻南引北使彼狂惑散擾而集聚不得也
○梅堯臣曰或已離而不能集或雖合而不能齊○王晳曰將有優
劣則然要在於奇正相生手足相應也○張預曰出其不意掩其無
備驍兵銳卒猝然突擊彼救前則後虛應左則右隙使倉惶散亂不
知所禀將吏士卒不能相赴其卒已散而不復聚其兵雖合而不能
一合於利而動不合於利而止曹操曰暴之使離亂之使不齊動兵而戰
○李筌曰撓之令見利乃動不亂則止○梅堯臣曰然能使敵若此
當須有利則動無利則止○張預曰彼雖驚擾亦當有利則動無利
則止敢問敵衆整而將來待之若何曹操曰或問也○梅堯臣曰此設疑
以自問言敵人甚衆將又嚴整我何以待之耶○張預曰前所陳者
須兵衆相敵然後可爲故或人問武曰彼兵衆於我而又整肅則以

疾擊務突則前鬬後拓左右掎角死地則戰曹操曰殊死戰也○李筌曰殊死戰不求生矣○陳皥曰陷在死地
則軍中人人自戰故曰置之死地而後生也○賈林曰力戰或生守
隅則死○梅堯臣曰前後左右無所之示必死人人自戰也○張預
曰陷在死地則人自爲戰吳王曰敵人大至圍我數重欲突以出四
塞不通欲勵士激衆使之投命則如之何武曰深溝高壘安靜勿動
告令三軍示不得已殺牛燔車以饗吾士燒盡糧食填夷井竈割髮
捐冠絕去生慮砥甲礪刃并氣一力或攻兩旁震鼓疾譟敵人亦懼
莫知所當銳卒分行疾攻其後此是失道而求生故曰困而不謀者窮窮而不戰者亡所謂古之善用
兵者能使敵人前後不相及梅堯臣曰設奇衝掩衆寡不
相恃梅堯臣曰驚撓之也貴賤不相救梅堯臣曰散亂也上下不相
收梅堯臣曰倉惶也卒離而不集兵合而不齊李筌曰設變以疑之救左

何術待之也曰先奪其所愛則聽矣曹操曰奪其所恃之利若先據利地則我所欲必得也○李筌曰孫子故立此問者以此爲祕要也所愛謂敵所便愛也或財帛子女吾先困辱之則敵進退皆聽也○杜牧曰據我便地略我田野利其糧道斯三者敵人之所愛惜倚恃者也若能俱奪之則敵人雖強進退勝敗皆須聽我也○陳皥曰愛者不止所恃利但敵人所顧之事皆可奪也○梅堯臣曰當先奪其所顧愛則我志得行然後使其驚撓散亂無所不至也○王晳曰先據利地以奇兵絕其糧道則如我之謀也○張預曰武曰敵所愛者便地與糧食耳我先奪之則無不從我之計兵之情主速乘人之不及由不虞之道攻其所不戒也曹操曰孫子應難以覆陳兵情也○李筌曰不虞不戒破敵之速○杜牧曰此統言兵之情狀以乘敵間隙由不虞之道攻其不戒之處此乃兵之深情將之至事也○陳皥曰此言乘敵人有不及不虞不戒之便則須速進不可遲疑也蓋孫子之旨言用兵貴疾速也○梅

堯臣曰兵機貴速當乘人之不備乘人之不備者行不虞之道攻不戒之所也○王晳曰兵上神速奪愛尤當然也○何氏曰如蜀將孟達之降魏魏朝以達領新城太守達復連兵固蜀潛圖中國謀洩司馬宣王秉政恐達速發以書紿達以安之達得書猶與不決宣王乃潛軍進討諸將皆言達與二賊交搆宜審察而後動宣王曰達無信義此其相疑之時也當及其未定往討之乃倍道兼行八日到其城下吳蜀各遣其將向西城安橋木闌塞以救達宣王分諸將拒之初達與諸葛亮書曰宛去洛八百里去吾一千一百里聞吾舉事當表上天子比相反覆一月間也則吾城已固諸軍足辦所在深險司馬公必不自來諸將來吾無患矣及兵到達又告亮曰吾舉事八日而兵至城下何其神速也上庸城三面阻水達於城下爲木柵以自固宣王渡水破其柵直造城下八道攻之旬有六日達甥鄧賢將李輔等開門出降遂斬達李靖征蕭銑集兵於夔州銑以時屬秋潦江水泛漲三峽路陷必謂靖不能進遂休兵不設備九月靖乃率師而進將下峽諸將皆請停兵待水退靖曰兵貴神速機不可失今兵始集銑尚未知若乘水漲之勢倏忽至城下所謂疾雷不及掩耳此兵家

上策縱彼知我倉卒銜兵無以應敵此必成擒也遂降蕭銑衛公兵法曰兵用上神戰貴其速簡練士卒申明號令曉其目以麾幟習其耳以鼓金嚴賞罰以誡之重芻豢以養之浚溝壘以防之指山川以導之召才能以任之述奇正以教之如此則雖敵人有雷電之疾而我則有所待也若兵無先備則不應卒卒不應則失於機失於機則後於事後於事則不制勝而軍覆矣故呂氏春秋云凡兵者欲急捷所以一決取勝不可久而用之矣故曰兵之情雖主速乘人之不及然敵將多謀戎卒輯睦令行禁止兵利甲堅氣銳而嚴力全而勁豈可速而犯之邪荅曰若此則當卷迹藏聲蓄盈待竭避其鋒勢與其持久安可犯之哉廉頗之拒白起守而不戰宣王之抗武侯抑而不進是也○張預曰復謂或人曰用兵之理惟尚神速所貴乎速者乘人之倉卒使不及爲備也出兵於不虞之徑以掩其不戒故敵驚擾散亂而前後不相及衆寡不相待也凡爲客之道深入則專主人不克李筌曰夫爲客深入則志堅主人不能禦也○杜牧曰言大凡爲攻伐之道若深入敵人之境士卒有必死之志其心專一主人不能勝

我也克者勝也○梅堯臣曰爲客者入人之地深則士卒專精主人不能克我○張預曰深涉敵境士卒心專則爲主者不能勝也客在重地主在輕地故耳趙廣武君謂韓信去國遠鬭其鋒不可當是也掠於饒野三軍足食王晳曰饒野多稼穡謹養而勿勞併氣積力運兵計謀爲不可測曹操曰養士併氣運兵爲不可測度之計○李筌曰氣盛力積加之以謀慮則非敵之可測○杜牧曰斯言深入敵人之境須掠田野使我足食然後閉壁養之勿使勞苦氣全力盛一發取勝動用變化使敵人不能測我也○陳皥曰所處之野須水草便近積蓄不乏謹其來往善撫士卒王翦伐楚楚人挑戰翦不出勤於撫御并兵一力聞士卒投石爲戲知其養勇思戰然後用之一舉遂滅楚但深入敵境未見可勝之利則須爲此計○梅堯臣曰掠其富饒以足軍食息人之力并兵爲不可測之計○王晳曰謹養謂撫循飲食周謹之也并銳氣積餘力形藏謀密使敵不測俟其有可勝之隙則進之○張預曰兵在重地須掠糧於富饒之野以豐吾食乃堅壁

張預曰陷在危亡之地人持必死之志豈復畏敵也無所往則固深入則拘曹操曰拘縛也○李筌曰固堅也○杜牧曰往走也言深入敵境走無生路則人心堅固如拘縛者也○梅堯臣曰投無所往則自然心固入深則自然志專也○張預曰動無所之人心堅固兵在重地走無所適則如拘係也不得已則鬬曹操曰人窮則死戰也○李筌曰決命○杜牧曰不得已者皆疑陷在死地必不生以死救死盡不得已也則人皆悉力而鬬也○梅堯臣何氏同杜牧註○張預曰勢不獲已須力鬬也是故其兵不修而戒不求而得不約而親不令而信曹操曰不求索其意自得力也○李筌曰投之必死不令而得其用也○杜牧曰此言兵在死地上下同志不待修整而自戒懼不待收索而自得心不待約令而自親信也○孟氏曰不求其勝而勝自得也○梅堯臣曰不修而兵自戒不索而情自得不約而衆自親不令而人自信皆所以陷於危難故三軍同心也○王晳曰謂死難之地人心

自守勤撫士卒勿任以勞苦令氣盛而力全常爲不可測度之計伺敵可擊則一舉而克王翦伐荆常用此術投之無所往死且不北李筌曰能得其力者投之無往之地○杜牧曰投之無所往謂前後進退皆無所之士以此皆求力戰雖死不北也○梅堯臣曰置在必戰之地知死而不退走○張預曰置之危地左右前後皆無所往則守戰至死而不奔北矣死焉不得曹操曰士死安不得也○杜牧曰言士必死安有不得勝之理○孟氏曰士死無不得也○梅堯臣曰兵焉得不用命○張預曰士卒死戰安不得志尉繚子曰一賊仗劒擊於市萬人無不避之者非一人之獨勇萬人皆不肖也必死與必生不侔也士人盡力曹操曰在難地心并也○梅堯臣曰士安得不竭力以赴戰○王晳曰人在死地豈不盡力○何氏曰獸困猶鬬鳥窮則啄況靈萬物者人乎○張預曰同在難地安得不共竭其力兵士甚陷則不懼杜牧曰陷於危險勢不獨死三軍同心故不懼也○梅堯臣同杜牧註○王晳曰陷之難地則不懼不懼則鬬志堅也○

○王晳曰足用而已士顧財富則媮生死戰而已士顧生路則無鬬志矣○張預曰貨與壽人之所愛也所以燒擲財寶割棄性命者非憎惡之也不得已也令發之日士卒坐者涕霑襟偃臥者涕交頤曹操曰皆持必死之計○李筌曰棄財與命有必死之志故割而流涕也○杜牧曰士皆以死爲約未戰之日先令曰今日之事在此一舉若不用命身膏草野爲禽獸所食也○梅堯臣曰決以死力牧說是也○王晳曰感勵之使然○張預曰感激之故涕泣也未戰之日先令曰今日之事在此一舉若不用命身膏草野爲禽獸所食或曰凡行軍饗士使酒拔劒起舞作朋角抵伐鼓叫呼所以增其氣若令涕泣無乃挫其壯心乎答曰先決其死力後激其銳氣則無不勝儻無必死之心其氣雖盛何由克之若荆軻於易水士皆垂淚涕泣及復爲羽聲忼慨則皆瞋目髮上指冠是也投之無所往者諸劌之勇也李筌曰夫獸窮則搏鳥窮則啄令急迫則專諸曹劌之勇也○杜牧曰言所投之處皆爲專諸曹劌之勇○梅

自然故也○張預曰危難之地人自同力不修整而自戒慎不求索而得情意不約束而親上不號令而信命所謂同舟而濟則胡越何患乎異心也禁祥去疑至死無所之曹操曰禁妖祥之言去疑惑之計 一本作至死無所災○李筌曰妖祥之言疑惑之事而禁之故無所災○杜牧曰黃石公曰禁巫祝不得爲吏士卜問軍之吉凶恐亂軍士之心言既去疑惑之路則士卒至死無有異志也○梅堯臣曰妖祥之事不作疑惑之言不入則軍必不亂死而後已○王晳曰災祥神異有以惑人故禁止之○張預曰欲士死戰則禁止軍吏不得言妖祥之事恐惑衆也去疑惑之計則至死無他慮司馬法曰滅厲祥此之謂也儻士卒未有必戰之心則亦有假妖祥以使衆者田單守即墨命一卒爲神每出入約束必稱神遂破燕是也吾士無餘財非惡貨也無餘命非惡壽也曹操曰皆燒焚財物非惡貨之多也棄財致死者不得已也○杜牧曰若有財貨恐士卒顧戀有苟生之意無必死之心也○梅堯臣曰不得已竭財貨不得已盡死戰

堯臣曰既令以必死則所往皆有專諸曹劌之勇○張預曰人懷必死則所向皆有專諸曹劌之勇也專諸吳公子光使刺殺吳王僚者劌當爲沫曹沫以勇力事魯莊公嘗執匕首刼齊桓公故善用兵者譬如率然梅堯臣曰相應之容易也率然者常山之蛇也擊其首則尾至擊其尾則首至擊其中則首尾俱至梅堯臣曰蛇之爲物也不可擊擊之則率然相應○張預曰率猶速也擊之則速然相應此喻陳法也八陳圖曰以後爲前以前爲後四頭八尾觸處爲首敵衝其中首尾俱救敢問兵可使如率然乎梅堯臣曰可使兵首尾率然相應如一體乎曰可夫吳人與越人相惡也當其同舟而濟遇風其相救也如左右手梅堯臣曰勢使之然○張預曰吳越仇讎也同

處危難則相救如兩手況非仇讎者豈不猶率然之相應乎是故方馬埋輪未足恃也曹操曰方縛馬也埋輪示不動也此言專難不如權巧故曰雖方馬埋輪不足恃也○李筌曰投兵無所往之地人自鬬如蛇之首尾故吳越之人同舟相救雖縛馬埋輪未足恃也○杜牧曰縛馬使爲方陳埋輪使不動雖如此亦未足稱爲專固而足爲恃須任權變置士於必死之地使人自爲戰相救如兩手此乃守固必勝之道而足爲恃也○陳皡曰人之相惡莫甚吳越同舟遇風而猶相救何則勢使之然也夫用兵之道若陷在必戰之地使懷俱死之憂則首尾前後不得不相救也有吳越之惡猶如兩手相救況無吳越之惡乎蓋言貴於設變使之則勇怯之心一也○梅堯臣同杜牧註○王晳曰此謂在難地自相救耳蛇之首尾人之左右手皆喻相救之敏也同舟而濟在險難也吳越猶無異心況三軍乎故其足恃甚於方馬埋輪曹公說是也○張預曰上文歷言置兵於死地使人心專固然此未足爲善也雖置之危地亦須用權智使人令相救如左右手則勝矣故曰雖縛馬埋輪未足恃固以取勝所可必恃者要使士

卒相應如一體也齊勇若一政之道也李筌曰齊勇者將之道○杜牧曰齊正勇敢三軍如一此皆在於爲政者也○陳皡曰政令嚴明則勇者不得獨進怯者不得獨退三軍之士如一也○梅堯臣曰使人齊勇如一心而無怯者得軍政之道也○王晳同梅堯臣註○張預曰既置之危地又使之相救則三軍之衆齊力同勇如一夫是軍政得其道也剛柔皆得地之理也曹操曰強弱一勢也○李筌曰剛柔得者因地之勢也○杜牧曰強弱之勢須因地形而制之也○梅堯臣曰兵無強弱皆得用者是因地之勢也○王晳曰剛柔猶強弱也言三軍之士強弱皆得其用者地利使之然也曹公曰強弱一勢是也○張預曰得地利則柔弱之卒亦可以克敵況剛強之兵乎剛柔俱獲其用者地勢使之然也故善用兵者攜手若使一人不得已也曹操曰齊一貌也○李筌曰理衆如理寡也○杜牧曰言使三軍之士如牽一夫之手不得已皆須從我之命喻易也○賈林曰攜手翻迭之貌使於回運以前爲

後以後爲前以左爲右以右爲左故百萬之衆如一人也○梅堯臣曰用三軍如攜手使一人者勢不得已自然皆從我所揮也○王晳曰攜使左右前後率從我也○張預曰三軍雖衆如提一人之手而使之言齊一也故曰將之所揮莫不從移將之所指莫不前死將軍之事靜以幽正以治曹操曰謂清淨幽深平正○杜牧曰清淨簡易幽深難測平正無偏故能致治○梅堯臣曰靜而幽邃人不能測正而自治人不能撓○王晳曰靜則不撓幽則不測正則不媮治則不亂○張預曰其謀事則安靜而幽深人不能測其御下則公正而整治人不敢慢能愚士卒之耳目使之無知曹操曰愚誤也民可與樂成不可與慮始○李筌曰爲謀未熟不欲令士卒知之可以樂成不可與謀始是以先愚其耳目使無見知○杜牧曰言使軍士非將軍之令其他皆不知如聾如瞽也○梅堯臣曰凡軍之權謀使由之而不使知之○王晳曰杜其見聞○何氏同杜牧註○張預曰士卒懵然無所聞見但從命而已易其事革其謀使

卒使由之而不使知之也帥與之期如登高而去其梯梅堯臣曰可進而不可退也帥與之深入諸侯之地而發其機杜牧曰使無退心孟明焚舟是也一本帥與之登高〇陳皥曰發其心機〇賈林曰動我機權隨事應變〇梅堯臣曰發其危機使人盡命〇王晳曰皆勵決戰之志也機之發無復迴也賈詡勸曹公曰必決其機是也〇張預曰去其梯可進而不可退發其機可往而不可返項羽濟河沉舟之類也焚舟破釜若驅羣羊驅而往驅而來莫知所之曹操曰一其心也〇李筌曰還師者皆焚舟梁堅其志既不知謀又無返顧之心是以如驅羊也〇杜牧曰三軍但知進退之命不知攻取之端也〇梅堯臣曰但馴然從驅莫知其他也〇何氏曰士之往來唯將之令如羊之從牧者〇張預曰羣羊往來牧者之隨三軍進退惟將之揮聚三軍之衆投之於險此謂將軍

人無識李筌曰謀事或變而不識其原〇杜牧曰所爲之事所有之謀不使知其造意之端識其所緣之本也〇梅堯臣曰改其所行之事變其所爲之謀無使人能識也〇王晳曰已行之事已施之謀當革易之不可再也〇何氏曰將術以不窮爲奇也〇張預曰前所行之事舊所發之謀皆變易之使人不可知也若裴行儉令軍士下營訖忽使移就崇岡初將吏皆不悅是夜風雨暴至前設營所水深丈餘將士驚服因問曰何以知風雨也行儉笑曰自今但依吾節制何須問我所由知也易其居迂其途使人不得慮李筌曰行路之便衆人不得知其情〇杜牧曰易其居去安從危迂其途捨近即遠士卒有必死之心〇陳皥曰將帥凡舉一事切委曲而致之無使人得計慮者〇賈林曰居我要害能使自移途近於我能使迂之發機微路人不能知也〇梅堯臣曰更其所安之居迂其所趨之途無使人能慮也〇王晳曰處易者將致敵以求戰也迂途者示遠而密襲也〇張預曰其居則去險而就易其途則捨近而從遠人初不曉其旨及勝乃服太白山人曰兵貴詭道者非止詭敵也抑詭我士

此越鄰國之境也是謂孤絕之地當速決其事若吳王伐齊近之兵如此者鮮故不同九地之例〇張預曰去已國越人境而用師者危絕之地也若秦師過周而襲鄭是也此在九地之外而言之者戰國時間有之也四達者衢地也梅堯臣曰馳道四出敵當一面〇張預曰敵當一面旁國四屬入深者重地也梅堯臣曰士卒以軍爲家故心無散亂入淺者輕地也梅堯臣曰歸國尚近心不能專背固前隘者圍地也梅堯臣曰背負險固前當阨塞〇張預曰前狹後險進退受制於人也無所往者死地也梅堯臣曰窮無所之〇張預曰左右前後窮無所之地是故散地吾將一其志李筌曰一卒之心〇杜牧曰守則志一戰則易散〇梅堯臣曰保城備險一志堅守候其虛懈出而襲之〇張預曰集人聚穀一志固守依險設伏攻敵不意輕地吾將使之屬曹操李筌曰使相及屬〇杜牧曰部伍營壘密近聯屬蓋

之事也曹操曰險難也〇梅堯臣曰措三軍於險難而取勝者爲將之所務也〇張預曰去梯發機置兵於危險以取勝者此將軍之所務也九地之變屈伸之利人情之理不可不察曹操曰人情見利而進見害而退〇杜牧曰言屈伸之利害人情之常理皆因九地以變化今欲下文重舉九地故於此重言發端張本也〇梅堯臣曰九地之變有可屈可伸之利人情之常理須審察之〇王晳曰明九地之利害亦當極其變耳言屈伸之利者未見便則屈見便則伸言人情之理者深專淺散圍禦之謂也〇張預曰九地之法不可拘泥須識變通可屈則屈可伸則伸審所利而已此乃人情之常理不可不察凡爲客之道深則專淺則散梅堯臣曰深則專固淺則散歸此而下重言九地者孫子勤勤於九變也〇張預曰先舉兵者爲客入深則專固入淺則士散此而下言九地之變去國越境而師者絕地也梅堯臣曰進不及輕退不及散在二地之間也〇王晳曰

守候其來則設伏擊之**衢地吾將固其結**杜牧曰結交諸侯使之牢固○梅堯臣曰結諸侯使之堅固勿令敵先○王晳曰固以德禮威信且示以利害之計○張預曰財幣以利之盟誓以要之堅固不渝則必爲我助**重地吾將繼其食**曹操曰掠彼也○李筌曰館轂於敵也繼一作掠○賈林曰使糧相繼而不絕也○杜佑曰深入當繼其糧餉○梅堯臣曰道既遐絕不可歸國取糧當掠彼以食軍○張預曰兵在重地轉輸不通不可乏糧當掠彼以續食○**圮地吾將進其塗**曹操曰疾過去也○李筌曰不可留也○杜佑曰疾行無舍此地○梅堯臣曰無所依當速過○張預曰過圮毁之地宜引兵速過**圍地吾將塞其闕**曹操李筌曰以一士心也○杜牧曰兵法圍師必闕示以生路令無死志因而擊之今若我在圍地敵開生路以誘我卒我返自塞之令士卒有必死之心後魏末齊神武起義兵於河北爲尒朱兆天光度律仲遠等四將會於鄴南士馬精強號二十萬圍神武於南陵山時神武馬二千步軍不滿三

以輕散之地一者備其逃逸二者恐其敵至使易相救○杜佑曰使相仍也輕地還師當安道促行然令相屬續以備不虞也○梅堯臣曰行則隊校相繼止則營壘聯屬脫有敵至不有散逸也○王晳曰絕則人不相恃○張預曰密營促隊使相屬續以備不虞以防逃遁**爭地吾將趨其後**曹操曰利地在前當速進其後也○李筌曰利地必爭益其備也此筌以趨字爲多字○杜牧曰必爭之地我若已後當疾趨而爭況其不後哉○陳皞曰二說皆非也若敵據地利我後爭之不亦後據戰地而趨戰之勞乎所謂爭地必趨其後者若地利在前先分精銳以據之彼若恃衆來爭我以大衆趨其後無不剋者趙奢所以破秦軍也○杜佑曰利地在前當進其後爭地先據者勝不得者負故從其後使相及也○梅堯臣曰敵未至其地我若在後則當疾趨以爭之○張預曰爭地貴速若前驅至而後不及則未可故當疾進其後使首尾俱至或曰趨其後謂後發先至也**交地吾將謹其守**杜牧曰嚴壁壘也○梅堯臣曰謹守壁壘斷其通道○王晳曰懼襲我也○張預曰不當阻絕其路但嚴壁固

勢不可已須悉力而鬬**過則從**曹操曰陷之甚過則從計也○李筌曰過則審躡又云陷之於過則謀從之○孟氏曰甚陷則無所不從○梅堯臣同孟氏註○張預曰深陷於危難之地則無不從計若班超在鄯善欲與麾下數十人殺虜使乃諱諭其士卒曰令在危亡之地死生從司馬是也**是故不知諸侯之謀者不能預交不知山林險阻沮澤之形者不能行軍不用鄉導者不能得地利**曹操曰上已陳此三事而復云者力惡不能用兵故復言之○李筌曰三事軍之要也○梅堯臣曰已解軍爭篇中重陳此三者蓋言敵之情狀地之利害當預知焉○王晳曰再陳者勤戒之也○張預曰知此三事然後能審九地之利害故再陳於此也**四五者不知一非霸王之兵也**曹操曰謂九地之利害或曰上四五事也○張預曰四五謂九地之利害有一不知未能全勝**夫霸**

萬兆等設圍不合神武連繫牛驢自塞之於是將士死戰四面奮擊大破兆等四將也○孟氏曰意欲突圍示以守固○杜佑曰塞其闕不欲走之意○梅堯臣曰自塞其旁道使士卒必死戰也○王晳曰懼人有走心○張預曰吾在敵圍敵開生路當自塞之以一士心齊神武繫牛馬以塞路而士卒死戰是也**死地吾將示之以不活**曹操李筌曰勵志也○杜牧曰示之必死令其自奮以求生也○賈林曰禁財棄糧塞井破竈示必死也○杜佑曰勵士也焚輜重棄糧食塞井夷竈示無生意必殊死戰也○梅堯臣曰必死可生人盡力也○王晳同梅堯臣註○何氏同杜牧註○張預曰焚輜重棄糧食塞井夷竈示以無活勵之使死戰也**故兵之情圍則禦**曹操曰相持禦也○李筌曰敵圍我則禦之○杜牧曰言兵在圍地始乃人人有禦敵持勝之心相禦持也窮則同心守禦○梅堯臣同杜牧註○張預曰在圍則自然持禦**不得已則鬬**曹操曰勢有不得已也○李筌曰有不得已則戰○梅堯臣曰勢無所往必鬬○王晳曰脫死難者唯鬬而已○張預曰

王之兵伐大國則其眾不得聚威加於敵則其交不得合 李筌曰夫并兵震威則諸侯自顧不敢預交○杜牧曰權力有餘也能分散敵也○孟氏曰以義制人人誰敢拒○陳皥曰雖有霸王之勢伐大國則我眾不得聚要在結交外援若不如此但以威加於敵逞己之強則必敗也○梅堯臣曰伐大國能分其眾則權力有餘也權力有餘則威加敵威加敵則旁國懼旁國懼則敵交不得合也○王晳曰能知敵謀能得地利又能形之使其不相救不相恃則雖大國豈能聚眾而拒我哉威之所加者大則敵交不得合○張預曰恃富強之勢而亟伐大國則己之民眾將怨苦而不得聚也甲兵之威倍勝於敵國則諸侯懼而不敢與我合交也或曰侵伐大國若大國一敗則小國離而不聚矣若晉楚爭鄭晉勝則鄭附晉敗則鄭叛也小國既離則敵國之權力分而弱矣或我之兵威得以增勝於彼是則諸侯豈敢與敵人交合乎

是故不爭天下之交不養天下之權信音伸**己之私威加於敵故其城可拔其國可隳** 曹操曰霸者不結成天下諸侯之權也絕天下之交奪天下之權故己威得伸而自私○李筌曰能絕天下之交惟得伸己之私志威而無外交者○杜牧曰信伸也言不結鄰援不蓄養機權之計但逞兵威加於敵國貴伸己之私欲若此者則其城可拔其國可隳齊桓公問於管仲曰必先頓甲兵修文德正封疆而親四鄰則可矣於是復魯衛燕所侵地而以好成四鄰大親乃南伐楚北伐山戎東制令支斬孤竹西服流沙兵車之會六乘車之會三乃率諸侯而朝天子吳夫差破越於會稽敗齊於艾陵闞溝於商魯會晉於黃池爭長而反威加諸侯諸侯不敢與爭句踐伐之乞師齊楚齊楚不應民疲兵頓為越所滅越王句踐問戰於申包胥曰越國南則楚西則晉北則齊春秋皮幣玉帛子女以賓服焉未嘗敢絕求以報吳願以此戰包胥曰善哉蔑以加焉遂伐吳滅之○賈林曰諸侯既懼不得附聚不敢合從我之智謀威力有餘諸侯自歸何用養交之也○不養一作不事○陳皥曰智力既全威權在我但自養士卒為不可勝之謀天下諸侯無權可事也仁智義謀己之私有用以濟眾故曰伸私威振天下德光四海恩沾品物信及豚魚百姓歸心無思不服故攻城必拔伐國必隳也○梅堯臣曰敵既不得與諸侯合交則我亦不爭其交不養其權用己力而已爾威亦增勝於敵矣故可拔其城可隳其國此謂霸王之兵也○王晳曰結交養權則天下可從申私損威則國城不保○張預曰不爭交援則勢孤而助寡不養權力則人離而國弱伸一己之私忿暴兵威於敵國則終取敗亡也或曰敵國眾既不得聚交又不得合則我當絕其交奪其權得伸己所欲而威倍於敵國故人城可得而拔人國可得而隳也

施無法之賞懸無政之令 賈林曰欲拔城隳國之時故懸國外之賞罰行政外之威令故不守常法常政故曰無法無政○梅堯臣曰瞻功行賞法不預設臨敵作誓政不先懸○王晳曰杜嶔喻也曹公曰軍法令不預施懸之司馬法曰見敵作誓瞻功行賞此之謂也○張預曰法不先施政不預告皆臨事立制以勵士心司馬法曰見敵作誓瞻功行賞

犯三軍之眾若使一人 曹操曰犯用也言明賞罰雖用眾若使一人也○李筌曰善用兵者為法作攻而人不知懸事無令而人從之是以犯眾如一人也○梅堯臣曰犯用也賞犯嚴明用多若用寡也○張預曰賞功不逾時罰罪不遷列賞罰之典既明且速則用眾如寡也

犯之以事勿告以言 梅堯臣曰但用以戰不告以謀○王晳曰情泄則謀乖○張預曰任用之於戰鬭勿諭之以權謀人知謀則疑也若裴行儉不告士卒以徙營之由是也

犯之以利勿告以害 曹操曰勿使知害○李筌曰犯用也卒知言與害則生疑難○梅堯臣曰用令知利不令知害○王晳曰慮疑懼也○張預曰人情見利則進知害則避故勿告以害也

投之亡地然後存陷之死地然後生 曹操曰必殊死戰在亡地無敗者孫臏曰兵恐不投之死地也○李筌曰兵居死地必決命而鬭以求生韓信水上軍則其義也○梅堯臣曰地雖曰亡力戰不亡地雖曰死死戰不死故亡者存之基死者生之本也○何氏曰如漢王遣將韓信擊趙未至井陘口三十里止舍夜半傳發選輕騎二千人人持一赤幟

之魏人犄角作十三城慶之銜枚夜出陷其四壘所餘九城兵甲猶盛乃陳其俘馘鼓譟而攻遂大奔潰斬獲略盡後魏末齊神武與義兵於河北時尒朱兆等四將兵馬號二十萬夾洹水而軍時神武士馬不滿三萬以衆寡不敵遂於韓陵山為圓陳繫牛驢以塞道於是將士皆死戰四面奮擊大破之齊神武兵少天光等兵十倍圍而缺之神武乃自塞其缺士皆有必死之志是以破敵也高齊北豫州刺史司馬消難請降後周周將楊忠與柱國達奚武援之於是共率騎士五千人各乘馬一匹從間道馳入齊境五百里前後遣三使報消難而皆不反命去豫州三十里武疑有變欲還忠曰有進死無退生獨以千騎夜趣城下四面峭絕徒聞擊柝之聲武親來麾數百騎以西忠勒餘騎不動候門開而入乃馳遣召武時齊鎮城將伏敬遠勒甲士二千人據東陴舉烽嚴警武憚之不欲保城乃多取財帛以消難及其屬先歸忠以三千騎為殿到洛南皆解鞍而臥齊衆來追至於洛北忠謂將士曰但飽食今在死地賊必不敢渡水以當吾鋒食畢齊兵佯若渡水忠馳將擊之齊兵不敢逼遂徐引而退○張預曰置之死亡之地則人自為戰乃可存活也項羽救趙破釜焚廬示以

從間道萆山而觀趙軍誡曰趙見我走必空壁逐我汝疾入趙壁拔趙幟立漢幟令其裨將傳餐曰今日破趙會食信乃使萬人先行出背水陳趙軍遙見而大笑平旦信建大將軍之旗鼓行出井陘口趙開壁擊之大戰良久於是信走水上軍趙空壁逐信信已入水上軍軍皆殊死戰不可敗信所出奇兵二千騎馳入趙壁皆拔趙幟立漢赤幟趙軍攻信既不得還壁見漢幟大驚遂亂遁走於是漢兵夾擊大破虜趙軍斬陳餘泜水上擒趙王諸將因問信曰兵法右背山陵前左水澤今者將軍令臣等反背水陳曰破趙會食臣等不服然竟以勝此何術也信曰此在兵法顧諸君不察耳兵法不曰陷之死地而後生置之亡地而後存乎且信非得素拊循士大夫也此所謂驅市人而戰其勢非置之死地使人人自為戰今與之生地皆走寧尚可得而用之乎諸將皆服曰非所及也梁將陳慶之守渦陽城與後魏軍相持自春至冬數十百戰師老氣衰魏之援兵復欲築壘於軍後諸將恐腹背受敵議退師慶之曰共來至此涉歷一歲糜費糧仗其數極多諸軍並無鬭心皆謀退縮豈是欲立功名直聚為鈔暴耳吾聞置兵死地乃可求生須虜大合然後與戰必捷諸將壯其計從

之及其驕怠而擊之遂滅東胡是也**并敵一向千里殺將**曹操曰并兵向敵雖千里能擒其將也○杜牧曰上文言為兵之事在順敵人之意此乃未見敵人之隙耳若已見其隙有可攻之勢則須并兵專力以向敵人雖千里之遠亦可以殺其將也○賈林曰能以利誘敵人使一向趨之則我雖遠千里亦可擒殺其將○梅堯臣曰隨敵一向然後發伏出奇則能遠擒其將○王晳曰順敵意隨敵形及其空虛不虞并兵一力以向之乘勢可千里而覆軍殺將也○張預曰敵既驕惰則并兵力以向之可以覆其軍殺其將則明如冒頓滅東胡之事是也**此謂巧能成事者也**曹操曰是成事巧者也一作是謂巧攻成事○梅堯臣曰能順敵而取勝機巧者也○何氏曰能如此者是巧攻之成事也○張預曰始順其意後殺其將成事之巧也**是故政舉之日夷關折符無通其使**曹操曰謀定則閉關以絕其符信勿通其使○李筌曰政令既行閉關折符無得有所沮議恐惑衆士心也○杜牧曰其所不通豈敵人之使乎若敵人

必死諸侯從壁上觀楚戰士無不一當十遂虜秦將是也**夫衆陷於害然後能為勝敗**梅堯臣曰未陷難地則士卒心不專既陷危難然後勝敗在人為之爾○張預曰士卒用命則勝敗之事在我所為**故為兵之事在於順詳敵之意**曹操曰佯愚也或曰彼欲進設伏而退欲去開而擊之○李筌曰敵欲攻我以守待之敵欲戰我以奇待之退伏利誘皆順其所欲○杜牧曰夫順敵之意蓋言我欲擊敵未見其隙則藏形閉跡敵人之所為順之勿驚假如強以陵我我則示怯而伏且順其強以驕其意候其懈怠而攻之假如欲退而歸則開圍使去以順其退使無鬭心遂因而擊之皆順敵之旨也○陳皞曰順敵之旨不假多說但強示之弱進示之退使敵心不戒然後攻而破之必矣○梅堯臣曰佯怯佯弱佯亂佯北敵人輕來我志乃得○張預曰彼欲進則誘之令進彼欲退則緩之令退奉順其旨設奇伏以取之或曰敵有所欲當順其意以驕之留為後圖若東胡遣使謂冒頓曰欲得頭曼千里馬冒頓與之復遣使來曰願得單于一閼氏冒頓又與

之使不受則何必夷關折符然後爲不通乎荅曰夷關折符者不令
國人出入蓋恐敵人有間使潜來或藏形隱跡由危歷險或竊符盜
信假託姓名而來窺我也無通其使者敵人若有使來聘亦不可受
之恐有智能之士如張孟談婁敬之屬見其微而知著測我虛實也
此乃兵形未成恐敵人先事以制我也兵形已成出境之後則使在
其間古之道也○梅堯臣曰夷滅也折斷也舉政之日滅塞關梁斷
毀符節使不通也使不通者恐泄我事也○張預曰廟筭已定軍謀
已成則夷塞關梁毀折符信勿通使命恐泄我事也彼有使來則當
納之故下文云敵之開闔必亟入之**厲於廊廟之上以誅其事**曹操曰誅治也○杜
牧曰厲揣厲也言廊廟之上誅治其事成敗先定然後與師一本作
以謀其事○梅堯臣曰嚴整於廊廟之上以計其事言其密也○何
氏曰磨厲廟勝之策以責成其事○張預曰兵者大事不
可輕議當惕厲於廟堂之上密治其事貴謀不外泄也**敵人開**
闔必亟入之曹操曰敵有間隙當急入之也○李筌曰敵開闔未定必急來也○孟氏曰開闔開者也有間

來則疾內之○梅堯臣同孟氏註○張預曰開闔間謂使也敵有間
來當急受之或曰謂敵人或開或闔出入無常進退未決則宜速乘
之**先其所愛**曹操曰據利便也○李筌曰先攻其積聚及妻子利不擇其用也○杜牧曰凡是敵人所愛惜倚恃
以爲軍者則先奪之也○梅堯臣曰先察其便利愛惜之所也○何氏同杜牧註**微與之期**曹操曰後人發先人
至○杜牧曰微者潛也言以敵人所愛利便之處爲期將欲謀奪之
故潛往赴期不令敵人知也○陳皞曰我若先奪便地而敵不至雖
有其利亦奚用之是以欲取其愛惜之處必先微與敵人相期誤之
使必至○梅堯臣曰微露之期使間歸告然後我後人發先人至也
後發者欲其必赴也先至者奪其所愛也○王晳曰權譎也微者所
以示密曹公曰先敵至也○張預曰兵所愛者便利之地我欲先據
當微露其意與之相期敵方趨之我乃後發而先至也所以使敵先趨者恐我至而敵不來也故曰爭地吾將趨其後**踐墨**
隨敵以決戰事曹操曰行踐規矩無常也○李筌曰墨者出道也出遲道而從之恐不及○杜牧曰墨規

矩也言我常須踐履規矩深守法制隨敵人之形若有可乘之勢則
出而決戰也○陳皞曰兵雖要在迅速以決戰事然自始及末須守
法制縱獲勝捷亦不可爭競擾亂也城濮之戰晉文公登有莘之墟
以望其師曰少長有禮其可用也○踐墨一作剗墨○賈林曰剗除
也墨繩墨也隨敵計以決戰事惟勝是利不可守以繩墨而爲○梅
堯臣曰舉動必踐法度而隨敵屈伸因利以決戰也○王晳曰踐兵
法如繩墨然後可以順敵決勝○張預曰循守法度踐履規矩隨敵
變化形勢無常乃可以決戰取勝墨繩墨也婦人左右前後跪起皆
中規矩繩墨是也**是故始如處女敵人開戶後如脫兔**
敵不及拒曹操李筌曰處女示弱脫兔往疾也○杜牧曰言敵人初時謂我無所能爲如處女之弱我因急去攻之
險迅疾速如兔之脫走不可捍拒也或曰我避敵走如脫兔曰非也
○梅堯臣曰始若處女踐規矩之謂也後若脫兔應敵決戰之速也
○王晳曰處女隨敵也開戶不虞也脫兔疾也若田單守即墨而破
燕軍是也○張預曰守則如處女之弱令敵懈怠是以啓隙攻則猶

脫兔之疾乘敵倉卒是以莫禦太史公謂田單守即墨攻騎劫正如此語不其然乎

火攻篇

曹操曰以火攻人當擇時日也○王晳曰助兵取勝戒虛發也○張預曰以火攻敵當使
姦細潛行地里之遠近途徑之險易先熟知之乃可往故次九地

孫子曰凡火攻有五一曰火人李筌曰焚其營殺其士卒也○杜牧曰焚
其營柵因燒兵士吳起曰凡軍居荒澤草木幽穢可焚而滅蜀先主
伐吳吳將陸遜拒之於夷陵先攻一營不利諸將曰空殺兵耳遜曰
吾已曉破敵之術矣乃勅各持一把茅以火攻拔之一爾勢成通率
諸軍同時俱攻斬張南馮習及胡王沙摩柯等破四十餘營死者萬
數備因夜遁軍資器械略盡遂歐血而殂○梅堯臣曰焚營柵荒穢
以助攻戰也○何氏曰魯桓公世焚邾婁之咸丘始以火攻也後世
兵家者流故有五火之攻以佐取勝之道也如後漢班超使西域到
鄯善初夜將吏士奔虜營會天大風超令十人持鼓藏虜舍後約曰

焚彼營舍以殺其士火攻之二曰火積李筌曰焚積聚也○杜牧曰積者積蓄也糧食薪蒭是也高祖與項羽相持成皋爲羽所敗北渡河得張耳韓信軍脩武深溝高壘使劉賈將二萬人騎數百渡白馬津入楚地燒其積聚以破其業楚軍乏食隋文帝時高熲獻取陳之策曰江南土薄舍多茅竹所有儲積皆非地窖可密遣行人因風縱火待彼修葺復更燒之不出數年自可財力俱盡帝行其策由是陳人益弊○梅堯臣曰焚其委積以困芻糧○張預曰焚其積聚使芻糧不足故曰軍無委積則亡劉賈燒楚積聚是也三曰火輜四曰火庫李筌曰燒其輜重焚其庫室○杜牧曰器械財貨及軍士衣裝在車中上道未止曰輜在城營壘已有止舍曰庫其所藏二者皆同後漢末袁紹相許攸降曹公曰今袁氏輜重有萬餘兩車屯軍不嚴今以輕兵襲之不意而至焚其積聚不過三日袁氏自敗公大喜選精騎五千皆用袁氏旗幟銜枚縛馬口從間道出入抱束薪所歷道有問者語之曰袁公恐曹操抄略後軍遣兵以益備聞者信以爲然皆自若既至圍屯大放火營中驚亂因大

見火燃皆當鳴鼓大呼餘人悉持兵弩夾門而伏超順風縱火前後鼓譟虜衆驚亂超手格殺三人餘衆悉燒死又皇甫嵩率兵討黃巾賊張角嵩保長社賊來圍城嵩兵少軍中皆恐召軍吏謂曰兵有奇變不在衆寡今賊依草結營易爲風火若因夜縱火必大驚亂吾出兵擊之其功可成其夕遂大風嵩乃約勒軍士皆束苣乘城使鋭士間出圍外縱火大呼城上舉燎應之嵩因鼓而奔其陳賊驚亂奔走大破之又五代梁太祖乾寧中親領大軍由鄆州東路北次於魚山朱宣覘知即以兵徑至且圖速戰帝整軍出砦時宣瑾已陳於前須臾東南風大起帝軍旌旗失次甚有懼色帝即令騎士揚鞭呼嘯俄而西北風驟發時兩軍皆在草莽中帝因令縱火既而煙燄亘天乘勢以攻賊陳宣瑾大破餘衆擁入清河因築京觀於魚山之下又後唐伐蜀工部任圜以大軍至漢州康延孝來逆戰圜命董璋以東川懦卒當其鋒伏精兵於其後延孝擊退東川之軍急追之遇伏兵延孝敗馳入漢州閉壁不出西川孟知祥以兵二萬與圜合勢攻之漢州四面樹竹木爲柵三月圜陳于金鴈橋即率諸軍鼓譟而進四面縱火風燄亘空延孝危急引騎出陳于金鴈橋又大敗之○張預曰

破之輜重悉焚之矣○陳皞曰夫敵有愛惜之物亦可以攻之彼若出救是我以火分其勢也更遇其心神撓惑自可破軍殺將也○梅堯臣曰焚其輜重以窘貨財焚其庫室以空蓄聚○何氏曰如前秦符堅遣將王猛伐前燕慕容暐師至潞川燕將慕容評率兵四十萬禦之以持久制之猛遣將郭慶率步騎五千夜從間道起火焚膏山燒評輜重火見鄴中因而滅之○張預曰焚其輜重使器用不供故曰軍無輜重則亡曹操燒袁紹輜重是也焚其府庫使財貨不充故曰軍無財則士不來五曰火隊李筌曰焚其隊仗兵器○杜牧曰焚其行伍因亂而擊之○梅堯臣曰焚其隊仗以奪兵具隊一作隧○賈林曰隧道也燒絶糧道及轉運也○何氏同賈林註○張預曰焚其隊仗使兵無戰具故曰器械不利則難以應敵也行火必有因曹操曰因姦人○李筌曰因姦人而内應也○陳皞曰須得其便不獨姦人○賈林曰因風燥而焚之○張預曰凡火攻皆因天時燥旱營舍茅竹積芻聚糧居近草莽因風而焚之煙火必素具曹操曰煙火燒具也○李筌曰乾蒭蒿艾糧糞之屬○杜牧曰艾蒿

茭葦薪蒭膏油之屬先須修事以備用兵法有火箭火簾火杏火兵火獸火禽火盜火弩凡此者皆可用也○梅堯臣曰潛姦伺隙必有便也秉秆持燧必先備也傳曰惟事事有備乃無患也○張預曰貯火之器燃火之物常須預備伺便而發發火有時起火有日梅堯臣曰不妄發也○張預曰不可偶然當伺時日時者天之燥也曹操曰燥者旱也○梅堯臣曰旱燥易燎○張預曰天時旱燥則火易燃日者月在箕壁翼軫也凡此四宿者風起之日也李筌曰天文志月宿此者多風玉經云常以月加日從營室順數十五至翼月在宿於此也○杜牧曰宿者月之所宿也四宿者風之使也○梅堯臣曰箕龍尾也壁東壁也翼軫鶉尾也宿在者謂月之所次也四宿好風月離必起○張預曰四星好風月宿則起當推步躔次知所宿之日則行火一說春丙丁夏戊己秋壬癸冬甲乙此日有疾風猛雨又占風法取雞羽重八兩掛於五丈竿上以候風所從來四宿即箕壁翼軫也凡

火攻必因五火之變而應之梅堯臣曰因火爲變以兵應之○張預曰因其
火變以兵應之五火即人積輜庫隊也火發於內則早應之於外曹操曰以兵應
之也○李筌曰乘火勢而應之也○杜牧曰凡火乃使敵人驚亂因
而擊之非謂空以火敗敵人也聞火初作即攻之若火闌衆定而攻
之當無益故曰早也○杜佑曰使間人縱火於敵營內當速進以攻
其外也○梅堯臣曰內若驚亂外以兵擊○張預曰火纔發於內則
兵急擊於外表裏齊攻敵易驚亂火發兵靜者待而勿攻杜牧曰火作不驚敵素有
備不可遽攻須待其變者也○梅堯臣曰不驚撓者必有備也○王
晳曰以不變也○何氏曰火作而敵不驚呼者有備也我往攻則返
或受害○張預曰火雖發而兵不亂者敵有備也復防其變故不可攻極其火力可從而從
之不可從而止曹操曰見可而進知難而退○李筌曰夫火發兵不亂不可攻○杜牧曰俟火盡已來若

敵人擾亂則攻之若敵終靜不擾則收兵而退也○杜佑曰見利則
進知難則退極盡也盡火力可則應不可則止無使敵知其所爲○
梅堯臣曰極其火勢待其變則攻之不變則勿攻○王晳曰伺其變亂
則乘之終不變亂則自治而蓄力○何氏曰如魏滿寵征吳敕諸將
曰今夕風甚猛賊必來燒我營宜爲之備諸軍皆警夜半果來燒
營寵掩擊破之者是也○張預曰盡其火勢變亂則攻安靜則退火
可發於外無待於內以時發之李筌曰魏武破袁紹於官渡用許攸計燒
輜重萬餘則其義也○杜牧曰上文云五火變須發於內若敵居荒
澤草穢或營柵可焚之地即須及時發火不必更待內發作然後應
之恐敵人自燒野草我起火無益漢時李陵征匈奴戰敗爲單于所
逐及於大澤匈奴於上風縱火陵亦先放火燒斷兼葭用絕火勢○
陳皥曰以時發之所謂天之燥月之宿在四星也○賈林曰火可發
於外不必待內應得時即應發不可拘於常勢也○梅堯臣同杜牧
註○張預曰火亦可發於外不必須待作於內但有便則應時而發
黃巾賊張角圍漢將皇甫嵩於長社賊依草結營嵩使銳士間出圍

外縱火大呼城上舉燎應之嵩因鼓而奔其陳賊驚亂遂敗走火發上風無攻下風曹操曰不
便也○李筌曰隋江東賊劉元進攻王世充於延陵令把草東方因
風縱火俄而迴風悉燒元進營軍人多死者○杜牧曰若是東則焚
敵之東我亦隨以攻其東若火發東面攻其西則與敵人同受也故
無攻下風則順風也若舉東可知其他也○梅堯臣曰逆火勢非便
也敵必死戰○王晳曰或擊其左右可也○張預曰燒之必退退而逆擊之必死戰故不便也晝風久夜風
止曹操曰數當然也○李筌曰不終始也○杜牧曰老子曰飄風不終朝○梅堯臣曰凡晝風必夜止夜風必晝止數當然也○
王晳同梅堯臣註○張預曰晝起則夜息數當然也故老子曰飄風不終朝凡軍必知有五火
之變以數守之杜牧曰須筭星躔之數守風起日乃可發火不可偶然而爲之○杜佑曰既知起五火五
變當復以數消息其可否○梅堯臣曰數星之躔以候風起之日然
而發火亦當自防其變○張預曰不可止知以火攻人亦當防人攻

己推四星之度數知風起之日則嚴備守之故以火佐攻者明梅堯臣曰明白易勝○張預曰
用火助攻灼然可以取勝以水佐攻者強杜佑曰水以爲衝故強○梅堯臣曰勢之強也○張預曰水能
分敵之軍彼勢分則我勢強水可以絕不可以奪曹操曰火佐者取勝明也水佐者但可以
絕敵道分敵軍不可以奪敵蓄積○李筌曰軍者必守術數而佐之
水火所以明強也光武之敗王莽魏武之擒呂布皆其義也以水絕
敵人之軍分爲二則可難以奪敵人之蓄積○杜牧曰水可絕敵糧
道絕敵救援絕敵奔逸絕敵衝擊不可以水奪險要蓄積也○王晳
曰強者取其決注之暴○張預曰水止能隔絕敵軍使前後不相及
取其一時之勝然不若火能焚奪敵之積聚使之滅亡若韓信決水
斬楚將龍且是一時之勝也曹公焚袁紹輜重紹因以敗是使之滅亡也水不若火故詳於火而略於水夫戰勝攻
取而不修其功者凶命曰費留曹操曰若水之留不復還也或曰賞不以

起也非得不用杜牧曰先見敵人可得然後用兵○賈林曰非得其利不用也非危不戰曹操
曰不得已而用兵○李筌曰非至危不戰○梅堯臣曰凡用兵非危急不戰也所以重凶器也○張預曰兵凶器戰危事須防禍敗不可
輕舉不得已而後用主不可以怒而興師王晳曰不可但以怒也若息侯伐鄭○張預曰因怒
興師不亡者鮮若息侯與鄭伯有違言而伐鄭君子是以知息之將亡將不可以愠而致戰
王晳曰不可但以愠也若晉趙穿○張預曰因忿而戰罕有不敗若姚襄怒苻黃眉壓壘而陳因出戰爲黃眉所敗是也怒大於愠故以
主言之愠小於怒故以將言之君則可以興兵將則止可言戰合於利而動不合於利
而止曹操曰不得以己之喜怒而用兵也○賈林曰愠怒內作不顧安危固不可也○杜佑曰人主聚衆興軍以道理勝負之
計不可以己之私怒將舉兵則以策不可以愠恚之故而合戰也○梅堯臣曰兵以義動無以怒興戰以利勝無以愠敗○張預曰不可

時但費留也賞善不踰日也○李筌曰賞不踰日罰不踰時若功立而不賞有罪而不罰則士卒疑惑日有費也○杜牧曰修者舉也夫
戰勝攻取若不藉有功舉而賞之則三軍之士必不用命也則有凶咎徒留滯費耗終不成事也○賈林曰費留惜費也○梅堯臣曰欲
戰必勝攻必取者在因利乘便能作爲功也作爲功者修火攻水攻之類不可坐守其利也坐守其利者凶也是謂費留矣○王晳曰戰
勝攻取而不修功賞之差則人不勸不勸則費財老師凶害也已○張預曰戰攻所以能必勝必取者水火之助也水火所以能破軍敗
敵者士卒之用命也不修舉有功而賞之凶咎之道也財竭師老而不得歸費留之謂也故曰明主慮之
良將修之杜牧曰黃石公曰夫霸者制士以權結士以信使士以賞信衰則士疏賞虧則士不爲用○賈林曰明主
慮其事良將修其功○梅堯臣曰始則君發其慮終則將修其功○張預曰君當謀慮攻戰之事將當修舉尅捷之功非利
不動李筌曰明主賢將非見利不起兵○杜牧曰先見起兵之利然後兵起○梅堯臣曰凡兵非利於民不興也一作非利不

用間篇曹操李筌曰戰者必用間諜以知敵之情實也○張預曰欲素知敵情者非間不可也然
用間之道尤須微密故次火攻也
孫子曰凡興師十萬出征千里百姓之費公
家之奉日費千金內外騷動怠於道路不得
操事者七十萬家曹操曰古者八家爲鄰一家從軍七家奉之言十萬之師舉不事耕稼者七十萬
家○李筌曰古者發一家之兵則鄰里三族共資之是以不得耕作者七十萬家而資十萬之衆矣○杜牧曰古者一夫田一頃夫九頃之
地中心一頃鑿井樹廬八家居之是爲井田怠疲也言七十萬家奉十萬之師轉輸疲於道路也○梅堯臣曰輸糧供用公私煩役疲於
道路廢於耒耜也曹說是也○張預曰井田之法八家爲鄰一家從軍七家奉之興兵十萬則輟耕作者七十萬家也或問曰重地則掠

因己之喜怒而用兵當顧利害所在尉繚子曰兵起非可以忿也見勝則興不見勝則止怒可以復喜愠
可以復悅張預曰見於色者謂之喜得於心者謂之悅亡國不可以復存
死者不可以復生杜牧曰亡國者非能亡人之國也言不度德不量力因怒興師因愠合戰則其
兵自死其國自亡者也○杜佑曰凡主怒興軍伐人無素謀明計則破亡矣將愠怒而鬬倉卒而合戰所傷殺必多怒愠復可以說喜言
亡國不可復存死者不可復生者言當慎之○梅堯臣曰一時之怒可返而喜也一時之愠可返而說也國亡軍死不可復已○王晳曰
喜怒無常則威信去矣○張預曰君因怒而興兵則國必亡將因愠而輕戰則士必死故明君慎之良
將警之此安國全軍之道也杜牧曰警言戒之也○梅堯臣曰主當慎重將
當警懼○張預曰君常慎於用兵則可以安國將常戒於輕戰則可以全軍

疲於道路而轉輸何也曰非止運糧亦供器用也且兵貴掠敵者謂深踐敵境則當備其乏故須掠以繼食非專館穀於敵也亦有磧鹵之地無糧可因得不餉乎 相守數年以爭一日之勝而愛爵祿百金不知敵之情者不仁之至也 李筌曰惜爵賞不與間諜令窺敵之動靜是爲不仁之至也○杜牧曰言不能以厚利使間也○梅堯臣曰相守數年則七十萬家所費多矣而乃惜爵祿百金之微不以遺間釣情取勝是不仁之極也○王晳曰悋財賞不用間也○張預曰相持且久七十萬家財力一困不知恤此而反靳惜爵賞之細不以啗間求索知敵情者不仁之甚也 非人之將也 梅堯臣曰非將人成功者也 非主之佐也 一本作非仁之佐也○梅堯臣曰非以仁佐國者也 非勝之主也 梅堯臣曰非致勝主利者也○張預曰不可以將人不可以佐主不可以主勝勤勤而言者嘆惜之也 故明君賢將所以動而勝人成功出於衆者先知也 李筌曰爲間也○杜牧曰知敵情也○梅堯臣曰主不妄動動必勝人將不苟功功必出衆所以者何也在預知敵情也○王晳曰先知敵情制勝如神也○何氏曰周官士師掌邦諜蓋異國間伺之謂也故兵家之有四機二權曰事機曰智權皆善用間諜者也故能敵人動靜我預知矣韋孝寬爲驃騎大將軍鎮玉壁孝寬善於撫御能得人心所遣間諜入齊者皆爲盡力亦有齊人得孝寬金貨遥通書疏故齊之動靜朝廷皆先知之時有主帥許盆孝寬委以心膂令守一戍盆乃以城東入孝寬怒遣諜取之俄而斬首而還其能致物情如此又李達爲都督義州弘農等二十一防諸軍事每厚撫境外之人使爲間諜敵中動靜必先知之至有事泄被誅戮者亦不以爲悔其得人心也如此○張預曰先知敵情故動則勝人功業卓然超絕羣衆 先知者不可取於鬼神 張預曰視之不見聽之不聞不可以禱祀而取 不可象於事 曹操曰不可以禱祀而求亦不可以事類而求也○李筌曰不可取於鬼神象類唯間者能知敵之情○杜牧曰象者類也言不可以他事比類而求○梅堯臣曰不可以卜筮知也不可以象類求也○張預曰不可以事之相類者擬象而求 不可驗於度 曹操曰不可以事數度也○李筌曰度數也夫長短闊狹遠近小大即可驗之於度數人之情僞度不能知也○梅堯臣曰不可以度數驗也言先知之難也○張預曰不可以度數推驗而知 必取於人知敵之情者也 曹操曰因人也○李筌曰因間人也○梅堯臣曰鬼神之情可以卜筮知形氣之物可以象類求天地之理可以度數驗唯敵之情必由間者而後知也○張預曰鬼神象類度數皆不可以求先知必因人而後知敵情也 故用間有五有因間有內間有反間有死間有生間 梅堯臣曰五間之名也○張預曰此五間之名因間當爲鄉間故下文云鄉間可得而使 五間俱起莫知其道是謂神紀人君之寶也 曹操曰同時任用五間也○李筌曰五間者因五人用之○杜牧曰五間俱起者敵人不知其情泄形露之道乃神鬼之綱紀人君之重寶也○梅堯臣曰五間俱起以間敵而莫知我用之之道是曰神妙之綱紀人君之所貴也○王晳曰五間俱起人不之測是用兵神妙之大紀人主之重寶也○賈林曰紀理也言敵人但莫知我以何道如通神理也○張預曰五間循環而用人莫能測其理茲乃神妙之綱紀人君之重寶也 因間者因其鄉人而用之 杜牧曰因敵鄉國之人而厚撫之使爲間也晉豫州刺史祖逖之鎮雍丘愛人下士雖疏交賤隸皆恩禮而遇之河上堡因先有任子在胡者皆聽兩屬時遣游軍僞抄之明其未附諸塢王感戴胡有異圖輒密以聞前後剋獲蓋由於此西魏韋孝寬使齊人斬許盆而來猶其義也○賈林曰讀因間爲鄉間○杜佑曰因敵鄉人知敵表裏虛實之情故就而用之可使伺候也○梅堯臣曰因其國人利而使之○何氏曰如春秋時楚師伐宋九月不服將去宋楚大夫申叔時曰築室反耕者宋必聽命楚子從之宋人懼使華元夜入楚師登子反之牀起之曰寡君使元以病告曰弊

邑易子而食析骸而爨雖然城下之盟有以國斃不能從也去我三十里唯命是聽子反懼與之盟而告楚子退三十里宋及楚平○張預曰因敵國人知其底裏就而用之可使伺候也韋孝寬以金帛啗齊人而齊人遥通書疏是也

內間者因其官人而用之

李筌曰因敵人失職之官魏用許攸也○杜牧曰敵之官人有賢而失職者有過而被刑者亦有寵嬖而貪財者有屈在下位者有不得任使者有欲因敗喪以求展己之材能者有翻覆變詐常持兩端之心者如此之官皆可以潛通問遺厚贶金帛而結之因求其國中之情察其謀我之事復間其君臣使不和同也○杜佑曰因在其官失職者若刑戮之子孫與受罰之家也因其有隙就而用之○梅堯臣曰因其官屬結而用之○何氏曰如益州牧羅尚遣將隗伯攻蜀賊李雄於郫城互有勝負雄乃募武都人朴泰鞭之見血使譎羅尚欲爲內應以火爲期尚信之悉出精兵遣隗伯等率兵從泰擊雄雄將李驤於道設伏泰以長梯倚城而舉火伯軍見火起而爭緣梯泰又以繩汲上尚軍百餘人皆斬之雄因放兵內外擊之大破尚軍此用內間之勢也又隋陰壽爲幽州總管高寶寧舉兵反壽討之寶寧奔于磧北壽班師留開府成道昂鎮之寶寧遣其子僧伽率輕騎掠城下而去尋引契丹靺鞨之衆來攻道昂苦戰連月乃退壽患之於是重購寶寧又遣人陰間其所親任者趙世模王威等月餘世模率其衆降寶寧復走契丹爲其麾下趙修羅所殺北邊遂安又唐太宗討竇建德入武牢進薄其營多所傷殺凌敬進說曰宜悉兵濟河攻取懷州河陽使重將居守更率衆鳴鼓建旗踰太行入上黨先聲後實傳檄而定漸趨壺口稍駭蒲津收河東之地此策之上也行必有三利一則入無人之境師有萬全二則拓土得兵三則鄭圍自解建德將從之王世充之使長孫安世陰齎金玉啗其諸將以亂其謀衆咸進諫曰凌敬書生耳豈可與言戰乎建德從之退而謝敬曰今衆心甚鋭此天贊我矣因此決戰必然大捷已依衆議不得從公言也敬固爭建德怒扶出焉於是悉衆進逼武牢太宗按甲挫其鋭建德中槍竄於牛口渚車騎將軍白士讓楊武威生獲之又王翦爲秦將攻趙趙使李牧司馬尚禦之李牧數破走秦軍殺秦將桓齮翦惡之乃多與趙王寵臣郭開等金使爲反間曰李牧司馬尚欲與秦反趙以多取封於秦趙王疑之使趙蔥及顏聚代將斬李牧廢司馬尚後三月翦因急擊趙大破殺趙蔥虜趙王遷及其將顏聚也○張預曰因其失意之官或刑戮之子弟凡有隙者厚利使之晉任析公吳納子胥皆近之

反間者因其敵間而用之

李筌曰敵有間來窺我得失我厚賂之而令反爲我間也○杜牧曰敵有間來窺我我必先知之或厚賂誘之反爲我用或佯爲不覺示以僞情而縱之則敵人之間反爲我用也陳平初爲漢王護軍尉項羽圍於滎陽城漢王患之請割滎陽以西和項王弗聽平曰顧楚有可亂者彼項王骨鯁之臣亞父鍾離眛龍且周殷之屬不過數人耳大王能出捐數萬斤金行反間間其君臣以疑其心項王爲人意忌信讒必內相誅漢因舉兵而攻之破楚必矣漢王以爲然乃出黃金四萬斤與平恣所爲不問出入平既多以金縱反間於楚軍宣言諸將鍾離眛等爲項王將功多矣然終不得列地而王欲與漢爲一以滅項氏分王其地項王果疑之使使至漢漢爲太牢之具舉進見楚使即陽驚曰吾以爲亞父使乃項王使也復持去以惡草具進楚使使歸具以報項王果大疑亞父亞父欲急擊下滎陽城項王不信不肯聽亞父亞父聞項王疑之乃大怒疽發而死卒用陳平之計滅楚也○梅堯臣曰或以僞事紿之或以厚利啗之○王晳曰反間反爲我間也或留之使言其情又或示以詭形而遣之○何氏曰如燕昭王以樂毅爲將破齊七十餘城及惠王立與樂毅有隙齊將田單乃縱反間於燕宣言曰齊王已死城之不拔者二耳樂毅畏誅而不敢歸以伐齊爲名實欲連兵南面而王齊齊人未附故且緩即墨以待其事齊人所懼唯恐他將之來即墨殘矣燕王以爲然使騎劫代樂毅燕人士卒離心單又縱反間曰吾懼燕人掘吾城外冢墓戮辱先人燕軍從之即墨人激怒請戰大破燕師所亡七十餘城悉復之又秦師圍趙閼與趙將趙奢救之去趙國都三十里不進秦間來奢善食遣之間以報秦將以爲奢師怯弱而止不行奢隨而卷甲趨秦師擊破之又范睢爲秦昭王相使左庶長王齕攻韓取上黨上黨民走趙趙軍長平齕因攻趙趙使廉頗將廉頗堅壁以待秦秦數挑戰趙兵不出趙王數以爲讓而睢使人行千金於趙爲反間曰秦之所惡獨畏趙括耳廉頗軍易與且降矣趙王既怒廉頗軍多亡失數敗又反堅壁不戰又聞秦反間之言因使括代頗秦聞括將以白起爲上

詐告敵事决必殺之也○何氏曰如戰國鄭武公欲伐胡先以其子妻胡因問羣臣曰吾欲用兵誰可伐者大夫關思期曰胡可武公怒而戮之曰胡兄弟之國子言伐之何也胡君聞之以鄭為親已不備鄭襲而取之此用死間之勢也又班超發于闐諸國兵擊莎車龜兹二國揚言兵少不敵罷散乃陰緩生口歸以告龜兹王喜而不虞超即潛勒兵馳赴莎車大破降之斯亦同死間之勢又李靖伐突厥頡利可汗以唐儉先在突厥結和親突厥不備靖因掩擊破之○張預曰欲使敵人殺其賢能乃令死士持虛偽以赴之吾間至敵為彼所得彼以誑事為實必俱殺之我朝曹太尉嘗貸人死使偽為僧吞蠟彈入西夏至則為其所囚僧以彈告即下之開讀乃所遺彼謀臣書也戎主怒誅其臣并殺間僧此其義也然死間之事非一或使吾間詒敵約和我反伐之則間者立死酈生烹於齊王唐儉殺於突厥是也

生間者反報也 李筌曰往來之使○杜牧曰往來相通報也生間者必取內明外愚形劣心壯趫捷勁勇閑於鄙事能忍飢寒垢耻者為之○賈林曰身則公行心乃私覘往反報復常無所害故曰生間○杜佑曰擇已有賢材智謀能自

將軍射殺括及坑降卒四十萬○張預曰敵有間來或重賂厚禮以結之告以偽辭或佯為不知蹤而慢之示以虛事使之歸報則反為我利也趙奢善食秦間漢軍佯驚楚使是也

死間者為誑事於外令吾間知之而傳於敵間也 李筌曰情詐為不足信吾知之令吾動也間而待之此筌以待字為非傳也○杜牧曰誑者詐也言吾間在敵未知事情我則詐立事跡令吾間憑其詐迹以輸誠於敵而得敵信也若我進取與詐跡不同間者不能脫則為敵所殺故曰死間也漢王使酈生說齊下之齊罷守備韓信因而襲之田横怒烹酈生此事相近○杜佑曰作誑詐之事於外佯漏泄之使吾間知之吾間至敵中為敵所得必以誑事諭敵敵從而備之吾所行不然間則死矣又云敵間來聞我誑事以持歸然皆非所圖也二間皆不能知幽隱深密故曰死間也蕭世誠曰所獲敵人及已叛云軍士有重罪繫者故為貸免相勑勿泄佯不祕密令敵間竊聞之吾因縱之使云云必歸敵必信焉往必死故曰死間○梅堯臣曰以誑告敵事乖必殺○王晳曰詐吾間使敵得之間以吾

而賴其用○梅堯臣曰爵祿金帛我無愛焉○王晳曰軍功之賞莫厚於此○張預曰非高爵厚利不能使間陳平曰願出黄金四十萬斤間楚君臣

事莫密於間 杜牧曰出口入耳也密一作審○杜佑曰間事不密則為己害○梅堯臣曰幾事不密則害成○王晳曰獨將與謀○張預曰惟將與間得聞其事非密與

非聖智不能用間 杜牧曰先量間者之性誠實多智然後可用之厚貌深情險於山川非聖人莫能知○梅堯臣曰知其情偽辨其邪正則能用○王晳曰聖通而先識智明於事○張預曰聖則事無不通智則洞照幾先然後能為間事或曰聖智則能知人

非仁義不能使間 陳皞曰仁者有恩以及人義者得宜而制事主將者既能仁結而義使則間者盡心而覘察樂為我用也○孟氏曰太公曰仁義著則賢者歸之賢者歸之則其間可用也○梅堯臣曰撫之以仁示之以義則能使○王晳曰仁結其心義激其節仁義使人有何不可○張預曰仁則不愛爵賞義則果決無疑既啗以厚利又待以至誠則間者竭力

非微妙不

閒通於敵之親貴察其動靜知其事計彼所為已知其實還以報我故曰生間○梅堯臣曰使智辨者往覘其情而以歸報也○何氏曰如華元登子反之牀而歸又如隋達奚武為東秦刺史時齊神武趣沙苑太祖遣武覘之武從三騎皆衣敵人衣服至日暮去營數百步下馬潛聽得其軍號因上馬歷營若警夜者有不如法者往往撻之具知敵之情狀以告太祖太祖深嘉焉遂破之○張預曰選智能之士往視敵情歸以報我若婁敬知匈奴之強以告高祖之類然生間之事亦衆或已欲退告敵以戰或已欲戰告敵以退若秦行人夜戒晉師曰來日請相見臾駢曰使者目動而言肆懼我也秦果夜遁又呂延攻乞伏乾歸大敗之乾歸乃遣間稱東奔成紀延信而追之耿稚曰告者視高而色動必有姦計延不從遂為所敗是也

故三軍之事莫親於間 杜牧曰受辭指蹤在於卧內○杜佑曰若不親撫重以祿賞則反為敵用洩我情實○梅堯臣曰入幄受詞最為親近○王晳曰以腹心親結之○張預曰三軍之士然皆親撫獨於間者以腹心相委是最為親密也

賞莫厚於間 杜佑曰以重賞賞之

斬此是已發其事尚不欲泄況未發乎 凡軍之所欲擊城之所欲攻人之所欲殺必先知其守將左右謁者門者舍人之姓名令吾間必索知之 李筌曰知其姓名則易取也○杜牧曰凡欲攻戰先須知敵所用之人賢愚巧拙則量材以應之漢王遣韓信曹參灌嬰擊魏豹問曰魏大將誰也對曰柏直漢王曰是口尚乳臭不能當韓信騎將誰也曰馮敬曰是秦將馮無擇子也雖賢不能當灌嬰步卒將誰也曰項它曰是不能當曹參吾無患矣○陳皥曰此言敵人左右姓名必須我先知之或敵使間來我當使間去若不知其左右姓名則不能成間者之說漢高伐秦至嶢關張良曰吾聞其將賈豎爾可以利啗之又曰其將雖曰欲和其軍士未肯不如因其懈而擊之乃進兵擊破之又宋華元夜登子反之床以告宋病若非素知門人舍人左右姓名先使間導之又何由得登其床也○杜佑曰守謂官守職任者謁告也主告事者也門者守門者也舍人守舍之人

能得間之實 杜牧曰間亦有利於財寶不得敵之實情但將虛辭以赴我約此須用心淵妙乃能酌其情偽虛實也○杜佑曰用意密而不漏○梅堯臣曰防間反為敵所使思慮故宜幾微臻妙○王晳曰謂間者必性識微妙乃能得所間之事實○張預曰間以利害來告須用心淵微精妙乃能察其真偽 微哉微哉無所不用間也 杜牧曰言每事皆須先知也○梅堯臣曰微之又微則何所不知○王晳曰丁寧之當事事知敵之情也○張預曰密之又密則事無巨細皆先知也 間事未發而先聞者間與所告者皆死 杜牧曰告者非誘間者則不得知間者之情殺之可也○陳皥曰間者未發其事有人來告其間者所告者亦與間者俱殺以滅口無令敵人知之○梅堯臣曰殺間者惡其泄殺告者滅其言○何氏曰兵謀大事泄者當誅告人亦殺恐傳諸衆○張預曰間敵之事謀定而未發忽有聞者來告必與間俱殺之一惡其泄一滅其口秦已間趙不用廉頗秦乃以白起為將令軍中曰有泄武安君將者

曰索求也求敵間之來窺我者因以厚利誘導而館舍之使反為我間也言舍之者謂稽留其使也淹延既久論事必多我因得察敵之情下文言四間皆因反間而知非久留其人極論其事則何以悉知 因是而知之故鄉間內間可得而使也 杜牧曰若敵間以利導之尚可使為我反間因此乃知厚利亦可使鄉間內間也此言使間非利不可故上文云相守數年爭一日之勝而愛爵祿百金不知敵情者不仁之至也下文皆同其義也○陳皥曰此說疎也言敵使間來以利啗之誘令止舍因得敵之情因間內間可使反間誘而使之○杜佑曰因反敵間而知敵情鄉間者皆可得使○梅堯臣曰其國人之可使者其官人之可用者皆因反間而知之○張預曰因是反間知彼鄉人之貪利者官人之有隙者誘而使之 因是而知之故死間為誑事可使告敵 張預曰因是反間知彼可誑之事使死間往告之 因是而知之故生間可使如期 杜牧曰可使往

也必先知之為親舊有急則呼之則不可不知亦因此知敵之情○梅堯臣曰凡敵之左右前後之姓名皆須審省而令吾間先知則吾間可行矣○王晳曰不可臨事求也○張預曰守將守官任職之將也謁者典賓客之官也門者閽吏也舍人守舍之人也凡欲擊其軍欲攻其城欲殺其人必先知此左右之姓名則可也欲潛入其軍則呼其姓名而往若華元夜登子反之床以告宋病杜元凱註引此文謂元用此術得以自通是也又漢高祖入韓信卧內取其印亦近之 必索敵人之間來間我者因而利之導而舍之 杜佑曰舍居止也令吾人遺以重利復遇而舍之則可令詭其辭 故反間可得而用也 曹操曰舍居止也○杜牧曰敵間之來必誘以厚利而止舍之使為我反間也○杜佑曰故能取敵之間而用之○梅堯臣曰必探索知敵之來間者因而利誘之引而舍止之然後可為我反間也○王晳曰此留敵間以詢其情者也必謹舍之曲為辯說深致情愛然後啗以大利咸以大刑自非至忠於其君王者皆為我用矣○張預

而殷任之殷不能用而罔用之其成大功者為民也○何氏曰伊呂聖人之耦豈為人間哉今孫子引之者言五間之用須上智之人如伊呂之才智者可以用間蓋重之之辭耳○張預曰伊尹夏臣也後歸于殷呂望殷臣也後歸于周伊呂相湯武以兵定天下者順乎天而應乎人也非同伯州犁之奔楚苗賁皇之適晉狐庸之在吳士會之居秦也故惟明君賢將能以上智為間者必成大功此兵之要三軍之所恃而動也李筌曰孫子論兵始于計而終於間者蓋不以攻為主為將者可不慎之哉○杜牧曰不知敵情軍不可動知敵之情非間不可故曰三軍所恃而動李靖曰夫戰之取勝此豈求於天地在乎因人以成之歷觀古人之用間其妙非一即有間其君者有間其親者有間其賢者有間其能者有間其助者有間其鄰好者有間其左右者有間其縱橫者故子貢史廖陳軫蘇秦張儀范睢等皆憑此而成功也且間之道有五焉有因其邑人使潛伺察而致辭焉有因其仕子故洩虛假令告示焉有因敵之使

來如期○陳皞曰言五間皆循環相因惟生間可使如期○杜佑曰因誑事而知敵情生間往返可使知其敵之腹心所在○梅堯臣曰令吾間以誑告敵者須因反間而知敵之可誑也生間以利害覘敵情須因反間而知其疎密則可往得實而歸如期也○張預曰因是反間知彼之情故生間可往復如期也五間之事主必知之李筌曰孫子殷勤於五間主切知之知之必在於反間故反間不可不厚也杜牧曰鄉間內間死間生間四間者皆因反間知敵情而能用之故反間最切不可不厚也○杜佑曰人主當知五間之用厚其祿豐其財而反間者又五間之本事之要也故當在厚待○梅堯臣曰五間之始皆因緣於反間故當厚遇之○張預曰人主當用五間以知敵情然五間皆因反間而用則是反間者豈可不厚待之耶昔殷之興也伊摯在夏曹操曰伊摯伊尹也周之興也呂牙在殷曹操曰呂牙太公也○梅堯臣曰伊尹呂牙非叛於國也夏不能任

可用乎○陳皞曰晉伯州犁奔楚楚苗賁皇奔晉及晉楚合戰於鄢陵苗賁皇在晉侯之側伯州犁侍于楚王二人各言舊國長短之情然則晉所以勝楚者楚所以敗者其故何也二子則有優劣也是知用間之道間敵之情得不慎擇其人深究其說也故上文云非聖智莫能用間者夫聖智知人人即附之賢者受知則勠力為效非聖非智必猜必忌公道不啓仁義不施則義士賢人因而銜憤此將上天不祐幽有鬼神設無人事之變恐有陰誅之禍豈上智之士為其用哉故上文云非仁義莫能使間然則湯武之聖伊呂宜用伊呂獲用事宜必濟聖賢一會交泰時乘道合乾坤功格寰宇當其耕夫於畎畝釣叟於渭濱知我者誰能無念也○賈林曰軍無五間如人之無耳目也○王晳曰未知敵情者不可動也○張預曰用師之本在知敵情故曰此兵之要也未知敵情則軍不可舉故曰三軍所恃而動也然㝡十三篇之末者蓋用非兵之常也若計戰攻形勢虛實之類兵動則用之至於火攻與間則有時而為耳

矯其事而返之焉有審擇賢能使覘彼向背虛實而歸說之焉有佯緩罪戾微漏我偽情浮計使亡報之焉凡此五間皆須隱祕重之以賞密之又密始可行焉若敵有寵嬖任以腹心者我當使間遺其珍玩恣其所欲順而旁誘之敵有重臣失勢不滿其志者我則啗以厚利誘相親附採其情實而致之敵有親貴左右多辭誇誕好論利害者我則使間曲情尊奉厚遺珍寶揣其所間而反間之敵若使聘於我我則稽留其使令人與之共處矯致慇懃偽相親暱朝夕慰諭倍供珍味觀其辭色而察之仍朝夕令使獨與己伴居我遣聰耳者潛於複壁中聽之使既遲違恐彼怪責必是竊論心事我知事計遣使用之且夫用間間人人亦用間以間己己以密往人以密來理須獨察於心參會於事則不失矣若敵人來欲候我虛實察我動靜覘知事計而行其間者我當佯為不覺舍止而善飯之微以我偽言誑事示以前却期會則我之所須為彼之所失者因其有間而反間之彼若將我虛以為實我即乘之而得志矣夫水所以能濟舟亦有因水而覆沒者間所以能成功亦有憑間而傾敗者若束髮事主當朝正色忠以盡節信以竭誠不詭伏以自容不權宜以為利雖有善間其

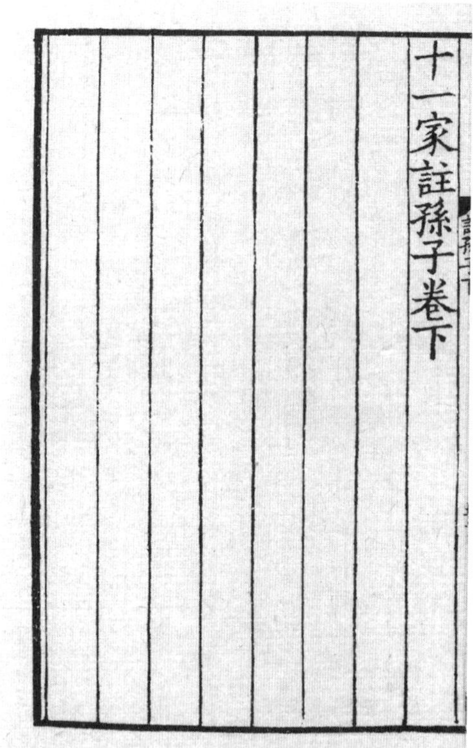

十一家註孫子卷下

日本《古文孙子》一卷

古文
孫子正文 全
仙臺櫻田廸校正并訓點
畧解三卷附
濟美館藏板

古文孫子正文
四八一

序

古文孫子序

孫子十三篇。兵家之祖。韜略之神髓。萬世不刊之書。猶儒家之有論語也。吾邦所存論語。常家本。清原家本。足利學校本。及梁皇侃義疏本。其流傳皆在唐朝。而與朱子集註本多異同。蓋南

三
古文孫子正文
四八三

序

宋偏安。僅有江左半壁之地。故朱子所見不過邢疏本。豈非皇朝百代一系。無鼎革之變。故古書之佚於彼。而存于我者多也耶。仙臺櫻田子惠。舊藏古本孫子。校之魏武註本。大有異同。意亦佚於彼者。今本九篇變云。

四
孫子集成
四八四

序

圮地無舍。衢地合交。絕地無留。圍地則謀。死地則戰。夫篇稱九變。則篇中必當有九變之目。觀九地篇之例可知矣。而今本所舉者。止五事耳。古本則云。高陵勿向。背丘勿逆。佯北勿從。銳卒勿攻。餌兵勿食。歸師勿遏。圍師

五
古文孫子正文
四八五

注：扉页四八一页后一页四八二为白页，故影印件未收录四八二页。

序

勿圍。窮寇勿逼。絶地勿留。九變
之目。明白如此。其為孫子真本
也昭昭矣。今本圮地以下二十
字。九地篇論之詳矣。不宜纂出
於此。蓋橫錯也。且九變篇。與軍
爭篇相接。故本文誤跳于上篇
之末。而魏武以來。輾誤踵謬已

序

久。歷代兵家自不覩真鼎。故註
釋回護紛駁。可發一笑。今也古
本一出。千古之昏夢始醒矣。今
本用間篇云。死間者。為誑事於
外。令吾聞知之。而傳於敵間也。
生間者。反報也。古本則云。死間
者。委敵也。生間者。反報也。此亦

序

簡錬明潔。過今本遠甚。其它小
異同。亦多優於今本。其為魏武
以前之書無疑也。嗚呼孫子用
兵之妙。悉備於十三篇。而其真
本乃湮滅沈蘊於二千年之間。
歷代兵家所未夢見者。一旦出
於我東方君子之邦。與菅清二

序

家畧論定傳。洵可謂曠代之珍
籍。振古之奇事也已。然此書晚
出。不啻如古文尚書之出於東
晉。世或疑之。唯具眼者。當自能
辨之。冀贊吾言。

嘉永四年辛亥秋七月

昌平學教官安積信撰

序

竹口貞齋摹

内史

川上由書

十

今文無上篇字

今文作始計第一

[illegible]

今文無也故字

今文危下有也字

孫子上篇

計篇第一

孫子曰兵者國之大事也死生之地存亡之
道不可不察焉故經之以五事校之以七計
而索其情一曰道二曰天三曰地四曰將五
曰法道者令民與上同意也故可與之死可
與之生而不畏危天者陰陽寒暑時制也地
者遠近險易廣狹死生也將者智信仁勇嚴

孫子上篇 計篇 十一

也法者曲制官道主用也凡此五者將莫不
聞知之者勝不知者不勝故校之以計而索
其情曰主孰有道將孰有能天地孰得法令
孰行兵衆孰强賞罰孰明吾以此知勝負矣
將聽吾計用之必勝留之將不聽吾計用之
必敗去之計利以聽乃爲之勢以佐其外勢
者因利而制權也兵者詭道也故能而示之
不能用而示之不用近而示之遠遠而示之

孫子上篇 計篇 十二

今文作作戰第二

近利而誘之亂而取之實而備之强而避之
怒而撓之卑而驕之佚而勞之親而離之攻
其無備出其不意此兵家之勝不可先傳也
夫未戰而廟算勝者得算多也未戰而廟算
不勝者得算少也多算勝少算不勝而況於
無算乎吾於此觀之勝負見矣

戰篇第二

孫子曰凡用兵之法馳車千駟革車千乘帶

孫子上篇 戰篇 十三

甲十萬千里饋糧內外之費賓客之用膠漆
之材車甲之奉日費千金然後十萬之師舉
矣其用戰也勝久則鈍兵挫鋭攻城則力屈
久暴師則國用不足夫鈍兵挫鋭屈力殫貨
則諸侯乘其弊而起雖有智者不能善其後
矣故兵聞拙速未覩巧之久也夫兵久而國
利者未之有也故不盡知用兵之害者則不
能盡知用兵之利也善用兵者役不再籍糧

也車之間一本有故字

不三載取用於國因糧於敵故軍食可足也
國之貧於師者遠輸遠輸則百姓貧近師者
貴賣貴賣則百姓財竭財竭則急於丘役力
屈財殫中原內虛於家百姓之費十去其七
公家之費破軍罷馬甲冑弓矢戟楯矛櫓丘
牛大車十去其六故智將務食於敵食敵一
鍾當吾二十鍾萁稈一石當吾二十石故殺
敵者怒也取敵之利者貨也車戰得車十乘

今文作謀攻第三

以上賞其先得者而更其旌旗車雜而乘之
卒善而養之是謂勝敵而益強故兵貴勝不
貴久故知兵之將民之司命國家安危之主
也

攻篇第三

孫子曰凡用兵之法全國爲上破國次之全
軍爲上破軍次之全旅爲上破旅次之全卒
爲上破卒次之全伍爲上破伍次之是故百

[illegible]

戰百勝非善之善者也不戰而屈人之兵善
之善者也故上兵伐謀其次伐交其次伐兵
其下攻城攻城之法爲不得已也修櫓轒轀
具器械三月而後成距堙又三月而後已將
不勝其忿而蟻附之殺士卒三分之一而城
不拔者此攻之災也故善用兵者屈人之兵
而非戰也拔人之城而非攻也毀人之國而
非久也必以全爭於天下故兵不頓而利可

今文無者字不在字君上軍字在下

全此謀攻之法也。故用兵之法。十則圍之。五則攻之。倍則分之。敵則能戰之。少則能逃之。不若則能避之。故小敵之堅。大敵之擒也。夫將者國之輔也。輔周則國必強。輔隙則國必弱。故軍之所以患於君者三。不知軍之不可以進而謂之進。不知軍之不可以退而謂之退。是謂縻軍。不知三軍之事。而同三軍之政。則軍士惑矣。不知三軍之權。而同三軍之任。

今文矣三之間無是謂亂軍四字引之間有亂軍二字

今文作軍形第四

則軍士疑矣。是謂亂軍。三軍既惑且疑。則諸侯之難至矣。是謂引勝。故知勝有五。知可以與戰不可以與戰者勝。識衆寡之用者勝。上下同欲者勝。以虞待不虞者勝。將能而君不御者勝。此五者知勝之道也。故曰。知彼知己。百戰不殆。不知彼而知己。一勝一負。不知彼。不知己。每戰必敗。

形篇第四

孫子曰。昔之善戰者。先爲不可勝。以待敵之可勝。不可勝在己。可勝在敵。故善戰者。能爲不可勝。不能使敵之必可勝。故曰。勝可知而不可爲。不可勝者守也。可勝者攻也。守則不足。攻則有餘。善守者。藏於九地之下。善攻者。動於九天之上。故能自保而全勝也。見勝不過衆人之所知。非善之善者也。戰勝而天下曰善。非善之善者也。故舉秋毫不爲多力。見

措勝之間一本有必字

日月不爲明目。聞雷霆不爲聰耳。古之所謂善戰者。勝於易勝者也。故善戰者之勝也。無智名。無勇功。故其戰勝不忒。不忒者。其所措勝。勝已敗者也。故善戰者。立於不敗之地。而不失敵之敗也。是故勝兵先勝。而後求戰。敗兵先戰。而後求勝。善用兵者。修道而保法。故能爲勝敗之政。兵法。一曰度。二曰量。三曰數。四曰稱。五曰勝。地生度。度生量。量生數。數生

溪一本作谿

今文作兵勢第五

今文凡下無用兵二字

孫子上篇 勢篇

稱稱牛勝。故勝兵若以鎰稱銖，敗兵若以銖稱鎰。勝者之戰，若決積水於千仞之溪者，形也。

勢篇第五

孫子曰。凡用兵治眾，如治寡。分數是也。鬬眾如鬬寡。形名是也。三軍之眾，可使必受敵而無敗者。奇正是也。兵之所加，如以碬投卵者。虛實是也。凡戰者。以正合，以奇勝。故善出奇

孫子上篇 勢篇

者。無窮如天地，不竭如江海。終而復始。日月是也。死而更生。四時是也。聲不過五。五聲之變不可勝聽也。色不過五。五色之變不可勝觀也。味不過五。五味之變不可勝嘗也。戰勢不過奇正。奇正之變不可勝窮也。奇正相生。如循環之無端。孰能窮之哉。激水之疾至於漂石者。勢也。鷙鳥之疾至於毀折者。節也。故善戰者。其勢險。其節短。勢如彍弩，節如發機。

今文卒作本一本作卒責於之閒有之字

用今文作戰

孫子上篇 勢篇

紛紛紜紜。鬬亂而不可亂。渾渾沌沌。形圓而不可敗。亂生於治。怯生於勇。弱生於強。治亂數也。勇怯勢也。強弱形也。故善動敵者。形之，敵必從之。予之，敵必取之。以利動之。以卒待之。故善戰者。求之於勢。不責於人。故能擇人而任勢。任勢者。其用人也如轉木石。木石之性。安則靜。危則動。方則止。圓則行。故善戰人之勢。如轉圓石於千仞之山者。勢也。

今文無篇字

今文無用兵二字

孫子上篇 虛實篇

虛實篇第六

孫子曰。凡用兵先處戰地而待敵者佚。後處戰地而趨戰者勞。故善戰者。致人而不致於人。能使敵人自至者。利之也。能使敵人不得至者。害之也。故敵佚能勞之。飽能饑之。安能動之。出其所必趨。趨其所不意。行千里而不勞者。行於無人之地也。攻而必取者。攻其所不守也。守而必固者。守其所不攻也。故善攻

者敵不知其所守善守者敵不知其所攻微乎微乎至於無形神乎神乎至於無聲故能爲敵之司命進而不可禦者衝其虛也退而不可追者速而不可及也故我欲戰敵雖高壘深溝不得不與我戰者攻其所必救也我不欲戰雖畫地而守之敵不得與我戰者乖其所之也故形人而我無形則我專而敵分我專爲一敵分爲十是以十攻其一也則我

衆敵寡能以衆擊寡則吾之所與戰者約矣吾所與戰之地不可知不可知則敵所備者多敵所備者多則吾所與戰者寡矣故備前則後寡備後則前寡備左則右寡備右則左寡無所不備則無所不寡寡者備人者也衆者使人備己者也故知戰之地知戰之日則可千里而會戰不知戰地不知戰日則左不能救右右不能救左前不能救後後不能救

千今文作十書作尖

勝哉之閒一本有敗字

前而況遠者數十里近者數里乎以吾度之越人之兵雖多亦奚益於勝哉故曰勝可爲也敵雖衆可使無鬬故策之而知得失之計作之而知動靜之理形之而知死生之地角之而知有餘不足之處故形兵之極至於無形無形則深間不能窺智者不能謀因形而措勝於衆衆不能知人皆知我所以勝之形而莫知吾所以制勝之形故其戰勝不復而

今文勝滿之閒有者字

今文作軍爭第七

應形於無窮夫兵形象水水之形避高而趨下兵之形避實而擊虛水因地而制流兵因敵而制勝故兵無常勢水無常形能因敵變化而取勝謂之神故五行無常勝四時無常位日有短長月有死生

爭篇第七

孫子曰凡用兵之法將受命於君合軍聚衆交和而舍莫難於軍爭軍爭之難者以迂爲

今文患下有故字眾作軍

直。以患爲利。故迂其途。而誘之以利。後人發。
先人至。此知迂直之計者也。軍爭爲利。眾爭
爲危。舉軍而爭利。則不及。委軍而爭利。則輜
重損。是故卷甲而趨。日夜不處。倍道兼行。百
里而爭利。則擒三將軍。勁者先。疲者後。其法
十一而至。五十里而爭利。則蹶上將軍。其法
半至。三十里而爭利。則三分之二至。是故軍
無輜重則亡。無糧食則亡。無委積則亡。故不

道一本作導

今文無陽字遂作旅

知諸侯之謀者。不能豫交。不知山林險阻沮
澤之形者。不能行軍。不用鄉導者。不能得地
利。故兵以詐立。以利動。以分合爲變者也。故
其疾如風。其徐如林。侵掠如火。不動如山。難
知如陰。陽動如雷霆。掠鄉分眾。廓地分利。懸
權而動。先知迂直之計者勝。此軍爭之法也。
軍政曰。言不相聞。故爲之金鼓。視不相見。故
爲之旌旗。夫金鼓旌旗者。所以一人之耳目。

兩勿字今文作其

治變者也下今文有故用兵之法高陵勿向云云四十三字

也。人既專一。則勇者不得獨進。怯者不得獨
退。此用眾之法也。故夜戰多火鼓。晝戰多旌
旗。所以變人之耳目也。三軍可奪氣。將軍可
奪心。是故朝氣銳。晝氣惰。暮氣歸。善用兵者。
避其銳氣。擊其惰歸。此治氣者也。以治待亂。
以靜待譁。此治心者也。以近待遠。以佚待勞。
以飽待饑。此治力者也。勿邀正正之旗。勿擊
堂堂之陣。此治變者也。

今文無謀字

今文與將下有圮地無舍衢地合交絕地無留圍地則謀死地則戰二十字而無高陵勿向云云三十六字

將受命於君合軍聚眾九字恐衍文宜刪去

勿留今文作泛關今文勿留下有此則

九變篇第八

孫子曰。凡用兵之法。將受命於君合軍聚眾
高陵勿向。背丘勿逆。佯北勿從。銳卒勿攻。餌
兵勿食。歸師勿遏。圍師勿周。窮寇勿逼。絕地
勿留。途有所不由。軍有所不擊。城有所不攻。
地有所不爭。君命有所不受。故將通於九變
之利者。知用兵矣。將不通於九變之利。雖知
地形。不能得地利矣。治兵不知九變之術者。

兵之法也六字連作變地利之閒有之字術勝之閒無者字

雖知五利，不能得人之用矣。是故智者之慮。
必雜於利害，雜於利，而務可信也。雜於害而
患可解也。是故屈諸侯者。以害，役諸侯者。以
業，趨諸侯者。以利。故用兵之法。無恃其不來，
恃吾有以待之，無恃其不攻，恃吾有所不可
攻也。故將有五危。必死可殺。必生可虜。忿速
可侮，廉潔可辱，愛民可煩。凡此五者。將之過
也。用兵之灾也。覆軍殺將。必以五危，不可不

今文無此用兵之法五字者是也宜削上今文無篇字

敵絕迎敵二敵字今文作客而下無於字

莫今文作勿

察此用兵之法也。

行軍篇第九

孫子曰。凡處軍相敵，絕山。依谷，視生處高，戰
隆無登。此處山之軍也。絕水。必遠水，敵絕水，
而來，勿迎之，於水內。令半濟，而擊之，利。欲戰
者。無附於水而迎敵，視生處高，無迎水流，此
處水上之軍也。絕斥澤，唯亟去，莫留，若交軍，
於斥澤之中。必依水草而背眾樹，此處斥澤

凡四之閒今文有此字

堤今文作隄

定下今文有也字

今文[illegible]作[illegible]蒹葭二字作林木下

之軍也。平陸處易，右背高，前死後生，此處平
陸之軍也。凡四軍之利，黃帝之所以勝四帝
也。凡軍好高而惡下，貴陽而賤陰，養生處實，
軍無百疾。是謂必勝，丘陵堤防。必處其陽，而
右背之。此兵之利。地之助也。上雨水沫至，欲
涉者。待其定。凡地有絕澗。天井天牢天羅天
陷天隙。必亟去之，勿近也。吾遠之，敵近之，吾
迎之，敵背之，軍傍有險阻潢井蒹葭林木翳

上薈下有者字必下有謹字

今文無[illegible]字

今文走下有而字

薈。必覆索之。此伏姦之所也。近而靜者。恃其
險也。遠而挑戰者。欲人之進也。其所居易者。
利也。眾樹動者。來也。眾草多障者。疑也。鳥起
者。伏也。獸駭者。覆也。塵高而銳者。車來也。塵
卑而廣者。徒來也。散而條達者。樵採也。少而
往來者。營軍也。辭卑而益備者。進也。辭強而
進驅者。退也。輕車先出居其側者。陣也。無約
而請和者。謀也。奔走陳兵者。期也。半進半退

杖一本作仗今文無複字利下有而字不下有知字

旌今文作旗

諄諄今文作翕翕

解今文作相聊作候

者誘也。杖而後立者，饑也。汲而先飲者，渴也。
見利不進者，勞也。鳥集者，虛也。夜呼者，恐也。
軍擾者，將不重也。旌旗動者，亂也。吏怒者，倦
也。殺馬肉食者，軍無糧也。懸缶不返其舍者，
窮寇也。諄諄諭諭徐與人言者，失眾也。數賞
者，窘也。數罰者，困也。先暴而後畏其眾者，不
精之至也。來委謝者，欲休息也。兵怒而相迎，
久而不合，又不解去，必謹察之。兵非貴益多，

雖無武進，足以併力料敵取人而已。夫唯無
慮而易敵者，必擒於人。卒未親附而罰之，則
不服，不服則難用也。卒已親附而罰不行，則
不可用也。故令之以文，齊之以武，是謂必取。
令素行以教其民，則民服；令不素行以教其
民，則民不服。令素行者，與眾相得也。

今文無孫子下篇四字

今文無形篇字

孫子下篇

地形篇第十

孫子曰：地形有通者，有掛者，有支者，有隘者，
有險者，有遠者。我可以往，彼可以來，曰通。通
形者，先居高陽，利糧道，以戰則利。可以往，難
以返，曰掛。掛形者，敵無備，出而勝之；敵若有
備，出而不勝，難以返，不利。我出而不利，彼出
不利，曰支。支形者，敵雖利我，我無出也，引而

去之，令敵半出而擊之，利。隘形者，我先居之，
必盈之以待敵。若敵先居之，盈而勿從，不盈
而從之。險形者，我先居之，必居高陽以待敵。
若敵先居之，引而去之，勿從也。遠形者，勢均
難以挑戰，戰而不利。凡此六者，地之道也。將
之至任，不可不察也。故兵有走者，有弛者，有
陷者，有崩者，有亂者，有北者。凡此六者，非天
地之災，將之過也。夫勢均，以一擊十，曰走。卒

王本作彊

彊吏弱曰弛吏強卒弱曰陷大吏怒而不服遇敵懟而自戰將不知其能曰崩將弱不嚴教道不明吏卒無常陳兵縱橫曰亂將不能料敵以少合衆以弱擊強兵無選鋒曰北凡此六者敗之道也將之至任不可不察也夫地形者兵之助也料敵制勝計險阨遠近上將之道也知此而用戰者必勝不知此而用戰者必敗故戰道必勝主曰無戰必戰可也

戰道不勝主曰必戰無戰可也故進不求名退不避罪惟民是保而利於主國之寶也視卒如嬰兒故可與之赴深谿視卒如愛子故可與之俱死愛而不能令厚而不能使亂而不能治譬如驕子不可用也知吾卒之可以擊而不知敵之不可擊勝之半也知敵之可擊而不知吾卒之不可以擊勝之半也知敵之可擊知吾卒之可以擊而不知地形之不

今文無篇字

今文無凡字

可以戰勝之半也故知兵者動而不迷舉而不窮故曰知彼知己勝乃不殆知天知地勝乃可全

九地篇第十一

孫子曰凡用兵之法有散地有輕地有爭地有交地有衢地有重地有圮地有圍地有死地諸侯自戰其地者爲散地入人之地而不深者爲輕地我得亦利彼得亦利者爲爭地

我可以往彼可以來者爲交地諸侯之地三屬先至而得天下之衆者爲衢地入人之地深背城邑多者爲重地山林險阻沮澤凡難行之道者爲圮地所由入者隘所從歸者迂彼寡可以擊吾之衆者爲圍地疾戰則存不疾戰則亾者爲死地是故散地則無戰輕地則無止爭地則無攻交地則無絕衢地則合交重地則掠圮地則行圍地則謀死地則戰

之善之閒今文有所謂二字一本在古字上

得一本作聽

孫子下篇

古之善用兵者，能使敵人前後不相及，衆寡不相恃，貴賤不相救。上下不相收，卒離而不集。兵合而不齊，合於利而動，不合於利而止。敢問，敵衆整而將來，待之若何。曰，先奪其所愛，則得矣。兵之情主速，乘人之不及，由不虞之道，攻其所不戒也。凡爲客之道，深入則專。主人不克，掠於饒野，三軍足食。謹養而勿勞，并氣積力。運兵計謀，爲不可測。投之無所往，

今文霑作沾往下有則字劌作諸

孫子下篇

死且不北。死焉不得，士人盡力。兵士甚陷則不懼，無所往則固，入深則拘，不得已則鬬。是故其兵不修而戒，不求而得，不約而親，不令而信。禁祥去疑，至死無所之。吾士無餘財，非惡貨也，無餘命，非惡壽也。令發之日，士卒坐者涕霑襟，偃卧者涕交頤。投之無所往，曹劌之勇也。故善用兵者，譬如率然。率然者，常山之蛇也。擊其首則尾至，擊其尾則首至，擊其

今文其作俱可下無矣字

今文恃下有也字

如今文作若

若今文在手字下

帥一本作師

孫子下篇

中則首尾其至。敢問，可使如率然乎。曰，可矣。夫吳人與越人相惡也，當其同舟濟而遇風，其相救也如左右手。是故方馬埋輪，未足恃。齊勇如一，政之道也，剛柔皆得，地之理也。故善用兵者，若攜手使一人，不得已也。將軍之事，靜以幽，正以治。能愚士卒之耳目，使之無知。易其事，革其謀，使人無識，易其居，迂其途，使人不得慮。帥與之期，若登高而去其梯。帥

通一本作達

孫子下篇

與之深入諸侯之地，而發其機。若驅羣羊，驅而往，驅而來，莫知所之。聚三軍之衆，投之於險，此將軍之事也。九地之變，屈伸之利，人情之理，不可不察也。凡爲客之道，深則專，淺則散。去國越境而師者，絶地也。四通者，衢地也。入深者，重地也。入淺者，輕地也。背固前隘者，圍地也。無所往者，死地也。是故散地吾將一其志，輕地吾將使之屬，爭地吾將趨其後，交

衢今文作衟
是故不知諸侯之謀云云三十八字恐衍文宜刪去今文無此字

地吾將謹其守衢地吾將固其結重地吾將繼其食圮地吾將進其途圍地吾將塞其闕死地吾將示之以不活故兵之情圍則禦不得已則鬬逼則從是故不知諸侯之謀者不能預交不知山林險阻沮澤之形者不能行軍不用鄉道者不能得地利此四五者一不知非霸王之兵也夫霸王之兵伐大國則其衆不得聚威加於敵則其交不得合是故不

爭今文作養
幷敵今文作併力
[illegible]

爭天下之交不奪天下之權信己之私威加於敵故其城可拔其國可隳施無法之賞懸無政之令犯三軍之衆若使一人犯之以事勿告以言犯之以利勿告以害投之亡地然後存陷之死地然後生夫衆陷於害然後能爲勝敗故爲兵之事在順詳敵之意幷敵一向千里殺將是謂巧能成事是故政舉之日夷關折節無通其使厲於廊廟之上以誅其

今文無[illegible]字
今文作火攻第十二

事敵人開闔必亟入之先奪其所愛微與之期踐墨隨敵以決戰事是故始如處女敵人開戶後如脫兎敵不及拒

火篇第十二

孫子曰凡火攻有五一曰火人二曰火積三曰火輜四曰火庫五曰火隊行火必有因煙火必素具發火有時起火有日時者天之燥也日者月在箕壁翼軫也凡此四宿者風起

今文無因變應之四字
今文故下有曰字

之日也凡火攻必因五火之變而應之火發於內卽早應之於外火發而其兵靜者待而勿攻極其火力可從而從之不可從則止火可發於外無待於內以時發之因變應之火發上風無攻下風晝風久夜風止凡軍必知五火之變以數守之故以火佐攻者明以水佐攻者強水可以絕不可以奪夫戰勝攻取而不修其功者凶命曰費留故明主慮之良

今文故下有明字

今文作用間第十三

將修之非利不動非得不用非危不戰主不可以怒而興師將不可以慍而致戰合於利而動不合於利而止怒可以復喜慍可以復悅亾國不可以復存死者不可以復生故明主慎之良將警之此安國全軍之道也

閒篇第十三

孫子曰凡興師十萬出征千里百姓之費公家之奉日費千金內外騷動怠於道路不得

今文情下有者字

鄉一本作因

操事者七十萬家相守數年以爭一日之勝而愛爵祿百金不知敵之情者不仁之至也非人之將也非主之佐也非勝之主也故明君賢將所以動而勝人成功出於眾者先知也先知者不可取於鬼神不可象於事不可驗於度必取於人而知敵之情也故用閒有五有鄉閒有內閒有反閒有死閒有生閒五閒俱起莫知其道是謂神紀人君之寶也鄉

三用之下今文無也字

今文死閒者下有爲誑事於外令吾閒知之而傳於敵閒十五字而無委敵二字又無契字一本文作報閒實之閒有之字

閒者今文作者閒

閒者因其鄉人而用之也內閒者因其官人而用之也反閒者因其敵閒而用之也死閒者委敵也生閒者反報也故三軍之事交莫親於閒賞莫厚於閒事莫密於閒非聖智不能用閒非仁義不能使閒非微妙不能得閒實微哉微哉無所不用閒也閒事未發而先聞聞者與所告者皆死凡軍之所欲擊城之所欲攻人之所欲殺必先知其守將左右謁

今文敵人之閒四字作敵閒之三字用作使

今文無此字在下無於字

今文在殷之殷作商

者門者舍人之姓名令吾閒必索知之必索敵人之閒來閒我者因而利之導而舍之故反閒可得而用也因是而知之故鄉閒內閒可得而使也因是而知之故死閒爲誑事可使告敵因是而知之故生閒可使如期此五閒之事主必知之知之必在於反閒故反閒不可不厚也昔殷之興也伊摯在夏周之興也呂牙在殷故明君賢將能以上智爲閒者

必成大功。此兵之要，三軍之所恃而動也。

家世篇

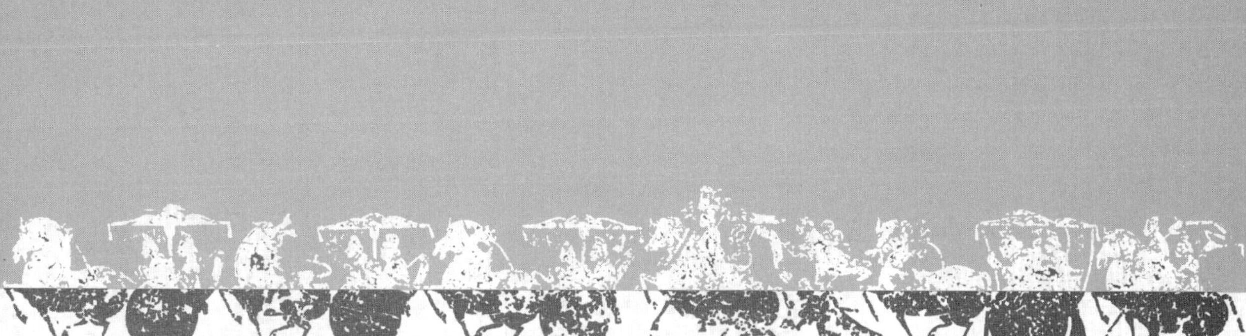

孙武族系“姓源”二说

孙武族系“姓源”出于何族、何姓？生卒年约在何时？家世传承又是怎样？故里在今山东何处？何以要离“齐”入“吴”？“以兵法见于吴王阖闾”前，是否早已在吴地“辟隐深居”？《孙子兵法》书成于“齐”，还是“吴”？是源于“齐文化”，还是源于“吴文化”？等等，成为国人（兵学界和文史界人士）研究的热点，出现不同的看法，甚至在某些问题上（突出的是“家世”“故里”“隐居与隐居地”）产生激烈而持久的纷争。

笔者以为：弄清孙武的族系“姓源”，对于解开孙武其人其事之谜，兴许会有所启迪。

总观古今《史》《传》、谱牒乃至众多专家学者著论，对孙武“族系姓源”存在两种截然不同的说法。

一、认为孙武是卫国君主康叔的后裔，出自“姬姓”

卫国是周成王攻克殷纣（商朝时的君主）后封其叔父康叔而建立的一个诸侯国。相传周成王之父周武王灭商后，把商朝的遗民封给殷纣王的儿子武庚禄父，让他继续奉祀先祖。周武王去世前，武庚禄父勾结负责监视并辅佐他的周王室成员管叔、蔡叔，发动叛乱。被镇压后，周成王就把商都（今河南省安阳县一带）及周边地区和殷民七族分封给他的同母弟康叔，立他为卫国君主，居于“河淇间商墟”，建都“朝歌”（今河南省淇县一带）。

历二十余世，公元前209年卫国被秦国灭亡。周王室成员，其祖先出自“姬姓”，故包括康叔在内的后世子孙都以出自“姬姓”自称。早在唐宋时代，就有部分孙氏族人认为孙武与“姬”同姓。如：

公讳处约，字茂道，本千乘乐安人也。自支分岐岳，绪派淇川，康叔以弟匡周，孙卫以宗卿辅卫，姓因王父。既著于左言庆籍公门，实彰于右记。岩岩崇构，拟日观以齐峰；渺渺长源，方天地而等浚矣。曾祖灵怀，后魏直阁将军、平原内史，安康、清河二郡太守，子孙遂居清河之鄃县。[1]

府君讳壬林，字茂卿，其先乐安人也。姬姓，周文王子武王母弟康叔为卫侯，居河淇之间。……周幽王遭犬戎之难，武公将兵，佐周平戎，其有功于王命，命卫为□□□□□□□，为卫上卿，□邑于真。孙武仲以王父字为氏焉，继位上卿。良夫、林父著于春秋。其后孙武入吴，王阖闾将，善用兵……[2]

府君讳少矩，以讳为氏，厥先乐安郡人也。承周文王少子暇裔，康叔之胤绪，方立氏焉。[3]

此一说法，也见宋人陈彭年所著《大宋重修广韵》（又称《广韵》）：

孙，姓。周文王子康叔封于卫，至武公子惠孙曾耳为卫上卿，因氏焉。后有孙武、孙膑，俱善兵法，各撰书。凡太原、东莞、吴郡、乐安四望。

明代苏州方志，袭用此说：

孙氏，姬姓，卫武丁之后。孙，耳。耳食邑于戚。生武仲，亦曰孙仲，

---

1 《唐故司戎孙公墓志铭》，《文物》，1988年第4期。

2 《唐幽州内衙□将中散大夫试殿中丞监乐安郡孙府君神道碑》，《全唐文·唐文续拾》，卷十四。

3 《唐易县录事乐安郡孙府君墓志铭》，刻石现藏于河北省文物研究所。

以王父字为氏。齐孙武奔吴为将，武之子明，食邑于富春，自是世为吴人。[1]

孙氏，本姬姓，卫孙文子之孙，耳，封于戚。生武仲，亦曰孙仲，以王父字为氏。春秋末有居齐者，故孙氏自齐奔吴，子孙自是世为吴人。[2]

后世少量孙氏谱牒也采用此说。如：

吾家祖本周文王第八子康叔，封于卫。至武公惠孙，为卫上卿，因以孙为氏，历年久矣。迨东汉有讳钟者，以种瓜阴德，遇仙指地。其嗣曰坚者，因董卓之乱，与袁绍合兵讨卓。有四子，曰策，曰权，曰翊，曰匡。策，起兵长沙。权，定鼎江东，传国四世。

卫武公，字惠孙，其后孙仲以王父字为氏，此孙氏得姓之始也。春秋时，孙武子次子明，食采富春，此富春发祥之始也。[3]

二、认为孙武是陈国公子陈完的后裔，出自“妫姓”

陈国是周武王灭商后把今河南省东部和安徽省淮北一带封给舜的后裔妫满（史称“胡公满”）而建立的一个诸侯国。从周初立国到陈湣公二十三年（前479）被楚国灭亡,陈国有着长达五百余年的历史。陈完是胡公满的后裔。《左传》记载：他生于陈厉公二年（前705）。陈宣公二十一年（前672），身为陈国大夫的陈完因避“杀身之祸”而被迫逃奔齐国，自后“以陈氏为田氏”（《史记》语），在齐国图谋发展。齐襄公二十六年（前672），田完九世孙田和终于取代周初由姜尚（姜子牙）创立的齐国（俗称“姜齐”），易帜为“田齐”。故在春秋战国史中，陈（田）完成了一位史界瞩目的政治人物。《史记》作者司马迁作《陈杞世家》《田敬仲完世家》《孙子吴起列传》三篇传纪，为这支世族立传记言，对今人研究陈（田）完

1　（明）王鏊：《姑苏志》，明正德刻本。

2　（明）杨循吉：《吴邑志》，明嘉靖八年（1529）刻本。

3　《润州孙氏重修族谱》，清光绪三十一年（1905）续修，六卷，山西省社会科学院中国家谱资料中心藏（微缩卷）。

及其后裔家世传承和生平事迹提供了重要史料。据古今一些学者研究表明，孙武就出生于陈（田）完世家。

陈（田）完，《史》《传》称“陈敬仲完”或“田敬仲完”，最早见《左传·鲁庄公二十二年（前672）记事：

春，陈人杀其大子御寇，陈公子完与颛孙奔齐。颛孙自齐来奔。齐侯使敬仲为卿。辞曰：“羁旅之臣，幸若获宥，及于宽政，赦其不闲于教训而免于罪戾，弛于负担，君之惠也，所获多矣，敢辱高位，以速官谤。请以死告。”……使为工正（注：掌“百工”之职）。

西汉史学家司马迁正是依据《左传》等先秦典籍，作《陈杞世家》，称：

陈胡公满者，虞帝舜之后也。昔舜为庶人时，尧妻之二女，居于妫汭。其后因为氏姓，姓妫氏。舜已崩，传禹天下，而舜子商均为封国。夏后之时，或失或续。至于周武王克殷纣，乃复求舜后，得妫满，封之于陈，以奉帝舜祀，是为胡公。

胡公妫满之后，历十世，传位至陈厉公（陈完之父）。厉公后因淫乱被杀，其兄桓公鲍的三个儿子跃、林、杵臼相继取得君位，陈完不得立而屈为大夫。桓公鲍的第三子杵臼（继位后称“陈宣公”）欲立与嬖姬所生之子款，于是酿成“杀其大子御寇。陈完因与御寇相好，惧祸及己，乃奔齐”的一场历史性的悲剧。

陈完奔齐后，齐桓公欲委以卿位，一则碍于自己亡命于齐的身份；二则生怕由此招来齐国本土贵族势力讥谤，对己不利，故固辞不受，最后做了管理“百工”的大夫，落籍齐地。

现今存世的众多史籍，包括部分谱牒，肯定孙武是陈（田）完的后裔，“出自妫姓”。如：

1.《孙子兵法辞典》（白山出版社，1993年3月版）：

孙武——中国古代著名军事家，《孙子兵法》一书的作者。乐安（今山东省惠民县）人。他的先祖原是陈国的公子陈完。公元前672年，陈国发生内乱，陈完逃奔齐国避难，改称田完。

2.《孙子兵法实用大典》（中国国际广播出版社，1995年10月版）：

据《新唐书·宰相世系表》和《古今姓氏书辨证》记载：孙武家世系孙姓之一支，其先祖出自妫姓。七世祖是陈国公子完。陈完，妫姓，帝舜的后裔，周初封妫满于陈（今河南东部和安徽一部），建都宛丘（今河南淮阳）。公子完乃陈厉公（前706—前700在位）之子，他并未当上国君，只是陈国的一个大夫。

但也有孙氏族人对孙武"族源"究竟出自"姬姓"，抑出自"妫姓"，持存疑看法。如：

尝考吾孙氏赐姓之始有二：康叔之后，卫武公子惠孙，为卫上卿，因以得姓命氏，是一宗也；陈胡公之后，敬仲奔齐，历七世至书，字子占，为齐大夫，伐莒有功，景公赐姓孙氏，食采于乐安，是又一宗也。（孙）坚之后，子孙散处江南者尤盛，则皆胡公苗裔也。吾宗之先，其为康叔之裔，抑出自胡公，俱不敢知。

孙氏之先，出于春秋齐之陈无宇。子，占，伐莒有功，景公赐姓孙，食采乐安。今吾族称乐安，意即本此。或曰卫康叔之后也。二者孰是，殊无可考，未敢妄加臆断。[1]

孙武"族源"出现以上两种截然不同的说法，无疑给国人研究孙武家世带来许多困惑。依笔者浅见，从《史记》《越绝书》称孙武为"齐人"，以及《孙子兵法》书成于齐国深厚的社会基础和文化渊源，说孙武系陈国公子完的后裔，其"族源"为"妫姓"，较之源自"姬姓"，理由显得充分。

1 《惠安埔塘孙氏族谱》，民国十九年（1930）续修，十四卷，福建省惠安县崧山孙江辑先生藏。此为埔塘支二十六世孙孙秀岩所撰之谱序。见《中国孙氏世系源流》，白山出版社，1999年版，第319页。

孙书非陈书，也非孙武之祖

陈（田）完之后的家世传承，《左传》《世本》《史记》以及成书于宋代的《新唐书·宰相世系表》《古今姓氏书辨证》五部古籍都有记载。前三部古籍问世距今两千余年，后两部古籍问世距今千年。

把上述五部古籍所记陈（田）敬仲完之后八世以内的世系传承作一对照比较，清楚地看出：陈（田）敬仲完至陈（田）桓子无宇的五世传承，记载完全一致，而对陈（田）桓子无宇之后的三代世系却出现了重大差异。后两部古籍摒弃《左传》《世本》《史记》对陈（田）完四世孙桓子无宇之后世系传承的记载，却提出了新的世系传承，当今有一些学者，囿于《新唐书》乃“官修之书”（所谓“政府行为”），是“正史”，就使“陈（田）桓子无宇——孙书——孙凭——孙武”的世系传承成了“不可怀疑”甚至“不可动摇”的定论。

然而，依笔者看来，《新唐书·宰相世系表》和《古今姓氏书辨证》对陈（田）桓子无宇至陈（田）武子开（孙武）的这段世系传承是有违史实的。问题的症结之一出在“孙书”与“陈书”，就是说，孙书、陈书是两人还是一人的不同称谓。

孙书，仅见于《左传·鲁昭公十九年》（前523）记称：

秋，齐高发帅师伐莒。莒子（注：莒国君主共公）奔纪鄣，使孙书伐之。初，莒有妇人，莒子杀其夫，已为嫠妇。及老，托于纪鄣，纺焉以度而去之。及师至，则投诸外。或献诸子占。子占使师夜缒而登。登者六十人。缒绝，师鼓噪，城上之人亦噪。莒共公惧，启西门而出。七月丙子，齐师入纪。

说的是：公元前523年，齐国大夫高发奉齐景公之命率师伐莒，莒国君主共公被迫出逃至纪鄣（莒邑），坚守城内。为此，高发派孙书带领一支六十人组成的小分队，趁着夜色，攀垣登上纪鄣城，迫使莒国君主闻风而逃。齐师顺利入城。

陈书，仅见于《左传·鲁哀公十一年》（前484），记称：

为郊战故，公（鲁哀公）会吴子（吴王夫差）伐齐。五月克博。壬申，至于嬴。中军从王，胥门巢将上军，王子姑巢将下军。展如将右军，齐国书将中军，高无丕将上军，宗楼将下军。陈僖子（注：即陈乞）谓其弟书："尔死，吾必得志。"陈书曰："此行也，吾闻鼓而已，不闻金矣！"……王卒助之，大败齐师，获国书、公孙夏、闾丘明、陈书、东郭书，革车八百乘，甲首三千，以献于公。

说的是：公元前484年，鲁、吴两国组成的联军，攻打齐国（史称"艾陵之战"）。战前，齐国的陈僖子（即"陈乞"）对其弟陈书说："你要是战死，我一定能够达到愿望。"此战的结果是齐师大败。鲁、吴两国联军俘获了包括陈书在内的五位齐国将领，并缴获革车八百乘，甲首三千，献于鲁哀公。

参加"齐伐莒"的孙书和参加"艾陵之战"的陈书，究属是一人，还是两人？先秦、两汉时期无人做过判断。直至西晋学者杜预作《春秋左氏经传集解》，对孙书和陈书两人作注，在"孙书"名下，注曰："陈无宇之子，子占也"；在"陈书"名下，注曰："书，子占也"。显然，杜预把孙书、陈书视作一人，导致清代经学家孙星衍也信以为真。在《孙子兵法序》中，孙星衍自称：

孙子盖陈书之后。陈书见《春秋传》，称孙书。[1]

1 孙星衍：《孙子兵法序》，载《二十二子》，上海古籍出版社，1986年3月版（缩印，浙江书局汇刻本），第384页。

也有观点称：

孙武是齐国人，出身于陈（田）氏家族，他的祖父陈书（孙书）是一位战将。这三点决定了孕育《孙子兵法》的基因是齐文化。齐国是兵法之国，陈（田）氏家族是齐国新兴力量的代表，陈书因为在伐莒战争中立下了战功而获得赐姓封采的殊荣。

之后，进一步称：

西汉司马迁写《史记·孙子吴起列传》时，即已不能详知孙武之身世。直到西晋杜预注《春秋左传》，才首次指出孙书即陈书，但未引起社会关注。后至唐代孙逖撰《宋州司马先府君墓志铭》，重申并强调孙书即陈书，犹未能于天下同宗完全达致共识。最后到北宋欧阳修撰著《新唐书·宰相世系表》时，痛下苦功，逐人逐代详考乐安孙氏始祖孙书至唐初宰相孙茂道、唐末宰相孙偓的全部世系，一一得以落实。终至真相大白，拨乱反正，将孙茂道墓志及其宗谱所自认的姬姓之孙改为妫姓之孙，解决了长期以来姬姓之孙与妫姓之孙混淆不清的历史难题。

对照《史》《传》，笔者认为：

（一）“孙书”与“陈书”原本就是二人。孙书出现在公元前523年的“齐伐莒”，其“族源”出于姬姓卫国；陈书出现在公元前484年的“艾陵之战”，时间上高差三十九年，二人何得混为一人？

（二）公元前523年参加“齐伐莒”的，《左传》明确记是孙书，而非陈书。

（三）列入《新唐书》中的《宰相世系表》，实为吕夏卿所作，而非“北宋欧阳修撰著”。

（四）查照孙逖为其父孙嘉之撰写的《宋州司马先府君墓志铭》，根本没有孙逖“重申并强调孙书即陈书”的片言只语。这篇《墓志铭》载拙作《〈孙逖家族墓志〉能否证实孙武故里是唐朝乐安》一文，以助读者对照比较。

（五）关于“孙茂道墓志”（注：孙茂道，即孙处约，官居“中书舍人”）。其“墓志”全称《唐故司成孙公墓志铭》。《志》称：“公讳处约，字茂道，本千乘乐安人也。……因官汝颍，又编贯于襄城郡之郏城县焉！”志中绝无记有“姬姓之孙改为妫姓之孙”之事，那何来“解决了长期以来姬姓之孙与妫姓之孙混淆不清的历史难题”？

（六）吕夏卿虽是《宰相世系表》的撰者，然其收集的对象，范围广至三百六十九位宰相，凡九十八姓自古至中唐时期的家世传承，那何以见得吕氏“痛下功夫，逐人逐代详考乐安孙氏始祖孙书至唐初宰相孙茂道、唐末宰相孙偓的全部世系”呢？

在此，笔者引用当今学术界几位学者的观点。如：

南昌陆军指挥学院寿涌作《论春秋孙武非齐国陈书之后——对孙子研究中一个定论的质疑》，文称：

> 众所周知，孙书伐莒在公元前523年，陈书战于艾陵在公元前484年，其间相距三十九年。如若孙书、陈书为一人，也即是说，如若孙书伐莒时只有二十岁（按此当是挂帅统军征战的最低限度的年龄），则其参与艾陵之战时也将近六十矣。……从上述矛盾之处只能得出这样一个结论，即《左传》里的孙书自是孙书，陈书自是陈书，原本系二人，杜预却把他们“合二而一”了。其实春秋各国取名书者之人多矣，如晋有栾书、虞丘书。就艾陵之战齐将被吴军所俘虏者而言，也有国书、东郭书等人，何必硬要指孙书为陈书？[1]

中国社会科学院历史研究所研究员陈可畏作《孙子故里考》。文称：

> 既然孙书（或陈书）和孙武是祖孙关系，那么他们相隔应该四五十岁。然而如上所述，孙书伐莒之日，正是孙武奔吴之时，而陈书在艾陵之战被俘牺牲时，孙武已经亡故。可见，孙武与孙书（陈书）不可能是祖孙关系。[2]

学者陈汉平作《孙书采地与孙武故里考辨》。内称：

1 寿涌先生此文，载《文史》第40辑，中华书局，2009年3月版。

2 陈可畏先生此文，载《管子学刊》1991年第3期。

孙书伐莒时，当在二十七岁以上，艾陵之役（前 484）时，当在六十六岁以上。古人寿命较短，孙书以六十六岁以上老翁而赴艾陵之役可能性甚小。故若《左传》孙书与陈书同为一人，则孙武恐非孙书之孙。若孙武为孙书之孙，则孙书与陈书恐非一人。故《新唐书》所载孙书生孙凭，孙凭生孙武之世系谱牒颇有可疑之处。[1]

国防大学前副校长贾若瑜作《孙子探源》一书，称：

孙武参加的吴、楚江南大战发生于公元前 506 年，距离艾陵之战有 22 年。如果以公元前 512 年孙武到吴之时计，则为二十八年。那么，艾陵之战时孙武至少有五十岁左右了。以此而论，陈书与孙武两人年纪只相差十来岁。祖孙的血缘关系只差十来岁是无法成立的。[2]

此外，尚有一些专家学者发表类似这方面观点。如：

河南省社会科学院资深学者兼首届中国孙子兵法研究会副会长杨丙安作《论孙子兵学的科学理性》一文，称：

如果我们根据《唐表》与邓名世《姓氏书》所载谱牒，即认定武乃书之孙、膑之祖行不行呢？怕也有问题，因其所载较之《史》《传》出入很大，且矛盾百出。如据《传》，孙书伐莒在鲁昭公十九年（前 523），艾陵之战被俘在鲁哀公十一年（前 484），也即吴王夫差十年。而据《史》，武见阖闾在其即位后三年（前 512）。若谓武必书之孙，则按一般生育年龄，孙武此时尚在襁褓，或甚至尚未出世，何能“破楚入郢”？再据武、膑所生年代推之，则上下悬隔约一百六十年，史迁也说“百余岁”，世上岂有如此祖孙哉？连史迁也只说他是武的“后世子孙”，吾辈岂敢认定其必为武之孙哉？所以，关于孙子其人的问题，我们既不能断然否定他的存在，又不能对有关其身世的一些具体记述都确信无疑，而只能承认史或有其

1 陈汉平先生此文，载《孙子探胜——第三届孙子兵法国际研讨会论文精选》，军事科学出版社，1992 年版。

2 贾若瑜先生此文，载其《孙子探源》一书，国防大学出版社，2000 年版，第 463 页。

人，唯对其身世经历不太详细，故记载简略，且杂有传说于“小说家者语”，这样是否更平实一些。[1]

我国历史学家、古文字学家李学勤作《中华姓氏谱——孙》一书，在“齐国孙氏家世之完构”一节中，称：

关于孙武的家世，司马迁只说了一句：“孙子武者，齐人也。”而1972年出土的银雀山汉简《孙子兵法》有关残牍中也没有透露出更多的信息。……就是当时的历史小说类作品《吴越春秋》有关记载也只是说了一句：“孙子者，名武，吴人也。”至于孙武祖上究竟从何而来？是齐人抑或吴人？父母是谁？家境如何？兄弟几个？娶谁为妻？儿女多少？这一切。似乎汉代乃至以前各时期的学者们都一无所知。然而千余年之后。到了北宋嘉祐年间（1056—1063），在欧阳修、宋祁所撰写的《新唐书·宰相世系表三下》中，居然出现了一个孙武祖上为齐国陈氏，且孙膑为孙武之孙的颇为详至而完备的世系。……可以说，由唐至宋，利用姓氏来作伪，编撰自己的家族谱系，已成一种社会风气，其后小民百姓也修谱成风而玩世不恭，硬拉古代名人为先祖，极力拼凑起一个世系，只要你编得有头有尾，像这么回事。好在也没有人出来认真考证。……然而，“完整无缺”的孙子世系终于在宋人撰写的《新唐书·宰相世系表》中出现了。关于该世系表的史实价值如何，南宋人洪迈在《容斋随笔》卷六中就已指出：“《新唐书·宰相世系表》皆承用诸家族谱。故多有谬误。”而其中先秦孙氏世系中的谬误尤为严重。[2]

当代《孙子》文献收藏家、学者穆志超作《孙武世系之我见》一文，内称：

西汉晚期的刘向说：“孙武、乐毅之徒皆前世之贤将也。久远深奥，

1　杨丙安先生此文，载入《孙子新论集粹——第二届孙子兵法国际研讨会论文选》，长征出版社，1992年3月版，第4—5页。

2　李学勤先生此文，载《中华姓氏谱——孙》，现代出版社、华艺出版社，2000年9月版，第9页。

其事难知。”所谓“难知”事，应包括其世系、经历及其作战的详情。奇怪的是，西汉人既已“难知”，千余年后的宋代人反能对孙武上下的世系知道得那样清楚。故此，宋代人已有人对《世系表》之说提出异议了。[1]

北京大学中文系教授李零作《兵以诈立——我读〈孙子〉》一书，内称：

人们经常引用宋代的《新唐书·宰相世系表》和邓名世《古今姓氏书辨证》所记孙武世系，这一世系虽系抄用前代谱牒，部分内容可以远溯到三国时代，但其所记孙武以前的部分却与《左传》不合，把它当作一种重要史料。然而从以下两点看，这种材料的可靠性是值得怀疑的。……上引二书对孙武世系的排列与《左传》《史记》所记田齐世系不合。……总之，关于孙武的谱牒材料是不可靠的，引用这种材料来考证孙武的历史是不妥当的。[2]

学者李兴斌、黄朴民作《孙武与〈孙子兵法〉》，内称：

综合《史记》和《左传》的记载可以看出，桓子无宇有三个儿子，其中之一即是田书，众所周知，孙武是早在吴王阖闾时代就“奔吴”并建功于吴的，而田书却是在阖闾之子夫差时代才战败于艾陵的。假若孙武系田书之孙，从时间上看显然是十分荒唐的。至于《左传》所记孙书与田书究竟是不是一个人，其实对于孙武在田氏家族世系中位置的确定并没有多少实际意义。因为从时间上看，孙书与田书无论是不是一个人，他们都不可能是孙武的祖父。[3]

学者朱宇靖作《孙武身世之辨》一文，内称：

1 穆志超先生此文，载《孙子学刊》，1994年第2期。

2 李零：《〈孙子〉古本研究》，北京大学出版社，1995年7月版，第278页。

3 李兴斌、黄朴民：《孙武与〈孙子兵法〉》，《齐鲁历史文化丛书》，山东文艺出版社，2004年版，第120—130页“身世之谜”。

孙书伐莒和孙武入吴，就其时间距离而言，对比孙武的成长经历，实在难以令人置信。阖闾之立在齐景公三十二年（笔者注：前516），时距只有短短八年，如按《世系表》所云，在这期间，孙书受封乐安，生子孙凭。孙凭长大成人，位列齐卿，生了孙武。孙武长大后，写出了洋洋的十三篇兵法，这非长期积累实战经验难以写成。八年时间要容纳这样漫长的生活历程和相应事件，简直是小笼子装大象。孙武破楚入郢，是孙武功成名就的军旅生活的收官之作，就算延伸到这一时段，也只有十七年。这样一摆，不但折穿了《世系表》中之所云的虚妄，也完全廓清了孙书和孙武属于嫡亲祖孙的蔽目迷雾。[1]

全国高校孙子兵法研究会会长褚良才作《兵圣孙武子乃齐将田开》一文，内称：

孙书伐莒依《左传》当在公元前523年，而《左传》哀公十一年（前484）云："为郊战故，公会吴子伐齐……陈僖子谓其弟书：'尔死，我必得志'。"杜预注："书，子占也，欲获死事之功。"两战相距达三十九年。若伐莒时孙书仅岁，至此亦已五十九岁老翁矣。若此时确为花甲老翁，则与《新唐书·宰相世系表》云孙书为孙子之祖父之记载发生严重矛盾。因《史记》详言阖闾三年（前512），孙子"以兵法见于吴王阖闾"并"以为将"，而此年距孙书伐莒仅十二年。三十二岁的孙书岂会有孙辈——孙子？况且是一个"以兵法见于吴王阖闾"并"以为将"的孙辈？故"赐姓"之说、"孙书之'孙'为孙子"之记皆误。[2]

1　朱靖宇：《孙武身世之辨》，《齐文化》，2005年第5期（总第14期）。

2　褚良才：《兵圣孙武子乃齐将田开》，《孙子兵法研究与应用》，浙江大学出版社，2002年9月版，第455—456页。

“孙武非孙书之孙”再考

2002 年 7 月，拙作《孙武研究新探》首版问世，受到读者关注。尤其是对书中提出的“孙书非陈书，也非孙武之祖”的观点，有赞同的，也有反对的。就学术研究而言，在孙武本事史料匮乏且语焉不详的情况下，产生歧见，十分正常，对于开展学术争鸣，推动学术进步无疑是一件好事。据此，笔者思忖再三，再撰此文，敬祈读者教正。

孙书与孙武究竟是什么关系？学术界人士存在争议。如笔者前文所述，出现两种截然不同的观点：一种观点认为，依据《新唐书 · 宰相世系表》，孙书为孙武之祖；另一种观点认为：孙书与孙武并非祖孙关系。

对照《史》《传》：

一、孙书与陈书，原本就是两人？有《左传》可证。西晋学者杜预《注》中却把两人注为一人。有观点亦称“孙武是齐国人，出身于陈（田）氏家族，他的祖父陈书（孙书）是一位战将”。

二、笔者认为：“从血缘上说，陈书为叔祖，孙武为侄孙”，这明显是把两者的世系给颠倒了。按《史》载，孙武“以兵法见于吴王阖闾”是在公元前 512 年；陈书参加“艾陵之战”是在公元前 484 年，相距整整二十八年，何以称彼此“只差三岁”？又称“一说四岁”，出处何来？

三、有观点说的“先出世者”，当指被齐景公“赐姓”“锡采”的孙书；“后出世者”，则指与孙书同辈的陈书。然而，笔者在前文中已就孙书与陈书，以及孙书与孙武是何种关系做了分析，从前后出现“伐莒”（时在前523）和“艾陵之战”（时在前484），证明孙书决非陈书；同时也证明孙书并非孙武之祖。因为陈书参加“艾陵之战”是在孙武“以兵法见于吴王阖闾”之后发生的事，也就是说，孙武“以兵法见于吴王阖闾”，比陈书参加“艾陵之战”整整要早二十八年，从《孙子兵法》如此成熟来看，陈书参加“艾陵之战”并被鲁、吴两国联军俘虏时，孙武已是年逾六旬的老人了！

四、另有两点值得分清是非：

（一）关于“不论《左传》、杜注或《唐表》，都没有说过孙书和陈书为一人”。只要查一查杜预的《春秋左传经传集注》原文就清楚了。

（二）关于“从血缘上说，陈书为叔祖，孙武为侄孙。二者的年龄可以比较接近。正像汉昭帝与汉宣帝那样，亲叔祖与亲侄孙的年龄只差三岁（一说四岁）。”

据此，笔者撰有《孙武生卒年探析——兼论“三十年为世”》，对汉昭帝与汉宣帝之间传承，依据《史》《传》，作了分析，置于本书中，供读者评说。此处就不再赘述了。

笔者手头保存着两份材料，觉得对于剖析“孙武非孙（陈）书之孙”，兴许有所帮助。

一、孙筥墓志铭

20世纪40年代，河南省洛阳市北郊邙山一带出土大量唐代名人墓志刻石，引起考古界和学术界人士的关注。

洛阳，位于黄河以南，洛水之滨，号称“九朝古都”。唐初，太宗李世民诏令于此修筑宫殿，以备巡幸。高宗时，恢复“东都”称号。到“安史之乱”前，洛阳一直是唐王朝的政治中心，一大批出身于世家大族的后裔纷纷来到洛阳，走上仕途，死后就葬在北郊邙山。孙筥墓志刻石就是在邙山一带被发掘出土。碑石高、宽均41厘米。这块刻有墓主姓氏、世系、官职、生平事迹和卒葬年月以及子嗣的碑记，为我们提供了妫姓乐安孙氏家世的重要信息，现将“碑文”全文移录如下：

唐故前左武卫兵曹参军乐安孙府君墓志铭

第十四任前京兆府渭南县尉充集贤校理纾撰

府君讳筥，字秘典，其先即吴大夫孙武孙书是也。尔后分为数派，居吴者为富春氏，居宋者为乐安氏，府君即乐安氏也。曾祖府君讳逖，皇朝刑部侍郎，谥文公。大父府君讳宿，皇朝中书舍人、华州刺史。烈考府君讳公器，皇朝邕管经略招讨等使、御史中丞，赠司空。邕管府君娶河东裴氏，府君即裴太夫人第七子也。府君少孤，又多疾疹，诗书礼乐，仅乎生知。逮于中年，心力减耗。后以荫第再调，遂授东宫卫佐。虽有官叙，常求分司，冀遂便安，以就颐养。大中十四年春，东都闲居，抱恙累月，凡所医药，靡不征求，仅于十旬，烛火相守，神理茫昧，以至弥留。属纩之时，顾犹子曰："吾平生虽不享高位重禄，然爰自龆年，以至白发，常荷覆育，每获安逸，未尝一日不饱食暖衣，天之所钟亦谓至矣。今则瞑然枕上，岂有慊耶？尔辈无至凄恸，过有悲苦。"言讫，以其年三月廿日终于会节里之私第，享年七十三。以其年五月十一日，犹子景蒙、景章等护奉归窆于河南府河南县杜郭村，祔于大茔，礼也。犹子纾奉诸兄之命，令纪年月，衔哀执笔，殆不胜情。

铭曰：噫欤府君，傲然居世，冠冕荣华，未尝流涕。高位卑秩，尽归泉源，府君处心，不为物牵。生也有涯，归于下土，安此幽穸，以永终誉。

此份墓志铭，早先载入《芒洛冢墓遗文》[1]；20世纪90年代又载入由学者周绍良老先生主编出版的《唐代墓志汇编》[2]。

从《墓志铭》中可知：孙筥生于唐贞元四年（788），卒于唐大中十四年（860）。他的曾祖父孙逖、祖父孙宿、父亲孙公器，在唐王朝中都是身居要职的显官。志文追述孙筥的先人"即吴大夫孙武孙书是也"，是前所未有的，与《新唐书·宰相世系表》和《古今姓氏书辨证》所记孙书为孙武祖父的世系传承迥然相反。是志

1　罗振玉：《芒洛冢墓遗文》，民国六年（1917）自刊本。

2　周绍良主编：《唐代墓志汇编》（上下册），上海古籍出版社，1992年版。

文写错？抑是碑石刻错？看来都不是。理由有二：

其一，孙筥《墓志》非外人代笔，而是出自其侄孙纾之手。孙纾，时任京兆府渭南县尉，兼“集贤校理”。他是孙筥之兄、官居兵部尚书孙简之子，族中排序，自称“第十四侄”。由侄子为其叔父撰写《墓志》，对本族先人的表述必当慎之又慎，决不会儿戏从事。

其二，墓志刻石随灵柩入葬，是盛行于唐代世家大族的一种礼制，刻石文字如果出现舛错，岂能瞒人耳目。

唐代史学家杜佑著《通典》一书，书中载有官宦人家卒后葬礼的一套烦琐程序。

【器行序】

彻遣奠，灵车动，从者如常，鼓吹振作而行。先灵车，后次方相车，次志石车，次大棺车，次輴车，次明器舆，次下帐舆，次米舆，次酒脯醢舆，次苞牲舆，次食舆，次铭旌，次纛，次铎，次轜车。

【掩圹序】

掌事者以玄纁授主人，主人授祝，祝奉以入，奠于灵座，主人拜稽颡。施铭旌、志于圹门之内。置设讫，掩户，设关籥，遂复土三。主人以下稽颡哭尽哀退，俱就灵所哭。掌仪者设祭后土于幕左，如后仪。

这套古人“出殡”“掩圹”的做法，于贫穷人家无缘，只能是豪门富户或达官人家的“专利”。有唐一代，发迹于洛阳的妫姓乐安孙氏对这套“礼制”是决不会越雷池一步的。从随灵车而动的“志石车”以及“志石”的掩埋程序，足见墓志刻石在丧家心目中的地位。在如此庄重肃穆的礼仪中，志石刻文出现舛错，无论如何也是让人难以置信的。

当然，仅凭孙筥《墓志》就下“孙武即孙书”“孙书即孙武”的判断，未免失之偏颇。尽管孙筥《墓志》对其先人的这种表述仅是“孤证”，但不可否认，早在唐代中叶，乐安孙氏族人对孙武、孙书究属是何种传承关系已持怀疑态度。此话不谬吧！

二、《甲山北湾孙氏宗谱》

宗谱，又称族谱、家乘，它是同宗共祖的血亲集团以特殊形式记载本族世系和先人事迹的图籍，也是记述家族姓氏文化的第一手史（资）料。1994年9月，笔者在苏州博物馆图书室寻觅材料时，无意中发现一部全新表述孙武本名及其家世的谱牒，谱名《甲山北湾孙氏宗谱》（简称《甲山谱》），全六卷，刻本，30×20.4厘米，刊印于清道光二十七年（1847）。首卷封面左下侧刻有“本祠堂藏板”五字；右下侧刻有“甲山北湾孙氏宗谱第十二号一套，计六本，传横山本土支第公后十二世孙名孝铣、字世认领藏稽览，慎勿散失”四十四字。

经赴宗谱地考察，甲山又称横山，位于吴县（今苏州市吴中区）西山外岛，横浸于太湖之中。小岛面积0.8平方公里，峰高84米。北湾，又称“北罗湾”，位于小岛最北端。谱称孙武第六十二世孙孙允宗于明宣德年间于吴江县七都镇一带迁居此岛北湾，后被其子嗣奉为“甲山北湾孙氏始祖”。而今，孙允宗及其明代子嗣墓地和墓碑以及建于（清）嘉庆十一年（1806）的孙氏宗祠部分遗址尚存山中，岛上孙姓人家计二十户一百九十余人。

《甲山谱》除收录明、清两朝名人和族中长老撰写的十六篇《谱序》外，详细记有自虞帝舜至胡公满（即陈国君主）；胡公满至陈完；陈完至孙武；孙武至孙允宗（甲山北湾祖）以及孙允宗后裔15世的完整谱系。这是笔者历数年之久走访国内九省（市）见到的164种孙氏谱牒中谱系最为完整也最为详细的一部民间谱牒。此谱对孙武本名及其前后世系的表述，除个别之处有舛误外，与《史记·陈杞世家》和《田敬仲完世家》所记基本一致。

在笔者见到的众多孙氏谱牒中，与《甲山谱》世系相同的还有：上海图书馆古籍部收藏的《平湖湖田孙氏家乘》《泗安孙氏家乘》；中国社会科学院历史研究所（北京）收藏的《荆西孙氏宗谱》；南京孙世光先生家属珍藏于美国的《吴淡孙氏家谱》。如果说，《平湖谱》《泗安谱》《吴淡谱》是《甲山谱》的祖谱，那么《荆西谱》则是唐代洛阳太守孙嵩的一个支系，与平湖、泗安、甲山北湾、吴淡等地孙氏虽系同宗，都自称是孙武后裔，但已分成数支，繁衍于今安徽、浙江、江苏，成为三省孙氏族源之一。尽管笔者见到的孙氏谱牒中，除了许多是断系谱（注：指只有迁徙之祖的世系，而无迁徙之祖之前的世系），无法看出是否出自孙武之后以外，确有相当多的孙氏谱牒以孙书为孙氏受姓始祖，称孙武为孙书之孙。这部分孙氏谱牒追述先人世系，与《新唐书·宰相世系表》如出一辙。笔者判断，兴许是各地孙氏受此《表》的影响所致。《新唐书》被列为我国二十四史之一，有谁会怀疑它的权威?

《孙筥墓志》和《甲山北湾孙氏宗谱》两部谱牒，无论怎么说，对于今人研究古兵家孙武其人及其家世都会有新的启示。

孙书“族源”“伐莒”“赐姓”“锡采”辨析

就孙武本事研究而论，当今学术界人士依据《新唐书·宰相世系表》和《古今姓氏书辨证》，多数认为孙书是孙武的祖父。笔者早先刚步入“孙子学”研究领域时也曾信以为真，然而经过多年研究，发现此说与《史》《传》记载明显有别。为此，曾作《孙书非陈书，也非孙武之祖》和《再谈孙武非孙书之孙》。近年来在修订本书过程中，又有了新的发现。故就孙书其人的“族源”“伐莒”“赐姓”“锡采”四个方面作一番综合性的考异，以求得到国内方家指正。

一、关于孙书“族源”

史实证明，孙书是卫国君主康叔的后裔。《史记·卫康叔世家》称：康叔是周武王的同母少弟，因受命镇压国内叛乱，被周公旦封为卫国君主，封地在今河南省北部殷墟一带，其“族源”为“姬姓”。现将《左传》中有关“姬姓孙氏”的家世传承及其事迹记载，以长幼顺序及依次出现的时间，引录如下：

（一）孙昭子

卫国大夫。卒，谥“昭子”。

《左传》记载仅一见，即卫成公九年（前 626）记事。当年，各国诸侯赴晋国朝见晋襄公，卫国君主成公非但不参加，反而派军队侵袭与晋国结盟的郑国。晋襄公于是派人通告邻国诸侯，一起伐卫。六月，攻占卫国戚邑（今河南濮阳县北），时任卫国大夫的孙昭子被联军俘虏。

（二）孙良夫

孙昭子之子，卫国大夫，后任卫卿。卒，谥“桓子”，故《左传》亦称孙桓子，或孙子。

《左传》记载有四次。最早一次是在卫成公三十三年（前 602）。当年，卫成公派孙良夫到鲁国通好，商量一起去见晋成公一事。最后一次在卫定公四年（前 585）。当年三月，晋、卫、郑三国联合伊雒、陆浑等地的戎人、蛮氏侵袭宋国，理由是宋国拒绝参加盟会。孙良夫以“卫卿”的身份，率领卫国军队参加了侵宋的战事。

（三）孙林父

孙良夫之子。卒，谥“文子”。《左传》亦称孙文子，或孙子。

《左传》记载有七次。最早一次在卫定公五年（前 584）。当年，因卫定公讨厌孙林父，孙林父自知不祥将至，于是逃往晋国。最后一次在卫殇公十二年（前 547）。当年，宁喜攻克卫都，卫殇公被杀。卫献公恢复卫国君主后，派兵攻打戚地。孙林父向晋国控诉。晋平公派兵戍守卫国戚地东鄙，遭卫军袭击，死三百人。孙蒯率队追赶卫军，却不敢主动发起攻击。孙林父当即严厉批评他的儿子孙蒯，说：“你连恶鬼都不如！”于是孙蒯不得不再去追击，在圉地打败了卫军。六月，为孙氏故，鲁侯会同晋、宋、郑、曹四国联合讨伐卫国，取卫国都城西北六十邑，给了孙氏。

（四）孙蒯

孙林父之子。

《左传》记载有三次，最早一次是在卫定公五年（前 584），事迹见前。最后一次是在卫殇公三年（前 556），当年春，孙蒯在曹隧一带打猎，在重丘一带饮马，遭到当地土民唾骂。夏，孙蒯攻打曹国，攻占重丘，曹国人向晋国控诉。

（五）孙嘉、孙襄

均为孙林父之子。《左传》记载仅一见，即卫殇公十二年（前 547）。当年，孙嘉聘于齐，孙襄居守卫国戚地。

（六）孙书

《左传》记载仅一见。即卫灵公十二年（前 523），齐国君主景公命齐大夫高发率师“伐莒”。其时，莒国君主共公躲在莒邑纪鄣城内，一时难以下手。于是高发派孙书带领 60 名士卒组成的一支小分队，带着一条粗粗的绳子，趁着夜色，攀垣登城。中途绳断，孙书指挥城上和城外士卒大声疾呼，声震城内城外，迫使莒国君主“启西门而出。七月丙子，齐师入纪”。

以上就是《左传》所记卫国后期自孙昭子至孙书此支卫国“姬姓孙氏”世系传承及其事迹的状况。

令人困惑的是：出生于卫国“姬姓孙氏”的孙书，何以会出现在公元前 523 年“齐伐莒”的这场争战之中，之后且得到齐景公所谓“赐姓孙氏”“食采乐安”的殊荣？乃至落籍齐国，生“凭（齐卿），凭生武（孙武）”？这确是一个历史之谜。

再说，孙书在随齐大夫高发伐莒之前已称孙书，那么，《新唐书·宰相世系表》又何以称孙书“伐莒有功，（齐）景公赐姓孙氏，食采乐安”呢？《世系表》之误，不是一清二楚吗？

对此疑点，国内有几位学者早有看法，如：

南昌陆军指挥学院副教授寿涌先生在中华书局编辑出版的《文史》第四十辑和第四十八辑上接连发表《论春秋孙武非齐国陈书之后——对孙子研究中一个定论的质疑》和《再论春秋孙武非齐国陈书之后》两篇文章。由于文字颇长，笔者把寿先生的主要观点，用他的原文，概而言之：

1. 孙书自是孙书，陈书自是陈书，原本系二人，杜预却误把他们“合二而一”了。

2. 孙书和孙武极可能是齐国孙姓氏族的同辈弟兄。

3. 春秋孙武绝非齐国陈（田）氏的后裔，绝非陈书之后。

4.（孙氏弟子）一种可能是卫国的孙氏子弟入齐……还有一种可能是

他国的孙姓人员出奔齐国。当然，由于史料的不足，我们难以具体落实究竟是在哪一国哪一次的内乱中，哪些孙姓人士避难奔齐，并进而在齐国定居下来，繁衍子孙而延及孙书、孙武等人。但有一点是肯定的，即这种可能性是存在的。这种分析和推测应当比《新唐书·宰相世系表》所述要合理得多。

5. 又有学者考《左传·昭公十九年》称田书为孙书，《哀公十一年》又称陈书。一人三姓，……这一判断，同样有误。

《孙子》文献收藏家、著名学者穆志超在见到寿文后，随即在山东省社会科学界联合会创办的《孙子学刊》（1994年第2期，总第10期）上，发表《孙武世系之我见》。文称：

司马迁在《史记》中写了一篇《孙子吴起列传》，但着重在孙武吴宫练女兵的轶事，对其他则语焉不详。……到赵宋时代，欧阳修等撰《新唐书》，吕夏卿作了其中的《宰相世系表》，对孙氏的世代相承言之凿凿。邓名世又据此表稍加修改，写入《古今姓氏书辨证》孙氏的世系中。后世，直至当代，谈孙武世系的都以吕表、邓辨为依据。然而，这两项资料是不可靠的。我曾写过一篇《孙武其人及其书》，未发表而于十年动乱中失去。该文即为反驳吕表、邓辨而作。近见寿涌同志的《论春秋孙武非齐国陈书之后》，与我的看法几乎完全一致。最近又见到田昌五教授的《孙武里籍辨误》，其破吕表、邓辨之说，也与我的看法基本上相同。遂重新收集资料，从稍不同于寿、田两文的角度谈谈我的看法。

由此，穆老直接引用《左传·鲁襄公二十六年》（前547）记事中的一段原文：

孙文子在戚，孙嘉聘于齐，孙襄居守。二月庚寅，宁喜、右宰谷伐孙氏，不克，伯国伤。宁子出舍于郊。伯国死，孙氏夜哭。国人召宁子，宁子复攻孙氏，克之。辛卯。杀子叔及大子角。书曰“宁喜弑其君剽”，言罪之在宁氏也。……孙林父以戚如晋。书曰“入于戚以叛”，罪孙氏也。

对于《左传》的这段原文，穆老在这篇文章中作了解释，称：

孙文子即孙林父，伯国是孙襄的字，林父子。孙嘉聘于齐之后，家被攻破，父叛归晋，兄弟死。在这种形势下，他不可能再回到仇人宁喜当权的卫国。就可能留仕于齐了。再过24年，齐国就出现了孙书。虽然还不能肯定孙嘉、孙书、孙武有同亲族的关系，但蛛丝马迹还是可供按考的。故可推论，孙书可能是自卫入齐的孙嘉之子，孙武也是这个家族中人。

还有学者朱靖宇，他在《齐文化》（2005年第5期，总第14期）上发表《孙武身世之辨》，称：

按说，这兵不血刃的纪鄣之役，胜利算是捡来的。孙书只是部将，值不得大赏特赏。就赐姓来说，也是虚罔（妄）的。孙书不姓陈，也不类推姓田。这孙书倒是他的真姓实名。孙姓族源不一，子孙散布，卫国的孙良夫和楚国的孙叔敖都各以公族之亲和卿相之贵，得姓为孙，且蔚为望族。孙书的祖先，无论是土著或是载赞入齐的士族，当有其渊源，无待于齐君（笔者注：指“齐景公”）之赐。汉唐皇帝各以国姓赐给功臣，早在先秦，此例还不兴起。如真按后来例子前补，也该赐姓姜，而不会无缘无故地让人家姓孙。至于封赏采邑之举，亦属无稽……历史上举凡乐安郡、乐安国、乐安州和乐安县等政区，都是汉朝以后各代分别设置的，总不该由齐景公作先验的举措吧！

笔者认为：三位学者的此番分析和考辨，与《史》《传》记载相符，对《左传》所记孙书“族源”出自“姬姓卫国”，而非出自“妫姓齐国”，是很有说服力的。

二、关于孙书“伐莒”

我国进入春秋战国时代，列国诸侯之间攻伐不断。据《左传》记载，“齐伐莒”前后发生多次，其“因”在于“莒恃晋而不事齐也”（《左传》语）。

有观点称：

《左传》宣公四年（前605），宣公十三年（前596），襄公二十三年

（前 550），昭公元年（前 541），都有过齐伐莒之类的军事行动。前三次都与孙书的赐姓无关，因为齐景公尚未即位。后一次已是齐景公七年（前 541），不能排除有孙书的参加和赐姓的可能。这一次虽然没有激烈的战斗发生，但军事行动的效果极佳。由齐公子鉏率兵赶走了莒君展舆出奔去吴。

其中所称的齐景公七年（前 541）的“齐伐莒”，实为“鲁伐莒”，而非“齐伐莒”。《左传·鲁昭公元年》（前 541）记事，明确地称：

（鲁）季武子伐莒，取郓。莒人告于会（注：盟会）。楚告于晋曰：寻盟未退，而鲁伐莒，渎齐盟，请戮其使。……赵孟闻之曰：“……莒之疆事，楚勿与知，诸侯无烦，不亦可乎？莒、鲁争郓，为日久矣，苟无大害于其社稷，可无亢（抗）也。”

说的是，公元前 541 年，鲁昭公派季武子率领一支部队攻打莒国，占据郓地（莒邑），莒国君主派人向楚、晋两国结盟的“盟会”报告。楚国君主对此次“鲁伐莒”强烈不满，派使者向晋国通报此事，认为“鲁伐莒”此举亵渎盟约，提出要处死鲁国派来说情的使者叔孙。晋侯认为：鲁国与莒国不睦，时间很长了，此次鲁国出兵攻打莒国，占领郓地，如果对国家没有大的损害，可以不必庇护计较，以免除烦劳，于是赦免罪人。

三、关于孙书“赐姓”

综观孙书于公元前 523 年参加“齐伐莒”，有两点值得关注：其一，此次发生的“齐伐莒”，规模极小，未见双方损兵折将；其二，帅师“伐莒”的是齐国大夫高发，孙书不过是高发手下的一名属员，临时奉命带领一支小分队，趁着月色，“夜缒而登”纪鄣城，迫使莒共公不得不“启西门而出，齐师入纪（纪鄣）”。事后，《左传》只字没有提及论功行赏之事。而时过一千五百余年，《新唐书·宰相世系表》问世，开始出现“（孙）书，字子占，齐大夫，伐莒有功，景公赐姓孙氏，食采于乐安”。总览《左传》全文，未见列国诸侯有对其卿大夫以及有功之人“赐姓”

此举。《左传·隐公八年》(前715)记有一事，可以让我们了解古代有关“赐姓”制度的演变过程：

无骇卒，羽父请“谥”与“族”，公问于众仲（注：鲁大夫）。众仲对曰：“天子建德，因生以赐姓，胙（笔者注：音zuo，《辞海》释为‘赐’）之土而命之氏。诸侯以字为族，官有世功，则有官族，邑亦如之。”公命以字为展氏。

说的是：鲁国大夫无骇（注：杜预《春秋左传经传集解》注称：无骇为鲁国公子展之孙）卒后，朝臣羽父为他向鲁隐公请求，赐予他“谥号”和“氏族”。鲁国是最崇尚礼制的国家，传承至鲁隐公时，已对此一“礼制”不甚了了，一时无法回答。只得问身边的大夫众仲有关“谥法”和“以氏为族”之事。众仲回答说：“天子立有德之人为诸侯，依照他的生地而赐姓，分封土地；诸侯以字为谥，后人以此而为氏族；累世做官而有功绩，后人就以官名为氏族，也有以封邑为氏族的。”隐公听了，即以无骇的祖父之字，命无骇为展氏。

当代学者杨伯峻先生作《春秋左传注》一书，对“以氏为族”，释称：

以氏为族者，多用于公族。当时之制，诸侯之子称公子，公子之子称公孙，公孙之子不可再称公孙，乃以其祖父之字为氏。如郑公子去疾，郑穆公之子，字子良，其子为公孙辄，其孙良霄即以“良”为氏，良霄之子为“良止”是也。

由此观之，诸侯给部属卿大夫赐姓之说，是有违当时古制的。

再者，参加“齐伐莒”的孙书，《左传》明确记其族源出自“卫国姬姓”，也就是说，孙书在落籍齐国之前，已称孙书，何以又因所谓“伐莒有功”，齐景公再给参加“齐伐莒”的孙书“赐姓孙氏”。既姓“孙”，何以又赐“孙”呢？

四、关于孙书“锡采”

锡采（注：锡，《辞海》亦作“赐”解），指的是列国诸侯对其部属卿、大夫、士乃至有功之人赐给一定的土地，以养活家人及其家奴。“采”也称“采地”“采邑”“食邑”，产生于我国西周时期，《礼记·礼运》称 :“天子有田以处其子孙，诸侯有国以处其子孙，大夫有采以处其子孙，是为制度。”发展到春秋战国时代，此一制度进一步演化为“世袭制”，即卿、大夫、士获得的采邑，卒后，子嗣有权分享。由此，包括王族、公族、家族在内的大小贵族及其子嗣大多拥有属于自己的一份小小的领地。

孙书“族源”，出自“姬姓卫国”。在卫国时，他的祖父（孙林父），已享有属于自己的采邑“戚”(《辞海》释“戚”：古邑名，春秋卫地，即今河南濮阳北濮城)。孙书在其父辈孙嘉于公元前 547 年“聘于齐”后，他不可能在齐国再有自己的“采邑”。直到一千五百年后《新唐书 · 宰相世系表》问世，《表》中才首次出现孙书因“伐莒有功”，由齐景公“赐姓孙氏”“食采乐安”。显而易见，孙书获此殊荣是后人编造所致。

附 :《左传》中的“妫姓陈氏”

《左传》是我国最早的一部编年体史书，也是一部研究我国古代社会非常有价值的历史文献，相传为春秋末鲁国史官左丘明及其授受者所著。此书以鲁国纪年为脉络，起自鲁隐公元年（前 722)，止于鲁哀公四年（前 481)，编年跨度长达两百四十一年。它详细地记录了我国春秋战国时期周王室以及齐、鲁、晋、燕、莒、郑、赵、卫、陈、宋、秦、楚、吴、越等数十个大大小小诸侯国政治、军事、外交等方面的动态，尤其是书中大量记载列国相争和人物活动的史实，故备受世人推崇。孙武的先辈正是生活在社会出现剧烈变革、动荡的春秋后期。由“陈”奔“齐”的陈完及其后裔不仅在齐国站稳脚跟并融入上层社会，而且逐步形成能与齐国本土贵族势力抗衡并觊觎齐国君位的政治利益集团。笔者于前文把《左传》中有关卫国“姬姓孙氏”中的人物和史迹，按照出现时间先后，向读者作了介绍。现再向读者附上《左传》中有关齐国“妫姓陈氏”的人物和史迹，供读者比较与鉴别。

（一）陈完

陈厉公之子，陈国大夫。后“奔齐”，更姓“田”。卒，谥“敬仲”。《史记·田敬仲完世家》）称“田敬仲完”。

鲁庄公二十二年（前 672）

陈完为避杀身之祸，从陈国逃往齐国。齐桓公欲使陈完为卿，完固辞不受，改使负责管理齐国手工业的“工正”。陈完到齐国不久，齐大夫懿仲与其妻决定聘陈完为婿。占卜的结果是：“有妫之后，将育于姜，五世其昌，并于正卿。”后来的事实大体得到应验。

（二）陈须无

陈（田）完三世孙。齐大夫，事齐庄公。卒，谥“文子”。《史记》称“田文子须无”。

鲁襄公二十二年（前 551）

秋，晋国大夫栾盈避罪出逃，来到齐国。齐相晏婴力劝齐庄公不要接纳栾盈，以免得罪于晋。庄公不听，晏婴就把此事告知了陈须无。

鲁襄公二十三年（前 550）

秋，齐庄公帅师伐卫，获胜后打算从卫地出发，去攻打晋国。齐相晏平仲和崔杼竭力劝谏，庄公不听。陈须无闻讯后，向崔杼问起此事。后来，陈须无告诉手下的人说：崔杼责备君主太过分，恐怕“不得其死”。

鲁襄公二十四年（前 549）

齐庄公帅师攻打晋国后，自感后悔，怕晋国报复，想请楚康王出面调解。楚康王派大夫薳启强到齐国，商定会见日期。庄公安排来客观看阅兵场面，趁此炫耀武力。陈须无对庄公此举非常反感，对手下人说：“齐将有寇。吾闻之，兵不戢（收敛），必取其族。”是年，齐襄公得悉晋师即将来犯，派陈须无的儿子陈无宇到楚国求援。

鲁襄公二十五年（前 548）

齐国执政大夫崔杼看中属下偃的姐姐棠姜。偃表示：“不可。”崔杼请占筮，告之“吉利”，就把占筮的卦拿给陈须无看。陈须无认为此卦为“凶兆”，劝他不要娶棠姜，崔杼不听。

鲁襄公二十七年（前 546）

宋国大夫倡议各国息兵，先后到晋、楚两国游说。两国都同意。之后，向戌到齐国游说，齐人感到为难。陈须无认为，既然晋、楚两国都同意，如果齐国不同意，就会使百姓离心。后来，齐国也同意了。六月，晋、楚、鲁、蔡、卫、陈、郑、曹、许等诸侯国分别派出大夫或由君主亲自来到宋国都城，举行盟会。陈须无随从齐卿庆封出席了史称“弭兵”的此次盟会。

鲁襄公二十八年（前 545）

夏，齐侯、陈侯、蔡侯、北燕伯、杞伯、胡子、白狄赴晋国会见晋平公。将行，齐卿庆封责问齐景公：“齐国没有参加结盟，为何要向晋国朝见？”陈须无劝庆封不要阻行。

（三）陈无宇

陈完四世孙，陈须无之子，齐国大夫。卒，谥“桓子”。《史记》称“田桓子无宇”。

鲁襄公六年（前 567）

由于莱国曾组织棠邑人抵抗齐军，齐灵公一怒之下派军队灭了莱国。参加此次灭国的陈无宇把莱国宗庙里的礼器带回齐国，献于齐国宗庙。

鲁襄公二十八年（前 545）

齐国因供应卿、大夫的食物标准降低，引起朝臣不满。庆封派人把此事通报给了晏婴和北郭子车。陈须无获知此事后，对他的儿子陈无宇说：“祸将作矣，吾其何得？”无宇回答说：“得庆氏之木百事于庄。”陈须无说：“可慎守也已！”冬十月，陈无宇随从庆封去莱地打猎。十七日，陈须无以“无宇母亲病重”为托辞，派人去莱地召回陈无宇。陈无宇请求庆封让他回去探视。庆封使人占卜，并把预示“死”的卦象拿给陈无宇看，陈无宇装着“奉龟而泣”。庆封不知内情，于是就让他回去。庆封亲信庆嗣得知此事，力劝庆封火速派人拦截。陈无宇预感可能出事，一路上把渡船和桥梁拆了。此时，都城内的栾、高、陈（田）、鲍四家贵族联合起来攻打庆氏家族。庆封见大势所去，不得不带着家人出逃，先奔鲁，后奔吴，吴王句余（即“余祭”）把庆封安置在朱方（今江苏丹徒），“聚其族焉而居之，富于其旧”。就在都城发生内乱之际，陈须无只身保护齐景公“税服（脱去祭祀服装）而如（进入）内宫”。

鲁襄公二十九年（前 544）

吴公子札（吴王寿梦第四子）来到齐国，结识齐相晏婴，两人十分亲近。交谈时，吴公子札劝晏婴把封邑和权力归还给齐侯，指出“无邑无政，乃免于难”。

鲁昭公二年（前 540）

四月，晋国大夫韩须为晋平公纳妃，到齐国迎齐女少姜。齐景公派陈无宇护送少姜去晋，被晋侯扣下。理由是陈无宇“非卿”（地位不高）。直到十月，经晋国大夫叔向向晋侯晓之以理，陈无宇才得以释归。

鲁昭公三年（前 539）

齐景公趁齐相晏婴出访，替他建成新宅。晏婴回来后，感到此举虽是褒奖于他，然而不合礼制，要求拆掉，按原样恢复旧宅。齐侯不允。晏婴就托陈无宇为之说情，齐侯“乃许之”。

鲁昭公五年（前 537）

郑国大夫罕虎到齐国的子尾氏家娶妻。齐相晏婴多次前往罕虎住处作礼节性拜访。陈无宇不知其故，私下问晏婴是什么缘故？晏婴回答说：罕虎此人“能用善人，民之主也”。

鲁昭公八年（前 534）

七月，齐国大夫子尾身亡。子旗想控制子尾的家政，于是杀了子尾的管家梁婴，又把子成、子工、子车三人逐出齐国，宣布子良为家臣之长。子良的家臣看出子旗的用心，就把武器分发下去，准备攻打子旗。陈无宇原本就与子尾亲近，也组织家臣准备参与行动，被子旗发现。陈无宇当着子旗的面，讨好子旗，透露出子良家分发武器的用意，并表示自己愿意跟随子旗。

鲁昭公十年（前 532）

夏，陈无宇联合鲍氏，攻打栾氏、高氏，把栾、高两族的头头逐出齐国，分了他们的家产。事后，齐相晏婴劝陈无宇把夺得的财物交还给齐景公处理。陈无宇遵命照办，并向齐景公“请老于莒”。齐景公打算把“莒之旁邑”给他，陈无宇不受。后由齐景公之母穆孟姬出面让景公把高唐（今山东高唐一带）作为陈无宇的封邑。《左传》称：“陈氏始大”。

（四）陈武子

陈（田）完五世孙，陈无宇长子，字子彊。卒，谥“武子”。《世本》称“田开”;《史记》称“田武子开”,“子彊”乃其“字”。

鲁昭公二十六年(前516)

齐、鲁两国军队在炊鼻(今山东宁阳一带)交战。鲁国的季氏家臣冉竖,用箭射中陈武子的手,陈武子手中的弓箭顿时失落于地,随即破口大骂不止。冉竖回营后,把此事报告给季平子,说:“有一个君子,皮肤白,胡子、眉毛黑而稠密,骂声不绝。”季平子听了,说:此人“必子彊也”。

(五)陈僖子

陈(田)完五世孙,陈无宇次子,陈武子之弟,后任齐相。卒,谥“釐(僖)子”。《史记》称“田釐子乞”。

鲁哀公四年(前491)

秋,齐景公派陈乞、弦施,卫出公派宁跪,一起前往救援范氏。

鲁哀公六年(前489)

陈乞装出一付谦恭的样子,上朝必和高张、国夏同车,故意散布朝中大夫对他们两人的不满。而在其他大夫面前,陈乞又说高、国两氏要杀掉他们。六月,陈乞纠合鲍牧,带领甲士,攻打高张、国夏,把他们逐出齐国。八月,陈乞派人偷偷接回流亡在外的齐公子阳生,“使子士之母养之”。冬十月,陈乞宣布立阳生为齐国君主,是为齐悼公。悼公继位后,派人把齐国幼主晏孺子转移到骀地。半路上把晏孺子给杀了。从此,齐国凡有大事,必“访于陈子(陈乞)”。

(六)陈书

陈完五世孙,陈无宇第三子,陈乞之弟。

鲁哀公十一年(前484)

鲁哀公联合吴王夫差将兵伐齐,齐简公派国书等人率军抵御。陈乞对他的弟弟陈书说:“尔死,我必得志。”行前,陈书曰:“此行也,吾闻鼓而已,不闻金矣。”五月,联军与齐军战于艾陵(今山东莱芜东北),陈书和其他四名齐将被联军俘虏。联军把陈书等人连同革车八百乘、甲首(士卒的首级)三千,作为战利品,献给鲁哀公。

（七）陈恒

陈（田）完六世孙，陈乞之子，又称陈成子。卒，谥“成子”。《史记》称“田成子常”

鲁哀公十四年（前 481）

齐简公即位前，阚止受到宠信。简公即位后，让阚止当上了执政大夫。陈恒怕他。大夫御鞅对简公说：“陈氏、阚氏不能并列，两人中只能选择一人。”简公不听。后来，阚止和陈氏在陈氏宗主家结盟。之后，经人介绍，阚止把陈氏远房的陈豹做了自己的家臣。在一次谈论政事时，阚止向陈豹透露了要把陈氏全部驱逐出去，立陈豹为陈氏继承人的想法。陈豹把这一消息告知陈恒。陈恒和他的三个弟弟杀了阚止，又在舒州把齐简公也杀了。为此，鲁国的孔丘（即“孔子”）斋戒三天，请求鲁哀公派兵讨伐陈恒。

鲁哀公十五年（前 480）

冬，鲁、齐两国媾和。鲁哀公派子昭、景伯和子贡到齐国。陈恒在馆驿会见他们，说：“国君（齐平公）让我转告各位，愿意像侍奉卫国一样侍奉鲁侯。”并宣布把夺得的土地归还给了鲁国。

鲁哀公二十七年（前 468）

晋军攻打郑国、郑国国君派人到齐国请求救援。陈恒先优抚曾为齐国战死的儿子，然后亲自率领齐军前往救郑。

以上就是《左传》一书中先后出现的陈完至陈恒的家世传承记载，实为今人研究孙武家世的又一份必读材料。《左传》中尚载有陈瓘、陈逆、陈庄、陈豹等，一则因事迹过于简略，二则与研究孙子本事无涉，故未予采录。

《尉缭子》提到的“武子”即孙武

《左传》中提到的陈武子，与《史记》中提到的“以兵法见于吴王阖闾”的孙武，究竟是同一人，还是毫无血亲关系的二人？确是一个谜。在笔者探研之前，国内已有几位学者道破其谜，确信史籍中的“武子”“孙武子”乃同一人。其文献依据最早见于《尉缭子》一书。此书出自尉缭之手。《辞海》称：“尉缭，战国中期军事家，曾对魏惠王讲论用兵取胜的政策。《汉书·艺文志》‘兵形势家’，有《尉缭》三十一篇，今存二十四篇。”

该书《制谈第三》称：

> 凡兵，制必先定。制先定，则士不乱；士不乱，则刑乃明。金鼓所指，则百人尽斗；陷行乱阵，则千人尽斗；覆军杀将，则万人齐刃，天下莫能当（注：挡。下同）其战矣。……有提十万之众而天下莫当者谁？曰桓公（注：齐桓公）也；有提七万之众而天下莫当者谁？曰吴起也（注：战国时代魏国兵家）；有提三万之众而天下莫当者谁？曰武子也。

被誉称只需动用“三万之众”就能“天下莫当”的武子，显然是指由“齐”入“吴”并与伍子胥等人一起助吴伐楚的孙武。西汉经学家刘向作《新序》一书，内称：

孙武以三万破楚二十万者，楚无法故也。

当今国内学术界多位学者肯定《尉缭子》一书中所指的“武子”就是孙武。如：

河南省社会科学院资深学者兼首届中国孙子兵法研究会副会长杨丙安在《论孙子兵学的科学理性》一文所作的“注释”中称：

《尉缭子·制谈》所说“有提三万之众而天下莫当者谁？曰武子也”。“武子”显指孙武；《荀子·议兵》“孙、吴用之无敌于天下”之“孙”，由该篇所论正与《孙子兵法》相应观之，也当是指孙武；《韩非子·五蠹》“藏孙、吴之书者家有之”之“孙”，由《史记》本传所说“世俗所称师旅，皆道孙子十三篇”来看，也当是指孙武。[1]

北京大学中文系教授李零作《〈孙子〉古本研究》一书称：

《尉缭子·制谈》提到“有提三万之众而天下莫当者谁？曰武子也”。这大概是现存文献中最早提到孙武的一处。[2]

军事科学院研究员吴如嵩主编的《孙子兵法辞典》称：

尉缭，战国时著名军事家，其所著《尉缭子》一书为我国古代《武经七书》之一。此评语意谓自古以来天下名将，没有谁能胜过孙武子者。齐桓公必须统率十万大军才能无敌于天下，吴起必须统率七万大军才能无敌于天下，而孙武子则不然，只需统率三万军队，就可以无敌于天下了。[3]

国防大学教授刘春生作《尉缭子全译》，称：

1 杨丙安：《论孙子兵学的科学理性》，载《孙子新论集粹——第二届孙子兵法国际研讨会论文选》，长征出版社，1992 年 3 月版，第 4 页“注”。

2 李零：《〈孙子〉古本研究》，北京大学出版社，1995 年 7 月版，第 278 页。

3 吴如嵩主编：《孙子兵法辞典》，白山出版社，1993 年 3 月版，第 165 页。

武子：孙武，春秋末期齐国人，约与孔子同时代。[1]

军事科学院研究员于汝波主编出版的《孙子兵法研究史》一书称：

大约成书于战国中期的《尉缭子》中，也引有《孙子兵法》之言和载有孙子之事。……同书《制谈》篇中说："有提十万之众而天下莫当者谁？曰桓公也；有提七万之众而天下莫当者谁？曰吴起也；有提三万之众而天下莫当者谁？曰武子也。"这里的"武子"当指孙武。作者对孙武的推崇溢于言表，说明他曾认真地研读过孙武的事迹及其兵法才得出这样的结论。[2]

《孙子》文献收藏家、学者穆志超作《孙子学文存》称：

《尉缭子·将理》："兵法：十万之师出，日费千金。"就是引用《孙子·作战》篇中的成文。尉缭又赞誉道："有提七万之众而天下莫当者谁？曰吴起也；有提三万之众而天下莫当者谁？曰武子也。[3]

上海师范大学中文系教授许威汉为其学生陈秋祥所撰《孙武家世考析》一书作《序》，称：

再有，同为兵学名著《尉缭子·制谈》也写到："有提（率领）三万之众，而天下莫当者谁？曰武子也。"诸如此类，堪为孙武其人其事其书之有力佐证。说到此，有人可能重申《尉缭子》原是伪书，其言不可靠。可是1972年山东临沂银雀山出土西汉前期竹简，其中一部分是《尉缭子》残简，内容和后世的《群书治要》所录基本相同，这表明它在西汉前期已经传世，后世伪书说乃属臆说。依此，《尉缭子》之说当可信。[4]

1 刘春生：《尉缭子全译》，贵州人民出版社，1993年8月版，第14—15页。
2 于汝波主编：《孙子兵法研究史》，军事科学出版社，2001年9月版，第41—42页。
3 穆志超：《孙子学文存》，白山出版社，2010年10月第1版，第201页。
4 陈秋祥：《孙武世系考述》，许威汉《序》，澳大利亚新金山出版公司，2004年11月版。

“武子”之称亦散见于部分孙氏族谱。试举五例为证，如：

吾宗肇自虞舜。……舜为庶人时，尧妻之二女。居于妫汭。其后因以前为氏。……至周武王封妫满于陈，以奉舜祀，遂为陈氏。卒，谥胡公。九世而至厉公陀，为兄弟林所害，自立为庄公，故陀子完不得立，乃为陈大夫。庄公卒，弟宣公杵臼立。宣公后有嬖姬生子款，欲立之，乃杀其太子御寇。完素与御寇善，惧祸及，遂奔齐，因所食采邑，改姓田。……生稺孟夷。稺孟夷生湣孟庄。湣孟庄生文子须无，须无生桓子无宇，无宇生武子开与釐子乞。开字长卿，为齐大夫，食采于乐安。是时，田釐子乞与鲍牧等图危社稷，武子遂奔吴，更姓孙，以兵法十三篇干于吴王，用以为将。孙氏之姓自武子始。

——《荆西孙氏宗谱·孙氏得姓源流考》

吾族发源于黄帝，流脉于武公，以暨乐安、富春之所以异详者，其辨晰矣！是知武子者，富春之始祖也。而特是武子以下至惠蔚公，四十又八世。

——《竹园孙氏宗谱·孙氏外传世系图说》

吾祖孙武，望重齐鲁，而山东之国诸氏族，孙氏得与焉。汉灵帝初，武子之后孙钟同子坚由富春迁钱塘，以平江夏有功，授长沙太守，袭讨虏大将军。策弟权，遂分汉鼎。

——《德安孙氏宗谱·序》

吾族之受姓也，自武子开始，避鲍牧之乱，奔吴更姓。而推本渊源，武子系出于陈，陈系出于虞。更溯而上之，则轩辕公孙姓也。其改姓孙，或本公孙之意欤？武子生明，以父功食采于富春，是为富春孙。

——《吴溇孙氏宗谱·原序》

乐安孙氏，江南望族，吴下名家，知兵任将。武子佐吴王……

——《甲山北湾孙氏宗谱·序》

以上所指“五部孙氏族谱”，请查阅拙编《中国孙氏世系源流》（白山出版社 1999 年 8 月版）。

孙武“姓、名、字、谥”考

先秦至两汉的历史文献对古兵家孙武的“姓”“名”“字”“谥”的表述，最早分别见于载籍的有以下三部：

一、《左传》

陈武子之名，始见于《左传》鲁昭公二十六年（前516）记事：

> （鲁）师与齐师战于炊鼻。……冉竖射陈武子，中手，失弓而骂。以告平子曰：“有君子白皙，鬒须眉，甚口。”平子曰：“必子彊也，无乃亢诸？”对曰：“谓之君子，何敢亢（同‘抗’）之？”

说的是鲁、齐两国军队在炊鼻（今山东省宁阳一带）交战。鲁国大夫季平子的家臣冉竖暗中用箭射中陈武子之手，使其手持的弓箭失落于地。陈武子随即破口大骂不止。冉竖回营禀告季平子，称：“被我射中的那个人，皮肤白净明亮，胡子眉毛黝黑稠密，骂声不绝。”鲁平子听后，凭着他对陈武子面型特征和性格的了解，说：“此人必是‘子彊’。你不是已经与他对抗了吗？”冉竖回答：“称他是君子，岂敢再与他对抗下去！”

依据《左传》前后所记“陈氏族人”名号，陈武子家世传承可用以下图表显示：

陈武子
陈完——□——□——陈须无——陈无宇——陈僖子（乞）——陈恒
陈书

二、《世本》

《世本》是先秦重要史籍之一。该书记载皇帝以来的史事,记有《帝系篇》《王侯篇》《卿大夫世篇》《氏姓篇》《作篇》《居篇》等。史学巨匠司马迁作《史记》时，就曾采摭它的材料。两汉时期的学者，如班固、刘向、王充、郑玄、赵岐等诸人亦多所称引，各成“辑本”。东汉学者宋衷作《世本注》，后失传。直至清代，有八位学者各自从“类书”中找出相关资料。1957年，经中华书局编辑部加以汇集、校勘、整理、出版，取名《世本八种》，其中：

秦嘉谟《辑补本》记“陈氏”：

> 敬仲（注：即“陈完”）生夷孟思，思生闵孟克，克生文子须无，须无生桓子无宇，无宇生武子开、僖子乞。[1]

（齐）陈完谥敬仲
陈须无谥文子
陈无宇谥桓子
陈开谥武子
陈乞谥僖子
陈恒谥成子

张澍《补注本》记“陈氏”：

1 《世本八种》，中华书局，2006年8月版，第114页。

澍案：《左传》无宇子三：开、乞、书。开字子彊，是为陈武子。

今人杨伯峻先生作《春秋左传注》，亦称：

陈武子，陈无宇之子，名开，字子彊。无宇生三子：长曰开；次曰乞，即僖子；季曰书。见十九年《传》及哀公十一年《传》。

说明，陈武子是陈无宇之长子，陈乞和陈书之兄。“开”，是陈武子之“名”，“子彊”是其“字”，明矣！

三、《史记》

司马迁作《史记》，在《田敬仲完世家》篇中记曰：

完卒，谥为敬仲。仲生稺孟夷。敬仲之如齐，以陈氏为田氏。田稺孟夷生湣孟庄，田湣孟庄生文子须无，田文子事齐庄公。文子卒，生桓子无宇。田桓子无宇有力，事齐庄公，甚有宠。无宇卒，生武子开与釐子乞（笔者注：张守节作《史记正义》，注曰："釐"音"僖"。故"田釐子乞"又作"田僖子乞"）。田僖子乞事齐景公，为大夫……

证明《史记》所记陈（田）氏世系，源于《左传》《世本》。

“陈氏”何以改称“田氏”？司马迁只说“以陈氏为田氏”，未讲改“氏”原因。《史记》“三家注”[1]分别注云：裴骃《集解》引徐广曰：“应劭云始食菜（采）地于田，由是改姓田氏”；司马贞作《索隐》，称：“敬仲奔齐，以陈、田二字声相近，遂以为田氏。应劭称，始食菜（采）于田，则田是地名，未详其处”；张守节作《正义》，按：“敬仲既奔齐，不欲称本国故号，故改陈字为田氏。”三《注》不尽一致，但共同点是“田氏”是从“陈氏”改易而来。故古籍记陈完（田完）及其子嗣：《左传》《世本》称“陈氏”，即“以国为氏”；《史记》称“田氏”，即“以

1 “三家注”，引《史记》标点本第六册《世家二》，中华书局，1959年9月版，第1880页。

采邑为氏”。

据此可知：《左传》中的“陈武子”，《世本》中的“陈武子开”（陈开），《史记》中的“田武子开”，以及《尉缭子》和部分《孙氏族谱》中的“武子”，实为同一人，即田武子开。“田”是其“氏（姓）”；“开”是其“名”；“子彊”是其“字”；“武子”，则是陈（田）武子开的“谥”。

“谥”，是封建时代君臣死后按其生前事迹评定褒贬所给予的称号。古代，周天子和封国中的大国诸侯，如齐、鲁、晋、卫、郑等大国，对属下的卿、大夫死后依照其一生业绩，按照封建道德的善恶、功过、职历等评议定“谥”，所谓“史臣定谥，必有所专取”。如生前做到“刚强理直”“威强睿德”“克定祸乱”“刑民克服”“夸志多穷”者，谥“武子”。采之于《周书》的《世本·谥法》，列有“君谥”“臣谥”“妇人谥”三种。春秋时期，齐国的卿大夫中受谥“武子”的，《世本》记有国佐、崔杼、高偃、陈开、管鸣五人。陈开，即《史记》中的“田武子开”，也就是《左传》记载的齐、鲁炊鼻之战中被鲁国季氏家臣冉竖用箭射中手而骂不绝口的陈武子。

由此可以得出结论：《左传》中的陈武子，《世本》中的陈武子开，《史记》中的田武子开（田开），即古兵家孙武。

“二桃杀三士”中的田开疆（彊）辨析

一

20世纪70年代以来，受山东临沂银雀山汉墓出土《孙武兵法》《孙膑兵法》《六韬》《尉缭子》《晏子》以及佚文《见吴王》《吴问》等一批兵书竹简的影响和鼓舞，国内兵学界和文史界人士兴起一股前所未有的研究《孙子兵法》和孙武本事的热潮。

就研究孙武身世、故里以及生平事迹而言，可谓著论迭出，而争议激烈、持久。1992年，山东省社会科学界联合会创办的《孙子学刊》（第3期）刊登题名《孙子里籍辨误》的一篇文章，引起格外关注。作者是中国殷商文化研究会副会长兼秘书长、山东大学历史研究所所长田昌五教授。

田先生依据《史记·田敬仲完世家》所列田氏世系“（田）完——稺孟夷——湣孟庄——文子须无——桓子无宇——武子开和釐（僖）之乞——常（乞子）——襄子盘”的传承，对书成于宋代的《新唐书·宰相世系表》和《古今姓氏书辨证》）所记“（田）书，字子占，齐大夫，伐莒有功，景公赐姓孙氏，食采乐安。生凭，字起宗，齐卿。凭生武（孙武），字长卿”的家世作了比较和分析，指出上述两书存在着“年代误差”“祖孙颠倒”“后人伪造”等问题。概而言之，田昌五认为：

（一）有关孙武家世材料，“本身是大有问题的”；

（二）孙书和田（陈）书，“何得混为一人？”；

（三）把孙书说成是孙武的祖父，“未免荒唐”；

（四）说孙书之子、孙武之父孙凭为齐卿，“是假的”；

（五）把田恒（常）说成是孙书之兄，“显然是个笑话”；

（六）说孙武因乱奔吴，“也是假的”。

由此，得出两个判断：其一，孙武既不是陈书的孙子，也非“伐莒有功，景公赐姓孙氏、食采于乐安”的孙书之孙。其二，《晏子春秋》中提到的田开疆，“应是《史记》所称的田武子开，即《孙子兵法》的著者孙武。”

田先生称：

这里说的是《孙子兵法》的作者、在吴王阖闾时用事的孙武子，而不是田书之孙字长卿名武者那位冒牌货。我们既已鉴别了这种假冒伪劣“商品”，相应地就要找出真正的孙子来。这个人名气很大，今日已誉满全球。却不见于那时的经传。他究竟是谁呢？查来查去，访得一人，他很可能是真正的孙子。据《史记·田敬仲完世家》，田桓子无宇“生武子开与僖子乞”，但继位者却是僖子乞而非武子开。因此，他没有留下什么事迹来，成了一位神秘人物。只有《晏子春秋》中提到过一位田开疆。他勇力过人，善于用兵，自称“吾仗兵而却三军者再”，功勋卓著。但晏婴设计用两个桃子把他和另外两位壮士公孙接和古冶子除掉了，他也成了神秘人物。从这些蛛丝马迹来判断，这位田开疆应是田武子开，也就是《孙子兵法》的作者孙武，开是其名，开疆是其字，武子则是他作为卿士的称号。他号武子而没有继位，说明他把卿士之位让给弟弟僖子乞了，让位后由齐奔吴，改姓孙氏为孙武子，而讳其名字，后人莫知其究竟，遂编出一个“二桃杀三士”的故事来，好像他已不在人间了。实则，他在和伍子胥与吴王阖闾讲论兵法呢。

1998 年 4 月，田先生通过齐鲁书社出版《孙子兵法全译》一书。书后，附有《孙武子评传》。重申：

我认为，这位田开疆就是武子开，那时名开字开疆或名启字启疆是常见的事。《晏子春秋》是一本小说故事，可能由于武子开的下落不明，后人才编出这个故事来的。

二

田先生文中提到的“二桃杀三士”这则故事，出自《晏子春秋》一书。此书是记叙齐相晏子家世、言行、反映其政治主张的古代文学名著。书中载《景公养勇士三人无君臣之义晏子谏第二十四》，全文如下：

公孙接、田开疆、古冶子事景公，以勇力搏虎闻。晏子过而趋，三子者不起。晏子入见公曰：“臣闻明君之蓄勇力之士也，上有君臣之义，下有长率之伦，内可以禁暴，外可以威敌。上利其功，下服其勇，故尊其位，重其禄。今君之蓄勇力之士也，上无君臣之义，下无长率之伦，内不以禁暴，外不可威敌，此危国之器也，不若去之。”公曰：“三子者，搏之恐不得，刺之恐不中也。”晏子曰：“此皆力攻勍（音 qing）敌之人也，无长幼之礼。”因请公使人少馈之二桃，曰：“三子何不计功而食桃？”公孙接仰天而叹曰：“晏子，智人也。夫使公之计吾功者，不受桃，是无勇也。士众而桃寡，何不计功而食桃矣。接，一搏猏（音 jian）而再搏乳虎，若接之功，可以食桃而无与人同矣！”援桃而起。田开疆曰：“吾仗兵而却三军者再，若开疆之功，亦可以食桃而无与人同矣。”援桃而起。古冶子曰：“吾尝从君济于河，鼋衔左骖以入砥柱之流。当是时也，冶少不能游，潜行逆流百步，顺流九里，得鼋而杀之，左操骖尾，右挈鼋头，鹤跃而出。津人皆曰：“河伯也！”若冶视之，则大鼋之首；若冶之功。亦可以食桃而无与人同矣！二子何不反桃？抽剑而起。公孙接、田开疆曰：“吾勇不若子，功不子逮，取桃不让，是贪也；然而不死，无勇也。”皆反其桃，挈领而死。古冶子曰：“二子死之，冶独生之，不仁；耻人以言，而夸其声，不义；恨乎所行，不死无勇。虽然，二子同桃而节，冶专其桃而宜。”亦反其桃，挈领而死。使者复曰：“已死矣！”公殓之以服，葬之以士，礼焉！

这一段说的是：时任齐相的晏婴，一次从齐景公的贴身卫士公孙接、田开疆、古冶子三人面前路过，小步快走，装出一副谦恭礼貌的样子。三壮士纹丝不动，也不搭礼，装作没有看见。晏婴表面上装得若无其事，但内心忿忿不平，遂以三人居功自傲乃"危国之器"，当面向齐景公告状，并设计让景公派人送去鲜桃两颗，让三人各言其功，以功最大者方可食桃。三壮士为"争桃"，出于义气而当场一个个拔剑自刎。"二桃杀三士"这则故事由来于此，至今成为"借刀杀人"的一句成语。

据云：山东省淄博市临淄区（注：春秋齐国都城所在）南门外有一基三坟，传为三壮士墓。无独有偶，南方吴地也有"三士坟"。书成于唐僖宗年间、由学者陆广微纂修的《吴地记》，称：

海盐县（笔者注：今属浙江省嘉兴市）在郡（注：吴郡）东二百二十里。……县东十一里有晋穆帝何皇后宅，十五里有公孙捷（接）、田开疆、古冶子三坟，俱事齐景公。勇烈，有功于景公。为晏子佞，以桃二颗，令言功，三人同日死，葬于此县。[1]

晏子，即晏婴，著名政治家，夷维（今山东高密）人。齐灵公二十六年（前556），父齐相晏弱卒，继任正卿，历灵公、庄公、景公三朝。对于"二桃杀三士"这则故事，古往今来，有人信之，有人疑之。唐代文学家、哲学家柳宗元作《辨〈晏子春秋〉》，称：

司马迁读《晏子春秋》，高之，而莫知其所以为书。或曰晏子为之，后人接焉；或曰晏子之后为之，皆非也！吾疑其墨子之徒有齐人者为之。墨好俭，晏子以俭名于世。故墨子之徒遵著其事，以尊高为己术者。且其旨多尚同、兼爱、非乐、节用、非厚葬久丧者，是皆出墨子。又非孔子，好言鬼事；非儒、明鬼，又出《墨子》。其言问枣及古冶子等，尤怪诞。[2]

1 （唐）陆广微：《吴地记》，江苏古籍出版社，1986年，第57页。

2 （唐）柳宗元：《辨〈晏子春秋〉》，载《经史百家杂钞全译》卷九，贵州人民出版社，2013年，第2505页。

柳《文》所言“问枣”，指的是齐景公问晏婴枣（燕枣）投入东海，海水变色之事；“及古冶子等”，指的就是晏婴设计用“二桃”轻易除掉公孙接、田开疆、古冶子。柳宗元认为“二桃杀三士”是一则特别离奇古怪、荒诞不经的故事。

山东省现存最早的一部元代地方志《齐乘》，亦对“三士冢”持质疑，称：

> 三士冢，临淄南一里，一基三坟。诸葛武侯（注：三国时的诸葛亮）作《梁父吟》：“步出齐城门，遥望荡阴里；里中有三坟，累累正相似。借问谁家坟，田疆古冶子；力能排南山，又能绝地纪。一朝被谗言，二桃杀三士；谁能为此谋，相国齐晏子。”……或曰：晏婴，贤相，岂有杀士之名？盖曹操既杀孔融、杨修，又送祢衡荆州，假手黄祖，三子者，天下之望也。武侯《梁父吟》殆为此设。然则《晏子春秋》反因《梁父吟》而附会，如《山海经》之于《天问》耳![1]

中国近代思想家梁启超亦称：

> 晏子固好勇者，乃以卑劣手段杀此三人，以挫士气，岂不甚者。诸葛孔明为《梁甫吟》以哀之曰：“一朝被谗言，二桃杀三士；相国齐晏子。”诚恫之也。然三士者，重名誉而能下人，竞功名而不惜死，武士之精神、武士之道德皆具矣！百世下，犹将见其气象焉。表同情者，岂特一武侯哉?[2]

学者王世征、谭宝善作《晏子春秋选译》，书中“评语”称：

> “二桃杀三士”是晏子故事中影响较大的一篇，传为诸葛亮作的《梁父吟》即专写这故事。但《梁父吟》说“一旦被谗言”，可见同情在三士一边。就这则故事而言，是晏子因为勇力之事不知礼，容易犯上作乱，所以必欲杀之，和《晏子春秋》全书的思想一致，如书的第一章就阐明了君主

---

1 （元）于钦著，刘敦愿、宋百川、刘伯勤校译：《齐乘校译》，中华书局，2012 年，第 473 页。

2 梁启超此言，引自《（民国）临淄县志》。

矜勇力的害处。但三士的所以自杀，说明仍是仁义之心的作用。故事明显有矛盾，反而损害了晏子的形象。[1]

可见，几位学者对《晏子春秋》的点评和古今人士对“二桃杀三士”这则故事的质疑是有道理的。从社会学、史料学的角度看，吾辈若把《晏子春秋》视为“史书”，把“二桃杀三士”视作“于史可征”的“史实”，难免出错。

三

受田先生《孙子里籍辨误》一文的启示，笔者多年来对田开疆是否就是《孙子兵法》的作者孙武，也作了一些研究，发现一些新的线索，可以用来为田先生“田开疆（彊）就是武子开（孙武）”的判断提供新的史证。

（一）《左传》和《世本》

均为先秦重要史籍。《左传·昭公二十六年》（前516）记事：

> （鲁）师与齐师战于炊鼻。……冉竖射陈武子，中手，失弓而骂。以告平子曰：“有君子白皙，鬒须眉，甚口。”平子曰：“必子彊也。无乃亢（抗）诸？”对曰：“谓之君子，何敢亢（抗）之。”

说的是：公元前516年，鲁、齐两国军队在炊鼻（注：今山东宁阳一带）交战。鲁国大夫季平子的家臣冉竖暗下用箭射中齐将陈武子之手，使其手中所持的弓箭顿时跌落于地。陈武子随即破口大骂，声声不绝。冉竖回营向季平子报告此事。季平子凭着中箭人白皙的皮肤、黑而稠密的眉毛、胡子，以及刚烈的性格，断定此人必是“子彊”。

在此，需要先说明一点的是：对从陈国逃奔到齐国后的陈完及其子嗣的称谓，古籍记载有二种：《左传》仍称“陈氏”，即以“国”为氏；《史记》则称“奔吴后改姓田氏”，即以“采邑”为氏。据此，《史记》提到的田武子开（田开）与《左

1　王世征、谭宝善：《晏子春秋选译》，人民出版社，1994年，第64页。

传》提到的陈武子实为同一人。

《世本八种》的编撰者之一张澍称：

澍案：《左传》无宇子三：开、乞、书。开，字子彊，是为陈武子。炊鼻之战，冉竖射开，中手，失弓而骂者，当即《晏子》所谓田开疆也。

再,《史记》对“田氏”的称谓,在“姓”与“字”之间加上“称号”(“谥号”),如：田敬仲完、田文子须无、田桓子无宇、田武子开、田釐（僖）子乞、田成子恒、田襄子盘（班）。其中的“敬仲”“文子”“桓子”“武子”“僖子”“成子”“襄子”均为“称号”。“武子”作为“称号”，是春秋时代对为数不多的大夫或武将的最高荣誉。以齐国为例，获此殊荣的有国佐、高偃、崔杼、管鸣、陈开五人。陈开，即《史记》中的田武子开（田开）。“子疆（彊）”，明显是陈武子（武子开）的字。（注：“疆”与“彊”，古时通用）。

（二）《孙氏谱牒》

谱牒是史学的一个门类,是记载一姓一族家世传承及先人事迹的谱牒。民间谱牒始于魏、晋，盛于唐、宋，乃至明、清、民国。以梓版于清道光丁未年（1847）的《甲山北湾孙氏宗谱》[1]为例，其记载的《齐世家表系》为：

完（由陈奔齐受禄改姓田卒谥敬仲）——稺（字孟谥夷）——湣（字孟谥庄）——须无（谥文）——无宇（谥桓）——开（字子彊谥武子）、乞（谥釐子）……

该谱《孙氏渊源分支图》记：

开，字子彊，齐大夫，食采乐安，适吴，更姓孙，为吴将，著武经八十三篇。

1 《甲山北湾孙氏宗谱》，收藏于苏州博物馆古籍部。

印证了田先生“田开疆应是田武子开”，也就是《孙子兵法》作者孙武的判断。尽管此谱在文字表述上有一些舛误，但所称孙武家世则与《史记·田敬仲完世家》所记一致。

孙武生卒年探研

一、先说“生年”

孙武生卒年,《史》《传》均缺载,现仅能从当今一些专家学者的著论中窥见多种推测。

（一）孙武“约生于公元前567年”

田武子开的生卒年不详。过去多以为与孔子同时而略晚。据我考察，他当生于齐国灭莱之役前后，大约在公元前567年左右。他被迫奔吴的时间如以公元前518年计算，这时他已接近五十岁了。他的卒年可能在吴、楚之战以后……享年七十余岁。[1]

通过对“历史上有没有孙书”“孙子是田完几世孙”和《孙子兵法》的写作年代的探研，我认为《史记·田敬仲完世家》中的“武子开”就是孙子，其出生年代约为公元前570年至前560年。[2]

1　田昌五：《孙子兵法全译》，齐鲁书社，1998年版。

2　廖超：《东方兵圣——孙子生平及其军事思想新解》，新华出版社，2012年版。

（二）孙武“约生于公元前 551 年”

孙武出身的具体年代无从定考。根据欧阳修与邓名世之说推论，其出身年代大约与孔子同时而稍晚；具体年代宜在齐景公封邑赐姓孙氏之后，又不得晚于吴王阖闾三年（前 512）伍员推荐孙武的前三十年左右，即公元前 547—前 542 年之间，我们把它暂定为前 545 年。[1]

从孙武见吴王为将军到取得显赫战绩的时间来看，孙武与孔子（前 551—前 479）差不多同时代。[2]

（三）孙武“生于公元前 541 年 9 月 12 日”

孙武，又被称为孙子或孙武子，字长卿。春秋末期齐国人（今山东省惠民县人）。司马迁的《史记》有其传略。他的事迹可概括为“著书、破楚、以谋伐齐、奇谋败越”。关于他的生平事迹，中国军事科学院的吴如嵩、霍印章先生，上海社会科学院历史研究所研究员杨善群先生均有专门的考证。根据吴如嵩、霍印章先生的考证，孙武出生于公元前 541 年 9 月 12 日。二十五岁时（前 517），奔吴，公元前 512 年三十岁时，以兵法十三篇晋见吴王，被任命为将。[3]

（四）孙武“约生于公元前 535 年”

孙武约降生于齐景公十三年（前 535）。到景公二十五年（前 523），约在孙武十二岁的时候，他的祖父因伐莒有功而封得采邑，又被赐姓孙氏。于是举家徙居到古称‘乐安’的领地内，孙武也随着他的祖父改姓孙氏。[4]

---

1 谷兴荣、王星明编著：《孙子探源》，海南出版社，1992 年版。

2 吴九龙主编：《孙子校释》，军事科学出版社，1991 年版。

3 郭克勤：《孙武故里新考》“引言”，军事科学出版社，2007 年 5 月版。

4 杨善群：《孙子评传》，南京大学出版社，1992 年 3 月版。

2002 年 7 月，拙作《孙武研究新探》出版问世，在《陈（田）完后世世系传承辨析》一文中，提出“我国世与世之间的传承一般平均为“三十年一世”，以此分析《新唐书·宰相世系表》和《古今姓氏书辨证》中有关孙子家世传承是否准确？

“三十年为世”，是中国古代约定俗成的观念，不是绝对值。古往今来，屡见于从侯王以至平民百姓的相关记载。如《左传》昭公元年（前 541），赵孟对秦王语：“一世无道”（见《十三经注疏》下册，第 2023 页）;《论语·季氏》，孔子曰：“……陪臣执国命，三世希不失矣。”（同上，第 2521 页）。往后，平民百姓讲辈分，也以“世”论，且常见于各种族谱。而帝位的继承称“代”。又曰：“禄之去公室，五世矣。政逮于大夫，四世矣，故夫三桓之孙微矣。”（见汉代经学家许慎著《说文解字》)。清代文字训诂学家段玉裁著《说文解字注》，称“三十年曰世”，故民间有“三十年”左右修谱之举。

对此，有学者称：

> 陆先生用二十五年或三十年为一世的方法来推算孙武的生年，这是用一般代替个别，是极不可信的。在个别家族、个别历史时空内，究竟是多少年为一世是根本无法计算的。从公元前 87 年至公元前 74 年，首尾只有 14 年，中国历史却经历了汉武帝、汉昭帝、昌邑王贺、汉宣帝等四个皇帝由亲曾祖到亲曾孙的更替，这能说是二十五年一世吗？所以，用一般取代个别的手法把孙武奔吴归谬为“十岁左右”，以此来指斥《唐表》是不能成立的。

笔者运用古人所称“三十年为世”，旨在从“人口学”的角度，通过举证，证明孙书与孙武二人决非“祖孙关系”。

为让读者直观地了解汉代“四个皇帝”的更替（继位）时间，笔者按《汉书·武五子传第三十三》卷六十三”所记，介绍如下：

> 汉武帝（前 157—前 87）景帝子。前 141 年继位，卒于公元前 87 年，在位五十四年。
>
> 汉昭帝（前 94—前 74）武帝长子，前 87 年继位，卒于前 74 年，在

位十四年。

昌邑王贺（生卒年不详）。武帝孙，昌邑哀王刘髆之子。前 7 年继位，在位二十七天，被废。

汉宣帝（前 91—前 49）武帝曾孙，戾太子之孙。公元前 47 年继位。

其一，该观点所称："首尾只有十四年，中国历史却经历了汉武帝、汉昭帝、昌邑王贺、汉宣帝四个皇帝的更替。"然而从上述所列可知：汉武帝（刘彻）继位于公元前 141 年，次年改元（即更换"年号"，下同）；汉昭帝（刘弗陵）继位于公元前 87 年，次年改元；昌邑王刘贺继位于公元前 74 年，仅二十七天，因"行淫乱"，被汉武帝托孤大臣霍光等人废黜，贬为"海昏侯"，回到其原来的封地豫章（注：2015 年在今江西省南昌市新建区大塘坪乡观西村发现其墓），其间未曾改元；汉宣帝（刘询）继位于公元前 74 年，次年改元。这充分证明：从汉武帝即位到汉宣帝继位，首尾间隔为 67 年，该观点何以称"首尾只有十四年"呢？

有关昌邑王刘贺被废一事，《汉书·武五子传》记称：

昭帝崩，无嗣。大将军霍光徵王贺典丧。玺书曰："制诏昌邑王。……王受皇帝玺绶，袭尊号。即位二十七日，行淫乱。大将军光与群臣议，白（注：告白）孝昭皇后，废贺，归故国，赐汤沐邑二千户，故王家财物皆与贺。其明年春，乃下诏曰："其封故昌邑王贺为海昏侯。食邑四千户。……贺就国豫章。

其二，帝王"更替"时间，与"三十年为世"是两个不同的概念。

其三，汉元平元年（前 74）昭帝崩。因无嗣，昌邑王刘贺被外戚大将军霍光拥立为帝，寻因失德被废，故《汉书》及通史型的史籍与后世编的《中国历史纪年表》，都没有把昌邑王刘贺列为帝王，何以称昌邑王刘贺是一代"皇帝"呢？

二、再说"卒年"

世上任何事物，其发生、发展直至消亡，都有一定的规律可循，汉民族人口的繁衍生息大体也是如此。"三十年为世"，可以说是汉民族世系传承的一般规律，也符合我国古代典籍《礼记》所称“三十有室”（注：室，《辞海》有二说：一是引《礼记·曲礼上》称“三十曰壮，有室”；二是直接把“室”解释为“妻”）。当然“世”与“世”之间并不是每一世的间隔都是三十年，然而若干世一平均，大体在三十年。

试以读者熟悉的数位历史名人为例：

（一）孔子

鲁国人，生于鲁襄公二十二年（前 551）。北宋至和二年（1055），朝廷封其第四十六世嫡长孙孔宗愿为“衍圣公”。此后，“衍圣公府”成为孔子嫡长孙世袭的衙署，孔子嫡长孙成了中国历时最久、世袭最长、世系记录最详、氏族档案保存最为完整的贵族世家。自称孔子第七十七世嫡长孙孔德成（迁居台湾），生于公元 1920 年。自孔子生年至孔德成生年，历时两千四百七十一年，平均三十二年一世。

（二）伍员（伍子胥）

春秋楚国人，生年不详。经通过“百度网”查称，他生于楚康王元年（前 559），卒于吴夫差十二年（前 484）。苏州《姑苏晚报》2010 年 6 月 20 日以特大黑体刊登《伍氏 75 代嫡孙打造子胥产业》一则新闻。称“端午节那天，他（注：指伍贤光先生）率伍氏家族一行十八人，来苏州吴县祭奠先祖伍子胥……”。设若伍贤光先生已年届六旬，那么，从伍子胥生年，传至伍贤光先生生年，历时约两千五百六十九年，平均 34.2 年一世。

（三）孙武

生卒年不详。现以某位学者考证结果，“孙武生于公元前 541 年 9 月 12 日”。而自称孙武七十五世孙的清代经学家孙星衍，生于清乾隆十八年（1753），从孙武生年至孙星衍生年，历时两千二百九十四年，平均三十一年一世。

（四）孙中山

广东省中山县人，伟大的民主革命先行者。生于清同治五年（1866）。其五世祖，即迁居翠亨村的孙殿朝，生于清乾隆十年（1745）。从孙殿朝生年至孙中山先生生年，历时一百二十一年，平均三十一年一世。

出现平均“三十年为世”的主要原因，在于一族一房的传承大都出现兄夭弟承、子亡侄继的接嗣现象，使得世与世之间的生年年龄间隔距离拉大、拉长，而就每一世的传承而言，并不绝对都是三十年。父与子的年龄间隔，有的（如长子）可能在二十五多岁上下，有的（如第四、第五子），与长兄可能相差十岁或二十岁，而若干世的传承时间一平均，则基本上都在三十年上下。

综上所述，笔者认为以“三十年为世”，实为汉民族人口繁衍生息的一般规律。设若以此来考析陈（田）完（按《左传》记载：陈（田）完生于公元前705年）——稺孟夷——湣孟庄——文子须无——桓子无宇——武子开（孙武），则其世系传承平均是32.8年。从“人口学”的角度解析，田武子开（孙武）是陈（田）完的五世孙，贴近于史实。

孙武卒于何时？历来的《史》《传》缺载。古今学者对其人生结局做了推测，出现以下四说：

（一）“诛戮”说

孙、吴、商、白之徒，皆身诛戮于前，而功灭亡于后。[1]

（二）“脱然高引，不知所往”说

（唐）太宗曰：“兵法孰为最深者？”（李）靖曰：“臣尝分三等，使学者当渐而至焉。一曰道，二曰天地，三曰将法。夫道之说，至精至微，《易》所谓聪明、睿智、神武而不杀者是也。……若张良、范蠡、孙武，脱然高引，不知所往。此非知‘道’，安能尔乎？”[2]

孙武，吴人也。……十年九月，阖闾之弟夫概潜归，自立为吴王。阖闾闻之，乃释楚师，攻夫概，遂先归。吴师留于淮汭，被焚。武说伍员引

1 （汉）班固：《汉书·刑法志》。

2 《四库全书·子部·兵家类·李卫公问对》，上海古籍出版社，2009年1月版。

军归。昭王反（返）国，自是莫知武之所终矣。[1]

（三）“归隐”说

孙武在破楚入郢后，经过对吴国政局深入透彻地了解和观察，于阖闾去世后即飘然归隐，最后老死山林。[2]

由巫门外的孙武墓，可以知道孙武辞官后没有归齐，进而学者们就推知孙武长期隐居于吴国，直至埋骨于吴土。应该说，这种推测还是合乎情理的。如果没有其他史料可以证明孙武辞官后还有别的什么活动，“归隐”说不失为一种易为接受的说法。[3]

吴楚之战后，他看到吴王不仅自己“尽妻其（楚昭王）后宫”，做出不符道义之事，更不约束军队的烧杀淫掠的恶行；伍子胥更是掘平王墓，割戳其尸，有违天道。后，吴王无道，舞白鹤以引百姓为其女殉葬，“杀生以送死，国人非之”（《吴越春秋·阖闾内传》）。以此观之，孙武很可能是敏锐地觉察到吴国的霸业与自己的理想脱节，故而睿智地选择了退出历史舞台。[4]

考辨孙子归隐，值得一读的文章是韩静的《孙武人生结局考辨》，这是一篇颇见功力的翻案文章。根据她的考辨，孙子在吴国前后只有八年时间，于吴军从楚国败退回国的第二年，即公元前 504 年就“脱然高引”。归隐的原因正是吴人乱宫，再加之阖闾迅速地变质，舞白鹤以引百姓为其女殉葬，“杀生以送死，国人非之”（《吴越春秋 · 阖闾内传》）。韩静得出结论说，孙子“敏锐地觉察到吴国的霸业与自己的理想脱节，故而睿智地

1 （明）杨循吉纂修：《吴邑志 · 人物》，明嘉靖八年（1529）刻本。
2 刘春志、刘思起：《〈孙子兵法〉教本》，国防大学出版社，1995 年 7 月版。
3 陈秋祥：《孙武在吴国若干问题考述》，《扬州师院学报》，1995 年第 3 期。
4 韩静：《孙武人生结局考辨》，《滨州学院学报》，2009 年第 1 期。

选择了退出历史舞台”[1]。

（四）“返回齐国”说

关于孙武最后的归宿，史书没有更多的记载。有的说他离开吴王夫差，但没有离开吴地，只是归隐山林，最后老死其中；还有的说，孙武隐入大山之后，深知吴王不会放过他，遂设“诈死”之计，选一地筑墓，搭草棚让小童守之，自己则携着那部著名的兵法，悄悄地回到了他阔别几十载的家乡古乐安（今山东省惠民县），在故乡度过了他的晚年。……但所有这一切，都是一个未经确凿材料所证实的推测[2]。

上述种种说法，仅供读者参酌。

1 吴如嵩：《智慧孙子》，《滨州学院学报》，2009 年第 5 期。
2 吴学文：《孙子兵法的奥秘》，山东友谊出版社，2000 年 9 月版。

孙髕、孙膑是一人，而非二人

兔年伊始，外地一位先生发来两篇文章，就“孙髕”与“孙膑”是何关系征询于我。笔者查阅十余种古籍和多种《辞书》，就“孙髕”与“孙膑”是不是二人，谈一些看法。

一、从训诂学的层面考察

“髕”“髌”“臏”“膑”是同一字。前三字是古写，或称“正字”；“膑”为20世纪50年代国务院推行文字改革简化而成。而自汉唐至明清乃至民国时期刊印的古籍影印本，大都用“臏”字；也有用“髕”字的，但并不多见。当今出版的《辞海》称“髕”为“膑”的繁体字，即“髌”同“膑”。辨析其“形”“音”“义”，完全相通。

先说字的结构。髕、髌、臏，“六书”（注：为古人所说的文字造字原则：指事、象形、形声、会意、转注、假借）属“形声”；“骨”或“月”是含义的形态。“骨”下的“月”和“賓（宾）”左边的“月”，是小篆“肉”的隶书楷化。“骨”和“肉”，古代在许多情况下是可以互易互用的，例如：膀（髈）与膊（髆）；“髌”与“膑”，正属此类。右边的“賓（宾）”是表音的，是声符。

次说字的读音。古来的《字书》《字典》都有注音。髕、髌、膑,《康熙字典》《佩文韵府》《说文解字注》作“毗忍切”，为旧时的拼音方法，称“反切”。上字的声母为“b”，下字的韵母为“in”。近代《辞源》和当代《辞海》对“髕”“髌”“臏”“膑”四字的注音均作“bin”，与《广韵》一书同。

再说字的含义。《说文·骨部》称：“髌，膝耑也。”清代汉学家段玉裁作《说文解字注》，称：“膝，胫头节也。古者五刑：臏、宫、劓、墨、死。膑者，髕之俗，去膝头骨也。……引《尚书大传》，皆作‘髌’。”清代另一位学者阮元作《经籍纂诂》，称：“臏，本作髌。”张舜徽先生作《说文解字约注》，称：“去膝盖骨之刑，亦谓之髕，字亦作膑。”

“髕”“髌”“臏”，古代可互易使用。汉文帝时，西汉政论家贾谊作《过秦论》，写“孙臏”（注：引自《文选》,中华书局1977年版）。司马迁作《孙子吴起列传》，亦写“孙臏”。《太史公自序》则写：“孙子髕脚而论兵法。”（注：此处的“髕”，作“动词”）。班固作《司马迁传》（中华书局1969年版，标点本），亦称：“孙子髕脚，兵法修列。”唐代林宝作《元和姓纂》，写“孙臏”。之后的《新唐书·宰相世系表》写成“孙髕”。中华人民共和国成立后，国务院推行文字改革，“髕”“髌”“臏”统一简化为“膑”（注：除古籍影印本保留原样外，新版本一律用“膑”）。以上数例，足证“髕”“髌”“臏”“膑”为“一字多体”，既相通，又通用。中国汉字自古至今经历了由“繁”化“简”的演变过程，“骨”字偏旁改为“月”字偏旁，“賓”字改为“宾”字，正好符合这一变化趋势。事实如此清楚，没有什么可以深文周纳的。

至于孙膑之名“膑”，非这位战国时期古兵家的真名。《史记·孙子吴起列传》篇中附有“臏传”，称：“孙臏尝与庞涓俱学兵法。庞涓既事魏，得为惠王将军，而自以为能（能力）不及孙臏，乃阴使召孙臏。臏至，庞涓恐其贤于己，疾之，则以法刑断其两足而黥之，欲阴勿见。”后来，齐国使者入魏，孙臏以刑徒的身份阴见。“阴见”，即秘密相见，为的是麻痹庞涓，免遭再次加害，自然就隐去真名。孙臏后由齐使“窃载与之齐”，先取得田忌（战国时齐将）的信任，后在齐与魏两国交战中，齐威王“以田忌为将军，而孙子（孙臏）为师，居輜车中，坐为计谋”，先后取得“桂陵之战”和“马陵之战”的胜利，诱使庞涓自刎于马陵道，孙臏以此名显天下。这充分说明孙臏因受了“髕刑”，遭此奇耻大辱，以致真名从此湮没于世。

二、从文献学的层面检核

众所周知，对于古代史料的采纳和使用，不能捡到篮里就是菜，盲目照搬，而是必须作认真细致的考查核实。有些观点命题的缘由出自《新唐书·宰相世系表》所记“(孙)武生明，明生髕”。其“髕”字与《史记》所用“膑”字有异。然而，该观点并未把《新唐书》与《史记》做一番比较，而是把两者等同起来。研究两书的史料价值，必须先考察作者的才、学、识以及所引史料是否征信，而后鉴别书中的记叙是否完整，是否具有可信度。《新唐书》的署名编纂者是北宋大臣欧阳修和宋祁，而《宰相世系表》乃吕夏卿完成。吕氏与《史记》作者司马迁，两人的学术素养是不能同日而语的。

历来史学界人士评价《史记》，虽有指出某些不足，但总体的评价是很高的。东汉史学家班固作《汉书·司马迁传》，其“赞论”中称：“自刘向、扬雄……皆称迁（司马迁）有良史之材，服其善序事理，辨而不华，质而不俚。其文直，其事核，不虚美，不隐恶，故为之实录。”而对《新唐书·宰相世系表》的评价，则贬之者不少。

至于孙膑与孙武之间存在“世差”，国内谱学界和史学界人士早有察觉。2009年4月，山东省社会科学院孙子研究中心主任谢祥皓主编的《齐鲁诸子名家志·孙子志》记称：

> 据《新唐书·宰相世系表》，孙武三子：驰、明、敌。明食采于富春，自是世为富春人。明生膑，膑生胜，字国辅，秦将。依此叙说，由孙武至孙膑，仅三世，而至孙胜，也仅四世，其时间却跨越了由春秋末至秦约两三百年，故此间必有疏落。而在陆允昌先生所搜集的《孙氏族谱》中，由武至膑有四世者，其次序为：开（武子）——明——汧——膑；有六世者，其次序为：(昌国君)武子——明——顺——机——操——膑（参见陆允昌主编的《孙氏宗谱世系源流》)。这些族谱，未必准确，然而由武至膑为4—6世，则与司马迁“后百余岁”之说还是大致相合的。[1]

1 谢祥皓主编：《齐鲁诸子名家志：孙子志》，山东人民出版社，2009年4月版。

笔者不明白,有着同一血统的妫姓孙氏世系传承中何以出现二个以“髕脚”命名的孙武后裔。孙膑是因魏将庞涓嫉能而被加害，成了“刑残之人”，忍辱隐去真名。那么有观点称之为“孙武之孙”的孙髕,难道也是因为遭受同样的命运而自取其辱？抑或孙髕（髌）的父母在孙膑呱呱坠地时就给他起了这么一个不雅的名字？这在中国民族史、家族史乃至谱牒学上是绝无仅有的！

尚有四点需要做一评说。

（一）孙武的后裔

《史记》本传称：“孙武既死，后百余岁有孙膑。膑生阿、鄄（注：今山东东阿、鄄城一带）之间，膑亦孙武之后世子孙也。”而《新唐书》却记成“武生明，明生髕”，显然与《史记》不合。有观点为弥补“武与膑”之间的“世差”，添加了一个所谓“有名无号”的“髕（髌）”的一世，而把“兵家亚圣孙臏（膑）逐出《通谱》世系之外，还要孙氏族人承认这个谱系。普天下的妫姓孙氏族人能任人摆布，接受“孙髕”而非孙膑才是他们的“先祖”这样一个史实吗?

（二）明食采富春

按照《乐安孙氏通谱》的记叙，孙明是孙武的第二子，应是春秋晚期出生的人。笔者认为,公元前476年吴国被越国灭亡之前,今浙江境内富春江一带仍是越国的疆土，怎么成了吴国的属地？而且，作为郡县之一的富春，秦置，属会稽郡。东晋太元十九年（394），为避郑太后（小名“阿春”）讳，才更名富阳。

（三）如何理解司马迁“膑亦孙武之后世子孙也”这句话

《史记·孙子吴起列传》记述孙武、孙膑事迹的上下文中，未见孙膑之外还有一个“孙髕（髌)”。太史公司马迁用“后百余岁”四字,表明“武”与“膑”之间还有若干代未列名的子孙，或因这些未被列名的孙武后裔，没有事迹可记而从略，这在古代史籍里也是常见的,毕竟司马迁著的是《史记》,而非《谱书》。“亦”字，用今人的话，就是“也是”的意思。

（四）十二部古籍“都没有把孙髌与孙膑混同起来”

笔者经查证，发现相关十二种古籍，除了《新唐书》把“孙臏”写成“孙髕”

以外，其余古籍，凡是提到“孙膑”的，都写成“孙臏”，且其中有几部古籍根本只字没有提及孙膑其人。仅举一例为证：

如《荀子叙录》，出自西汉经学家刘向《新序》卷三《杂事》。《新序》引《荀子·议兵篇》称：“孙卿与临武君议兵于赵孝成王前……善同兵者，感忽悠暗，莫知其所从出。孙吴用之，无敌于天下。”荀子，本名荀况，因避汉宣帝讳，更名“孙卿”；临武君，为楚国将领。两人对话中提到的“孙吴”，唐代学者杨倞作《荀子注》称：“孙，谓吴王阖闾将孙武；吴，谓魏武侯将吴起也”，哪里有“孙髌”的影子？再如《韩非子》，书中有“境内皆言兵，藏孙、吴之书者家有之”，也没有提到孙膑。

孙髕（髌）、孙臏（膑）是一人，而非二人，明矣！

《新唐书·宰相世系表》“妫姓孙氏世系”校勘

一

《新唐书》是一部纪传体唐代史，书成于宋嘉祐五年（1060）。与《旧唐书》相比，《新唐书》增加了《选举志》《兵志》《方镇表》《宰相世系表》。其中，由吕夏卿撰著的《宰相世系表》是我国二十四史中唯一记录帝室王族之外显官世族的谱系集成，共载唐代三百六十九位宰相、凡九十八姓自古至唐代中期的家世世系，成为后人了解这些显官世族家世传承及研究唐代历史、文学、社会等方面有着重要的参考价值。

然而，《新唐书·宰相世系表》问世不久，时人吴缜即撰《新唐书纠谬》（二十卷）驳之，提出四百六十条意见，分为二十门，题目有“以无为有”“似实而虚”“书事失实”“自相违舛”“年月时世差互”“官爵姓名谬误”等，并于宋绍圣元年（1094）九月，以左朝请郎、前知蜀州军州事的职衔上书朝廷。继之而起的学者洪迈，在《容斋随笔》一书（卷六）中称：“《新唐书·宰相世系表》皆承用逐家谱牒，故多有谬误。”清代三位学者也有“评说”：

一位是沈炳震（1679—1737）作《世系表订伪序目》十二卷，称：

《新唐书·宰相世系表》大端纰戾，已发凡于例。就其所列官爵、谥号，或书或否，或丞尉而不遗，或卿贰而反阙，或误书其兄弟之官，或备载其褒赠之职，更或其生平所偶历，及未尝居是官。庞杂淆乱，不可充诘，合之史传，不胜纠摘……要之，此书不足征信，适以滋谬，举可废也。

第二位是钱大昕（1728—1824）作《十驾斋养新录》，在“家谱不可信”条目中，称：

师古（注：唐代训诂学家颜师古）精于史学，于私谱、杂志不敢轻信，识见非后人所及。《唐书宰相世系表》虽详赡可喜，然记近事则有征，溯远胄则多舛，由于信谱牒而无实事求是之识也。

第三位是牟庭（1759—1832）作《新旧唐书合钞》，称：

《新唐书》网罗旧闻，作《世系表》，……宜若可信，而忽然为无赖所欺，随人儿戏，有妨信史，此虽吕秘书（注：吕夏卿）之不慎，亦欧阳学士（注：指欧阳修）之疏矣！

民国时期，金石学家罗振玉作《新唐书宰相世系表补正》；当代学者周绍良作《新唐书宰相世系表校异》……

1994年1月，我国知名学者周谷城担纲主编的《中国学术名著提要》一书问世（复旦大学出版社出版，1994年版）。此书收录先秦至1949年以前中国史学的部分名著。在《新唐书》一节中，对《新唐书·宰相世系表》作了客观、平允的评价。称：

《宰相表》按时间顺序排列宰相任免。……《宰相世系表》也具特色，记宰相三百六十九人，世系九十八族，甚为详备，反映了“务以门族相高”的士族制度余风。但对各家谱牒考订不严，多有疏误。

对此，笔者也提出两点看法：

第一,《新唐书》有一个著作集体,参加编撰的除欧阳修、宋祁外,还有范镇、王畴、宋敏求、吕夏卿等人。欧阳修撰写的是《本纪》十卷和“赞”“志”“表”的部分,以及“选举”“仪卫”等,而《宰相世系表》乃吕夏卿所撰。吕氏虽精通谱学，然一人要独立完成“三百六十九位宰相”，涉及“九十八族世系”的《世系表》，绝非易事。首先，搜集谱牒（不管来自官方或民间）得花大量时间和精力；其次，要把觅得的大量谱牒进行梳理，特别是校核、究伪乃至订正，更是无从谈起。

第二，官修的书，即学者说的所谓“政府行为”，并非都是没有问题的。

二

妫姓孙氏传承至唐代，因出了孙处约（字“茂道”，千乘乐安人）、孙偓两位宰相级的显官，由此其家族世系，上溯受姓始祖，下至唐代中叶，被载入《新唐书·宰相世系表》(以下简称《唐世系表》)，成为后人研究孙氏家世的官修史料；也成为唐代以来历代妫姓乐安孙氏族人纂修族谱的依据。然而,笔者多年来通过搜采和研究孙氏谱牒、墓志、传记，确信唐、宋以来学者对《唐世系表》的批评是有据有理的，也是切中要害的,《唐世系表》中确实存在“庞杂淆乱，不可究诘；合之《史》《传》，不胜究摘”的问题。以“妫姓孙氏”而论，举凡有四：

（一)《唐世系表》称：齐田完，字敬仲，四世孙桓子无宇。无宇二子：恒、书。书字子占，齐大夫，伐莒有功，景公赐姓孙氏，食采于乐安。生凭，字起宗，齐卿。凭生武，字长卿，以田、鲍四族谋为乱，奔吴为将军

此一世系，为南宋学者邓名世、邓椿父子全盘采用。邓氏所作《古今姓氏书辨证》中仅改动一字，即“恒”改“常”。此段世系的问题在于：

第一，世系传承与《左传》《世本》《史记》不合

《新唐书·宰相世系表》所记陈（田）完的世系传承，如图所示：

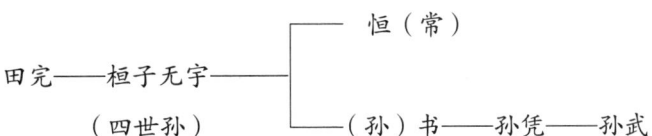

恒（常）
田完——桓子无宇——
（四世孙）
（孙）书——孙凭——孙武

而《左传》记载，如图所示：

（陈）完——桓子无宇——陈武子（开）
　　　　　　　　　　——陈僖子（乞）——陈成子（恒）
　　　　　　　　　　——陈书

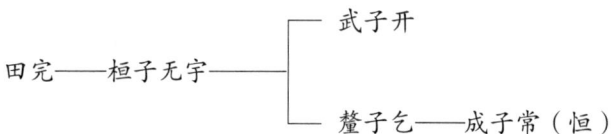

《史记》记载，如图所示：

田完——桓子无宇——武子开
　　　　　　　　——釐子乞——成子常（恒）

显然，“田完”至“桓子无宇”的五世世系传承记载，《新唐书·宰相世系表》采用《左传》《史记》，区别在于桓子无宇以后的三世世系传承则明显不合。

第二，陈恒实为陈（田）乞之子，而非陈（田）乞之兄

“恒”，《左传》称陈恒、陈成子；《史记》称田常、田成子。他是不是陈（田）无宇之子，只要读一读《左传·鲁哀公十四年》（前481）、十五年（前480）、二十七年（前468）记事以及《史记》就清楚了。《史记·田敬仲完世家》记曰：

> 田桓子无宇有力，事齐庄公，甚有宠。无宇卒，生武子开与釐子乞。……（齐）悼公既立，田乞为相，专齐政。四年，田乞卒，子常代立，是为田成子。

可见，田常（恒）乃田乞之子，桓子无宇之孙，这是史实。对此，笔者已在前文《陈（田）恒系陈（田）乞之子，而非乞之兄》作了专论，故不再赘述。

第三，陈（田）桓子无宇三子中的“陈（田）书”的传承，《唐世系表》《古今姓氏书辨证》与《世本》所记也不同。

《世本八种》"秦嘉谟辑补本记无宇之子“书”之后的世系为：

> 子占氏：陈桓子生书字子占之后。陈桓子生子占书，书生子良坚，坚子以王父字为氏。

以《世本》所记，“书”是“桓子无宇”之子。然而，书（字子占）生坚（字子良），坚之子以王父之字为氏，则其后嗣应称“子占氏”。宋代史学家郑樵作《通志》，卷二七“以字为氏”，亦称：“陈桓子生书字子占之后也。”“子占”成为中华姓氏中的一个复姓，就像“司马”“诸葛”“欧阳”等复姓一样。如此说来，书之子、坚之后，已从大宗（田氏）中分出，自立门户（子占氏），又何来“以孙”为氏？

第四，孙书——孙凭——孙武的世系，明显存在着无法自圆其说的矛盾

1. 孙书于公元前523年参加“齐伐莒”，孙武于公元前512年“以兵法见于吴王阖闾”，时隔仅十二年，说明祖孙两人的活动年代大体相同。

2. 孙凭（所谓孙武之父）位居齐卿，年龄不会低于四十。孙武以兵法见于王阖闾，自称“外臣”，说明孙武入吴前已是齐国的一位将士。从兵法如此成熟看，孙武向吴王阖闾献兵法时的实际年龄要超过不惑之年。

（二）《唐世系表》称：“武，字长卿。三子：驰、明、敌。明食采于富春，自是世富春人。明生髌。”按《唐表》所称，孙髌为孙武子之孙的这段世系更成问题

《史记》明载：“孙武既死，后百余岁有孙膑。膑生阿鄄之间，膑亦孙武之后世子孙也。”说明孙膑是孙武的“后世子孙”。太史公并未明言两人之间的世次。孙武生活在我国春秋晚期，以兵法见于吴王阖闾是在公元前512年；而孙膑生活在我国战国中期，由他精心谋划的“围魏救赵”的“桂陵之战”和“减灶赚庞涓”的“马陵之战”，分别发生在齐威王三年（前354）和十五年（前342），据此推算，孙膑约生于公元前380年前后。那么，孙武与孙膑的年龄差接近一百六十年左右。对此，我国知名历史学家齐思和早在1939年于《中国史探研》刊物上发表《孙子兵法著作时代考》，其中对孙武与孙膑之间的“世差”做了如下考析：

> 司马迁于《孙子吴起列传》谓：“孙武既死，后百余岁有孙膑。膑生阿、鄄之间，膑亦孙武之后世子孙也。”是司马迁仅谓膑为武之支裔，而

不能确言其世代也。夫司马迁已不能确考者，彼宋人又乌得而知之哉？抑以年代考之，自陈书以鲁昭公十九年伐莒至齐败魏马陵，其间凡百八十年，而传仅四代，自吴之入郢至马陵之战，其间凡百六十六年，而祖孙为二战之将军。纵谓入郢时武已六十，而又是时始生明，明又六十而生膑，则马陵之役膑已百余岁人，况生子不能每世皆晚乎？其不足信，极为显然。从来谱牒之难言也，好事者喜攀缘显达，以光其宗，祭非其鬼，贻笑通人，此类是也。

可见，《唐世系表》把孙武与孙膑断为祖父与孙儿的关系，显然是一个错误。

多年前，笔者在上海图书馆家谱部觅得《云阳孙氏宗谱》，六卷。该谱记孙武与孙膑之间的世次为“武——明——顺——机——操——膑”。按古时以“三十年为世”推算，此谱记载的孙武至孙膑的世次较为可信，与《史记》“孙武既死，后百余岁有孙膑”的记载吻合。再说，孙武之子孙明食采富春（注：今浙江省富阳），而明子孙臏却生于阿、鄄之间（今山东省东阿、鄄城一带），于理也不通。《新唐书·宰相世系表》的差谬又明矣！

（三）《唐世系表》在列出妫姓孙氏祖源世系之后，对唐代发迹于洛阳的同宗共祖的孙嘉之的四支子嗣的世系记载尤详，其中列入《表》中的孙氏共一百零二人。按理说，宋人作此《表》，时距唐代并不远，所谓“记近事则有征”，然而让人难以置信的是，此《表》竟然有十余处错误

笔者从天津古籍出版社1992年出版的《隋唐五代墓志汇编》中，找出书中列名的二十三位唐代孙嘉之后裔墓志碑拓影印件，并参考上海古籍出版社1992年出版周绍良老先生主编的《唐代墓志汇编》，经比勘，《新唐书·宰相世系表》（以下简称《唐世系表》）的差谬之多，简直让人难以置信。

其一，官居汝州司马的孙审象（781—841），系官居宋州司马孙嘉之的曾孙。《唐世系表》列其子嗣有：履度、方绍、簀、尚复、贽、侧六人。而由其房侄、中大夫检校礼部尚书兼河中尹孙简撰写的《唐故汝州司马孙府君墓志铭》记称：“公讳审象，字近初，姓孙氏，其先乐安人也。……大父府君讳逖。……烈考府君讳成，有子四人，府君即第四子也……以会昌元年闰九月十七日终于郡之官舍，享年六十有一。有子四人：长曰尚复，次曰胜，次曰璩，幼曰黑儿；有女二人：长曰众娘，次曰朦娘。”孙方绍、孙俐二人的墓志证明，他们二人均非孙审象之子。孙方绍（812—865）是孙审象之兄、官居沔州刺史孙微仲的次子，官至登州刺史。由其长子孙郸撰写的《唐故承议郎使持节都督登州诸军事守登州刺史孙府君墓志铭》记："府君讳方绍，字比琏，魏郡武水人也。曾讳逖，皇唐刑部侍郎，赠尚书右仆射，谥文公。大王父讳成，皇桂管观察使，赠太子太保，谥孝公。烈考讳微仲，皇沔州刺史，府君即沔州刺史次子也。”可见，孙方绍为孙审象之房侄，而非父子。孙俐（837—855）是大理评事兼监察御史孙向之子。由其父撰写的《唐故乡贡进士孙府君墓志》云："府君讳俐，字可器，河南巩人也。……曾王父讳遘，历左补阙内供奉。大王父讳起，滑州白马县令，赠尚书工部侍郎。……生向，即府君之父焉。”孙遘与孙逖是亲弟兄，由此可见，孙俐亦为孙审象之房侄，也非父子。孙璩，倒是孙审象之子，而《唐世系表》则列为亳州长史孙遘之孙、睦州长史孙公彦之长子，成了孙审象的堂兄弟。

其二，官居滑州白马县令的孙起（744—812），《唐世系表》列其子嗣有非熊、景商、清三人。而由其房侄、前试秘书省校书郎孙保衡撰写的《唐故滑州白马县令乐安孙府君墓志铭》云："府君讳起，字晋卿，乐安人。……亳州长史讳遘之第二子也。……夫人赵郡李氏，生长子非熊，前蕲州黄梅县尉；夫人陇西李氏，生次子汝砯及三女。……今夫人河东裴氏，卿族华胄，公宫令范，奉丧字孤，称家均养。”再考由其房侄、京兆府鄠县主簿孙毂为孙起侧室河东裴氏撰写的《唐故滑州白马县令赠尚书刑部郎中乐安孙府君继夫人河东县太君裴氏墓志铭》记称："会昌元年十一月丁酉，毂堂叔祖、赠尚书刑部郎中、府君讳起继室河东县太君裴氏年七十一，背代于上都亲仁里。……孤叔尚书度支员外郎景商、右清道率府兵曹向哭命于毂……初，刑部娶赠陇西县太君姑臧李夫人，生度支（注：即孙景商）；继室以太君，生兵曹（注：即孙向）。”由此可知，孙起有妻妾三人，各育一子，即非熊、景商、向。而《唐世系表》则把孙起第三子列名为“清”，显然有错。

其三，官居东都留守、太子太保的孙简（745—826），《唐世系表》列其子嗣有景蒙、绎（本名景章）、说、景裕、纾、徽、绒、继八人。而由光禄大夫令孤绹撰写的《唐故银青光禄大夫检校司空兼太子少师分司上柱国乐安县开国男孙府君墓志铭》称："公讳简，字枢中，其先有妫之后。……有子九人：长曰景蒙，前奉先令；次曰景章，前太子□□；次曰说，前河南府□□；次曰景裕，前河南府兵曹；次曰纾，前渭南县尉、集贤校理；次曰徽，前河东节度推官，□□□□□□□；次曰綀，举进士；次曰幼实；次曰弘休，并河南参军。此一《墓志》记孙简有子九人，而《唐世系表》记八子。孙简第八子为“幼实”，由其兄孙徽为孙幼实撰写的《唐故河南府长水县丞乐安孙府君墓志》称：“烈考府君讳简，皇检校司空、太子少师，累赠太尉。长水府君即太尉第八子也，讳幼实，字鼎臣……”而《唐世系表》记孙简第八子为“继”，无“幼实”之名。且漏了第九子“弘休”。

其四，官居邕府经略兼御史中丞的孙公器，《唐世系表》列其子嗣有华清、正、简、范、褧、晏六人。而由渭南县尉充集贤校理的孙纾撰写的《唐故前左武卫兵曹乐安孙府君墓志铭》称：“府君讳筥，字秘典，其先即吴大夫孙武孙书是也。……烈考府君讳公器，皇朝邕管经略招讨等使，御史中丞，赠司空。邕管府君娶河东裴氏，府君即裴太夫人第七子也。”说明孙公器有七子，而《唐世系表》把孙公器第七子孙筥（788—860）给漏了。

其五，官居蓝田县尉的孙婴（744—801），《唐世系表》列有一子“圆”，而由其房侄、乡贡进士孙保衡撰写的《唐故宣义郎京兆府蓝田县尉乐安孙府君墓志铭》称：“府君讳婴，字孺子，乐安人也。……以贞元十七年八月十六日倾背于集贤里之私第，享年五十七。……有一子二女。子曰集庆。”可见，孙婴之子为“集庆”，而非《唐表》所称的“圆”。

其六，官居睦州刺史的孙公乂（771—851），《唐世系表》列其子嗣有顼、穀、玙、碧、瑝（818—871）五人。而由时任大理评事冯牢撰写的《唐故银青光禄大夫工部尚书致仕上柱国乐安县开国男食邑五百户孙府君墓志铭》称：“公讳公乂，字□，其先魏之乐安人。……当大中三年秋，以工部尚书致仕。是岁仲冬月，有河南意外之丧，不胜其恸，因得风疰，由四年至于五年。……以其年四月二十五日卒于陶化里之私第，享年八十。有子十六人，三子先公而殁。今长子顼，前任东都留守推官、检校尚书屯田员外郎；第四子瑁，登进士第，以校书郎为浙右从事；第五子璘，前弘文馆生。女，长者适京兆杜氏；次适范阳卢氏；次适陇西李氏；次适长乐冯氏，早亡；次适河东裴氏；次未及笄，已下又五人。”如此说来，孙公乂生有六男十女，亡故时，有四男九女在世。四男中，有一子瑝（818—871）。由朝散大夫、守□散骑常侍李都撰写的《唐故御史中丞汀州刺史孙公墓志铭》称：“公讳瑝，乐安人。……烈考讳公乂，皇大理卿，礼部尚书致仕，赠太尉。”而《唐世系表》所列五男的名谓中，没有《墓志》提到的第四子瑁和第五子璘。

其七，官居苏州长洲县令的孙士桀，《唐世系表》列其子嗣有嗣宗、嗣初、奭、尧四人。而由朝议郎守国子春秋博士分司东都的孙项（注：孙公乂长子）为其先叔母吴郡张氏（孙士桀妻）撰写的《大唐故苏州长洲县令孙府君夫人吴郡张氏墓志铭》称："我先叔父，其在元和二年初，命为苏台官，始有室。庚寅年（注：810）生苏州司兵参军嗣初；乙未年（815）生进士奭；乙巳年（825）生荆门观察支使协律克；戊申年（828）生进士球。有女四人，自长及季，皆得良配。……"孙士桀与其妻张氏所生四子人数虽同，但《唐表》所列四子名谓中，有二人名谓与《墓志》对不上号。

其八，官居天平军节度使的孙景商（787—856），《唐世系表》列其子嗣有备、储、伓、俭、偓、伉、佾七人。而由时任翰林学士蒋伸撰写的《唐故天平军节度、郓曹濮等州观察处置等使、朝请大夫检校礼部尚书、使持节郓州诸军事兼郓州刺史、御史大夫、上柱国、赐紫金鱼袋、赠兵部尚书孙府君墓志铭》记称：孙景商"有子七人：备、侑、伉、倰、伓、俨、攸。又考孙瑝为孙备（834—873）撰写的《唐故河南府洛阳县尉孙府君墓志铭》记称："君之弟曰储、澥、伉、倚、铎、埴，皆修词立诚，能自强以进者。"说的也是七人，但名谓也有差异。其原因是孙景商于四十二岁得子，六十六岁亡故时，长子备以下六子，年龄尚小，用的或许是乳名；而孙备亡故时，其后六个弟弟已能"自强以进"；且孙备墓志是由其房兄孙瑝所撰，孙瑝与孙备又"过从最密"。《墓志》中有"瑝于君为群兄弟间最相爱"语句，足见孙瑝所列孙备六个弟弟之名谓更为准确。《唐世系表》所列孙景商七子名谓，显然有缺漏并淆乱之处。

（四）《唐世系表》除了在孙氏世系上出现不少淆乱现象外，对表中所列孙氏的官职、爵位也有诸多不实之处

例如：

孙处约之子孙俊，《唐世系表》注称"荆府长史，乐安子"。而按1991年河南孟津县出土的《大唐故荆府长史孙府君之碑》，孙俊受爵为"乐安县开国伯"。

孙逖之子孙成（737—789），《唐世系表》注称"桂州刺史、中丞、乐安孝男"。而按其仲兄、尚书户部郎中兼侍御史孙绛为孙成撰写的《唐故中大夫、守桂州刺史、御史中丞充桂州本管都防御经略招讨观察处置等使、上柱国、乐安县开国男、赐紫金鱼袋孙府君墓志铭》，称：孙成受爵"乐安县开国男"。《唐世系表》称"乐安孝男"，显然有误。

孙景商（787—856）之子孙备（834—873），《唐世系表》注称："直弘文馆、蓝田尉"。而其从兄朝散大夫守御史中丞、上柱国、赐紫金鱼袋的孙瑝为孙备撰写的《唐故河南府洛阳县尉孙府君墓志》，孙备一生中曾任校书郎、直弘文馆、渭南县尉、洛阳县尉，从未有任"蓝田尉"此说。

孙储（孙景商之子），《唐世系表》注称："京兆尹，乐安郡侯"。而按《旧唐书》记载：唐光化初（约898），孙储为秦州节度使，封爵"乐安郡开国公"。

孙俩（孙向之子），《唐世系表》注称"江都尉"。而按其父、试大理评事兼监察御史孙向为孙俩撰写的《唐故乡贡进士孙府君墓志》，孙俩卒时，年仅十九岁，其身份为"乡贡进士"，未仕。

综上所述，说明《新唐书·宰相世系表》尽管有较高的史料价值，但经过详考和校勘，确实存在着诸多不容忽视的问题，这是事实。且笔者所举孙氏仅占《唐世系表》所列一百零二位妫姓孙氏的一半左右，出现如此多的舛错，着实令人匪夷所思。

故里篇

孙武故里“临淄说”理由充分

一

孙武是春秋晚期出现的一位杰出军事家和军事理论家，然其故里在哪里？却是一个千古之谜。先秦典籍《春秋》《公羊》《谷梁》三传及《国语》，只字未提及孙武。《尉缭子》《荀子》虽提及孙武，但未记其故里。司马迁著《史记》，袁康、吴平辑《越绝书》，只称孙武为“齐人”。东汉赵晔作《吴越春秋》，称孙武为“吴人”。三国曹操作《孙子注・序》，亦称“孙武者，齐人也”，也没有提到故里。直至唐代史学家林宝奉命纂修《元和姓纂》，始有“乐安，孙武之后”的记载。北宋大臣欧阳修、宋祁总纂的《新唐书》，在《世系表・孙》中记述“乐安”为孙武祖父孙书的采邑；之后邓名世、邓椿父子作《古今姓氏书辨证》从其说。孙武故里在“乐安”，似乎成了定论。然而“乐安”在今山东何处？又成了谜中之谜。

进入 20 世纪 80 年代，随着国内“孙子学”研究热的兴起，孙武故里在哪里？成了一个不能回避也无法回避的学术课题。诚如河南大学教授郭光所言：“孙子学术研究，主要是孙子思想和《孙子兵法》的研究，故里问题是一个小问题，但不解决就是一个大问题。”事实也说明，探讨孙武故里成了国内学术界人士争议最为激烈的课题。就目前所知，孙武故里出现“六说”，即

“惠民说”“博兴说”“广饶说”“高唐说”“莒邑说”“临淄说”，地域均在今山东省境内。

二

孙武故里在“惠民”，是“六说”中最早提出的一说。其说最早见于民国兵学家李浴日先生。李氏，广东海康人，20 世纪 30 年代毕业于暨南大学，后留学日本，是较早翻译和介绍《孙子兵法》在国内外传播的一位学者。长期兼任世界兵学编译社社长。在《孙子新研究》一书中，李浴日称道：

> 孙子的传记，见于《史记》卷六十五，名武，齐人。《吴越春秋》书为吴人，其世系等则没有说明。至宋之硕儒邓名世的《古今姓氏书辨证》载：“齐田完字敬仲，四世孙无宇。无宇子书，字子占，齐大夫，伐莒有功，景公赐姓孙氏，食采于乐安。生冯（注：一作“凭”。下同），字起宗，齐卿。冯生武，字长卿，以田鲍四族谋作乱，奔吴为将军。校订《孙子十家注》之清乾隆进士孙星衍亦言及此：“孙子盖陈书之后。陈书见《春秋传》，称孙书。《姓氏书》以为景公赐姓，言非无本。又泰山新出《孙夫人碑》，亦云与齐同姓，史迁（注：指司马迁）未及深考。吾家出六（乐）安，真孙子之后。”即孙子是从唐代之乐安郡，即清代之山东省武定府、今之惠民县附近，奔吴为将，是可信的。[1]

正是依据他对孙武故里的认同，国内一批专家学者于 1989 年 5 月 22 日至 25 日在山东省惠民县召开首届《孙子兵法》国际学术讨论会，并宣布成立中国孙子兵法研究会。会后不久，由惠民县孙子研究会组织编写的《孙子故里》一书出版问世。书中收入：《孙子故里考疑》（作者：吴如嵩、陈秉才）；《孙子故里考析》（作者：王丙臣）；《惠民县建置沿革考略》（作者：刘沛然）；《孙子故里“惠民说”新证——惠民县出土北宋乐安吴尧墓志铭考》（作者：霍印章、李政教）；《孙子故里

1　李浴日编著：《孙子新研究》，世界兵学社，1947 年版，《民国丛书·第四编》影印本，第 2—3 页。

今何在》(作者：张锦良);《孙子故里"惠民说"不可动摇》(作者：霍印章、吴如嵩);《也谈孙武故里"惠民说"不可动摇——兼论"广饶说的虚构实质"》(作者：陈秉才)。并在《附录》中发表《孙子兵法研究会专家重申孙子故里在惠民县》的"声明"。

此说引起周边地区的广饶县以及国内多地专家学者的关注和质疑。1991 年 6 月 6 日，来自北京、上海、河北、河南、江苏、安徽、浙江、湖南、湖北、福建、云南、辽宁、山东十三个省、市从事历史、教学、考古的四十八个科研单位的一百多位专家学者云集山东广饶县，举行首届"孙子学术讨论会"。会上，专家学者们对孙武的生平、故里、思想形成及《孙子兵法》对现代的影响等问题展开了广泛讨论。其中，十多位专家学者围绕孙武故里发表专论。讨论会形成的《纪要》称：

> 与会专家学者指出，过去的孙武故里在今"山东惠民说"，当时如指惠民地区，这不能说错，因为那时惠民地区较大，包括了今广饶县。但 1983 年行政区划有所变动，惠民地区不再包括广饶县，而把广饶县划归东营市。这样一来，"山东惠民说"就应成为历史而结束，若再坚持"山东惠民说"就不符合实际了。至于后来有人又从"山东惠民说"中演化出"惠民县说"，就更没有任何根据了。专家学者们强调指出，"山东惠民说"与"惠民县说"是两个截然不同的概念，不能混为一谈。孙武故里在今惠民县是根本不可能的。[1]

会后，《人民日报》《文汇报》《解放日报》《北京日报》《中国文化报》以及《瞭望》《当代中国》杂志纷纷作了报道。其中《当代中国》杂志发表《喜解千古之谜——孙武故里在广饶》一文，称：

> 可庆幸的是，不久前在山东省东营市广饶县举行的孙子学术讨论会上，对于孙子故里这一问题的研究取得了重大的突破。来自全国十三个省、市的四十八所院校、科研单位的专家学者一百五十三人，其中包括著名史学家杨向奎、张政烺、任继愈、周维衍、安作璋、田昌五、唐嘉弘、

1 广饶孙子研究中心办公室编：《孙子研究中心简报(1)》（内刊），1991 年 6 月。

骆承烈等参加了会议。他们经过反复论证和实地考察，一致认为孙武故里在乐安，而乐安在今广饶县，那种认为在惠民县的主张已不能成立[1]。

孙武故里之争，由此拉开帷幕。

三

孙子故里自“惠民说”首创后，继之而起的依次有“博兴说”“广饶说”“高唐说”“莒邑说”“临淄说”，形成“六说”。其中“临淄说”，笔者最早见于下列四篇文章：

山东省社会科学院孙子研究中心主任谢祥皓与学者李政教先生合作出版《兵圣孙武》（军事科学出版社，1992年版）。称：

> “故里”之称，一般说来，当指孙武父、祖所居之地，亦即孙武之出生与青少年时代生活成长所居之地。对于孙武的出生与青少年时代的生活，史籍无只字言及。对孙武父祖之所居，亦无任何明确记载。前引《新唐书》所言陈完、陈无宇、孙书、孙凭，均担任齐国高官。陈完为工正，当时手工工场均集中于国都，陈完亦当居齐都。无宇“事齐庄公，甚有宠”（《史记·田敬仲完世家》），更当居齐君之左右。孙书为“齐大夫”，亦以居于齐之都城为宜。孙凭为“齐卿”，自亦不能居于齐都之外。依此，则孙武青少年时代的大部分时间，当是在齐都临淄度过的。

山东师范大学历史系安国发表《孙武家世考》，载入《管子学刊》1992年第2期，称：

> 据《左传》陈完奔齐，为齐之工正，事在鲁庄公二十二年（前672）。陈完奔齐，不欲称本国故号，以陈、田二字声相近，故改陈字为田氏，下逮数世，不见有食邑的记载。至鲁昭公二年（前540），其四世孙无宇为齐

1　《当代中国》（中英文对照刊物），1991年第12期。

> 景公之上大夫，大夫当有食邑，但直到鲁昭公十年（前532），始受封高唐，此前并无食邑。这就是说鲁昭公十年（前532）之前，无宇一直是随侍景公左右而居于临淄。且《世系表》明言孙武之父冯（凭），为齐卿，卿为朝中重臣，也不居于采邑。……田氏世世为齐之卿大夫，参与朝政，即使有自己的采邑，也不可能居于邑中。……家住临淄，而另派家臣为邑宰，代管邑中之事。由此可见，说孙武出生在临淄，似乎有更充分的理由。

古棣和戚文两位学者，在他们合作出版的《孙子兵法大辞典》（上海科学普及出版社，1994年12月版），专辟《关于孙子故里之争》一节（见该书第586—597页），称：

> 从历史文化方面来看，事实上今惠民一带，在春秋战国时期仍是人烟稀少、经济文化较为落后的地区，因处于黄河下游，常遭洪水泛滥之灾。该地区已发现的先秦文化遗存很少。可见，此地既缺乏产生伟大军事家的经济文化基础，也不具备国君赏赐给有功之臣“食采”的优厚条件。……孙武成长为一个卓越的军事家的地点，只能在齐都临淄，而不可能是其他地方。

刘伶、吴绪彬两位学者合作主编的《孙子兵法实用大典》（中国国际广播出版社，1995年10月版），在“故里与采邑”一节中称：

> “故里”之称，当指父、祖所居之地，即孙武出生与青少年时代生活成长所居之地。“采邑”之称，是盛行于周代的一种世禄制度，依据血缘宗法关系封赐自己的同姓宗亲，亦可依据劳绩战功封赐卿、大夫等文臣武将。孙书因“伐莒有功”，被齐景公赐姓孙氏，食采邑于乐安。受封者所获之采邑，多为离国都僻远之地，多以家臣或宗亲代管，自己定期“视察”，自身所居仍以都城为多。孙武的祖父孙书为“齐大夫”，当居住在都城为宜。其父孙凭为“齐卿”，亦不能居住在都城之外。由此推论，孙武出生及青少年时代大部时间当应在齐都临淄度过。这样，孙氏采邑在“乐安”，孙武故里当应是临淄。

时任山东省史志办副主任孙其海先生作《武圣疑案》一书（华艺出版社，2001年12月版），称：

1999年，一批《孙子兵法》研究专家相聚在一起。他们过去虽然曾是某种“说”法的拥护者，有的还为此发表过文章。但是，当大家冷静下来，认真分析了十几年来各种观点的是非短长之后，在科学和理智的基础上，终于统一了认识，归结起来就是这样一句话：孙武以上祖辈八代，世居齐国首都临淄。

邱复兴先生主编出版的《孙子兵学大典》（全十册）（北京大学出版社，2004年4月版），称：

（孙武）出生之地，即孙武出生时其父、祖之所居。对于此事的判断，实有两个连环性的因素。首先要确定孙武出生的时间，其次是在这个时间孙武的父、祖当居于何地。关于孙武的出生时间，上面已做了推断，即在公元前540年至535年。这个时间，其父、祖当居何处？依官位论，公元前540年，孙武之曾祖陈无宇已为齐之上大夫（见《左传》昭公二年），且经常参与国之要政，如乞师于楚，送少姜之（至）晋，助晏婴“纳邑与政”等，所居显然当在齐都临淄。及昭公八年至十年，陈无宇与栾施、高强及鲍、国之间争斗，仍然是在齐都临淄。此时的陈书、孙凭，也许正在壮年与青年时期，如尚未有官爵，当依附无宇而居；若已为大夫、卿，亦当居于临淄。故本书判断孙武当出生于齐都临淄或其附近。

学者陈汉平作《“孙书采地”与“孙武故里”考辨》一文，称：

先秦封建士大夫多有采地、采邑，但未必居住于采邑，《左传·襄公二十八年》载：“冬十月，庆封田于莱，陈无宇从。丙辰，文子使召之。请曰：‘无宇之母’疾病，请归。”由此可见，陈无宇随其父母居住于临淄。故田书（孙书）亦当居于临淄，是孙武故里在临淄之可能性较大。……若古书所记孙书与孙武之直系祖孙关系真实可信，则孙武故里所在地有两种可能性：孙武故里可能在孙书采邑、采地；亦可能在齐都临淄，而以在临淄的可能性为最大。

学者王心裁作《兵学圣典——〈孙子兵法〉》，称：

孙武直到奔吴以前一直在齐国生活，他的祖父受封于乐安，人们因此以为乐安就是孙武的出生地。但乐安在今山东何处？围绕着这一问题而形成了惠民、博兴、广饶诸说。笔者更倾向认为孙武出生于齐都临淄。

新编《齐鲁诸子名家志·孙子志》（山东人民出版社，2009年4月版）称：

关于孙武的出生地点，一般来说，当指孙武父、祖所居地。以上面的时间判断，孙武出生时既没有孙书的“乐安”采邑，也没有为无宇请封之高唐，只有无宇请求安度晚年的“莒”。此“莒”在何处，杜预只讲了个“齐邑”，近人亦认为在齐国东部。依无宇当时的地位，大致当在齐都附近。又，孙武出生之时，父、祖大约都在任职之时，其所居处亦当为齐都或其附近。《史记·孙子吴起列传》曰：“孙子武者，齐人也。”既泛称“齐”而未明其县邑，一是大致当指齐都及其附近，二是司马迁未知其详。要而言之，孙武的出生及其幼年时代的生活环境，认定为齐都附近最为相宜。

学者李兴斌、黄朴民两位先生合作发表《孙武与〈孙子兵法〉》一文，称：

“临淄说”认为，田氏家族自田完奔齐担任齐桓公的“工正”开始，即属齐国的贵族，而且其后地位不断上升，直至最后取代姜齐政权而据有齐国。这期间，作为一国的当政贵族，虽然拥有很多封邑，但那也不过是他们的食采之地，他们不可能居住在那里，而应当是仍旧居住在临淄，另派家臣为邑宰，代管邑中之事。所以，将其某一采邑看作是某一位家族成员故里的观点是很难成立的。由此看来，说孙武出生在临淄，似乎有更充分的理由。在其他各说都尚无直接的强有力的论据之时，“临淄说”的合理性是不言而喻，所以用不着作更多的论证。

近年来，一再坚称孙子故里“惠民说”“这是不可动摇”的军事科学院研究员吴如嵩先生也有所“动摇”了，这是一件好事，值得肯定。他与《孙子文献网》的创办者苏桂亮先生合作出版《孙子兵法大辞典》（白山出版社，2015 年 5 月版），在《孙武生平》一节中，称：

> 至于（孙武）出生地点，当是其父、祖之所居，公元前 538 年，既没有其曾祖父之封地高唐，更没有其祖父封地乐安，故孙武的出生只能在齐都临淄的田府。

在紧接其后的《青少年时代》一节中，进一步地称：

> 孙武的童年时代、少年时代，是在齐国都城临淄度过的。前条已明，孙武的出生地只能是齐都临淄，其青少年时代只能在临淄度过。而临淄正是春秋战国时代经济、文化最发达的城市。公元前 532 年，孙武的曾祖父陈桓子无宇率陈、鲍二族攻打栾、高时，从“虎门”打到“稷门”，最后败诸“鹿门”（均齐都之门），方攻走栾、高。

凡此种种，证明孙子故里在“齐都临淄”，几经曲折，终于得到澄清。

附记：孙子故里在齐都临淄的“书证”

就在拙文定稿之时，笔者又觅得有关孙子故里在临淄的一篇题名《孙武籍贯考》的文章。此文发表于 1998 年第二期《志与鉴》的刊物上。作者蔡瀛海，称：清《（康熙）临淄县志》记有孙武的籍贯为临淄。据此，此位作者认为：

> 孙武在齐景公十六年避“四姓之乱”奔吴。至其祖父“伐莒有功，食采于乐安”已达九年之久，孙武其时也该有二十几岁，怎能把景公新赐其祖父的采地乐安，当作孙武的籍贯或故里呢？更不存在孙武故里在这县、

那县之说，孙武故里为临淄，应无疑义。

循着蔡先生的思路，笔者在苏州市方志馆（此馆珍藏全国各地新、旧方志达数千部之多），找到该馆藏有民国九年（1920）的《临淄县志》。在卷二十一《人物志》中，记有孙武、田穰苴、孙膑，列为临淄县的“先贤”，不失为认定孙武故里在齐都临淄的重要书证。

入吴篇

孙武离齐入吴“动因”和“时间”考

孙武“以兵法见于吴王阖闾”的时间，国内学术界人士大多认为是在吴阖闾三年（前512）。依据出自《史记》和《吴越春秋》。前者在《吴太伯世家》《伍子胥列传》，后者在《阖闾内传》，都以为时年孙子与伍员、伯嚭（白喜）一起与吴王阖闾商议伐楚事。此前，孙子是否早已离“齐”入“吴”且在吴地“辟隐深居”？未做交代。当今学术界人士有两种说法：

一种说法，认为已经来到吴地隐居。时间是在齐国发生“田、鲍、栾、高四族之乱”（前532）不久。此说最早《孙子兵法浅说》一书，该书作者称：

> 公元前532年夏季，田氏联合鲍氏，趁执政的旧贵族栾氏、高氏宴饮方酣的时候，突然包围了他们，几经激战，栾氏、高氏战败，其主要人物栾施、高强两人逃亡鲁国。这就是所谓的齐国‘四姓之乱’。……‘四姓之乱’，田氏、鲍氏取得了胜利。大约就在他们弹冠相庆的时候，孙武——或许还有孙氏家族的其他成员——却离开了故土齐国，踏上了新的里程，去到南方新兴的吴国。……他大约就在都城姑苏（今苏州）附近过着一

种隐居式的生活。[1]

对此，《孙子评传》（南京大学出版社，1992 年 3 月版）一书的作者杨善群在《孙武生平及其著述》一节中，引陈秋祥先生《孙武世系论略》，称：

> 有的著作根据《新唐书·宰相世系表》和邓名世《古今姓氏书辨证》所记孙武“以田、鲍四族谋为乱，奔吴”，认为四族为乱是指《左传》昭公十年所记之事，因而考定孙武奔吴的时间在公元前 532 年，这是欠妥的。[2]

至于孙武入吴后是否隐居？杨先生只字未提。

另一种说法，认为孙武在“以兵法见于吴王阖闾”前，没有必要在吴地隐居。苏州大学历史系资深教授陆振岳先后作有《孙武由齐入吴曾否隐居》[3]和《“辟隐深居”考——再论孙武入吴隐居说不可信》[4]。从孙武所处时代政治环境已形成诸子游说于各国诸侯间的实际，《史记》本传所言孙武“以兵法见于吴王阖闾”而得到重用，以及剖析《吴越春秋》相关叙述与《左传》《史记》《汉书》存在诸多矛盾而得出此一结论。

两种说法，哪一说符合史实，比较可信？有待学术界人士评说。笔者赞同后一说。

为参与这场讨论，笔者从文献学的角度谈些浅见。愚以为，弄清这个问题，还可从现存的相关古籍及考古发现的新材料中去寻求史证。

1972 年 4 月，山东临沂银雀山汉墓出土大量兵书竹简，其中有《见吴王》《吴问》（注：篇名均为今人所题），或许能帮助我们厘清思路，找到符合“情”与“理”的答案。

1　吴如嵩：《孙子兵法浅说》，解放军出版社，1983 年 12 月版，第 2—3 页。

2　杨善群：《孙武生平事迹考》，《孙子新论集萃——第二届孙子兵法国际研讨会论文选》，长征出版社，1992 年版，第 446 页。

3　陆振岳：《孙武由齐入吴曾否隐居考析》，《江苏文史研究》，2005 年第 4 期（总 48 期）。

4　陆振岳：《“辟隐深居”考——再论孙武入吴隐居地说不可信》，《孙子兵学年鉴 2007—2008》（总第 4 卷），山东地图出版社，2008 年 9 月版，第 64—68 页。

一、竹简《见吴王》

早于《史记》和《吴越春秋》的这篇“佚文”，向人们透露出这样几条很有价值的信息：

（一）吴王阖闾初见孙子的地点是“于孙子之馆”

“馆”，古称“侯馆”“馆驿”，为周王室及列国诸侯用来款待宾客的场所。这说明齐人孙武来到吴国都城受到高规格的礼遇，以至于求贤若渴的吴王阖闾，礼贤下士，亲自赴馆与孙武会面，表现出爱才惜才的诚意。说明孙武入吴的时间是在公子光（阖闾）弑僚自立、并与谋臣伍子胥等人商议伐楚前，即公元前515年至公元前512年之间，也不排除就在公元前512年。

（二）孙武在吴王阖闾面前自称“外臣”

“简文”提到吴王阖闾要孙武“小试勒兵”以考量其实际才能时，孙子答曰：“兵，利也，非好也。兵，□〔也〕，非戏也，君王以‘好’与‘戏’问之，外臣不敢对。”外臣，上海辞书出版社出版的《辞海》释为：“古代列国大夫和士对别国君主的自称。”《中文大辞典》释为“大夫、士对于他国之君，自称外臣”。这都说明孙武“以兵法见于吴王阖闾”前，在齐国的身份已是“大夫”，至少是一个出身或依附于贵族阶层的“士”。

（三）孙子入吴，似非只身潜行

银雀山出土竹简中有“孙子以其御为……参乘为舆司空，告其御、参乘曰……”一句。简文整理者把此句释为“御为驾车者；参乘为陪乘者；舆司空为军中官职名。”此句之意似谓孙武以其御及参乘为军吏，以监督练兵妇人。据《左传·昭公十年》（前532）记载：“齐惠栾、高氏皆耆酒，信内多怨，强于陈、鲍而恶之。夏，有告陈桓子（陈无宇）曰：‘子旗、子良将攻陈、鲍。’亦告鲍氏。桓子授甲而如鲍氏，遭子良醉而骋，遂见文子，则已授甲矣。使视二子，则皆将饮酒。桓子曰：‘彼虽不信，闻我授甲，则必逐我。及其饮酒也，先伐诸？’陈、鲍方睦，遂伐栾、高。……五月庚辰，战于稷，栾、高败。”

文中的“甲”，为古时兵卒的护身衣；“授甲”，引申为配发护身衣和兵器给属下。说明春秋晚期的齐国卿大夫家族如陈（田）、鲍、栾、高四族都拥有名为国君实为贵族直接掌控的武装力量。此等在吴国现场监督操练宫女的军吏，似为随从孙武一起由齐入吴的人员。如果监督操练宫女的军吏是吴王阖闾属下的军吏，岂敢违抗国君（阖闾）之命而听从孙武之令，果断执法，立斩一再违反军令、阖闾自称“寡人非此二姬，食不甘味，愿勿斩也”的吴王二宠姬？如此看来，孙武离齐入吴，似非只身一人。

与“简文”《见吴王》可以相互参证的古文献有：

1.《孙子兵法》

首篇《计》:“孙子曰:“将听吾计，用之必胜，留之；将不听吾计，用之必败，去之。”此句，（宋）《十一家注孙子》本的多位“注者”有相同的阐释。

陈皞释为：

孙武以书干阖闾曰:“听用吾计策，必能胜敌，我当留之不去；不听吾计策，必当负败，我去之不留。”以此感动阖闾，庶必见用。故阖闾曰:”子之十三篇，寡人尽观之矣。”其时阖闾行军用师，多自为将，故不言主而言将也。

梅尧臣释为：

武以十三篇干吴王阖闾，故首篇以此辞动之，谓王将听我计而用战必胜，我当留此也，王将不听我计而用战必败，我当去之也。

张预释为：

孙子谓，今将听吾所陈之计，而用兵必胜，我乃留此矣；将不听吾所陈之计，而用兵则必败，我乃去之他国矣。

笔者以为，孙武以“留”与“去”与吴王阖闾对话，一方面说明孙武对自己学说的自信，另一方面也是孙武千里迢迢来到吴国，驰说阖闾以谋求重用的真实写记录。

2.《汉书》

著者班固，称：

> 诸子十家（注：儒、道、阴阳、法、名、墨、纵横、杂、农、小说），其可观者九家而已。皆起于王道既微，诸侯力政，时君世主，好恶殊方，是以九家之术蜂起并作，各引一端，崇其所善，以此驰说，取合诸侯。

> 春秋之世，灭弱吞小，并为战国……雄杰之士，因势辅时，作为权诈以相倾覆。吴有孙武，齐有孙膑，魏有吴起，秦有商鞅……擒敌立胜，垂著篇籍。世方争于功利，而驰说者以孙、吴为宗。

"驰说",《辞海》释为"往来奔走地游说"。说明春秋战国时代，随着诸子学说的诞生与发展，一批在自己国家得不到重用的"士"，纷纷离开故土，驰说于各国诸侯间，以宣传自己的学说或主张，谋求使用。而各国诸侯或出于"争霸"，或出于"保国"，或出于"治政"的需要，竭力招揽各国"有识之士"，为其所用。由此看来，孙子离齐入吴，驰说吴王，并非个别的偶然的现象，而正是反映了春秋战国时代"群雄割据""征伐不断"的一种社会现象。

上引古代文献说明：孙武是怀着"因势辅时""争于功利"的动机和愿望，前来吴国游说阖闾，谋求重用。

二、竹简《吴问》

《吴问》，从另一个侧面为孙武南下驰说吴王阖闾的时间提供新的佐证。今将全文移录如下：

> 吴王问孙子曰："六将军分守晋国之地，孰先亡？孰固成？"孙子曰："范、中行是（氏）先亡。""孰为之次？""智是（氏）为次。""孰为之次？""韩、巍（魏）为次。赵毋失其故法，晋国归焉。"吴王曰："其说可得闻乎？"孙子曰："可。范、中行是（氏）制田，以八十步为？（畹），

以百六十步为？（亩），而伍税之。其□田陕（狭），置士多，伍税之，公家富。公家富，置士多。主乔（骄）臣奢，冀功数战，故曰先〔亡〕。……公家富，置士多，主乔（骄）臣奢，冀功数战，故为范、中行是（氏）次。韩、巍（魏）制田，以百步为？（畹），以二百步为？（亩），而伍税〔之〕。其□田陕（狭），其置士多。伍税之，公家富。公家富，置士多。主乔（骄）臣奢，冀功数战，故为智是（氏）次。赵是（氏）制田，以百廿步为？（畹），以二百卌步为？（亩），公无税焉。公家贫，其置士少，主佥臣收，以御富民，故曰固国。晋国归焉。”吴王曰：“善。王者之道，□□厚爱其民者也。”

二百八十四

《吴问》是吴王阖闾与孙武两人之间的问答；“六将军”，指的是晋国的六位权倾一时的大夫：范氏、中行氏、智氏、赵氏、韩氏、魏氏。此六家世代为卿，故《史记》称“六卿”。“畹”，是田边长度的单位量词。

《吴问》的内容，有它特定的时代和社会背景。

阖闾与孙子问对的时代，正处于“礼崩乐坏”的春秋晚期，诸侯衰微，大权旁落，大夫专权，内部倾轧，是这一时代的社会特征。仅从公元前 548 年至公元前 526 年的二十多年间，齐国发生执政大夫崔杼弑国君齐庄公的事件；燕国发生国君燕惠王逃奔到齐国的变故；鲁国发生叔孙、孟孙、季孙三个大夫“三分公室”“四分公室”，后来又逼迫国君鲁昭公出奔异国他乡；晋国则出现“六卿强，公室卑”的局面。这些发生在齐、燕、鲁、晋四个诸侯大国的重大政治事件，对于采用阴谋手段，通过谋弑吴王僚而自立的吴国公子光（阖闾）来说，心灵不可能不受到震撼。在与孙武交谈中，阖闾以晋国发生“六将军分守晋国之地”，征求孙子的看法，希冀从中寻求治国方略。孙武则从分析晋国六将军“分守晋地”后实行不同的土地占有关系和赋税制度，做出“亩小税重者先亡，亩大税轻者固成”的判断。后来的事实表明，孙武对晋国六卿存亡原因以及先后的分析大体上是接近于后来的史实的。不仅如此，正是因为阖闾听了孙武的分析，悟出了“王者之道”，必“厚爱其民”。《左传·哀公元年（前 494）》记：“秋八月，吴侵陈。……吴师在陈，楚大夫惧之。曰：‘阖庐（闾）唯能用其民，以战我于柏举。今闻其嗣又甚焉。将若之何？’”说明孙武的主张确被阖闾接受。

有关晋国六卿之事，《史记·晋世家第九》有详细记载。今将有关部分，摘录如下：

> 悼公十四年（前559），晋使六卿率诸侯伐秦，度泾，大败秦军，至棫林而去。
>
> 昭公六年（前526），（昭公）卒。六卿强，公室卑。子顷公去疾立。
>
> 顷公六年（前520），周景王崩，王子争立。晋六卿平王室乱，立敬王。
>
> 顷公十二年（前514），晋之宗家祁傒孙、叔向子相恶于君。六卿欲弱公室，乃遂以法尽灭其族，而分其邑为十县，各令其子为大夫。晋益弱，六卿皆大。
>
> 定公二十二年（前490），晋败范、中行氏，二子奔齐。
>
> 出公十七年（前458），知（智）伯与赵、韩、魏共分范、中行地以为邑。出公怒，告齐、鲁，欲以伐四卿。四卿恐，遂反攻出公。出公奔齐，道死。故知（智）伯乃立昭公曾孙骄为晋君，是为哀公。当是时，晋国政皆决知（智）伯，晋哀公不得有所制。知（智）伯遂有范、中行地最强。
>
> 哀公四年（前453），赵襄子、韩康子、魏桓子共同杀知（智）伯，尽并其地。
>
> 烈公十九年（前401），周威烈王赐赵、韩、魏，皆命为诸侯。
>
> 静公二年（前376），魏武侯、韩哀侯、赵敬侯灭晋后而三分其地。静公迁为家人，晋绝不祀。

《史记》的这段文字，把晋国六卿专权，最后导致晋国灭亡的长达172年的历史记载得清清楚楚，明白无误地告诉世人：吴王阖闾与孙武问对中提及的晋国“六将军分守晋国之地”，其事就发生在孙武“以兵法见于吴王阖闾”的前三年。而有关晋国六卿之事，司马迁在《吴太伯世家》《齐太公世家》《鲁周公世家》《燕召公世家》《赵世家》《魏世家》《韩世家》《孔子世家》等八篇传记中都有涉及。如此说来，如果孙武早在公子光（阖闾）弑僚自立之前就已来到吴地，入吴后又长期“辟隐深居”，试问：在吴、晋两地相距三千余里，古代交通不便、信息传递不易的情况下，孙武焉能很快获此信息，并根据自己对晋国六卿的了解，作出范氏、中行氏先亡，继而知（智）氏再亡的预见？再推而论之，如果孙子如《吴越春秋》所言是“吴人”，试问：阖闾怎么会把发生在晋国的这样一桩重大国事，去请教于自己国中的一个“子民”？联系上述史料，笔者以为：孙武离齐入吴的时间，是在公元前 514 年左右，即晋国发生“六将军分守晋国之地”不久，“以兵法见于吴王阖闾”前，似较合情又合理。

顺便向读者交代一个问题，就是孙武“因乱奔吴”一说。此说在当今兵学界和文史界也有纷争。在此，笔者介绍几位学者的观点，供参考。

学者刘博先生作《孙子奔吴动因新论》，称：

目前所见孙子奔吴诸说皆不可取。“因乱奔吴说”自北宋欧阳修等人首创此说后，中经南宋邓名世的《古今姓氏书辨证》，直至当代，历经八百多年，长盛不衰，影响颇大。按《新唐书·宰相世系表》曰“孙氏……又有出自妫姓。齐田完，字敬仲，四世孙桓子无宇。无宇二子：恒、书。书字子占，齐大夫，伐莒有功，景公赐姓孙氏，食采乐安。生凭，字起宗，齐卿。凭生武，字长卿，以田、鲍四族谋为乱，奔吴为将军”。当代赞同此说或类似此说的主要有詹立波、吴如嵩、陈汉平诸先生。以吴如嵩先生为首的军事科学院派完全沿袭了“以田、鲍四族谋为乱奔吴说”，并将其定位在公元前 532 年齐景公时期发生的第二次田、鲍四族内乱之后。此说最为流行，还被十集电视连续剧《孙子兵法》所采纳。然此说的最大弱点则在于发生在齐景公时期的三次田、鲍四族之乱，田、鲍两族皆为胜利者。齐孙氏乃属于陈（田）氏家族，故无理由也无必要发生孙氏子弟孙武因此而奔吴之事件。故田、鲍四族谋为乱而奔吴说不能成立。[1]

北京大学中文系教授李零先生亦称：

“因乱奔吴”的说法存在问题。“田鲍四族作乱”指的是哪一件事？上述二书（注：李零先生指的是《新唐书·宰相世系表》和邓名世《古今姓氏书辨证》）都没有讲。如果是指齐景公死后第二年（前 489）以田

1　刘博：《孙子奔吴动因新论》，载《中州学刊》，1998 年第 5 期。

氏、鲍氏为一方，国氏、高氏为一方争政的内乱，其事在吴伐楚入郢（前506）之后十七年，为时太晚。并且田氏是此事的发难者和胜利者，田氏族人根本没有必要奔吴。如果照有人所说是指鲁襄公二十八年（前545）栾、高、田、鲍四族共讨庆封的内乱，也同样不合史实。……这更足以说明“因乱奔吴”的说法不可信。[1]

学者马良民先生作《孙武家世质疑》，称：

过去一直认为齐国的孙氏出自陈（田），孙书即是陈书，孙武是孙书之孙，因而对孙武出走吴国大惑不解。《新唐书·宰相世系表》说他是因“田（陈）鲍四族谋为乱”而奔吴。但据《左传》记载，在孙武奔吴之前，陈、鲍四族谋乱共发生过两次：一次在公元前545年，陈、鲍、栾、高四族共灭庆氏；一次在公元前532年，陈、鲍二氏与国、高二氏之间的火并。在这两次内乱中，陈氏都是胜家，那么他的族人又有何理由而出奔呢？再说，孙武与陈氏的思想是相同的，都主张社会改革，不存在认识上的对立，就更没有理由出走了。还有，孙武出走时，陈书尚在世，在宗法观念还很强的春秋时期，背祖出奔也是不合情理的。[2]

1 李零：《孙子古本研究》，北京大学出版社，1995年7月版，第222—223页。
2 马良民：《孙武家世质疑》，《孙子月刊》，1993年第2期（总第六期）。

《吴越春秋》孙武“辟隐深居”说刍疑

一

孙武“以兵法见于吴王阖闾”前，是否已在吴地“辟隐深居”？当今国内学术界人士既有肯定，又有否定的不同见识，且以肯定者居多。而持“肯定说”者，无一例外都是援引东汉赵晔所作的《吴越春秋》。在该书《阖闾内传》卷中，赵晔称：

（阖闾）三年，吴将欲伐楚，未行。伍子胥、伯嚭相谓曰：“吾等为王养士，画其策谋，有利于国，而王故伐楚，出其令，托而无兴师之意，奈何？”有顷，吴王问子胥、伯嚭曰：“寡人欲出兵，于二子何如？”子胥、伯嚭对曰：“臣愿用命。”吴王内计二子皆怨楚，深恐以兵往破灭而已。登台向南风而啸，有顷而叹，群臣莫有晓王意者。子胥深知王之不定，乃荐孙子于王。孙子者，名武，吴人也。善为兵法，辟隐深居，世人莫知其能。胥乃明知鉴辩，知孙子可以折冲销敌，乃一旦与吴王论兵，七荐孙子。

细察此言，最值得关注之处在于伍子胥“七荐孙子”，缘于他和伯嚭（注：两人都属楚国人，因家庭受迫害，奔吴）两人在吴王阖闾欲出兵伐楚表示“臣愿用命”之时，阖闾却产生“内计二子皆怨楚，深恐以兵往破灭而已”的反常心理，从而引出“子胥深知王之不定，乃荐孙子于王”，以至于作者赵晔推出孙武是“吴人”及“辟隐深居”的事。显然，阖闾的“内计”与伍子胥“七荐孙子”之间存在“因”与“果”的关系。

《吴越春秋》的此一记载是否可信？要害在于“因”与“果”是否紧密契合。这就需要作切实的验证。笔者依据《左传》《史记》记载，先就吴、楚二国的关系作一交代。

早在东周以前，地处南方的楚、吴、越三国向被中原诸国鄙视为“蛮夷”[1]，三国间相安无事，一度还结为盟友。《左传》鲁宣公八年（前601）记有“楚为众舒叛故，伐舒、蓼，灭之。楚子疆之，及滑汭，盟吴、越而还”。意谓“楚国因为众舒背叛的缘故，攻打舒、蓼两个小国，重新给两国划定新的疆界。到了滑水的地方，楚、吴、越三国结盟而还。另据《左传》鲁成公七年（前584）记事：楚庄王因“欲纳夏姬”，准备讨伐陈国夏氏，申公巫臣表示反对。趁庄王派他“聘于齐”时，“巫臣尽室以行”（携带家人出走），逃向晋国。楚国大夫子重、子反皆“怨巫臣”，于是杀巫臣之族，且“分其室”。当时身在晋国的申公巫臣发誓复仇，遂“请使于吴”，欲借吴国之力，攻打楚国。由于楚、晋二国长期不睦，互相侵伐，“晋侯许之”。其时，吴王寿梦（阖闾祖父）出于与楚国争霸需要，接受晋国“以两之一卒（三十辆战车）适吴，舍偏两之一（士卒二十五人）焉，与其射御（驾车者和射手），教吴乘车，教之战阵，教之叛楚”（《左传》语），并重用巫臣之子狐庸“使为行人”（职掌外交事务）。当年，“吴始伐楚，伐巢（今安徽省巢县东北），伐徐（今安徽省泗县北）。子重奔命。吴、楚二国从此反目。马陵之会，吴入州来（今安徽省凤台县境），子重自郑奔命。子重、子反于是乎一岁七奔命。蛮夷属于楚者，吴尽取之，是以始大，通吴于上国（中原诸国）”。

从寿梦称“王”到阖闾弑僚自立为吴王的七十年间，吴、楚二国先后发生战事十次，互有胜负。规模虽不大，但彼此积怨加深。《史记·吴太伯世家》记公子光（阖闾，下同）于吴王僚二年（前525）、八年（前519）、九年（前518）曾三次奉

1 “蛮夷”是指我国古代对南方和东方各族之泛称，《左传·鲁成公七年》（前584）：“七年春，吴伐郯，郯成。季文子曰：‘中国不振旅，蛮夷入伐，而莫之或恤，无吊者也夫’。”

命伐楚。吴王僚五年（前522），伍子胥因楚平王听信谗言，杀其父、兄，历尽艰辛，亡命奔吴，欲“借力以雪父之耻”（《史记》语）。入吴之初，伍子胥就向吴王僚建议举兵伐楚。王僚“知之，欲为兴师复仇”，而在场的公子光（阖闾）早有觊觎吴国君位之心，深恐伍子胥的建议得到吴王僚的赞同而害其谋，于是使出谗言，以伍子胥建议伐楚是出于个人报私仇为由，进行挑拨，致使伐楚一事被取消。伍胥看出公子光有“内志”，转而投靠于他。

《吴越春秋·王僚使公子光传》作此记载：

> 子胥之（至）吴。……公子光闻之，私喜曰：“吾闻楚杀忠臣伍奢，其子子胥勇而且智。彼必复父之仇，来入于吴。”阴欲养之。市吏于是与子胥俱入，见王。……王僚知之，欲为兴师复仇。公子（光）谋杀王僚，恐子胥前亲于王而害其谋，因谗：“伍胥之谏伐楚者，非为吴也，但欲自复私仇耳！王无用之。”子胥知公子光欲害王僚，乃曰：“彼光有内志，未可说以外事。”……子胥退耕于野，求勇士荐之公子光，欲以自媚，乃得勇士专诸……

由于得到伍子胥的鼎力相助，公子光（阖闾）于吴王僚十二年（前515）弑僚自立。事成后，阖闾聘伍子胥为“行人”，执掌吴国外交，君臣相依，形同一人。以此而论，三年后，阖闾何以对伍胥和伯嚭二人表示伐楚“臣愿用命”时，突然变卦，对“二子”心生疑虑？这于情理不合。可见，《吴越春秋》所记的上述文字，明显存在抵牾之处！

再以《左传》鲁昭公三十年（前512）记事做一验证：

> 吴子（注：阖闾，“子”为爵位）问于伍员（伍子胥）曰：“初尔（尔，你）言伐楚者，余知其可也，而恐其使余往也，又恶人之有余之功也。今余将自有之矣，伐楚何如？”对曰：“楚执政众而乖，莫适任患。若为三师以肄焉，一师至，彼必皆出。彼出则归，彼归则出，楚必道敝。亟肄以罢之，多方以误之。既罢，而后以三军继之，必大克之。”阖闾从之，楚于是乎始病。

《左传》的此一记载证明，伍子胥奔吴之初建议吴王僚举兵伐楚，在场的公子光（阖闾）是“知其可也”，只因怀有弑僚自立的阴谋，故在王僚面前谗言，力劝“王无用之”。当伍子胥知道公子光“欲害王僚”，转而投向他，为其出谋划策。吴阖闾三年（前512），阖闾在与伍子胥商议伐楚时，终于吐露衷肠，告诉他“初而言伐楚者，余知其可也”，提出“今余将自有之矣，伐楚何如？”伍子胥立即献“三师以肆”之策，“阖闾从之”。吴阖闾四年（前511），《左传》记称：

> 秋，吴人侵楚，伐夷，侵潜、六。楚沈尹戌帅师救潜，吴师还。楚师迁潜于南冈（今安徽六安县北）而还。吴师围弦。左司马戌、右司马稽帅师救弦，及豫章。吴师还。始用子胥之谋也。

这进一步说明：阖闾对于“伐楚”，不仅与伍子胥、伯嚭一致，而且对子胥提出的“三师以肆”之策，言听计从，君臣无隙，又何来“内计”此类疑虑、揣度之心？

二

对于部分学者认为孙武在“以兵法见于吴王阖闾”前，早已在吴地“辟隐深居”一说，有学者认为：

> “辟隐深居”或者与此相似的记载，既不见于先秦典籍的《左传》《国语》等，也不见于汉代撰写的《史记》，连宋代撰成的《新唐书》，其《宰相世系表三下》的“孙氏”述及孙武的身世，也不载隐居的事。这样问题就来了，成书年代比《左传》约晚550年，比《史记》约晚150多年、距离事发已近六百年的《吴越春秋》这一独家记载的孤证是否可信？就成为“隐居说”成立与否的关键。[1]

《吴越春秋》所说阖闾对伍子胥伐楚复仇的疑虑，以及由此而引出“荐孙子于

---

1 陆振岳：《孙武由齐入吴曾否隐居考析》，《江苏文史研究》，2005年第4期（总第48期）。

王”完全是作者赵晔臆想出来的。这就是说，这个“因”是不存在的。因此，由这个“因”而导致“七荐孙子”，并引出孙武“辟隐深居”的“果”也就失去了前提，“隐居说”自然就不能成立。

对陆振岳老先生所议，苏州科技学院历史系一位教授以“不能贬低《吴越春秋》的史料价值”为由，著文驳称：

> 孙武至吴地隐居著述兵法，最早提出此说的是《吴越春秋》。有人为了否定孙子隐居于吴的事实而竭力否定《吴越春秋》的史学价值，这是不公允的。……孙子隐居于吴地，由伍子胥而受知于吴王阖闾。《吴越春秋》之说，是对《史记》“孙子以《兵法》见于吴王阖闾”的补充，并与同时代写作的史书《汉书》相一致。

笔者以为，上述文字有三处需要拨正：一是《吴越春秋》只说“辟隐深居”，并无“孙子隐居于吴地”之说。二是《吴越春秋》之说是对《史记》的补充，这是“与史无据”的臆说，而不是所谓“补充”。三是说与《汉书》相一致，此言差矣！《汉书》是我国第一部纪传体断代史，其中《刑法志》中有这样一段文字，不妨再次引用，原文称：

> 春秋之后，灭弱吞小，并为战国……雄桀之士，因势辅时，作为权诈以相倾覆。吴有孙武，齐有孙膑，魏有吴起，秦有商鞅，皆禽（擒）敌立胜，垂著篇籍。当此之时，合从连横，转相攻伐，代为雌雄。齐愍以技击强，魏惠以武卒奋，秦昭以锐士胜。世方争于功利，而驰说者以孙、吴为宗。

客观地说，《吴越春秋》一书自问世以来，历来的古典目录学者、文献学者既肯定它“在记事方面有独到之处”，同时也指出《吴越春秋》存在“史实错乱”“年代混淆”“迂怪妄诞”“真虚莫测”等问题。学术界人士公认它是一部杂合正史、传说、想象几方面材料敷演汇集而成的一部“杂史”。如：

《隋书·经籍志》评称：

后汉赵晔又为《吴越春秋》,其属辞比事,皆不与《春秋》《史记》《汉书》相似,盖率尔而作,非史策之正也,……自后汉以来,学者多抄撮旧史,自为一书,或起自人皇,或断自近代,亦各其志而体制不经。又有委巷之说,迂怪妄诞,真虚莫测,然其大抵皆帝王之事,通人君子必博采广览以酌其要,故备而存之,谓之杂史。

主编《四库全书》的清代学者纪昀等人认为,《吴越春秋》"自是汉晋间稗官杂记之体,属于小说家言"。当代知名学者周谷城先生担纲主编的《中国学术名著提要》,把《吴越春秋》归入"杂史"之列。《吴越春秋全译》一书的译注者、学者张觉在该书的《序》中,更是直言:

当然,作者对体例的构思虽然很好,但在具体的记载中却往往有年代错乱的情况,有些事迹也明显有违史实。我们虽然基本上肯定了它的史料价值,但它毕竟是一部杂史,如果毫无鉴别地采用其中的记述来研究当时的历史,那显然也是不适当的。这是我们在利用其中的史料时应加注意的。[1]

当代中国历史学家、古文字学家李学勤称《吴越春秋》为"当时的历史小说类作品"。

上述点评,笔者认为是十分确切和恰当的。而把《吴越春秋》说成是"中国最早的地方史著之一,具有可靠的史料价值",显然有"夸大失实""误导读者"之嫌。

三

在此,笔者再就《吴越春秋》所记孙子事迹,择其要点,从"史料学"的角度做一点诠释。

1 张觉:《吴越春秋全译·前言》,贵州人民出版社,1993年9月版。

（一）称孙武是“吴人”，显然与数部古籍记载不合

1. 与汉墓出土竹简《见吴王》孙武自称“外臣”不合

“外臣”一词，《辞海》释为“古代列国大夫和士对别国君主的自称”。《国语·贿免卫侯》：“自是晋聘于鲁，加于诸侯一等；爵同，厚其好货。卫侯闻其臧文仲之为也，使纳赂焉。辞曰：外臣之言不越境，不敢及君。”说的是晋人曾执（笔者注：执，《辞海》一作“捉，逮捕”解释）卫侯“归之于周”。卫侯后来得悉，知道是鲁国大夫臧文仲所谏。卫侯不忘此恩，遣使赠礼答谢。臧文仲一再推辞，说了这样的话。这里的“外臣”，是臧文仲对卫侯的自称。

2. 与《史记》所称不合

《史记》称“孙子武者，齐人也，以兵法见于吴王阖闾”。此处的“齐”，当指“齐国”，说明孙子的里籍是“齐”而非“吴”。

3. 与《越绝书》称“巫门外大冢，吴王客齐孙武冢也”不合

“吴王客”，更是清楚地表明孙武是吴国的“客卿”。《简明中国历代官制词典》对“客卿”，释为：“古代在本国做官的外籍人。”如：《史记·范雎列传》，记范雎是魏国人，辩士出身，后来“羁旅入秦”，秦王“拜范雎为客卿，谋兵事”。至于《汉书》称孙武为“吴孙武”（见《古今人表》），并对其时存世的孙武、孙膑两人各自所著的《兵法》分别冠以“吴孙子兵法八十二篇，图九卷”和“齐孙子八十九篇，图四卷”，是因为孙武、孙膑二人在古代都被尊称“孙子”，《汉书》称孙武为“吴孙子”，称孙膑为“齐孙子”，用意在于区分两部《兵法》而已。由此可知：《吴越春秋》称孙武是“吴人”，显然是赵晔的揣度，故为后世的史家不取。

（二）吴军攻入楚都，“阖闾妻昭王夫人，伍胥、孙武、伯嚭亦妻子常、司马成之妻，以辱楚之君臣”，与《左传》所记完全相反

《左传》鲁定公四年（前506）记：“庚辰，吴入郢（郢，楚国都城所在），以班处宫。子山（阖闾子）处令尹之宫，夫概王（阖闾弟）欲攻之，惧而去之。夫概王入之。”“处”的一个义项是“住所”，其意是：吴军攻入楚都后，按照官位高下，君、臣分别占据楚国君、臣的宫室或居处。子山住进执掌楚国军政重任的楚国令尹囊瓦居处，但被夫概看中，欲夺占，子山惧怕，只得退出。赵晔却把《左传》的“以班处宫”，演绎成吴王阖闾、伍子胥、孙武、伯嚭等吴国君臣夺人之妻，奸淫被占领下的楚国君臣妻室。

（三）“孙武曰：吾以吴干戈，西破楚，逐昭王，而屠荆平王墓，割戮其尸，亦已足矣”，也与史实不符

吴阖闾九年（公元前506），吴国面对二十万楚军，以三万兵力取得“五战入郢”“昭王出奔”、楚国险遭灭亡的重大军事胜利。此次吴、楚决战，伍子胥、孙武、伯嚭、夫概等人功不可没，但“西破强楚”的统帅是吴王阖闾，作为“吴王客”的孙武，岂能僭称“吾以吴干戈，西破楚”？至于“屠墓”“戮尸”之事，先秦以来传说纷纭：一说有其事；一说无其事。先秦成书的《春秋谷梁传》称：“庚辰，吴入楚，日入易无楚者，怀（坏）宗庙，徙陈器，挞平王之墓。”《吕氏春秋·本味篇》记伍子胥“亲射王宫，鞭荆平（王）之坟三百”。这说明伍子胥并没有“掘墓鞭尸三百”，仅是“鞭坟三百”。无论是“鞭尸”，还是“鞭坟”，都只能说此举在于彰显伍子胥因楚平王听信谗言，将其父、兄杀戮后的复仇心态，与孙武何干？孙武岂能如《吴越春秋》所记，越俎代庖，把伐楚入郢之功都归之于自己？

对于《吴越春秋》的史料价值，固然不能一概否定，但仅从上述数点，能说《吴越春秋》所称完全正确和可信吗？

关于赵晔，《后汉书·儒林传》有传，全文如下：

> 赵晔，字长君，会稽山阴人也。少尝为县吏，奉檄迎督邮，晔耻于厮役，遂弃车马去。到犍为资中，诣杜抚受《韩诗》，究竟其术。积二十年，绝问不还。家为发丧制服。抚卒乃归，州召补从事，不就。举有道，卒于家。晔著《吴越春秋》《诗细历神渊》。蔡邕至会稽，读《诗细》而叹息，以为长于《论衡》。邕还京师，传之，学者咸诵习焉。

从《传》中可以窥见，赵晔的长项在于“诗”，而不在于“史”。如今有人称赵晔是“东汉史学家”，显然言过其实。

至于赵晔的“辟隐深居”说在“地方志”中的记载，也有必要在此作一纠正。

苏州自唐至民国的一千五百余年间，先后编就并现存于世的十三部府、县《方志》中，确有三部采录《吴越春秋》孙武“辟隐深居”说。如：

明《（嘉靖）吴邑志》卷七《人物》载：

> 孙武，吴人也，善为兵法，辟隐深居，世人莫知其能。吴王阖闾将伐

楚，伍员乃荐武于阖闾。阖闾乃召武，问以兵法。

明《(崇祯)吴县志》卷四十二《人物》载：

孙武者，齐人也，《吴越春秋》作吴人。善于兵法，避隐深居，人莫知之。吴王阖闾将伐楚，伍员乃荐武，武以兵法见于阖闾。

清《(同治)苏州府志》卷一百四十四《杂记一》载：

孙子者，名武，吴人也，善为兵法，辟隐深居，世人莫知其能，胥乃明知鉴辩，知孙子可以折冲销敌，乃一旦与吴王论兵，七荐孙子。

上述三部方志的遣词用语，与《吴越春秋》雷同，有的稍有增损，有的则几乎是照抄。由此可以肯定，三《志》所记并不是新材料，这是方志记叙的特点，以网罗地方文献为能事，没有什么可以深文周纳的。问题在于方志所记或所录是否真实？倘使是不可信的，即使重复十遍百遍，又有什么意义呢？何况其余苏州（吴县）十部府、县方志，即（唐）陆广微《吴地记》;（宋）朱长文《吴郡图经续记》和范成大《吴郡志》、（明）卢熊《(洪武)苏州府志》和王鏊《(正德)姑苏》、（清）卢腾龙、宁云鹏《(康熙)苏州府志》、习寯《(乾隆)苏州府志》、姜顺蛟《(乾隆)吴县志》、石韫玉《(道光)苏州府志》，以及（民国）曹允源、李根源《吴县志》，都没有采录《吴越春秋》所称孙子“辟隐深居”之事。

孙武“墓”考

孙武由“齐”入“吴”，与楚人伍子胥、伯嚭（白喜）一起佐“吴”伐“楚”，为吴国谋取霸主地位作出了贡献，这是史实。至于吴伐楚取得“五战入郢”的重大胜利后孙武的去向，学术界公认是一个谜。仅有《越绝书》记有“巫门外大冢，吴王客齐孙武冢也，去县十里，善为兵法”二十一字，对研究孙武功成身退后的归宿有一定的研究价值。

按《越绝书》记载：其时的吴都是阖闾弑王僚后命伍子胥设计并督造，规模是：

> 吴大城　周四十七里二百一十步二尺。陆门八，其二有楼；水门八。南面十里四十二步五尺，西面七里百一十二步三尺，北面八里二百二十六步三尺，东面十一里七十九步一尺。阖闾所造也。吴廓周六十八里六十步。[1]

关于“陆门八”的名称，《越绝书》和《吴越春秋》无记载。直至唐代陆广微作《吴地记》，引晋代人左思《吴都赋》，称“八

1　按秦汉古制，1 里为 300 步，合今制 415.8 米；一步为六尺，合今制 0.231 米。“去县十里”，即距吴县县衙（其时县衙在今苏州古城内白塔东路），推算距离 8.316 里。

门”为：(西）阊、胥二门，（南）盘、蛇二门，（东）娄、匠二门，（北）齐、平二门。”在“平门”条中，记称：“平门北有水陆通毗陵（今江苏省常州市武进区），子胥平齐，大军从此门出，故号‘平门’。东北三里，有殷贤臣申公巫咸坟，亦号巫门。”元代高德基作《平江纪事》，称：“吴城平门，旧名巫门。至大庚戌（1310），古濠中得石匾，上有篆书‘巫门’二字。”按清代学者顾震涛所作《吴门表隐》卷八：“平门亦名巫门，自桃花坞直北，北宋时已塞。”以此而论，孙武冢应在原平门以北十里许。然而，自《越绝书》问世以后，到清代后期的一千六百余年间，孙武墓址出现多种说法，以致古冢湮失。

清嘉庆五年（1800）冬，自称孙武第七十五世孙、经学家孙星衍一行三人，专程前来苏州买舟访墓，无果而终。事后作《吴将孙子墓考》，全文如下：

> 《越绝书》：“巫门外大冢，吴王客齐孙武冢也。去县十里，善为兵法。”《郡国志》：“吴县刘昭注《皇览》曰：“县东门外孙武冢。”唐陆广微《吴地记》：“巫门西北二里，有吴偏将军孙武坟。”王象之《舆地纪胜》：“平江府有孙武冢，引《东汉志》。”元卢熊《苏州府志》记：“《吴地记》云，孙武冢在平门西北二里，吴俗传其地名‘永昌’。”按《吴地记·后集》：“永昌北仓在子城西北六里五十步。”又按：平门当为巫门之误。《明一统志》：“孙武冢在苏州府城东一十里。武，吴将。”明曹学佺《天下名胜志》：“平门外水陆并出毗陵，近城有吴偏将军孙武坟。”《大清一统志》：“孙武冢在长洲县西北，引《越绝书》《吴地记》。”星衍按：孙子墓在苏州府东门外十里，历代地志记载甚明，惟范成大《吴郡志》缺载，而有孙策墓，由滕宬以“周瑜、吕范赴丧于吴”一语定之。考王象之《舆地纪胜》云：“策墓在丹徒，明不在吴郡，疑是孙子大冢，然按地理又不合。星衍曾因卢熊“在永昌”之说，访墓至一处，名“雍仓”，水道去城可三十里，有古冢，上有古柏树卧地，土人名为“弯柏树坟”，又名“孙墩”。“雍仓”之名亦似与“永昌”相近，惟道里太远，又无碑志，不敢定之，俟再访。《吴地记》所谓子城西北永昌北仓者，其地未知有大冢可指识否？吴中文物之邦不应听此墓湮佚也。[1]

1　孙星衍：《吴将孙子墓考》，《孙氏谱记》卷四。

对孙武墓的迷失，孙星衍一直是耿耿于怀。他在“孙子画像碑”文中，再一次提出“唯雍仓古墓不可识，俟好古者访求”。

20 世纪 80 年代，浙江一位学者褚良才曾多次自费来苏州吴县寻找孙武墓，后在苏城平门外东北方向、原吴县化肥厂偏北“虎啸桥”附近（注：地属吴县陆墓镇，今归属苏州市相城区元和镇），访得一村庄，名“孙墩浜村”，村中有隆起地面三至六米、南北向土墩四处。紧挨“浜”（小河）南的一处称“孙墩”，因临浜之南，村民又称“河南坟”。据褚先生著文称：一位村老告诉他，据上辈人传说那里埋的是一个古代很会打仗的元帅。依据他对古文献资料的研究和从“孙墩”浅层捡到的陶片，判定此“孙墩”与《越绝书》所称“孙武冢”方位吻合。1994 年 7 月，苏州市孙武子研究会成立后，协同陆墓镇人民政府展开调查。事后由该镇民政助理查震南先生写出《访问“孙墩浜”情况汇报》，并无定说，也无村民传说。为纪念孙武，陆墓镇人民政府斥资在紧靠孙墩浜南侧土墩处立“吴王客齐孙武冢”和“重修孙武冢记”碑，以资纪念。

21 世纪初，因路网建设需要，孙武墓西迁至文陵村孙家门村，更名“孙武墓园”，规模扩大。园内刻有“孙武生平”碑：

> 孙武先祖春秋时陈厉公之子陈完，因故奔齐，改姓田氏，其五世孙田书，伐莒有功，齐景公赐姓孙氏，食采乐安（今山东惠民）。书生凭，凭生武，字长卿，后人尊为孙子，吴孙子，青年时期，避乱奔吴（今江苏苏州）隐居吴地（今苏州穹窿山区），潜心著述，为吴王阖闾作兵法十三篇。公元前五一二年，经伍子胥七荐，以兵法见吴王，吴王知孙子能用兵，卒以为将，辅佐吴国，经国治军，西破强楚，北威齐晋，南服越人，功成身退，终老吴地。孙武是我国古代杰出的军事家和军事理论家，被誉为“兵圣”“兵学鼻祖”。所著《孙子兵法》，古今中外，推崇备至，被誉为“兵经”“兵学圣典”“人类智慧的宝库”。
>
> 苏州市孙武子研究会
>
> 二〇〇五年五月

2010 年 8 月 20 日，《姑苏晚报》发表《兵圣孙武纪念园西移扩容》，称：

孙武纪念公园，是相城区为纪念“兵圣”孙武修建的，由于年代久远，史料记载模糊，孙武究竟葬于何处一直是一个历史之谜。经苏州市历史文物专家长期考察证实，“雍仓”其地为相城区陆慕孙家门村。1800年孙武后裔也曾来此寻访。由于孙武纪念公园是一个纪念性的现代建筑，经专家鉴定，没有达到文物保护的条件，因此不列入文保单位。

媒体所称“1800年孙武后裔也曾来此（指‘孙家门村’）寻访”，此说不确，显然是受人误传所致。文中所说的“孙武后裔”，当指清代著名经学家孙星衍。然而在他写的《吴将孙子墓考》一文中，明言：“访墓至一处，名雍仓，水道去城可三十里，有古冢，上有古柏树卧地”。尽管当地土人名为弯柏树坟，又名“孙墩”，孙星衍终因地里不合，又无碑志而不敢定之，打算以后再访。其治学之严谨，堪为今人之楷模。

“雍仓”之地在哪里？陆墓镇当地一位文史学者张春法后经调查，作《孙武墓址考》一文，其中称：

笔者到永昌考察，当在今吴县市黄埭镇北，蠡湖之南。该村东西聚落。但永昌距平门不是二里，而是三十里。[1]

2010年前后，因商业开发需要，位于孙家门村的孙子墓园被拆除，引起一些网民不满。对此，当地文物管理部门做了回应：

孙武墓园不是文保单位。目前人们所知的“孙武墓园”，甚至连衣冠冢都算不上，它只是一座纪念园。那么为什么要建这样一座墓园呢？真正的孙武墓又在哪里呢？根据《陆慕镇志》中的记载，孙武墓最早见诸典籍的是《越绝书》。《越绝书·吴地传》上记载“（吴县）巫门外大冢，吴王客齐孙武冢也，去县十里”。“巫门”即如今的苏州平门，文物工作者由此推算出了孙武墓的大概位置。但是，除《越绝书》之外，再无史料明确记载孙武墓的地址。

1　张春法：《孙武墓址考》，《苏州日报》，1996年1月7日。

“孙子亭”建亭始末

“孙子亭”是苏州市保存完好的纪念兵圣孙武的一座单体建筑物，坐落于闻名中外的虎丘山风景区内。

建“亭”是在1948年6月。当时国民党的一批军界、政界和社会名流在南京发起并成立“孙子纪念亭筹建委员会”，推举李浴日、杨言昌、柯远芬、彭战存、齐廉、徐森、陈纵材、高植民、魏希文、方涤瑕、许高阳、陈士华十二人为“筹委会委员”（李、杨、柯三人为常务委员，李浴日主董其事），邀请于右任、白崇禧、居正、张治中、钱大钧、王云五、汤恩伯、薛岳、徐永昌、刘斐、刘士毅等二十五位国民党元老和社会知名人士为赞助人；王镇、李浴日、魏希文等七十五人为发起人。“筹委会”议决：（1）在苏州建造一座巍峨堂皇的“孙子纪念亭”，规划在亭中置孙武白石像，亭侧立《孙子十三篇全文碑》，周围栽以青松翠柏。（2）以募捐方式，分头发动，筹集资金，估算建亭资金需五亿至六亿元（伪币），折合黄金二十两左右。

此次会上，通过了由李浴日等人拟就的《为募捐修建虎丘（江苏吴县）孙子纪念亭缘起》。文称：

孙武子为我国兵圣，所著兵法十三篇，穷幽极渺，千古无双。不特我国历代名将奉为圭臬，且译本遍全世界。拿破仑一世亦深究之，可知外国将校军人亦莫不受其影响。其所昭示吾人之用兵原理，实创东西兵学最高峰。故杜牧云：“孙子所著十三篇，自武死后凡千岁，将兵有成者有败者。勘其事绩皆与武所著书一一相抵当，犹印圈模刻，一不差跌。”洵不诬也。至于我抗战八年，初是强弱异势，而卒能待敌之可胜者，又岂非孙子兵经之再证乎？奈因历代重文轻武之故，对此旷古兵圣反无专祠以祀。迄清孙星衍以孙子为吴王将，实死于吴，而葬于吴东门外，乃建祠于虎丘东麓。并立碑纪念，诚盛事也。惜因战乱，其祠已毁。同人等缅怀先哲，目击心伤。爰拟仍在虎丘山上建亭一所。以资纪念，第以心有余而力不应，所望各界贤达，登高一呼，慨予赞助，俾得早观厥成而供瞻仰，则不祇兵学之光，抑亦国防所利赖也！

会后，孙子纪念亭筹建委员会的各位成员，分头展开筹款、勘址和“建筑图设计”以及落实镌刻《孙子十三篇全文碑》等活动。

在募集资金方面：从 1947 年秋至 1948 年秋止，费时一年余，共筹得捐款（国币）两亿余元。因当时物价飞涨，为避免货币贬值，筹建会委托南京商业储备银行代收，并立即购黄金存储，共换得黄金八两余。此外，募得水泥八十四包，钢筋三百公斤。捐助人中以钱大钧和阎锡山二人捐助金额最大，钱捐助两千万元，阎捐助一千万元。鉴于资金缺口很大，建造经费不敷甚巨，经商定由苏州方面发动筹募五亿元，推举时任国民党吴县王县长、参议会严会长、委员王叔介、商会徐翰澄、总工会汪文焕、工厂联合会夏旦初，以及苏州城防总指挥彭战存等分头负责募捐工作。

在建址勘查方面：1948 年 6 月 24 日，筹委会常务委员李浴日（注：时任国防部政工局第四处处长兼世界兵学社社长）和魏希文从南京抵达苏州，随行者有工程师陈明建、《小春秋报》总社社长程晓华、上海中国新闻摄影社社长夏晓霞及新闻记者数人，于 25 日下午在筹委、青年军二〇二师师长兼苏州城防总指挥彭战存陪同下，赴虎丘山勘查建亭亭址。之后，确定孙子纪念亭建在虎丘山千人石东南山岭之上，由虎丘山“云岩寺”主持法慧法师负责搜集山间石板用于建亭。石料运输事宜则由驻防苏州的工兵团负责。并以虎丘山云岩寺白云堂作为建亭工程临时办事处。同年 12 月 13 日，李浴日等一行再次来到苏州，会同新任苏州城防总指挥孙金铭主持虎丘孙子纪念亭开工仪式。上述活动，当时的《苏州日报》

和《苏州明报》均作了报道。

在建亭图纸设计方面：筹委会商定孙子纪念亭的建筑采用中式风格，要成为一座巍峨堂皇的纪念亭。李浴日找了苏州木刻画家杨隆生，商得“纪念亭建筑图纸”。按照图纸，碑高十三华尺，半径三华尺，尖端为《兵法》十三篇，作展开状，上面横挂一柄三尺长的钢剑。后因战事吃紧，加之资金缺口甚大，不得不放弃“建亭计划”，只保留“孙子十三篇全文碑”。

在镌刻《孙子十三篇全文碑》方面：李浴日建议选用“最古的宋版《孙子兵法十三篇》，再对照其余版本校正，得到筹委会成员一致赞同。并分别敦请国内知名书法家于右任、商衍流、梁寒操、汪东、周钟岳、沈尹默等十三人各题一篇。后因时局紧张，只收到梁、汪、周、商四篇，尚差九篇。情急之下，李浴日只得改请当时闲居苏城故里的汪东先生，一人完成全文的书写。经校核后，由李浴日直接交付吴县贞石斋主人钱荣初负责镌刻，限期完成。

孰料碑刻即将完工前夕，李浴日等人悄然携带家眷撤退至台湾。之后，他在台湾作《苏州虎丘孙子纪念亭追记》。文称：

> 因徐蚌会战的失败，整个大陆像卷起一阵大风暴。三十七年冬，南京实行大疏散，人心惶惶，不可终日。这时大家认为募捐工作已无法继续。所募得之款不敷建亭。因为如果依照工程师原设计之图样去建筑，起码也要三十两黄金。再三考虑后，只得暂时放弃“建亭”的计划，改为“建碑”。……卅八年（注：1949 年）冬，我在香港去函苏州贞石斋主人钱君，询以纪念碑有否被毁？他回信说，碑尚无恙。并寄全文碑拓本一份。惟此石碑鸠工后，未及移建虎丘，而苏州已弃守，故由钱君秘密地埋藏起来，以避耳目。拓本带台，由廖忠国先生出资裱成，摄影分赠。[1]

1959 年，钱荣初将此碑石献出，由苏州市文物保护管理委员会接收，现置于今苏州文庙明伦堂西南侧的平地上。碑为青石质地，长 164 厘米，宽 80 厘米，厚 56 厘米。碑石基座高 56 厘米，长 177 厘米。碑的两端中央有长 8.5 厘米的隼头。

1　李浴日先生《苏州虎丘孙子纪念亭追记》此文，由其长子李仁师先生于 1994 年 11 月应邀赴陕西省西安高校讲学机会，由该校工作人员陪同前来苏州，瞻仰其父当年为建造“孙子纪念亭”而结出的果实。

可见原来碑石两边准备安装石柱支护。碑刻分正、反两面。碑额书题“孙子十三篇全文碑”八个篆体字。正文为楷书，竖写。每面分上、下两排。阳面刻有“始计第一”“作战第二”“谋攻第三”“军形第四”“兵势第五”“虚实第六”“军争第七”“九变第八”，计八篇；阴面刻有“行军第九”“地形第十”“九地第十一”“火攻第十二”“用间第十三”，计五篇。落款为“孙子纪念亭筹建委员会立。中华民国三十八年　月　日。吴县汪东书”。书法流畅潇洒，秀劲有力，丰腴而飘逸，结构严谨而洒脱，堪称书法珍品。然而，由于碑石长期置于室外空地，受风雨侵蚀，保管不善，致使碑石一面字迹部分已呈模糊状。

第三次计划建亭是在 1955 年。1949 年 4 月 27 日苏城解放后，有学界人士屡屡向人民政府建议在虎丘山复建孙子纪念亭。此一建议终被采纳。不久，由政府出资在虎丘山建亭。1966 年“文革”中，新建孙子纪念亭遭到局部损坏。如今的“孙子亭”是在 1984 年重建。亭高三丈，外形八角四面，底座、石栏、圆柱均采用花岗石；脊瓦为黑色苏瓦，陡直，呈飞檐翘角状。亭子造型精美，古色古香。与山中的古塔、古寺、古碑等景点融为一体。亭中央立有一方青石碑。阳面镌刻时任国防部长的张爱萍将军亲笔题字，草书，遒劲刚健：

孙子兵法
克敌制胜
娇娘习武
佳话流传

阴面刻有碑记：

此亭就孙武子祠遗址重建。据顾铁卿《桐桥倚棹录》所载，一名“沪渎侯庙”，在东山浜内，祀吴王客齐孙武子及其孙膑。嘉庆十一年，孙星衍购一榭园改建，立碑塑像以系之。诗云：“我家吴将高绝伦，功成不作霸国臣；春秋三传佚名姓，大冢却在吴东门。吴人耕种少闲地，访墓雍仓以舟系；穹环惟见古柏存，遍览平畴失碑记；传家私印不可磨，阖闾冢侧祠巍峨；武成王庙废不举，东南淫祠何其多。君不见乌啄之邻施间谍，内嬖忽然消霸业。西施可惜入宫迟，不付将军教兵法。”今移录上石，以存虎丘胜迹。

甲子仲秋 嘉陵莫汝和记 八二叟吴进贤书

孙子纪念亭的修建，为苏州虎丘山风景名胜地增添了一处历史人文景观，供游人追思这位亘古罕见的兵家伟人！

图书在版编目（CIP）数据

古本《孙子兵法》及兵圣孙武考 / 陆允昌编著；苏州市体育局编 .— 上海：文汇出版社，2022.3

ISBN 978-7-5496-3709-6

Ⅰ.①古… Ⅱ.①陆… ②苏… Ⅲ.①兵法—中国—古代②《孙子兵法》—研究 Ⅳ.①E892.25

中国版本图书馆 CIP 数据核字（2022）第 028143 号

古本《孙子兵法》及兵圣孙武考

编　　著 / 陆允昌
编　　者 / 苏州市体育局
责任编辑 / 许　峰
装帧设计 / 周　丹

出版发行 / 文匯出版社
上海市威海路755号
（邮政编码200041）
印刷装订 / 苏州华美教育印刷有限公司
版　　次 / 2022年3月第1版
印　　次 / 2022年3月第1次印刷
开　　本 / 787×1092　1/16
印　　张 / 20
字　　数 / 110千

ISBN 978-7-5496-3709-6
定　　价 / 89.00元